# 古代人牲人殉通论

黄展岳 著

文 物 出 版 社

北京·2004

封面设计　周小玮

责任印制　王少华

责任编辑　张庆玲

**图书在版编目（CIP）数据**

古代人牲人殉通论/黄展岳著．-北京：文物出版社，2004.12

ISBN 7-5010-1679-8

Ⅰ.古… Ⅱ.黄… Ⅲ.葬俗-研究-世界-古代 Ⅳ.K891

中国版本图书馆 CIP 数据核字（2004）第 102491 号

# 古代人牲人殉通论

黄展岳　著

\*

文 物 出 版 社 出 版 发 行

（北京五四大街 29 号）

http://www.wenwu.com

E-mail：web@wenwu.com

北京美通印刷有限公司印刷

新 华 书 店 经 销

787×1092　1/16　印张：19.75

2004 年 12 月第一版　2004 年 12 月第一次印刷

ISBN 7-5010-1679-8/K·874　定价：138 元

# ON ANCIENT HUMAN IMMOLATION

## (*WITH AN ABSTRACT IN ENGLISH*)

By

Huang Zhanyue

Cultural Relics Publishing House

Beijing·2004

# 目　次

# 人牲人殉的起源（代序）

　　人牲（也称"人祭"）是用活人做牺牲，杀之以祭神灵或祖先。人殉是用活人去为死去的氏族首领、家长、奴隶主或封建主殉葬。在原始社会末期到初级国家形成的整个历史时期中，人牲和人殉曾经是古代世界普遍存在的一种社会现象。被当作祭品的牲人和陪同主人死去的殉人，都是原始宗教的牺牲者，二者之间有着密切的关系。但产生人牲人殉的原因，牲人殉人的身份、来源以及他们被杀害的含义却又很不相同。一般地说，人牲是供"食"的，而吃敌人是个古老的传统，所以用的是俘虏、"仇人"；人殉是供"用（役使）"的，既为"用"，就要避仇敌，使亲近，所以殉者须"亲媚"，须"故旧"，殉者与被殉者的关系应是二者生前关系的继续。有些研究者只看到人牲人殉表面相似的一面，而忽视其本质不同的另一面，所以有必要就二者的起源申述一下。

　　此外，还有一种用自我割体的伤残行为来表白自己与死者的亲密关系或自己与自然神的亲密关系的做法。从其演变过程看，它有可能是自成体系的，但它的含义应与人牲人殉紧密相关，可视为人牲或人殉的变种，所以也附带论及。

## 一　人牲

　　相信万物有灵、鬼魂不死，是原始宗教崇拜的思想基础。由于生产力十分低下，原始人对自然灾害无能为力，从而产生一种畏惧的心理。在原始人看来，人们的生老病死、自然界的阴阳晦明，都由神灵主宰。神灵无所不在，随时监督着人们的一切。为了免除日常生活中的灾祸，于是产生了最原始的宗教观念。起初原始人崇拜的只是那些与人类日常生活有利害关系的自然现象，例如日、月、水、火、雨、雷电，而且只把这些自然现象当作有人格、有意志的实体加以崇拜。最初的崇拜活动一定很简单，可能只是通过语言或姿态向崇拜对象表示敬意、感谢、祈求、屈服，随后才有祭品和牺牲的供奉①。他们相信神灵生活在另一个世界，照样要吃饭、睡觉。要永葆神灵的青春常在，祈求神灵消灾赐福，就要杀戮大小牲畜祭奠。而杀人祭奠，以人肉为盛馔，供献于神灵之前，则是对神灵的最大敬意。这种把人作祭品，以供神灵"食用"的做法，我们通常称之为"人牲"。

在旧世界大陆，人牲最早发生于农业部落。农业的出现，是人类历史上的一次大革命。从采集野生植物到人工栽培谷物的成功是一次飞跃。土地和农业成了人类生存繁衍的主要依靠。由依靠又产生崇拜。在当时人看来，土地滋养着万物，没有它，人们就无法种植、无法生活，所以，我国古代把土地称为地母或土地神，古希腊神话中，也把土地神称为"地母"（Gais）。春天耕种之时，人们要祈求地母的保佑；秋天收获之后，人们要报答地母的恩情。春祈和秋报便成为农业民族中最重要的祭祀。一祈一报，都要供献牺牲，比较隆重的就要杀人献祭。在许多原始民族的信仰中，只有用人血祭奠土地，才能使土地恢复地力，使农作物获得丰收。从印度到地中海这一地区，大约在纪元前4000年到纪元前2000年间，广泛流行用人牲祭农神。如亚齐克人用血祭玉蜀黍女神，希腊人和罗马人用妊妇祭祀谷神和地祇女神，中东的古代腓尼基人、迦太基人和古印度康达人（Kohga）曾长期流行用初生儿或儿童献祭农神②，古墨西哥阿兹特克人（Aztecs）则经常用儿童敬祭雨神塔罗克③，等等。

在我国黄河流域，早有祭祀社稷的活动。社，是社神，是土地之神；稷，是稷神，是五谷的代表。周代曾设置"大宗伯"专管国家祭祀，其重要职责就是掌管"以血祭祭社稷"④。"社稷"一词，是阶级国家出现以后的概念，但这种思想实在是渊源于原始氏族、部落对地母的共同崇拜。"血祭"大约也在这个时候出现。根据考古发现，处于母系氏族制繁荣阶段的仰韶文化时期，农业已成为主要生活来源，出于对农业依赖性的增长，已发生了对地母和农神的崇拜。同古代世界的许多农业部落一样，仰韶人要举行各种祭祀活动，而且有可能已经出现用人血祭（详见第一章）。

除了血祭地母这一主要形式以外，在某些地区还流行猎头祭谷活动。

猎头祭谷和血祭地母同属于对农神的崇拜。我国南方的古代越僚系民族、东南亚及太平洋诸岛的土著民族都属于猎头民族。据三国吴人沈莹《临海水土异物志》、《隋书·流求传》、《明史·外国传》以及《太平御览》、《太平寰宇记》有关条目的记载，我国东起夷州（台湾、琉球），西至今川滇边陲的邛雅永昌，南抵海南岛的朱崖儋耳，都存在过这种风俗。直到50年代初期，云南西盟地区的佤族仍有猎头祭谷的遗俗。今中南半

---

①　朱天顺：《原始宗教》5页，上海人民出版社，1964年。

②　转引自《世界上古史纲》编写组：《世界上古史纲》上册，人民出版社，1979年。

③　乔治·彼得·穆达克：《我们当代的原始民族》，童恩正译本252页，四川民族研究所，1980年。

④　《周礼·春官·大宗伯》，《十三经注疏》本，中华书局，1980年。

岛、印度尼西亚、太平洋中美拉尼西亚等若干岛屿上的一部分原始民族，也还有这种恶习。近百年来，西方的一些学者，如英人海顿（A.C.Haddon）[①]，法人格鲁巴（Grubauer）[②]、亨加尔顿（Heine‑Geldern）[③]，曾先后进行实地调查，写有专著，认为我国南方和东南亚流行猎头祭谷的民族，属于同一文化系统[④]。

此外，在亚洲的一些地区还有一种在房屋中使用婴儿作祭品的习俗。考古工作者在中国黄河流域龙山文化房址和商代房址中曾多次发现过，因多数发现于房基下，所以称为"奠基牲"。在巴勒斯坦金石并用时代（前4000年～前3100年）的加苏尔文化遗址中，也发现在房基下用婴儿奠基的遗存[⑤]。

上面提到的三种人牲现象，其起源和含义可能不同，人牲的身份也有所区别。我们认为，血祭地母主要来源于远古人类的食人遗风，被血祭的人牲身份是俘虏；猎头祭谷除了来源于食人遗风以外，还带有厌胜巫术的含义，被猎头的人牲基本上也是俘虏；奠基牲则主要属于厌胜巫术，被奠基的人，往往是自己的初生子女，特别是长子。

人"食人"，在现代高度文明的社会中当然是不可思议的，但在古代并不罕见，尤其是在远古的蒙昧时代，人们以采集现成的天然产物为生，生产力水平十分低下。为了生存，人们什么肉食都吃，不但吃野兽，同时也吃自己的同胞，甚至吃自己的亲生父母和亲生子女。到了新石器时代，已发明了农业和畜牧业，生活资料有了比较可靠的来源，并开始过定居生活，食人之风才逐渐消失。但古老的食人生活仍保留在人们的憧憬中。这时氏族、部落之间的掠夺战争不断发生，获取财富成为最重要的生活目的，人们又没有可能养活大量的俘虏以供役使，于是，大量俘虏被杀来用作祭祀的牺牲。美国著名的民族学家和原始社会历史学家摩尔根，根据亲自搜集的丰富的民族学资料，在其代表作《古代社会》（1877年）一书中曾多次论述过食人之风与俘虏命运的关系。马克思据此提出"关于俘虏的处理的三个时期"，在野蛮时代中级阶段，俘虏被"作为供献神灵的牺牲"[⑥]。恩格斯说这种现象是"仅仅当作一种宗教活动或魔法仪式（在这儿差不多是一回事）而保存着"[⑦]。这是我们立论的依据。

另一方面，我们还可以在古文献中找到许多猎头民族保留有食人遗俗的根据。《楚

① 英·海顿（A.C.Haddon）《南洋猎头民族考察记》，吕一舟译，商务印书馆，1937年。

② Grubauer, A, Unter KoPfiagern in Central‑Celebes, Leipzig, 1913.

③ Heine‑Geldern, R., Kopfiagd und MenschenoPter in Assam una Birma una ihre Ausstrahlungen nach Vorder Indien, Mitteilungen der AnthroPologischen Gesellschaft in Wlen, 47, 1917.

④ 凌纯声：《古代闽越人与台湾土著族》，《台湾文化论集》1～29页，中央研究院民族研究所，1954年，收入中南民族学院研究所资料室编《南方民族史论文集（一）》。

⑤ 赫罗兹尼：《西亚细亚印度和克里特上古史》24页，三联书店，1958年。

⑥ 马克思：《摩尔根〈古代社会〉一书摘要》351页，人民出版社，1978年。

⑦ 恩格斯：《家庭、私有制和国家的起源》，《马克思恩格斯选集》第4卷21页，人民出版社，1972年。

辞·招魂》中提到楚国之南的"雕题黑齿,得人肉以祀,以其骨为醢些"。《墨子·鲁问》说:"楚之南有啖人之国者,其国之长子生,则解而食之,谓之宜弟。"《后汉书·南蛮传》、《广州记》、《南州异物志》所载略同,但"啖人"作"噉人"。《说文》啖,"一曰噉",皆指以人肉为食。从"楚之南"的地望推知,这啖人之国正是《楚辞·招魂》所说的雕题黑齿,东汉时习称乌浒。据《太平御览》卷786"乌浒"条引《南州异物志》:"交广之界,民曰乌浒。……利得人食之,不贪其财货也。……春月方田,尤好出索人,贪得之以祭田神也。"由此可知,居住在岭南的乌浒人及其先世,不但有食人的习俗,而且有杀食长子和猎头祭谷的习俗。又据《墨子·节葬下》:"越之东有輆沐之国,其长子生,则解而食之,谓之宜弟。"《列子·汤问》、张华《博物志》所载同,唯"輆沐之国"分别作"辄木(沐)之国"或"骇沐之国",说的都是一个地方。其地望大约指我国东南沿海诸岛。如推论不谬,则可判定,我国东南沿海诸岛及岭南一带都存在过食人、杀食长子、以初生儿为祭品和猎头祭谷的习俗。被食者或被猎头祭谷者是"出索"得来的,即俘获其他氏族(或部族)的成员。我国西南的一些少数民族也有这种习俗。他们猎头的对象往往选择与本氏族有世仇的外族成员。降及近世,情况比较复杂,除外族战俘以外,也有捉来的外地人或买来的生人①,但都保留早期猎头以俘虏为主要来源的痕迹。

　　杀食长子或以初生儿为祭品的习俗,则可能与父系氏族制的确立相关联。父系氏族制确立以后,婚姻关系由对偶婚转入一夫一妻制,在这漫长的过程中,长子的亲生父是谁,往往是不清楚的;为维护父亲的尊严,为建立自己的血统继嗣(所谓"宜弟")创造条件,杀食或杀祭非亲生的、来历不明的长子是很可能的。在狂热的事神求福观念下,他们不但愿意献出非亲生的长子,也愿意献出亲生的子女。河南龙山文化遗址中经常发现的奠基牲,可能也有这种含义。有学者认为,杀食长子,以初生儿为祭品或奠基牲,应是一种"厌胜巫术"。因为在原始人看来,殇子可以"转世",魔鬼也可以再来"投胎",自己的子女说不定就是仇人、妖怪、恶魔或"投债鬼"来投胎。如果一生下来就把他杀死、吃掉,以后他就再也不敢来了。就是说,杀了或吃了那可能是"妖怪"或"投债鬼"的"长子"就会"宜"其兄弟的诞生、成长。非洲、东南亚以及我国偏远山村,近世犹有此俗。"砍掉是为了保护",牺牲部分,保存整体,这是原始人常用的思维法则②。我们认为,这种理解似乎更有普遍意义。

---

① 《民族问题五种丛书》云南省编辑委员会编:《佤族社会历史调查(一)》46、127～129页,《佤族社会历史调查(二)》30～32、128～130页,云南人民出版社,1983年。

② 肖兵:《略论西安半坡等地发现的"割体葬仪"》,《考古与文物》1980年第4期。

# 二　人殉

人殉比人牲出现稍晚，它开始于母系氏族制向父系氏族制过渡或父系氏族制已经确立的时期。父系氏族制的确立，标志着父权的尊严，这就为人殉的出现创造了条件。马克思指出：在氏族社会后期，氏族的首领、家长及显贵死后，为了让他的灵魂有所寄托，往往将其"生前认为最珍贵的物品，都与已死的占有者一起殉葬到坟墓中，以便他在幽冥中继续使用"。他又说：父权家族"对于子女和更远的后裔以及奴隶和仆役操有生杀之权"。他们死后，往往要殉葬自己的妻或妾，甚至是他自己的子女①。恩格斯进一步指出："在历史上出现的最初的阶级对立，是同个体婚制下的夫妻间的对抗的发展同时发生的。而最初的阶级压迫是同男性对女性的奴役同时发生的。"② 马克思和恩格斯的精辟论述，为研究人殉的起源奠定了理论基础。

古代埃及、西亚两河流域、印度、日本和我国史书都有关于人殉的记载，而且一再被考古发现所证实。

西亚两河流域和古埃及的人殉习俗，发生于原始社会向阶级社会过渡的时期或阶级社会初期阶段。在西亚巴比伦尼亚和基什，人殉开始于苏美尔早王朝中期（前3000年～前2700年）。有些地方持续到早王朝后期（前2700～前2371年）。考古发现的人殉以乌尔（Ur）王陵为最重要，共十六座。每座殉葬数人至数十人。国王阿卡拉木都（Akalamdng）墓（1050号墓）有殉人四十人。王妃墓（1054号墓）有男性殉人四人。可能是国王阿巴尔吉（Abargi）墓（789号墓）和王后苏巴德（Shub-ad［Pu-abi］）墓（800B号墓）的墓室周围有殉人五十九人，多为女性。在墓主不明的1237号墓中，殉人多达七十四人，其中有六十八人是女性③。从苏美尔史诗《吉尔伽美什之死》（Gi-I-garnesh）中列举的殉人身份得知，殉人大都是自愿从死的。殉葬在王陵墓室内的殉人较少，他们大都是墓主的亲信；殉葬在墓室外的殉人很多，他们大都是家奴、仆从或侍卫。

在埃及，人殉的出现大约不晚于第一王朝（前3100年左右）。考古发现的重要人殉墓是阿卑多斯（Abydos）王陵，它有五百座殉葬墓；萨卡拉（Sakkara）王陵有八百座殉葬墓。第五王登（Den）王陵的周围有一百多个祔葬小墓，殉一百三十六人。殉者主要是王室亲眷和侍从，还有少数高贵妇女（可能是王后）和大臣。据说当时流行着"神

---

① 马克思：《摩尔根〈古代社会〉一书摘要》36页，人民出版社，1978年。
② 《马克思恩格斯选集》第4卷61页，人民出版社，1972年。
③ 《世界上古史纲》上册143～148页，人民出版社，1979年。

圣统治"的教义，国王就是神。他的身体是神圣的，他的诏谕也是神圣的。他的人格高于国家一切政务之上。甚至他属下的贵族离开了他的恩典就不能存在。作为神，他死后和其他诸神一同存在。为国王生前服务的贵族和高级官吏盼望国王死后继续为他服务，同样靠他的恩典而继续生存，如同在太阳的永恒光芒照耀下获得幸福。平民和奴隶，同样相信全能的神圣统治者，他们生前依存于他，在他死后也希冀能继续为主人服务，以获得他的帮助。因此，他们的殉死，颇有可能是自愿的，甚至是求之不得的①。

在前苏联德聂伯河到伏尔加河一带，早在青铜时代的横穴期（前 3000 年末～前 2000 年上半期）就流行妻（妾）为丈夫殉葬的习俗②。我国黄河上游的齐家文化墓地和朱开沟文化墓地中，曾先后发现一批我国最早的殉人墓。这批殉人墓的一个特点是：男性居中，仰身直肢，女性依附右侧（或左侧），屈肢，面向男性（详见第一章），情况与前苏联发现的类似。

日本的人殉习俗也有长远历史。根据日本最早的史籍《古事记》记载，日本在二千多年前的倭日子命时起就存在人殉制度。殉葬的方法是在死者坟墓周围挖壕沟，让殉葬的人站立壕沟中生埋之，称为"立人垣"。《三国志·魏书·东夷倭人传》：曹魏正始年间，邪马台国女王卑弥呼死，"大作冢，径百余步，殉葬奴婢百余人"。估计也是采用"立人垣"生埋之。这种恶习，直到 12 世纪平安期才衰落，但到镰仓时代，随着武士道的兴起，又风行割腹殉葬，至近代仍未终止。

印度是亚洲古代文明发祥地之一。几千年来，流行着寡妇自焚殉夫的陋习。据说愿意奉行这种习俗的妇女，可成为具有神力的"沙蒂"。当丈夫死后，寡妇即穿上结婚时的服装，坐在丈夫尸体旁边，抱着亡夫的头，不断念经祷祝，临近火葬时，她就随同亡夫坐在柴堆上，听候"圣火"燃起，自焚身亡。当人们知道这一消息后，便从四面八方来到火葬地点，向她献椰子和硬币，以表敬意。这种陋俗，虽然在 1829 年英国统治时期就下令禁止，但是在印度教盛行的印度北部和西部的一些地区还时有发生③。

由此，我们就不难理解，为什么亚洲、西南非洲、澳洲、中南美洲以及太平洋诸岛上的一些原始民族，直到近现代仍保留人殉的习俗。

---

①　《世界上古史纲》上册 274～275 页，人民出版社，1979 年。

②　Гдаы ьморая，"АКЧА－ДАРЬЯ"，Нцзовья АМУ－ЯАРЫ Сарыкамыщ Узбой，Москва，1960.К.А.Акщцев，САКИ СЕМИРЕЧЬЯ，Труяы Институга Истории，Археология Изтнографии，Том7，АЛМА－АТА，1959.А.Л.Монгайт，Археология В СССР，МИА，Ио.124，1955.А.В. 阿尔茨霍夫斯基：《考古学通论》73 页，科学出版社，1956 年。

③　参见《参考消息》1985 年 5 月 3 日第 3 版，上海《新民晚报》1987 年 10 月 2 日第 8 版，《北京晚报》1987 年 10 月 11 日第 6 版。

# 三　割体

以人为殉，以人为牲都要付出高昂的代价，也许原始人已意识到这一点，他们便采用一种自我伤残的替代办法，用以表示自己与死去的亲人或自然神的亲密关系。自我伤残大都要割断肌体的一部分，故称为"割体"。割体的形式很多，最常见的是切断指骨或趾骨，其次是刺破头皮，抓破面孔，烧烫胸、臂、腿、股，打去门牙，割舌，切耳，或撕破耳垂，等等。不论采取什么伤残形式，都要见血。墨西哥的阿兹特克人认为，伤残肌体，取血以进献是最可贵的。众神只有靠人的血液供应才能永葆其青春和活力，如果得不到血，他们就会变老和衰弱，无力完成降雨或使谷物成熟等任务。为了忏悔，为了求得肉体的纯洁，人们要用龙舌兰的刺来刺破舌头、耳垂，有时甚至是四肢或生殖器，取血以祭神。向最高贵的神祇敬献最丰富的血液，就要采用人牲[1]。通过血的进献，把活人与鬼神连接在一起。他们的这种选择，实在比用人为殉，或用人为牲都要"文明"得多。

世界民族志材料所提供的割体实例以剁去手指为最多。美国西部草原的喀罗人、达科他人、印第安人，南非的布须曼人，波利尼西亚群岛的萨摩亚人，巴布亚岛上的马富卢人，美拉尼西亚斐济岛土人以及澳大利亚新南威尔士土人和新几内亚西部的高地人，都有砍掉自己的手指奉献给神灵、部落酋长或丈夫的习俗[2]。有的还有其他伤残肌体的行为，例如喀罗人在头人出殡下葬时，其族人不仅要砍掉一节手指，还要割破大腿，从手腕上撕下一条条皮肉，戳破头皮，直到全身鲜血淋漓[3]。夏威夷人在国王去世后，为表示哀痛之深，常常将头发剃去，或拔掉一撮头发，把门牙敲断，或用火烧自己肌体的一部分[4]。

我国也有不少类似的例子。最常见的是割股治病和断指入棺，特别是在宋元明清时期。在众多的地方志《列女传》中，记载着不少妇女为表白自己对丈夫坚贞节行，夫死毁容，或"咬一指殉棺中"以明志的事迹。丈夫或翁姑病重，则采用"割股和药"、"割股熬汤"或"刲腹取肝"的方法进行治疗。从表面上看，这是受程朱理学的毒害，而其源盖出于原始人的"割体"。高贵的辽太祖之后述律氏也采用这种仪式。当辽太祖阿保机死时，皇后述律氏"欲以身殉"，因"嗣主年幼"，需要她"称制"，故改用"断右腕

---

① 乔治·彼得·穆达克：《我们当代的原始民族》，童恩正译本251、252页，四川民族研究所，1980年。
② 拉法格：《宗教和资本》，王子野译，三联书店，1963年。容观夐：《释新石器时代的"割体葬仪"》，《史前研究》1984年第4期。
③ 乔治·彼得·穆达克：《我们当代的原始民族》，童恩正译本178页，四川民族研究所，1980年。
④ 《世界风物志》，地球出版社，1977年。

纳于枢"[①] 的变通办法。直到近代，我国南方一些少数民族仍保留断指、拔牙等流血行为以表示对死去亲人的哀悼。仡僮苗亲死不棺，"及葬，子女哭，必出血"[②]。仡佬"父母死，则子妇各折二齿，投棺中以为诀"[③]。凡此种种，都足以证明活人为死人举行的割体仪式实质上是人牲人殉的一种变通。

在我国新石器时代墓葬中，有时发现被葬者缺少指骨、腿骨或趾骨；缺失的指骨、腿骨和趾骨，有时被另置于填土中或随葬的陶罐中。考古工作者称之为"割体葬仪"。这种为死人割体的做法，其含义与活人割体不同。有的学者认为，为死人割体是一种"厌胜巫术"，使其不能为祟降灾[④]；也有学者认为，其含义可能与活人的自我伤残一样，切割死者的指骨、腿骨、趾骨，用以供奉阴间神明，祈求死者在阴间得到保佑[⑤]。不论其含义如何，均与本文所说的"活人割体仪式，实质上是人牲人殉的一种变通"的主题无关，恕不做题外评议。

① 《辽史·后妃传》，中华书局标点本，1974 年；《资治通鉴·后唐纪四》（卷二七五），世界书局影印，1935 年。

② 清·田雯《黔书》卷上"苗俗"条；《贵州通志·土民志二》，1948 年刊本。

③ 《广西通志·诸蛮二》清嘉庆六年刊本；《贵州通志·土民志二》，1948 年刊本。

④ 肖兵：《略论西安半坡等地发现的"割体葬仪"》，《考古与文物》1980 年第 4 期。

⑤ 李健民：《我国新石器时代断指习俗试探》，《考古与文物》1982 年第 6 期。

# 第一章　中国史前期人牲人殉遗存的考察

中国史前期，指中国旧石器时代至新石器时代。其下限一般界定在公元前 20 世纪。公元前 20 世纪到公元前 17 世纪，是中国历史上的夏代。夏代是我国史籍记载中的第一个王朝，但在考古学上至今未得到确认，所以，本章把部分属于夏纪年范围内的人牲人殉遗迹也包括在考察之列，另一部分与商王都直接有关的人牲人殉遗迹留到下一章叙述。

## 一　人牲遗存的考察

中国地域辽阔，民族众多，社会发展差异很大，原始宗教崇拜各有不同，表现在人牲的有无及其形式，当然也有区别。根据考古资料，可以暂时把中国史前期的人牲分为三大类：（一）血祭地母；（二）猎头祭谷；（三）奠基牲。

"血祭"和"猎头"，都与农业崇拜有关。前者流行于黄河流域，并为古代中国的统治王朝所继承；后者发生于长江以南，以后长期流行于南方越僚系民族间，并远播于东南亚及南洋诸岛。判断"血祭"遗迹的重要标志，除了要有非正常死亡的遗骸以外，还应有崇拜物或祭祀场地作为佐证。"猎头"的标志应是完整的首级，明显的砍杀痕迹；一般应有装置"猎头"的容器或其他可供识别的标志。"奠基牲"遗迹的重要标志是看被害者是不是埋置在城墙基内或房基内，城墙基下或房基下及房址居住地面下，而这个房子一般应该是比较大的建筑。为了避免以一概全，我认为不论何种人牲的确定，在同一文化遗存中都应发现多起，而非孤例。

如果这些判断准则没有大错，对中国史前期的人牲似可以做如下的认识。

### （一）血祭地母

黄河流域是中华民族古代文明的发祥地，原始文化遗存十分丰富，分布又很密集。

根据考古发现，黄河流域诸原始文化都以农业为主要生活来源，辅以程度不同的饲养业和渔猎。早在母系氏族制繁荣阶段的仰韶文化时期，锄耕农业已有相当水平，对农业的需求也较迫切，已经有了对地母和农神的宗教崇拜仪式。例如西安半坡村仰韶文化村落遗址中，曾发现埋藏在地下和房子居住地面下的几个陶罐，罐里盛粟米，发掘者推定它是奉献于地母以祈求丰收的祭品①，应是可信的。比仰韶文化稍晚，位于黄河流域上游的青海省乐都县柳湾马家窑文化墓地，几乎有一半的墓葬随葬盛有粟米的粗陶罐，也可以视为敬献于死者神灵的祭品②。

根据世界民族志资料，在许多原始民族中，都有用人血祭奠土地，祈求恢复地力、获得丰收的信仰。考古学者由此推测我国仰韶文化时期已出现杀人祭祀地母，这是有道理的。但史籍无征，考古工作又缺乏实例；也许有实例出土，但一时难于证实。因为原始人的早期宗教活动，只是把自然对象当作有人格、有意志的实体加以崇拜，很可能没有固定的仪式和固定的献祭物。如果真的出现血祭，则很可能如同《尔雅·释天》所说："祭地曰瘞薶。"就是把献祭的东西埋在地下，牲血、人血、水酒等液体，大概直接灌注在地上。埋在地里的禽畜遗骨和人体遗骨，有可能被发现，但要确定为杀祭的牺牲和人牲，则有很大困难。灌注于地的牲血、人血、水酒，留下遗迹供后人考察的可能性就更小了。

目前较有把握的最早的人牲实例仅见于辽宁喀左县东山嘴红山文化祭祀遗址③。

这是一处用石材构筑的群体建筑台址。在已揭露的 2000 余平方米的范围内，发现中心部分是一座近方形的台基，长 11.8 米、宽 9.5 米。台基四边有石砌墙基，内置大堆立石，立石多为条状，上尖底平，全部向东北方向倾斜。台基的两翼，北部有两道对称的石墙，南部有石堆。台基的前端有石圈形台址和多圈形石基址。整个建筑，中心、两翼主次分明，南北方圆对称。在石圈形台址附近发现陶塑女像和人架，又有猪骨、鹿骨遗存。学者们确认此处为一原始祭祀遗址，是供若干氏族、部落共同使用的神圣场地；陶塑女像应是地母神（或生育神），那具遗存下来的人架，应是用来供献地母神的人牲。红山文化的人们曾长期在这里举行类似古籍中所描绘的"郊"、"燎"、"禘"等祭祀活动。从这座原始宗教建筑遗存已具相当水平看，更早的宗教建筑遗存应该从比红山文化还早的遗存中去寻找。如果判断不误，则人牲的出现还要往前追溯一段较长的时间。红山文化比仰韶文化稍晚，受仰韶文化影响较大，以后，红山文化又对商文化有较

---

① 中国科学院考古研究所等：《西安半坡》18、22 页，文物出版社，1963 年。

② 青海省文物管理处考古队、中国社会科学院考古研究所等：《青海柳湾》252 页，文物出版社，1984 年。
青海省文物管理处等：《青海乐都柳湾原始社会墓地反映出的主要问题》，《考古》1976 年第 6 期。

③ 郭大顺等：《辽宁喀左县东山嘴红山文化建筑群址发掘简报》，又《座谈东山嘴遗址》，均见《文物》1984 年第 11 期。

大影响。商代是我国人牲的鼎盛时期，推测商代和红山文化的人牲习俗均起源于仰韶文化，也许并不是没有道理的。

我们承认仰韶文化时期可能已存在人牲习俗，但还不能确认已发掘的仰韶文化遗址中已有人牲实例。属于仰韶文化的西安半坡、邠县下孟村、华阴横阵、华阴泉护村、岐山双庵村以及河南的陕县庙底沟、临汝大张村等地点的灰坑中，都有埋葬非正常死亡者，或人畜共埋的现象①，不能排除其中有被杀祭的人牲，但目前无法从这批死亡者身上找到被杀祭的确切证据。

大约在公元前 3000 年至前 2000 年间，黄河流域的原始社会已先后进入母系氏族制崩溃到父系氏族制确立这一历史时期。处于这一历史阶段的大汶口文化、龙山文化和齐家文化的遗址与墓地中，经常在灰坑中或文化层中发现无头葬、多人丛葬，或人与牲畜同埋等现象。这些死者没有墓穴，或没有固定形式的墓穴；没有随葬品；没有一定的葬式。他们有的身首分离，四肢残缺；有的躯脊弯曲，两手或两足交叉，像是被捆缚的姿势。同一坑穴内的人数，有单人，有二人、三人，多至十多人，男女老幼皆有，尸骨叠压，凌乱不堪。1991 年在河南渑池县班村庙底沟二期文化遗址西部窖藏区内，发现一个大土坑。土坑周围环绕七个小土坑。土坑平面呈椭圆形，最大直径约 2 米，内有四具人骨架。肢骨有的被钝器打断，有的被击伤，有的被肢解，显系非正常死亡。在人骨旁边还有殉葬的兽骨。人骨兽骨同埋于一坑，又做了有规律的排列，这种现象，应与原始祭仪有关。坑中人骨应是祭祀时的牺牲。庙底沟二期文化属中原地区龙山文化早期，碳十四校正年代约公元前 2900 年至前 2800 年左右。新石器时代遗址中常见的"灰坑葬"，其性质或可因班村祭祀坑的提示而找到正确的解释②。

把班村灰坑中的人骨解释为祭祀时的牺牲，可能是对的，但是否适用于同时期的所有"灰坑葬"，实际情况似乎要复杂得多。陕西长安客省庄遗址，在六个灰坑中发现有放置凌乱的人骨架。例如 96 号灰坑内有三具人架和二具兽架。1 号人架在灰坑西部，骨架散乱；2 号人架在灰坑中部，俯身，无头；3 号人架在灰坑东北角，仰身，四肢伸张呈大字形；两具兽骨在灰坑东边③。河北邯郸涧沟龙山文化遗址中发现七个灰坑。其中，一个灰坑的坑口直径约 1.8 米、深约 0.6 米。在一层红烧土下有十具人架，凌乱叠压，有的头骨上有被砍的伤痕，全是男性青壮年和 5 至 10 岁的儿童（图一）。另一个灰坑内有人架五具，男女老幼皆有，放置极不整齐，有的身首异处，有的呈挣扎状④。这

———————————

① 邵望平：《黄河中游的仰韶文化》，《新中国的考古发现和研究》66 页，文物出版社，1984 年。

② 中国历史博物馆考古部等发掘，蒋迎春报道：《班村遗址发掘获重大成果》，《中国文物报》1993 年 2 月 21 日。

③ 中国科学院考古研究所：《沣西发掘报告》，文物出版社，1962 年。

④ 北京大学、河北省文化局邯郸考古队：《1957 年邯郸发掘简报》，《考古》1959 年第 10 期。

图一　邯郸涧沟龙山文化圆形坑内的人架和兽骨（采自《考古》1959 年第 10 期）

些不同现象的死亡者，有可能是被杀祭的人牲，但不宜一概称为人牲。我们承认，这种埋葬方式表明死者身份低于或不同于一般氏族成员；从尸骨埋葬的姿势可以断定，大部分死者属于非正常死亡。但是，非正常死亡的原因是什么，死者是什么身份，是不是战俘或敌方氏族成员？如果是，又应如何区分战死或杀俘献祭（人牲）？战死掩埋和杀祭掩埋有没有区别？这一连串问题，仅凭出土现象是不容易说清楚的。东山嘴红山文化祭祀遗址之所以被确认，除了遗址中有非正常死亡的遗骸以外，重要的还在于它有祭坛和作为祭祀对象的陶塑女像。铜山丘湾商代社祀遗址[①] 性质的判定，不但因为在这片地

①　南京博物院：《江苏铜山丘湾古遗址的发掘》，《考古》1973 年第 2 期。

面上有众多的人架和狗架，还因为这些人架和狗架都是头朝向耸立在他们中间的四块巨石（社主象征物）的（参看图四七）。甘肃永靖大何庄齐家文化墓地中，曾发现五处用河卵石围筑起来的石圆圈，圈内没有路土的痕迹，圈外周围有许多墓葬，圆圈里外有砍头的怀胎母牛、完整的羊骨架、被砍杀的牛羊肢骨，还有钻灼的卜骨和灰烬，说明这也是一处与原始宗教活动有关的场所①，但因为没有人体遗骸，所以我们不能认为它是一处杀人祭祀场地。因此，对于龙山文化、大汶口文化灰坑、灰层中发现的大批非正常死亡者和人畜共埋现象，由于缺乏可供确证的崇拜物或祭祀场地，我们只能从社会发展的一般法则做点推测：在原始社会末期，氏族部族间经常发生战争，而且战争一般具有血族复仇性质，大批非正常死亡者，有可能就是战争中的牺牲者。这其中有本氏族成员，也有敌对氏族成员；有战场上的阵亡者，也有被掳获后残酷杀害的敌方氏族成员。为了表示对本族战死者灵魂的安慰，在杀害俘虏以前，有可能要举行祭祀仪式。这种经祭祀仪式而遭杀害的人，才可以定为人牲。但在考古工作中，我们还无法从现存的遗骸中把这部分人识别出来。

### （二）猎头祭谷

猎头遗迹在我国南方的新石器时代遗址中曾有发现，比较可靠的遗存见于湖北房县七里河新石器时代晚期遗址，共三例。一例放在一座半地穴式房址（78H20）台阶下正中，人头完整，人头下垫红烧土，与台阶面平齐。一例放在一个椭圆形浅坑（76H10）近底处，三个人头排成斜线形。另一例放在一座烧陶器的窑室火门处（78Y1），在火门里外各放一个人头，与一件筒状喇叭口的研磨器摆成"品"字形。发掘者根据这三例出土现象，推定人头是七里河先民猎取外氏族部落的人头。

在这个遗址中，还发现两座仅有躯体的单人葬（76M19，78M21）。这两个死者的头颅，有可能是被别的氏族所猎取，故在本氏族墓地内仅埋其躯体②。

同样的情况，在云南宾川白羊村新石器时代墓地中也有发现。发掘区中有十座无头仰身葬，死者绝大多数是成人，仅个别是儿童。一墓埋葬一至三具，多至十多具。无头合葬中有的肢体方向相反，下肢分别置于异向者的胸腹部位。死者的头颅，也有可能是被别的氏族所猎取，或认为与祖先头颅崇拜有关③。

黄河流域和北方草原的史前期先民，可能没有猎头祭谷的风俗。邯郸涧沟的龙山文化遗址中，在两个半地穴式的窝棚里共发现六具头盖骨，其中四具完整，二具残缺④，

①　中国社会科学院考古研究所甘肃工作队：《甘肃永靖大何庄遗址发掘报告》，《考古学报》1974 年第 2 期。
②　湖北省博物馆等：《房县七里河遗址发掘的主要收获》，《江汉考古》1984 年第 3 期。
③　云南省博物馆：《云南宾川白羊村遗址》，《考古学报》1981 年第 3 期。
④　北京大学考古队：《1957 年邯郸发掘简报》，《考古》1959 年第 10 期。

过去曾作为猎头遗存的实例。经检视，其中两具女性头盖骨遗留剥皮痕迹，而且已经把头盖骨改造成杯子。有的学者指出猎头祭谷与砍头做杯有明显区别：猎头是齐颈部砍下，不剥皮；砍头做杯只取其头盖骨，通常要剥去头皮。由此推定，涧沟头盖骨应是一种作为饮器的头盖杯[①]。如判断不误，则可以说明原始社会末期黄河流域曾流行杀人头（主要是砍杀俘虏或仇人的首级）做头盖杯的风俗，但与猎头祭谷无关。其说可从。

### （三）奠基牲

在我国黄河流域诸原始文化中，还发现一种在住房或城墙的建筑过程中使用活人（主要是幼童）作祭品的习俗。因发现于城墙基底部或房基下、房基中，所以称为"奠基牲"。根据目前已知的考古资料，奠基牲至迟出现于仰韶文化时期，盛行于龙山、夏商时期。最早的实例见于西安半坡遗址。在遗址的第一号长方形房子的居住地面下，发现一个有砍削痕迹的人头骨和一件粗陶罐共存。有学者推定，这个人头是这座房子奠基时使用的人牲。理由是，这座房子是半坡居民举行自然崇拜的场所，故在奠基时杀人祭奠，以求神灵的庇护[②]。如果这个判断不误，则可证实奠基牲在距今六千多年前的仰韶文化时期就已经出现了。1993 年至 1996 年，在郑州北郊西山发掘一座仰韶文化城址时，奠基牲再次被证实。据报道，在多座房基底部和城墙基部都发现有盛放婴儿骨骼的陶器（陶罐或陶鼎）。婴儿骨骼不完整，有的仅见头骨或部分肢骨，有的缺下肢，证明系杀害肢解后放入的。出土时，发现陶器在房基垫土中多层埋放叠压，说明埋放盛婴儿陶器的仪式并非一次性完成，应是在房基垫土过程中随时挖坑填埋的。城墙奠基牲大多发现于北门西侧城墙。在北门西侧城墙基底部埋置盛婴儿的陶鼎，底夯层中埋置盛婴儿的陶罐，墙体夯土中分层埋置彩陶钵、陶鼎、陶罐，共十多件，其中彩陶钵内有婴儿骨骼。这种埋置方式，与发现于西城墙台下的以尖底瓶、大口缸、罐为葬具的几组瓮棺正相对应，与西门门道下 1818 号灰坑内两层二十多件陶器（大多是陶罐、陶鼎）呈并存排列的格局。西山城址和房基建筑中的奠基杀婴埋置现象，应是当时建筑过程中举行的某种特殊意义的祭祀礼仪。西山城址属仰韶文化晚期，绝对年代大约在距今 5300 年至 4800 年[③]。

仰韶文化晚期流行起来的奠基牲习俗，被河南龙山文化继承和发展。考古实例大多集中发现于河南龙山文化房基中。这个时期的一些比较大型、讲究的房基下或居住地面下，往往发现埋置婴儿和儿童（也有少数用成年男女）的现象。这些被用于奠基的人

---

① 严文明：《涧沟的头盖杯和剥头皮风俗》，《考古与文物》1982 年第 2 期。

② 中国科学院考古研究所等：《西安半坡》18 页，文物出版社，1963 年。

③ 国家文物局考古领队培训班：《郑州西山仰韶时代城址的发掘》，《文物》1999 年第 7 期。

牲，没有墓圹，没有随葬品，儿童和婴儿一般放置于瓮棺或罐棺中。从出土现象观察，他们多半被处死后埋入，随埋随夯。从殷墟小屯建筑基址发现大批使用奠基祭品（包括人牲）的现象推测，这些被埋置在房基下或居住地面下的死者，应是建筑房屋过程中举行某种祭祀仪式时所使用的牺牲。目前可推定房址中有奠基牲的遗存有：

1. 安阳后岗

1979 年发掘，是目前发现奠基牲最多的一处。奠基牲发现于十五座房址中，共埋置童牲二十七人[①]。

埋置童牲的土坑小而浅，大多挖在灰土或房址垫土中，墓坑不明显。墓坑大多是长方形或椭圆形，个别呈不规则的四边形。坑长 50～80 厘米、宽 20～40 厘米、深 10 厘米。最大的坑长 140 厘米、宽 80 厘米、深 67 厘米。二十七人中有十人无葬具，十七人用陶瓮、陶罐或陶甗、陶盆作葬具，一般用一至二件，多的用四件。用作葬具的陶器，大多是打碎后盖在身上，有的用完整器套合在一起，个别的使用几片陶片盖在头上。出土时，骨架大部分腐朽。从残存遗骸看，死者大多是一至五岁的幼童，没有固定的葬式。他们有的埋在房基下（图二，上），有的埋在房基外侧或散水下（图二，下），有的埋在墙基下，有的埋在泥墙中（图三）。埋在房基外侧或散水下的童牲，一般头向房屋；埋在墙基下或泥墙中的童牲，方向一般与房屋墙壁平行。出土迹象表明，他们大都是在建房过程中埋入的，一座房子埋一至四人不等。埋在墙基下或墙中的童牲，一般无葬具；埋在房基近旁的童牲，多数用陶器作葬具。

2. 永城王油坊

1977 年发掘。下层、中层、上层都有发现。

下层（第四层）29 号房基内有三具儿童骸骨，并列，头向东，仰身直肢，骨架长76～85 厘米，方向与墙壁一致，系夯筑墙壁时埋入墙内。

中层 20 号房址东北角的墙基内有三具成人骸骨，左右两具压在中间一具上面。无墓圹，无随葬品。头向北，额骨以上全被砍去，左右两具下额上翻。经鉴定，三具全是25 至 35 岁的男性。他们很可能也是在夯筑房基时埋入的。另在 20 号房的西南角墙根处，埋一儿童骨架，残长 85 厘米，则可能是房子建成后的祭祀牲（图四）。

上层的一座方形圆角房基底部也有一具儿童骨架，估计是先埋置在房基槽内再夯筑房基的[②]。

3. 登封王城岗

---

① 中国社会科学院考古研究所安阳工作队：《1979 年安阳后岗遗址发掘报告》，《考古学报》1985 年第 1 期。

② 中国社会科学院考古研究所河南工作队：《河南永城王油坊遗址发掘报告》，《考古学集刊（五）》，中国社会科学出版社，1987 年。

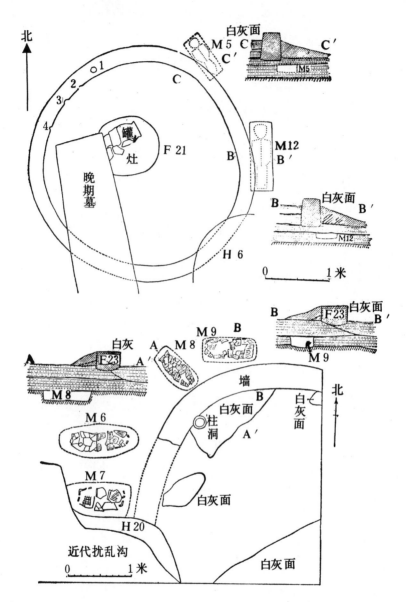

**图二　安阳后岗龙山文化房基下的奠基牲（采自《考古学报》1985 年第 1 期）**
上 .21 号房基下的奠基牲　下 .23 号房基外侧夯土基下的奠基牲

　　1977 年至 1981 年发掘。在王城岗龙山文化城址内的一些夯土建筑遗址下面往往有夯土填筑的圆形坑。坑内的夯土层中间或夯土层底部下发现有成人和儿童的骨架，有完整的，也有被肢解的。这些人架被埋在建筑基址坚硬的夯土层中，显然与奠基有关，故称"奠基牲"。这次共发现十三个奠基坑，为了就地保存供后人研究，只发掘 31 号坑，

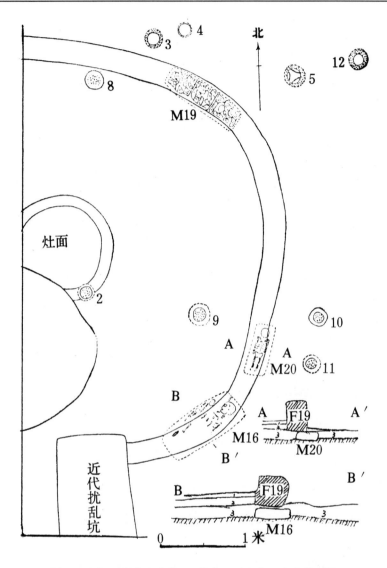

图三　安阳后岗龙山文化 19 号房基下和夯土中的奠基牲

（采自《考古学报》1985 年第 1 期）

其他十二个坑仅发掘一半。1 号坑为圆形袋状，口径 2.07～2.5 米，底径 2.82～2.94 米，残深 2.66 米。坑内残存夯土二十层，暴露出人骨架七具。从坑底上数第三层夯土面上开始埋置儿童一具，仰身直肢；第四层夯土面上埋成年男性一具，作仰身右手护头状；第五层夯土面上埋成年男女各一具，女仰身直肢，男俯身直肢；第六层夯土面上埋青年女性一具、儿童二具。女性骨架已紊乱，儿童皆侧身屈肢（图五）。再向上全是夯土层，内含龙山文化二期陶片。其他十二个奠基坑共清理奠基牲十七具，每坑埋一至二具，仅

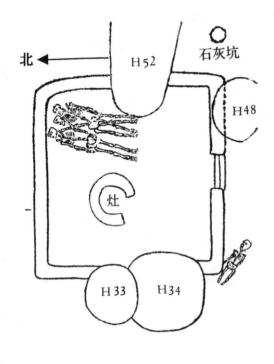

图四　永城王油坊龙山文化 20 号房址内的奠基牲
（采自《考古学集刊》五）

13 号坑埋儿童头骨五个和少量肢骨①。

4．汤阴白营

1978 年发掘。在 36 号房基填土中和 16 号墙基内各发现一具置于陶罐中的童牲②。

以上四例均属于河南龙山文化时期，在发掘的一座城址和二十座房址中，至少已发现奠基牲六十具，其中童牲占绝大多数。由此说明，在城基和房基下用幼童奠基是河南龙山文化的一大特点。河南龙山文化的范围，一般指北起河北的邯郸地区，南至豫东商丘地区和安徽西北部，西起太行山，东至泰山，包括鲁西和鲁西南地区。这一广大的地域，在我国古代文献记载中，正是商人祖先的活动范围。二里头、二里岗和安阳殷墟等殷商王都的大型建筑中，普遍使用人牲奠基，应是河南龙山文化以幼童奠基习俗的进一步发展。

## 二　人殉遗存的考察

考古发现的史前期合葬墓很多，如何确认被埋葬者中有殉葬者，其难度并不亚于识别人牲。在史前社会发展的不同阶段，由于生产力水平、文化结构、婚姻形态等的不同，出现诸多内涵的合葬墓，这是很自然的，不能因为它是合葬墓，便认定墓中必有被殉葬者。根据马克思和恩格斯的论述，人殉现象开始于母系氏族制向父系氏族制过渡或父系氏族制已经确立的时期。父系氏族制的确立，标志着父权的尊严，这就为人殉的出现创造了条件③。在中国，这个时期大约相当于黄河流域仰韶文化晚期到龙山文化阶

① 河南省文物研究所等：《登封王城岗与阳城》38～40 页，文物出版社，1992 年。
② 河南安阳地区文物管理委员会：《汤阴白营河南龙山文化村落遗址发掘报告》，《考古学集刊（三）》，中国社会科学出版社，1983 年。
③ 参见本书《人牲人殉的起源》第二节。

段，处在公元前 3000 年至前 2000 年左右。根据考古学者的田野考察，人殉的最初表现形式主要是女人为男人殉死（即所谓"妻妾殉夫"）和幼童殉葬。由于合葬的性质主要靠直观判断，如果没有一定的规范制约，势必歧见纷呈。为了减少偏差，笔者以为除了墓葬年代应确认为这一历史阶段以外，还应该遵循下面四条规范：

1. 经科学发掘，确认墓中被葬者均为一次同时入葬；

2. 显示男尊女卑葬式或主尊从（奴）卑葬式；

3. 墓坑在同一墓地中较大，随葬器物一般较多；

4. 在同一考古学文化中不是孤例。

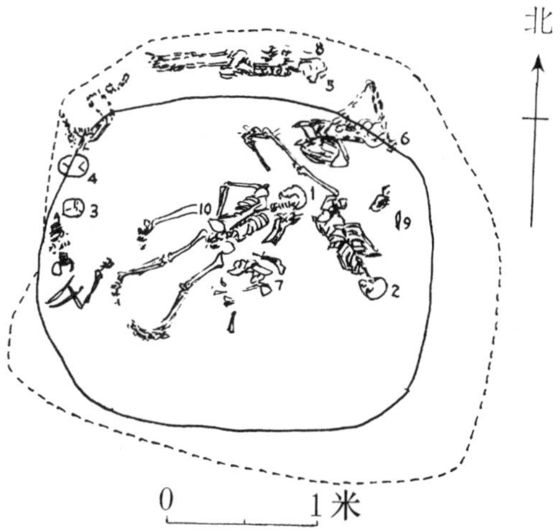

根据考古发掘报道，并对照上述四条

图五　登封王城岗龙山文化 1 号建筑基址下的奠基牲（采自《登封王城岗与阳城》）

1、2. 女性青年　3~5. 儿童　6、7. 男性壮年
8. 猪牙　9. 鹿牙　10. 石芯

规范，我们初步认定甘肃武威皇娘娘台、永靖秦魏家两处齐家文化墓地以及内蒙古朱开沟文化墓地和江苏新沂花厅大汶口文化墓地中的一些墓葬，可能存在妻妾殉夫或用幼童殉葬的现象。此外，山西襄汾陶寺文化墓地可能已出现杀殉现象。

甘肃武威皇娘娘台① 和永靖秦魏家② 两处齐家文化氏族墓地发现的殉人墓均为成年男女合葬墓。葬式是男子仰身直肢葬，女子侧身屈肢葬。皇娘娘台氏族墓地共发掘八十八座墓，其中一男二女合葬三座，男性仰卧居中，二女性侧身俯贴于男性左右侧，下肢后屈，面皆向男性（图六，左）。成年男女合葬墓十座，男性仰卧直肢居左，女性侧身屈肢居右，面向男性（图六，右）。秦魏家发掘一百三十八座墓，其中成人男女合葬十六座，男性仰卧直肢居右，女性侧身屈肢居左，面向男性（图七、八）。

皇娘娘台和秦魏家两墓地的成人男女合葬墓都是一次入葬，男女骨架的放置是固定的，皇娘娘台是男左女右，而秦魏家是男右女左。凡作过骨架测定的，男女年龄均相仿佛。墓中的随葬器物，男性略多于女性。在同一墓地中，这种男女合葬墓的随葬器物大都比较丰富。这种情况表明，合葬者的关系应是夫与妻（妾），而不是主奴。合葬时，

---

① 甘肃省博物馆：《甘肃武威皇娘娘台遗址发掘报告》，《考古学报》1960 年第 2 期；又《武威皇娘娘台遗址第四次发掘》，《考古学报》1978 年第 4 期。

② 中国科学院考古研究所甘肃工作队：《甘肃永靖秦魏家齐家文化墓地》，《考古学报》1975 年第 2 期。

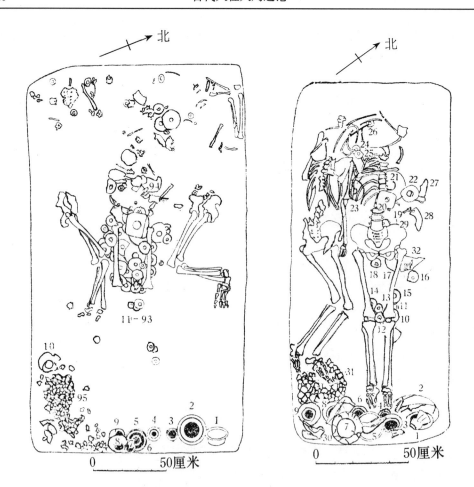

图六　甘肃武威皇娘娘台齐家文化墓葬（采自《考古学报》1978年第4期）

左.48号墓　1、5.陶尊　2~4、6~9.多式陶罐　10.陶豆　11~93.石璧　94.玉璜　95.小

石块　右.52号墓　1~4、6、8、9.多式陶罐　5.陶豆　7.陶尊　10~29.石璧　30.猪下

颌骨　31.小石块　32.玉石片

是有意将尸体安排成男主女从葬式的。详见表一、表二。

**表一　甘肃武威皇娘娘台齐家文化墓地殉人墓**

| 墓号 | 骨架 | 性别　　　葬式 | 随　　葬　　品* |
|---|---|---|---|
| 24 | 3 | 男居中，仰身直肢<br>女两侧，侧身屈肢 | 陶器16、铜锥、绿松石珠、石璧 |
| 28 | 2 | 骨架已朽 | 石璧3、石凿、猪下颌骨 |
| 29 | 2 | 男左，仰身直肢<br>女右，侧身屈肢 | 陶碗、双大耳罐2、折肩罐2、直口罐2、双小耳罐2、单耳罐4 |
| 30 | 2 | 男左，仰直直肢<br>女右，侧身屈肢 | 陶碗、尊4、双大耳罐2、折肩罐2、豆、侈口曲颈罐、双耳罐2、<br>双小耳罐15、直口罐、单耳罐7、壶，石璧，猪下颌骨5 |

**续表一**

| 墓号 | 骨架 | 性别　　葬式 | 随 葬 品 |
|---|---|---|---|
| 38 | 2 | 男左，仰身直肢<br>女右，侧身屈肢 | 陶豆、尊、双耳大罐、折肩罐、双耳罐、单耳罐 2，石璧 5，绿松石珠 6，小石子 53 |
| 46 | 2 | 男左，仰身直肢<br>女右，侧身屈肢 | 陶尊、折肩罐 2、单耳罐 5、双小耳罐 3，石璜 6，猪下颌骨 2，小石子 216 |
| 48 | 2 | 男居中，仰身直肢<br>女两侧，侧身屈肢 | 陶豆、尊 2、折肩罐、单耳罐 3、三耳罐、双小耳罐、敞口罐，石璧 83，玉璜，小石子 304 |
| 52 | 2 | 男左，仰身直肢<br>女右，侧身屈肢 | 陶豆、尊、折肩罐、双大罐、单耳罐 4、直口罐，石璧 20，猪下颌骨 7，小石子 290，粗玉石片 4 |
| 54 | 2 | 男左，仰身直肢<br>女右，侧身屈肢 | 陶碟、折肩罐、单耳罐 6、壶、侈口罐、双小耳罐 2，绿松石珠 6，猪下颌骨，小石子 5 |
| 58 | 2 | 男左，仰身直肢<br>女右，侧身屈肢 | 石璧 2，猪下颌骨 |
| 66 | 3 | 男居中，仰身直肢<br>女两侧，侧身屈肢 | 石璧 15 |
| 71 | 2 | 男左，仰身直肢<br>女右，侧身屈肢 | 石罐，绿松石珠 4 |
| 76 | 2 | 男左，仰身直肢<br>女右，侧身屈肢 | 陶单耳罐 3、双耳罐、侈口罐、双小耳罐 2，石璧 2，小石子 64，粗玉石片 4 |

\* 随葬品未注件数的皆为 1 件。表二、表三、表四同此例。

## 表二　甘肃永靖秦魏家齐家文化墓地殉人墓

| 墓号 | 骨架 | 性别　　葬式 | 随 葬 品 |
|---|---|---|---|
| 2 | 2 | 右，仰身直肢<br>左，侧身屈肢 | |
| 18 | 2 | 男（?）右，仰身直肢<br>女（?）左，侧身屈肢 | 猪下颌骨 12 |
| 37 | 2 | 右，俯身直肢<br>左，侧身屈肢 | 陶豆、高领双耳罐、单耳罐、侈口罐，猪下颌骨 18，小石块 12 |
| 45 | 2 | 右，仰身直肢<br>左，侧身屈肢 | 陶豆、高领双耳罐、瓶、侈口罐，骨针、匕 |
| 50 | 2 | 男右，仰身直肢<br>女左，侧身屈肢 | 骨匕、牙饰、猪下颌骨 34，小石块 13 |
| 52 | 2 | 男右，俯身直肢<br>女左，侧身屈肢 | 陶豆、双大耳罐、高领双耳罐、侈口罐，猪下颌骨 55，小石块 40 |
| 60 | 2 | 右，仰身直肢<br>左，侧身屈肢 | 陶双耳罐、高领双耳罐、双大耳罐、骨针、猪下颌骨 6，小石块 10 |
| 81 | 2 | 右，仰身直肢<br>左，侧身屈肢 | 陶双大耳罐、高领双耳罐、侈口罐，石凿、绿松石珠 |
| 85 | 2 | 右，仰身直肢<br>左，侧身屈肢 | 陶豆、侈口罐 |
| 95 | 2 | 男右，仰身直肢<br>女左，侧身屈肢 | 陶双大耳罐、高领双耳罐、侈口罐，猪下颌骨 5 |
| 103 | 2 | 右，仰身直肢<br>左，侧身屈肢 | 陶豆、双大耳罐、高领双耳罐、侈口罐，猪下颌骨，绿松石珠 |

**续表二**

| 墓号 | 骨架 | 性别　　葬式 | 随　　葬　　品 |
|---|---|---|---|
| 105 | 2 | 男右，仰身直肢<br>女左，侧身屈肢 | 陶侈口罐、双大耳罐、高领双耳罐 |
| 108 | 2 | 男右，仰身直肢<br>女左，侧身屈肢 | 陶侈口罐、双大耳罐、高领双耳罐、瓶、敞口罐，猪下颌骨12 |
| 115 | 2 | 右，仰身直肢<br>左，侧身屈肢 | 陶豆、单耳罐、高领双耳罐、侈口罐、长颈罐 |
| 124 | 2 | 男右，仰身直肢<br>女左，侧身屈肢 | 陶碗、双大耳罐2、高领双耳罐、侈口罐2 |
| 138 | 2 | 右，仰身直肢<br>左，侧身屈肢 | 陶高领双耳罐，石凿，小石块35 |

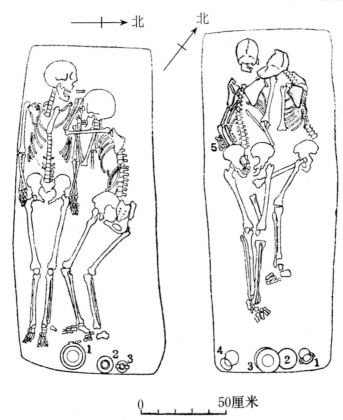

图七　甘肃永靖秦魏家齐家文化墓葬（采自《考古学报》1975年第2期）

左. 105号墓（1.高领双耳罐　2.侈口罐　3.双大耳罐）　右. 52号墓（1.

双大耳罐　2.豆　3.高领双耳罐　4.侈口罐　5.小石块）

朱开沟文化遗址在内蒙古伊克昭盟鄂尔多斯高原东部伊金霍洛旗纳林塔乡朱开沟村。在发掘的4000平方米范围内，发现房址八十七座、灰坑二百〇七个、墓葬三百二十九座。在这三百二十九座墓中，有二人合葬墓三十五座、三人合葬墓八座、四人合葬

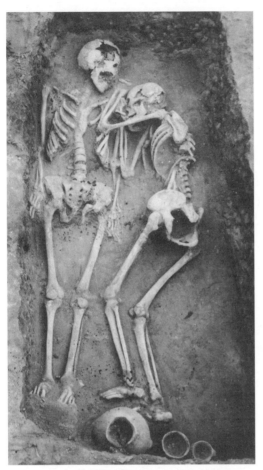 

图八　甘肃永靖秦魏家齐家文化 105 号墓（左）和 60 号墓（右）（采自《考古学报》1975 年第 2 期）

墓一座。通过鉴定人骨得知，多数是成年男女合葬[①]。根据发掘报道和笔者的初步研究，基本上可认定为殉人墓的约三十座；未能列入殉人墓的十四座，或因骨架腐朽不能鉴定（五座），或系双成年女性合葬（五座），或系双成年男性合葬（一座），或一成年女性一幼童合葬（二座），或三成年女性一儿童合葬（一座）。除五座因骨架不能鉴定无法说明外，其余九座的合葬当另有原因，可能不会是殉葬者[②]。下面仅就基本上可以认

---

① 内蒙古文物考古研究所：《朱开沟——青铜时代早期遗址发掘报告》，文物出版社，2000 年。

② 未列入的十四座墓，具体情况是：M3038、M3039、M4032、M4037、M6011 五座是双成年女性合葬，其中 M4032 为老年女与青年女合葬，余均为中年女、青年女合葬。M4050 是双成年男性合葬，一男仰身直肢，另一男侧身屈肢，上臂上举。M2015、M3035 是一成年女性一幼童合葬，女皆仰身直肢，幼童放于女性头部右侧。M3028 是三成年女性一儿童合葬。一女放于棺内，45 至 50 岁，仰身直肢，右手戴二铜钏。棺外左侧一女，25 至 30 岁，仰身直肢，面向棺内。棺外右侧一女青年、一儿童。棺外足端放猪下颌骨八副和漆器。从葬式看，这九座合葬墓大约属于母系氏族制的葬俗，而非殉人墓。骨架未能全部鉴定的 M1040、M1077、M1109、M5001、M6012 五座，均为双人合葬。其中三墓各鉴定一具，为二男一女，估计这五座属异性成年合葬。

定的三十座殉人墓做一点分析。

这三十座殉人墓都是一次性埋葬，其中一男一女合葬墓二十二座，一男二女合葬墓五座，一男一女一儿童合葬墓三座。一男一女合葬者皆成年，男性仰卧直肢居墓坑底中部，女性侧身屈肢居左侧（图九、图一〇）（少数作俯身直肢葬式），面向男性。女性四肢有的似经捆缚，个别女性的双臂和小腿交叠或作挣扎状，似被捆缚后强行置于男侧。一男二女合葬的情况与秦魏家齐家文化墓地所见近似。葬式基本上也是男性仰卧居中，二女性侧身于男性两侧，面向男性（图一一）。或二女性均侧身于男性棺外左侧，作上下排列状（M1103）。2016、5012 和 5013 三座是一男一女一儿童合葬墓，也都是男性成年居中，女性成年居左侧，侧身屈肢面向男性；儿童居右侧，或放在男性足端的棺外（图一二）。凡置有木棺的，棺内均放男性，女性和儿童均放棺外。详见表三。

表三　内蒙古伊克昭盟朱开沟文化墓地殉人墓

| 墓号 | 骨架 | 性别　　　葬式 | 随　　葬　　品 | 分段 |
|---|---|---|---|---|
| 1010 | 2 | 男右，仰身直肢<br>女左，侧身屈肢 | 陶盉 2、豆、双耳罐、单把鬲 | 三 |
| 1044 | 2 | 男右，仰身直肢<br>女左，侧身屈肢 | 陶壶、单耳罐 3、高领罐 3、圈足盘（盘内放猪肋骨 4） | 三 |
| 1088 | 2 | 男右，仰身直肢<br>女左，俯卧，上肢上屈，下肢斜伸 | | 三 |
| 1089 | 2 | 男放右侧，棺内，仰身直肢<br>女放左侧，棺外，侧身屈肢 | | 三 |
| 1090 | 2 | 男放右侧，棺内，仰身直肢<br>女放左侧，棺外，侧身屈肢 | | 三 |
| 1103 | 3 | 一男居右，放棺内，仰身直肢<br>二女放棺外左侧，上下排列，上女仰身直肢，下女侧身屈肢 | | 四 |
| 1108 | 2 | 男右，仰身直肢<br>女放左侧坑边，侧身屈肢 | | 四 |
| 2016 | 3 | 一男居右，放棺内，仰身直肢<br>一女放棺外左侧浅坑内，侧身屈肢；男性脚下棺外浅坑内放一儿童，仰身直肢 | | 四 |
| 3006 | 3 | 一男居中，仰身直肢<br>二女放两侧，面均向男性。左侧女侧身屈肢，右侧女仰身直肢 | | 四 |
| 3007 | 2 | 男右，仰身直肢<br>女在左侧偏下，仰身直肢，右臂上抬，手放面部 | | 四 |

**续表三**

| 墓号 | 骨架 | 性别　葬式 | 随　葬　品 | 分段 |
|---|---|---|---|---|
| 3024 | 3 | 一男居中，仰身直肢<br>二女放两侧，均侧身直肢，面向男性 | 陶豆、单把鬲、大口尊、高领罐，猪下颌骨6，羊下颌骨6，兽下颌骨8 | 三 |
| 3029 | 2 | 男右，仰身直肢<br>女左，侧身屈肢 | | 三 |
| 3033 | 2 | 男右，仰身直肢<br>女在左侧偏下，侧身屈肢，面向男性 | 陶盉、壶、圆腹罐 | 三 |
| 3036 | 2 | 男右，仰身直肢<br>女左，侧身屈肢，面向男性 | 陶矮领罐，猪下颌骨 | 三 |
| 3043 | 2 | 男右，仰身直肢<br>女左，侧身屈肢 | 陶高领罐、单把鬲、双耳罐、壶形罐，猪下颌骨 | 三 |
| 3045 | 2 | 男放棺内，仰身直肢<br>女放左侧棺外，仰身直肢，面偏向男性 | 猪下颌骨10，羊下颌骨3，兽下颌骨2 | 三 |
| 3046 | 2 | 男放棺内，仰身直肢<br>女放棺外，仰身直肢，上臂上屈 | 猪下颌骨4，羊下颌骨 | 三 |
| 4009 | 2 | 男右，仰身直肢，<br>女左，侧身直肢，右臂上屈，面向男<br>男女之间放一石板分隔 | 女左手戴骨指环 | 四 |
| 4012 | 2 | 男右，仰身直肢<br>女左，侧身屈肢 | 陶壶、单耳鬲、双耳罐、单耳罐、豆、高领罐 | 三 |
| 4014 | 3 | 一男居中，仰身直肢<br>一女放左侧，俯身直肢<br>一女放右侧，仰身直肢，双手交叉置腹上 | 陶豆、单把鬲、双耳罐、花边罐、簋形盆 | 四 |
| 4017 | 2 | 男右，仰身直肢<br>女左，侧身屈肢 | | 三 |
| 4019 | 2 | 男放棺内，仰身直肢<br>女放棺外，仰身直肢，手足似被捆缚 | | 四 |
| 4040 | 2 | 男右，仰身直肢<br>女左，侧身屈肢 | | 四 |
| 4052 | 2 | 男右，仰身直肢<br>女左，侧身屈肢 | | 三 |

**续表三**

| 墓号 | 骨架 | 性别　　葬式 | 随　　葬　　品* | 分段 |
|---|---|---|---|---|
| 4060 | 2 | 男右，仰身直肢<br>女左，侧身屈肢，左臂上屈 | 女右手戴铜指环<br>壁龛内有陶罐 4、陶盉和动物骨骼 | 四 |
| 5005 | 3 | 一男放墓底中部浅坑，仰身直肢<br>二女放坑外两侧，均仰身直肢，双臂上屈 | 右侧女有骨指环，男有绿松石珠 3，左侧女有蚌串珠 3 | 三 |
| 5012 | 3 | 男放墓底中部浅坑内，仰身直肢<br>女放男左侧二层台上，仰身直肢，两手交置腹部，面向男性<br>儿童放男右侧下肢处，仰卧，面向男 | 男性颈部有蚌珠 8，背部有海贝 20<br>女性左耳有绿松石<br>儿童胸部有骨柄石刀 | 三 |
| 5013 | 3 | 男放墓底中部浅坑内，仰身直肢<br>女放男左侧二层台上，俯卧躬身，面向男<br>儿童放男右侧二层台上，仰身直肢，面向男，下肢小腿交叉 | | 三 |
| 6022 | 2 | 男右，仰身直肢<br>女左，侧身屈肢，面向男 | | 四 |
| 6025 | 2 | 男右，仰身直肢<br>女左，侧身屈肢 | 陶单耳罐 | 四 |

　　列入表中的三十座殉人墓，除了都是一次性合葬和葬式显示男尊女卑的特征以外，墓坑都较大，构筑也比较讲究，有的已设置木棺。由于朱开沟墓地有一半以上的墓葬没有随葬器物，所以，在这三十座殉人墓中也有部分没有随葬器物，有随葬器物的殉人墓，器物的数量一般多于单人葬，质量也较高，随葬猪下颌骨的数量也多于单人葬墓。

　　根据发掘者的研究，这三十座殉人墓，属于朱开沟文化分期的第三段、第四段。这两段的出土陶器与甘肃齐家文化墓地的同类器物非常相似，碳素测定的年代也相符合，故其时代应与甘肃齐家文化大约相当或稍晚，约处于公元前 2000 年至前 1600 年。

　　需要指出的是，这种妻妾殉夫习俗是很有限的，并不是当时所有男性家长都有大量奴仆和一夫多妻的特权，也不是每个男性死后都可以杀妻妾以殉。有权占有多妻，死后可以杀妻妾以殉的人毕竟是极少数[①]。

　　花厅大汶口文化墓地位于江苏省新沂市西南 18 公里处。1987 年、1989 年发掘。在

---

①　参考李仰松《试论中国古代的军事民主制——纪念恩格斯〈家庭、私有制和国家的起源〉发表一百周年》，《考古》1984 年第 5 期。

已发掘的 2400 平方米范围内，共发现墓葬六十六座，其中五十六座小墓分布在遗址北边，十座大墓分布在遗址南边。十座大墓中有八座发现殉人。在八座殉人墓中共发现殉人十八具，其中十五具是儿童或幼儿，一具成年女性和接近成年的男女少年各一具。殉人墓皆为长方形竖穴土坑，坑壁规整，墓穴较大较深，有较丰富的随葬品，殉人有的采用类似甘肃齐家文化墓地所见的妻妾殉夫葬式，即男性居中，女性侧身屈肢面向男性，但较多的是用一至五个幼童殉葬。即使在类似妻妾殉夫式的墓中，也兼用幼童殉葬（图一三、一四）。详见表四。

这八座殉人墓均处于大汶口文化中期至晚期，约公元前 3200 年至前 2800 年。其中 18 号墓、20 号墓属中期，余六座属晚期[①]。

八座殉人墓均属"文化两合现象"，即墓葬主体属大汶口文化，但带有良渚文化因素。这种现象应

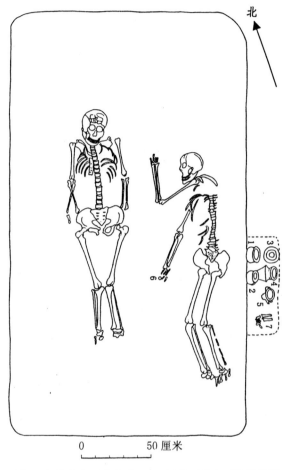

图九　内蒙古朱开沟文化 4060 号墓（采自《朱开沟》）

1～4.多式陶罐　5.陶盉　6.铜指环　7.动物骨骼

是两地之间的文化交流、传播和人口迁徙交织在一起的结果。

从以上叙述的四批殉人墓可以看出：甘肃武威永靖的两处齐家文化殉人墓，表现的是妻妾殉夫葬式；朱开沟的殉人墓多数也是妻妾殉夫葬式，但有少数幼童殉葬；而花厅殉人墓主要是幼童殉葬，也有少数男尊女卑葬式。这些区别，可能有时代早晚的原因，而更多的可能是地域文化差异和社会发展的不平衡所致，但它们都处在母系氏族制向父系氏族制过渡或父系氏族制确立的历史时期。这四批殉人墓大体上反映了这个时期的社会状况，而区别于阶级、国家出现以后的人殉制度。

此外，山西襄汾陶寺文化墓地可能已出现杀殉现象，目前只公布其中的ⅡM22 一

---

① 南京博物院：《花厅》，文物出版社，2003 年。

### 表四　新沂花厅大汶口文化墓地殉人墓

| 墓号 | 骨架 | 性别　　葬式 | 随　　葬　　品 | 分段 |
|---|---|---|---|---|
| 16 | 3 | 主体居中，骨架已朽，性别不明<br>左侧有一少年男性<br>脚后有一少年女性 | 主体随葬石刀，骨筒，陶环2，玉饰片4 | 晚 |
| 18 | 4 | 一男成年居左，仰身直肢<br>一女成年侧身居右，面向男性<br>二幼童，一置男性胸前（平面图在男性头部右上侧——引者），一置男性脚后 | 男性右手握石钺，头部两手腕胸腹部有珠、管、琮、坠等玉饰品，脚部脚下有石斧和猪下颌骨<br>女性头插玉簪，两手腕有玉瑗玉环<br>二幼童无随葬品 | 中 |
| 20 | 3 | 一男成年居中，仰身直肢，下肢略弯曲<br>二少年横向卧于男性脚下，性别不明 | 男性头枕石钺，口含玉琀，两手套玉瑗玉环，颈饰二串珠，头部上方放一猪骨架，左侧放一狗骨架。随葬陶器、玉器、石斧、石刀及猪下颌骨，共70多件<br>二少年，一佩绿松石耳坠、玉镯，脚后有石斧，头部上方有一猪骨架，左侧一狗骨架。另一少年无随葬品 | 中 |
| 34 | 3 | 主体成年骨架已朽，性别不明<br>脚后并列二具孩童骨架，约9至11岁 | 玉饰片，陶纺轮2、匜、器盖 | 晚 |
| 35 | 2 | 主体成年骨架已朽，性别不明<br>脚后置一具孩童骨架 | 玉斧 | 晚 |
| 50 | 3 | 男成年居中，仰身直肢<br>脚后并列二具孩童骨架，约8至11岁 | 玉斧、饰片、锛2、角锥3，绿松石10，陶碗，器座 | 晚 |
| 60 | 6 | 一男居中，仰身直肢，约30岁<br>男左侧有男女少年各一，皆侧身直肢，女少年身旁另有一具儿童骨架，侧身直肢<br>男头部上方有一幼儿骨架<br>男右下侧又有一少年骨架 | 男胸部佩玉饰4片。随葬石刀2，砺石，獐牙勾形器，骨栖，陶纺轮、器盖2 | 晚 |
| 61 | 2 | 一女居中，仰身直肢，约20岁<br>女右侧偏下处置一具少年骨架 | 玉璜、璧，石刀、镯，砺石，骨梳 | 晚 |

座墓的资料。据报道，22号墓是圆角长方形竖穴土坑墓。墓口长5米、宽3.65米、深8.4米。墓向140度。在墓口下深1.4米的填土中发现一具被腰斩的青年男性骨架。墓底中部置船形棺，四壁有十一个壁龛。棺为整木挖制，外施红彩。墓室已被盗毁，但仍遗存玉器、漆器和彩绘陶器共一百件。另有猪十头，公猪下颌骨一件。墓主尸骨散乱，混入盗坑中。在盗坑底部有被随意抛弃的人颅骨五个，估计也是此墓的人牲或人殉。此

墓属陶寺文化中晚期，约当公元前
2200 年至前 2000 年[①]。

　　晋西南是夏人活动的主要地
区，陶寺文化遗存与探索夏文化密
切相关。陶寺文化墓地出现杀殉现
象似不止此一例，理应受到关注。
由于报道简略，有些叙述字句不易
看懂，目前还无法对被杀殉者的身
份做出解释。

## 三　疑似人牲人殉的遗存

　　上面两节，我选取基本上可以
认定的史前期人牲人殉遗存加以介
绍，并谈了自己的粗浅认识。选取
是否得当，有无重大遗漏，我自己
也说不清楚，因为我的这方面的知
识都是从发掘报告中得知，缺乏真
知实感，对分布在山东、江苏、浙
江一带的大汶口文化、良渚文化，
尤其如此。近二十年来，不断看到
大汶口文化、良渚文化遗址中发现
人牲人殉的报道，有的学者还撰文
论述。这次增订改写，收入江苏新
沂花厅大汶口文化墓地资料，做了

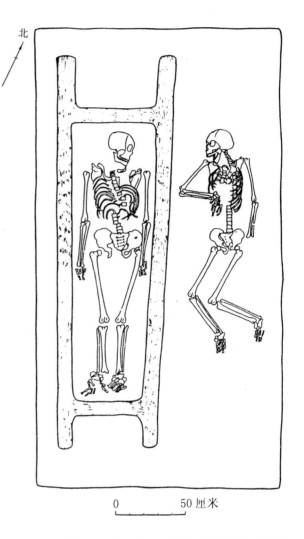

图一〇　内蒙古朱开沟文化 1090 号墓（采自《朱开沟》）

一些调整，吸收部分意见。但对一些遗存现象，虽然苦心研读，有些认识还是跟不上，
所以采取摘录的办法，另立一节，标以"疑似"二字，并稍做评议。对报道过于简单，
或只发布消息的人牲人殉遗存，也一并收录。目的是让读者共同关注，提供研究参考。

### （一）仰韶文化中的疑似人牲人殉遗存

　　河南濮阳西水坡 45 号墓。1987 年发掘。墓坑平面呈人头形，墓室竖穴土坑，南北

---

　　① 中国社会科学院考古研究所山西工作队等：《陶寺城址发现陶寺文化中期墓葬》，《考古》2003 年第 9 期。

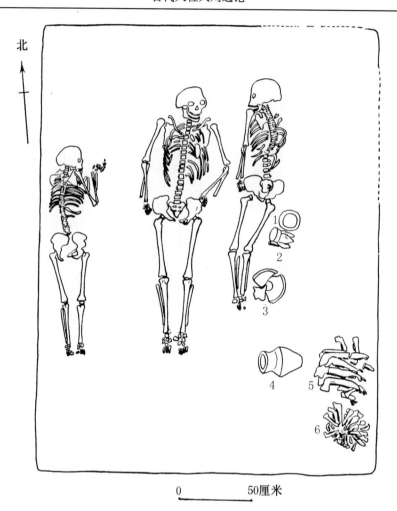

图一一　内蒙古朱开沟文化 3024 号墓（采自《朱开沟》）

1. 陶豆　2. 陶鬲　3. 陶尊　4. 陶罐　5. 猪下颌骨　6. 羊下颌骨

长 4.1 米，东西宽 3.1 米，深 0.5 米。墓主头向南，仰身直肢，壮年男性。左侧有蚌塑龙形图案，右侧有蚌塑虎形图案，足下横置两根人胫骨，胫骨两端有平面呈三角形的蚌壳堆，虎蚌塑西边有些散乱的蚌壳。墓坑的东、西、北三面各一小龛，龛内各殉一人，皆仰身直肢。东龛人头向南，性别未鉴定；北龛人头向东南，男性，约 16 岁；西龛人头向南，女性，约 12 岁，头部有刀砍痕。未见随葬品。发掘者推定此墓属仰韶文化时期。墓主左右侧有龙虎蚌塑，又有殉人三具，显示墓主生前的地位和权力。说明这时已进入父系氏族社会，而且可能已经发展到军事民主制阶段[1]。

小议：发掘报告没有从层位上说明那三具"殉人"和墓主脚下的两根骨头与"龙虎

① 濮阳市文物管理委员会等：《河南濮阳西水坡遗址发掘简报》，《文物》1988 年第 3 期。

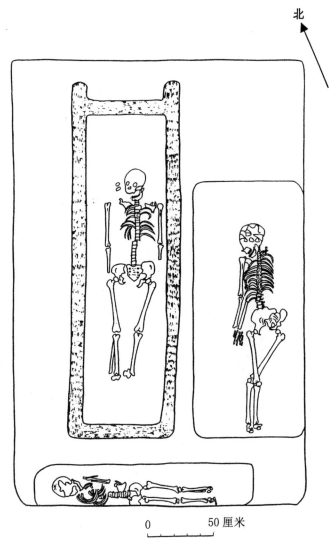

北

0　　　　　　50厘米

图一二　内蒙古朱开沟文化2016号墓（采自《朱开沟》）

墓"的关系，不符合科学发掘报告的基本要求。说此墓平面"人头形"，从未见过，实属可疑。报告所做的结论性看法，可暂存疑，留待西水坡遗址资料全部发表后再议。

**（二）齐家文化中的疑似人牲人殉遗存**

1. 青海民和喇家祭坛遗址

2001至2004年发掘。遗址是一座从原有黄土高地上人工堆筑起来的土台。台顶平面近方形，边长5～6米。台面中间是一座高规格的特殊墓葬，编号M17。墓口呈"回"字形的双重开口，即在土坑墓口上还有一个更大的墓口（上墓口），长2.8米、宽2.5米、深0.3～0.4米。上墓口填土中发现玉器六件，有三璜合璧、玉锛、玉料、璧

北 ←

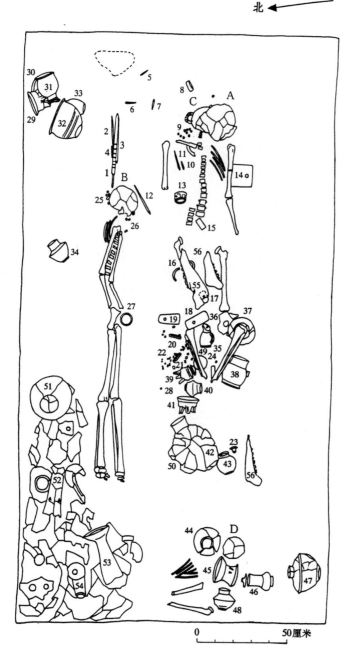

图一三　新沂花厅大汶口文化
18号墓（采自《花厅》）

A. 成年男性　B. 成年女性　C、D.
幼童　1～7、10～12. 玉锥　8、
27. 玉镯　9、13. 玉珠　14. 石钺
15. 石锛　16. 玉环　17～19. 穿孔
石斧　20、21. 玉管　22. 玉颈饰
23. 玉柄饰　24. 条形玉器　25、26、
28. 玉耳坠　29、39、41. 陶鼎　30、
34、40、43、44、47、48. 陶罐　31、
35. 陶杯　32、37、51. 陶盆
33. 陶簋　36、49. 陶器盖　38、46.
陶壶　42. 陶背壶　45、52～54. 陶
豆　50. 陶钵　55、56. 猪下颌骨

0　　　　　　50厘米

芯等。上墓口底部出现真正的土坑墓口，长2.5米、宽0.7米、底深1.5米，方向355
度。在墓坑填土中发现三璜合璧、璧芯各一件。墓底置一木棺，已朽。棺内人架为男
性，头向北，面向西，仰身直肢葬式，随葬玉器七件（璧二、环一、小璧一、管二、
凿一）。未见别物。在此墓北边10多米处有十座小墓，小墓周围还有一些大小不一的空

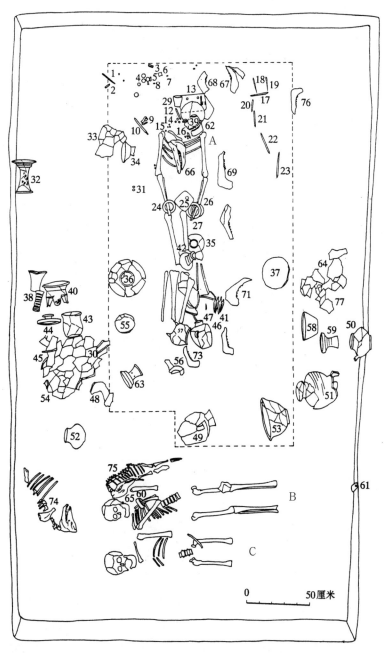

北

图一四　新沂花厅大汶口
　　　　文化20号墓（采
　　　　自《花厅》）

A. 成年男性　B、C. 少年
1、10～12、16～23、62. 玉
锥　2～8、14、15、31. 玉
珠　9、60. 玉镯　13、25.
石钺　24、26. 玉瑗　27. 玉
环　28. 石铲　29. 陶杯
30、39、43、48、52、54～
56. 陶罐　32、34、35、38、
42、59、63、64. 陶豆　33、
45. 残陶器　36、50. 陶盉
37、40、57. 陶鼎　41. 石镞
44. 陶器盖　46、49. 陶背壶
47. 骨镞　51. 陶壶　53. 陶
盆　58. 陶钵　61. 石斧
65. 绿松石耳坠　66、67、
76. 猪头骨　68～73. 猪下颌
骨　74. 猪骨架　75. 狗骨架
77. 陶双耳罐

0　　　　　50厘米

土坑。小墓中有竖穴土坑墓七座，各埋成人一具，性别未鉴定；小圆坑墓三座，各埋儿
童一具。小墓排列不整齐，无规律，少数有打破叠压关系，当非同时埋葬。成人、儿童
大多为仰身直肢，少数俯身，均无葬具。墓内都有少量随葬品。稍显突出的是8号墓和
12号墓。8号墓人架仰身直肢，头向西北，随葬玉料六件，猪下颌骨多块。12号墓人

架亦仰身直肢，头向西，随葬玉器和绿松石饰共十一件、猪下颌骨七块。

这种成人墓与儿童墓混在一起，周围又有大小不一的小土坑，说明喇家土台遗址可能不是公共墓地，而像是祭祀性的埋葬。值得注意的是，发掘时发现土台有多层硬面，硬面上有火烧痕迹，还有一些打破土台的灰坑。硬面显然是多次加工修补，不断垫高扩大。说明土台有其特殊的使用性质，不是一般墓地。发掘者初步分析，这个土台有可能是供不断有的祭祀性埋葬和祭祀仪式的祭坛，与江苏昆山赵陵山良渚文化祭坛近似。祭坛遗址年代约为公元前 2000 年左右[①]。

小议：这是一座齐家文化祭坛，基本上可信，但还有一些问题尚待继续搞清楚。例如：遗址会不会是在祭坛废弃后变成家族墓地的；祭祀的对象是 17 号墓主还是别的什么；小墓的死者如何肯定是多次被杀祭的人牲？如果是人牲，血祭掩埋即可，似不必给予随葬品；小墓周围的空土坑，可能用于瘞埋牲肉、牲血（包括人血），一般还应有牛羊等牺牲的遗骸及其他祭器、供品遗存，为何不见？期待在正式报告中说清楚。

2. 青海乐都柳湾墓地

1974 至 1978 年发掘三百六十六座，其中二人合葬二十座，三人、四人、五人合葬各一座。合葬墓与同墓地的单人葬一样，都有陶器、石器等随葬品，但不丰富突出。

在二十座二人合葬墓中，有八座仰身直肢合葬、六座仰身直肢与屈肢合葬、三座双棺并列合葬、二座同棺合葬、一座同坑合葬。

二人皆仰身直肢葬式的八座墓中，有二座男女成年合葬（M63、M1061），二座双女成年合葬，余四座骨架腐朽，性别不明。六座仰身直肢与屈肢合葬墓中，骨架经鉴定，可确定二座（M314、M1112）为男女成年合葬，余四座骨架腐朽，鉴定不全，大约也是男女成年合葬。三座双棺并列墓中，有二座为儿童双棺并列合葬，一座为一男一女双棺并列合葬。二座二人同棺墓，均为一男一儿童，估计是父子同棺合葬。一座二人同坑合葬，因骨架腐朽，性别不明。值得注意的是四座男女成年合葬墓。63 号墓，男左女右，男 40 至 45 岁，女 55 至 60 岁，皆仰身直肢葬式，随葬品较多，分散放于两人头部上方。1061 号墓，男左女右，男放于独木棺内，紧贴墓壁；女放于棺外右侧。二人皆仰身直肢，男 25 至 30 岁，女约 30 岁，十五件随葬品放于女性头上方及背后。314 号墓，男左女右，男 40 至 45 岁，放于棺内，仰身直肢；女 16 至 18 岁，侧身屈肢于木棺右下角，一条腿压在棺下。随葬陶器四件、纺轮二件，放于棺外西侧。1112 号墓，男左女右，男放于独木棺内，仅存头骨及少量肢骨；女放于棺外，仰身直肢，身首分离。随葬陶瓮、石刀各一件。

三人合葬墓（M972），棺内放一具骨架，性别不明；棺外右侧放二具骨架，一男性

①　叶茂林等：《青海喇家遗址发现齐家文化祭坛》，《中国文物报》2004 年 3 月 17 日。又见中国社会科学院考古研究所甘青工作队等：《青海民和喇家遗址发现齐家文化祭坛和干栏式建筑》，《考古》2004 年第 6 期。

一性别不明。三人皆仰身直肢葬式，随葬品放于棺外两具骨架的上方及右侧。

四人合葬墓（M1179），木棺斜放，棺内置人架一具，男性，约35岁，仰身直肢，身首分离，下颌骨放在腿骨上。棺外左侧有两具头骨，躯体不全，经鉴定为一青年一儿童。棺外右侧一具头骨，儿童。随葬陶器九件，分散在棺外三头骨附近。

五人合葬墓（M979），棺内放骨架一具，为一成年男子。棺外左侧有三具骨架，已残缺不全；棺外右侧置一头骨，性别年龄不详。仅棺外一具有一海贝，余无随葬品[①]。

小议：男女成年合葬墓，表明这时已出现一夫一妻制家庭，合葬者应是夫妻关系。二人皆仰身直肢葬式，随葬品共有或各有随葬品，说明当时男女社会地位基本上平等。及至男居棺内，女侧身屈肢于棺外，显示男尊女卑，妻子是丈夫的奴仆，妻子为丈夫殉死是可能的。柳湾发现的六例男尊女卑合葬墓，随葬品比较贫乏，其中一具或身首分离或肢骨不全，似乎更像是将先死的一具迁来合葬的，而非殉死。

1179号墓和979号墓为多人合葬墓，主体男性放于棺内，棺外随意埋置三具或四具头颅。能不能定为杀俘殉葬，似尚可商。1179号墓主体身首分离，下颌骨放在腿骨上，似为异常死亡；979号墓无随葬品，主体生前似一平常之人。二人都缺乏杀俘殉葬的条件。如果把这些头颅解释为主体生前的战利品，为显耀功绩，死后将之入葬也许比较合理。

3. 甘肃广河齐家坪墓地

"发现有八人和十三人同坑的墓葬，看来一人是墓主，其余像是殉葬的人。"[②]

小议：这消息已发布二十多年，未见资料发表，无法定论。

### （三）大汶口文化中的疑似人牲人殉遗存

1. 泰安大汶口墓地

1959年发掘一百三十三座，其中二人合葬墓七座，三人合葬墓一座。

二人合葬墓七座。1号墓，无葬具，男左女右，成年，仰身并排卧置。女性墓底比男性一边高，而且偏于一侧向外扩出，在扩出的小坑内有随葬品。另有二片龟甲分置二人腰部右侧。年代为晚期。13号墓，有葬具，男左女右，皆成年，仰身并排卧置。女性墓底比男性一边高7厘米。有象牙雕筒等随葬品。年代为早期。31号墓，无葬具，二成年骨架，仰身并排卧置，被18号墓打破，性别不明，无随葬品。年代为早期。69号墓，无葬具，二成年，仰身并排卧置，性别不明。右侧人架腰部右侧有一龟甲，有随葬品。年代为中期。70号墓，无葬具，二成年，仰身并排卧置，性别不明，有随葬品，

①　青海省文物管理处考古队等：《青海柳湾》177～191页，文物出版社，1984年。
②　甘肃省博物馆：《甘肃省文物考古工作三十年》，《文物考古工作三十年》42页，文物出版社，1979年。

分期未定。92 号墓，无葬具，二成年骨架，性别不明，无随葬品，分期未定。111 号墓，无葬具，男左女右，仰身并排卧置，有随葬品。年代为早期。

三人合葬墓一座（35 号墓），无葬具，男左女右一儿童。三具骨架呈东北西南向斜放，有随葬品。年代为中期[①]。

摘录者按：墓地早期属于后来规范的大汶口文化中期，中期晚期往后类推。墓地早中晚三期的年代约在公元前 3500 年至前 2500 年。

1974、1978 年发掘墓葬五十六座，其中二人合葬墓三座，三人合葬墓二座，六人合葬墓二座。

二人合葬墓三座：1014 号墓，二男；1017 号墓，一女一婴；2016 号墓，二婴。

三人合葬墓二座：1006 号墓，三女；2006 号墓，二男一婴。

六人合葬墓二座：2002 号墓，五男一婴；2003 号墓，一男五头颅[②]。

小议：1959 年发掘的八座合葬墓，近似妻妾殉夫墓，但这八墓，仅 13 号墓是大墓，余七座全是中小型墓，无葬具，随葬品不多，也不突出，而且未显示男尊女卑葬式，与一般单人葬无别。13 号墓有葬具，但女性墓底高于男性，是否为后来入葬？1 号墓女性也有可能是后来入葬的。1974、1978 年发掘的七座合葬墓，未见异性成年合葬，似可排除其中有殉人墓。

2. 兖州王因墓地

1975 至 1978 年发掘墓葬八百九十九座，其中合葬墓三十一座。在三十一座合葬墓中，二人合葬墓二十六座、三人合葬墓二座、五人合葬墓三座。被埋葬者皆仰身直肢葬式，以同性合葬为主，少数为女性与幼童合葬。明确为成年异性合葬的四座：179 号墓，男左女右，仰身并排，有随葬品十件（男四女六）；238 号墓，男左女右，男有束发器，女无随葬品；265 号墓，男左女右，男约 20 岁，女约 45 岁，仰身并排，无随葬品；2155 号墓，五人仰身并排，皆成年，骨架可鉴定的有二男一女，余二人未能鉴定，似为一男一女[③]。

小议：发掘者认为，前三座墓为成人男女合葬，不能肯定也不能排除是夫妻关系，后一座墓（M2155）为五人合葬，则不大可能是有婚姻关系的人。其说可从。

3. 邹县野店墓地

1971 至 1972 年发掘八十九座墓，其中二人合葬墓十座。骨架可鉴定的四座（M31、M47、M81、M88），均为男左女右葬式。三座（M1、M15、M48）各鉴定一具

---

① 山东省文物管理处、济南市博物馆：《大汶口》，文物出版社，1974 年。

② 山东省文物考古研究所：《大汶口续集》，科学出版社，1997 年。

③ 中国社会科学院考古研究所：《山东王因》，科学出版社，2000 年。

骨架，估计也是男左女右。另外三座（M23、M45、M55）墓内骨架已朽，未鉴定。这十座合葬墓都是中小型墓，葬式为男左女右仰身并排，随葬品大多放在两人之间的头部或足部，与中小型单人墓无异。合葬墓都发现在三期至五期，年代约在公元前3600年至前2600年[①]。

小议：十座合葬墓都是中小型墓，未见大墓。基本上可认定为男女成年合葬的七座，都是男左女右仰身并排，随葬品共有或各有随葬品。发掘者认为："野店男女合葬墓的实例，反映出男女的社会地位基本平等，尚无男尊女卑等社会等级差别。"其说可从。野店墓地男女合葬墓与泰安大汶口墓地男女合葬墓基本相同，可视为夫妻关系，可能不是妻妾殉夫。

4. 广饶五村墓地

1985年发掘七十五座墓，其中合葬墓五座。27号墓，二儿童合葬。72号墓，一女一幼童合葬，幼童骨架散乱。64号墓，一女二儿童合葬，儿童骨架散乱堆放。105号墓，一女一幼童合葬，幼童骨架散乱。47号墓，成年男女合葬，男右女左，男性骨架散乱，双腿侧曲，女盆骨旁有一件陶钵[②]。

小议：发掘者认为成年女性与幼童合葬是母子合葬，似为迁葬，其说可从。后一座（M47）属小型墓，又不具男尊女卑葬式，似为夫妻关系，而非殉葬。

5. 泗水尹家城墓地

尹家城遗址的主要堆积属龙山文化。1985年第四次发掘时发现一座早于龙山文化的大汶口墓葬，编号145号墓。此墓为圆角长方形袋状土坑。墓口长1.67米、宽0.52米，距地表深2.75米；墓底长2.48米、宽1.16米，距地表深4.45米。方向110度。墓壁不甚规整，局部凸凹不平。墓底有二成年男女合葬，男左女右。男性仰身直肢，头骨面向下，与颈部间距15厘米。细察为一次埋葬，无扰乱迹象。男性身下有木垫板（葬具），身上有白色纤维状痕迹，似为麻衣或盖布。两手各握獐牙一枚，身上有一石铲、一石饰片和二骨锥。女性头骨位于男性右侧腰部，仰身，面向男性，下肢伸直，右上肢弯屈，肘部紧贴墓壁，左臂压在男性右股骨之下，头右上方有一石纺轮。墓室东北角有一陶鼎、二陶罐（图一五）。发掘者推定为妻妾殉夫墓，年代属大汶口文化中期，约公元前3500年左右[③]。

小议：定此墓为妻妾殉夫墓似有可能，稍感疑惑的是：墓葬呈圆角袋状，墓壁不平整，小型墓；尤其是男性头骨与颈椎分离，女性左臂压在男性右股骨下，甚可疑。从平

① 山东省博物馆、山东省文物考古研究所：《邹县野店》，文物出版社，1985年。
② 山东省文物考古研究所：《广饶五村遗址发掘报告》，《海岱考古》第一辑，山东大学出版社，1989年。
③ 山东大学历史系考古专业：《泗水尹家城》13页，文物出版社，1990年。

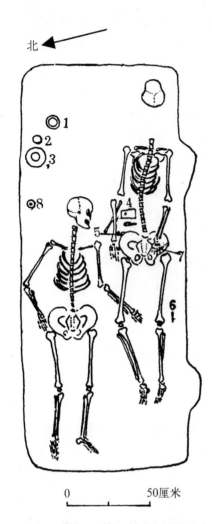

北

图一五　泗水尹家城大汶口文化墓葬
（采自《泗水尹家城》）

1. 鼎　2、3. 罐　4. 石铲　5. 石片饰　6. 骨
锥　7. 獐牙　8. 纺轮

面图看，墓右壁（北）平整，左壁（南）凸凹不平，这种迹象，有可能是二次挖墓所致。如是，男性则有可能是后来入葬的。

6. 邳县刘林、大墩子墓地

1959 至 1966 年多次发掘，共发掘五百三十九座墓，可以基本上认定二人合葬墓十一座，其中男女成年合葬墓五座，余为同性合葬、成年与儿童合葬、少年与儿童合葬和男女成年迁葬。

五座男女成年合葬墓：刘林 102 号墓，女左男右，皆为 55 岁以上老年。未发现墓坑。均为仰身直肢葬式，男左臂压在女右臂上，下身分开。男性随葬陶鼎二件、杯一件，均放在腹部；女性随葬陶器五件、獐牙一枚，分置于腹部和右股骨上[1]。大墩子 67·86 号墓，男左女右，并排紧靠，皆仰身直肢葬式，无墓坑，各有随葬品十一件。大墩子 224·225 号墓，男左女右，皆仰身直肢，并肩相靠，脸向相反，皆不见左肢骨。男随葬獐牙勾形器一件，女随葬骨枷、陶鼎、陶瓶各一件。大墩子 101·69 号墓，男左，仰身直肢，女放男右侧胫骨以下，侧身屈肢。随葬陶罐三件，猪下颌骨二个，全放于男性处。大墩子 92 号墓，男左在前，女右在后，均为老年人，脸皆向东，手托下颌，似行走状。随葬陶罐一件、石环一件，全放于男性腰部。前两例属大汶口文化早期，后三例属大汶口文化中期[2]。

小议：与野店墓地的合葬墓大体相同，合葬者应是夫妻关系而非殉死。大墩子 67·86、224·225 和 101·69 三座合葬墓，发掘时各编二个墓号，表明发掘者认定是两座单人葬，判断是正确的。合葬者死亡日期可能相距不久，后死者只需埋置在先死者身旁再加覆土即成，故被论者误为合葬墓。

① 南京博物院：《江苏邳县刘林新石器时代遗址第二次发掘》，《考古学报》1965 年第 2 期。

② 南京博物院：《江苏邳县四户镇大墩子遗址探掘报告》，《考古学报》1964 年第 2 期。又《江苏邳县大墩子遗址第二次发掘》，《考古学集刊（一）》，1981 年。

**（四）良渚文化中的疑似人牲人殉遗存**

1. 昆山赵陵山祭坛遗址

1990 至 1991 年在昆山赵陵山发掘一处土筑高台遗址。土台长 60 米、宽 50 米、高约 4 米。土台上有一座大墓（M77）、九座中小型墓，还有土台南部和西北部外围有丛葬人架十九具。发掘者推定是一处以良渚文化宗族墓地为主兼行人牲祭祀场地。

大墓（M77），长方形竖穴土坑，长 3.3 米、宽 1.1 米、底深 0.3 米。墓向 162 度。墓底埋一具壮年男性骨架，仰身直肢葬式，有葬具。随身佩带玉饰品一百二十八件，还有石钺、石斧、陶鼎、陶豆、牙骨器等，共一百六十件。年代为良渚文化早期。

中小型墓九座，位于大墓西南边。重要的是 56 号、57 号、58 号三座墓。这三座墓的平面均呈刀形。56 号墓埋二人，主体男性，30 岁左右，有木葬具，随葬陶器十八件；主体的葬具外边有一人架，已散乱，亦 30 岁左右，无葬具，无随葬品。57 号墓亦埋二人，主体男性，30 岁左右，有木葬具，随葬陶器十二件。主体的葬具外边有一少儿头骨，无葬具，无随葬品。58 号墓埋一女性骨架，约 40 岁左右，有木葬具，随葬陶器十七件。紧靠这三座墓的东边和北边，有 70 号、80 号、81 号、82 号四座小墓和二具无墓坑的幼儿骨架。四小墓皆单人葬。70 号墓埋一少女，无葬具，随葬陶器七件。80 号、81 号墓各埋一中年女性，有木葬具，各随葬陶器多件。82 号墓埋一幼儿，无葬具，无随葬品。发掘者推定 56 号、57 号、58 号、80 号、81 号五座墓是大墓（M77）的祔葬墓，56 号墓和 57 号墓主体葬具外边的人架是该墓主体的殉人。82 号墓是大墓（M77）的墓外人牲。北边的二具无坑幼儿是用于祭祀墓群的人牲。年代为良渚文化中期。

土台南部和西北部外围的十九具丛葬人架，大体呈三排埋葬，皆无墓坑，无葬具，大部分无随葬品，少数随葬一件贯耳陶壶或一至二件石斧、石凿。有些骨架相互叠压。出土时，躯体大多不全，脑骨破碎。有的缺下肢，有的仅存头骨，有的仅存躯体；或身首异处，或作捆缚状。可供鉴定的十五具骨架都是青少年或儿童，无一老年。性别可辨的为男六女三。发掘者据丛葬人架所处的位置，推定他们是用于祭祀高土台的人牲，属良渚文化晚期[①]。

小议：赵陵山良渚文化祭坛遗址是良渚文化考古的重要发现。一篇简报说不清楚，读者也看不明白。建议先写出发掘资料报告，从层位上说明土台、大墓、中小型墓和丛葬人架之间的关系及其年代。赵陵山的祭坛性质，应参照其他良渚文化诸祭坛作宏观比较研究，最后才下定论。结论应从发掘资料中得出，不宜做过多的臆测。

---

① 南京博物院：《江苏昆山赵陵山遗址第一、二次发掘简报》，《东方文明之光》，海南国际新闻出版社，1996年。

### 2. 青浦福泉山墓地

1982 至 1986 年三次发掘，经确认，福泉山是一处良渚文化时期专为显贵修筑的高台墓地。在土台上发现良渚文化墓葬三十一座。按墓葬所处的层位分为五期。在第一期至第三期的二十座墓中，可认定每期墓中都有人牲人殉的墓葬各一座。第一期 139 号墓，长方形浅坑，坑内有木棺，棺内有一具人架，仰身直肢葬式，成年男性，头向南，口含玛瑙玉。随葬精致的玉石器二十五件和陶器十四件。在墓坑东北角上有一骨架，为一青年女性，屈身，上下肢弯屈分开，头脚置于墓坑外，状似跪倒。身上佩带六件玉饰，身背后有一大陶缸。据迹象分析，这具女性应是在墓主埋葬时用来祭祀的人牲，其身份似为女奴（图一六）。第二期 145 号墓，狭长形浅坑，长 4 米、宽 0.72～0.83 米、深 0.27 米。坑内埋人架一具，头向南，躯骨已朽，无葬具，随葬玉饰品十七件、陶器五件。在墓坑北端另挖一小坑，近方形，长 0.97 米、宽 0.8 米、深 0.35 米。坑内置人架二具，屈身屈腿，头向东，面向上，双手朝后，呈反缚挣扎状。其一为一青年女性，另一为少年，均无随葬品。此坑当是 145 号墓之人牲祭祀坑（图一七）。第三期 144 号墓，位于三堆燎祭烧土的底下。墓底长 2.83 米、宽 0.69～0.89 米，底深 0.9 米。坑内置木棺，棺内有人架一具，仰身直肢葬式，头向南，女性，约 25 岁，随葬玉石陶器共三十六件。在距墓口深 14 厘米处一具人架，已朽，头向北，身下有木垫板（葬具）痕迹。头部有一粒玉珠，腰部、脚后有陶壶、陶鼎各一件，似为殉人。第一期至第三期

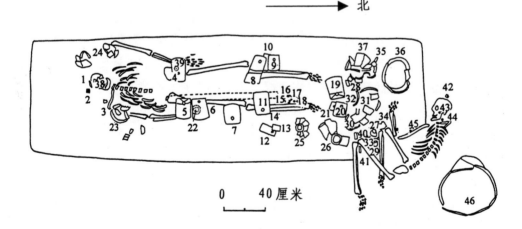

图一六　青浦福泉山良渚文化 139 号墓（采自《福泉山》）

墓主：1、3.玉饰　2.玉锥　4～12、19～21.石钺　13、28.骨器　14.玉管　15～18.玉珠　22.玉镯　23、36、37.陶鼎　24、27、29、33.陶杯　25、26、30.彩绘陶罐　32、34.黑陶罐　31、35.陶豆　38.玉琮　39.玉纺轮　墓坑东北角死者：40～43.玉管　44.玉环　45.玉饰　46.陶缸

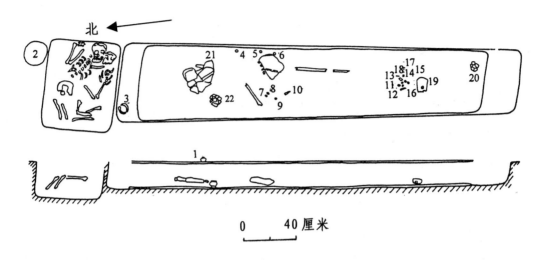

图一七　青浦福泉山良渚文化 145 号墓（采自《福泉山》）

1、22. 陶罐　2. 陶缸　3. 玉镯　4～9、11～15、18. 玉珠　10. 玉锥　16. 玉笄　17. 玉珌
19. 玉斧　20. 残陶器　21. 陶鼎　22. 陶罐

属良渚文化早期至中期，年代约公元前 3100 年至前 2500 年[①]。

　　小议：良渚文化存在多种葬俗，有土坑，有土墩，有平地掩埋；墓地有高台，有平地；墓葬排列和葬品器类多有差异，似无一定规律可循。不少发掘报告和论著中都提到"良渚文化的显贵墓中，已出现人殉人牲现象"，似不应置疑，但感觉缺乏具体的个案剖析。《福泉山》列举三个案例，在良渚文化发掘报告中似属首见，然论据尚嫌不够缜密，理解未必无隙可击。希望能见到更多的良渚文化发掘报告问世。

---

①　上海市文物管理委员会：《福泉山》59～66 页，文物出版社，2000 年。黄宣佩：《福泉山遗址发现的文明迹象》，《考古》1993 年第 2 期。

# 第二章　商代的人牲

　　商代是中国历史上可以确定的第一个阶级国家，存在的年限大约在公元前 17 世纪到公元前 11 世纪[①]。在这个时期内，以华夏族为主体的商王统治区及其四邻方国，实行着极为残暴的人牲制度。使用人牲的动机，除了如同史前期的出于原始宗教信仰的原因以外，更多的是伴随着残酷的阶级压迫。

　　考古发现的人牲资料，以商代为最多，内容也最丰富。根据商代的历史情况，我们把商汤建国开始到盘庚迁殷以前称为商代前期，习惯上称商；把盘庚迁殷以后到帝辛亡国称为商代后期，习惯上称殷。从汤至帝辛的整个历史时期，或称商，或称殷，或称殷商，似乎没有严格的界限。

## 一　商代前期

　　商代前期指商汤建国到盘庚迁殷以前这一阶段，其起讫年限大约在公元前 17 世纪到公元前 13 世纪。

　　商代前期处于中国青铜时代的早期发展阶段。社会经济主要是农业，使用石、木、骨、蚌等质料制作的工具进行生产劳动。社会的主要生产者是普通的村社成员。农村公社的普遍存在是商代建立奴隶制专政的基础。商代统治者利用原有的村社组织，以族的形式加以改组，使他们成为奴隶制专政下的奴隶[②]。

　　在原始社会末期流行起来的杀人祭祀地母的宗教活动，这时继续发展。因为社会生

---

　　[①]　据夏商周断代工程公布的夏商年表，商代始年约公元前 1600 年，盘庚迁殷约公元前 1300 年，殷王帝辛亡国约公元前 1047 年。参见夏商周断代工程专家组：《夏商周断代工程 1996—2000 年阶段成果报告（简本）》86～88 页，世界图书出版公司，2000 年。

　　[②]　国内学者一般认为商代是奴隶制国家，但对它的社会经济结构、生产发展水平，则有不同看法。这里主要参考杨锡璋《商代的墓地制度》（《考古》1983 年第 10 期）一文的意见。

产力还不具备大量使用奴隶劳动的条件，战争中的俘虏大多被杀戮，或用来作为祭祀的牺牲。商朝的创始人汤，是儒家崇拜的圣王之一。据说汤时大旱七年，卜用人祀天，商汤为了表示对黎民的体恤和对天的虔诚，居然"乃使人积薪，剪发及爪自结，居柴上，将自焚以祭天"①。这些美化商汤的话当然不足为据，但由此透露了商代确有杀人求雨的祀典。求雨的目的是滋润禾苗，求取农作物丰收，是地母崇拜的一种形式。

商代前期的人牲实例，以河南偃师商城遗址、二里头遗址和郑州商城遗址、二里岗遗址为最重要。

### （一）偃师商城遗址、二里头遗址

二里头遗址在偃师二里头村南，1959 至 1986 年发掘，发掘面积 5 万平方米。根据文化堆积层及出土遗物判断，二里头遗址的年代晚于河南龙山文化，早于郑州二里岗文化，在考古学上被命名为"二里头文化"。地层堆积分四期，经放射性碳素测定，年代为公元前 1900 年至前 1500 年，前大半的年代与夏纪年相当；后少半的年代已进入商代早期②。1983 年又在二里头遗址以东 6 公里，紧靠偃师县城处发现一座商代早期城址，习称"偃师商城"③。据发掘者研究，偃师商城可能是商汤的西亳都城，二里头的一、二、三期遗址可能是夏代晚期的都邑，第四期遗址是商代纪年内的夏文化或商汤亳都西郊的一处早商宗庙所在地④。

在二里头遗址的发掘范围内，发现夯土建筑基址多座，其中有大型的早商宫殿（亦称"宗庙"）遗址二座。在 1 号宫殿基址内发现五座葬式特殊的墓葬。其中 52 号墓、54 号墓、55 号墓三座位于殿堂北部的一个椭圆形深坑的边沿，52 号墓在东，54 号墓在西，55 号墓在北，每坑埋一人，作环绕状。墓坑很浅，不规整。死者有仰身，有俯身，姿势异常，似被捆缚强行埋入状（图一八）。57 号墓位于殿堂西边庭院内，墓坑宽仅 31~35 厘米，埋一人，上身倾斜，脊椎微曲，显系捆缚后强行埋入（图一九，左）。27 号墓位于殿堂东南面，墓坑略呈长圆形，坑内也埋一人，手足均被砍断，折叠作跪坐状（图一九，右）。这五座墓都无葬具，无随葬品，五具被埋葬者都是非正常死亡的少年儿童。从被埋在殿堂上和殿堂边的位置分析，这五具少年儿童应是这座宫殿建造或落成时举行祭祀用的人牲。

在宫殿附近，还分布很多丛葬坑，与灰坑杂处，零散无规律。丛葬坑有的有墓圹，

---

① 《墨子·兼爱下》、《吕氏春秋·顺民》等古书都有内容基本相同的记载。引文见《文选·思玄赋》注引《淮南子》。
② 《中国大百科全书·考古学》"二里头文化"、"二里头遗址"条，中国大百科全书出版社，1986 年。
③ 中国社会科学院考古研究所洛阳汉魏故城工作队：《偃师商城的初步勘探和发掘》，《考古》1984 年第 6 期。
④ 赵芝荃：《夏商分界界标之研究》，《考古与文物》2000 年第 3 期；又《评述郑州商城与偃师商城几个有争议的问题》，《考古》2003 年第 9 期。

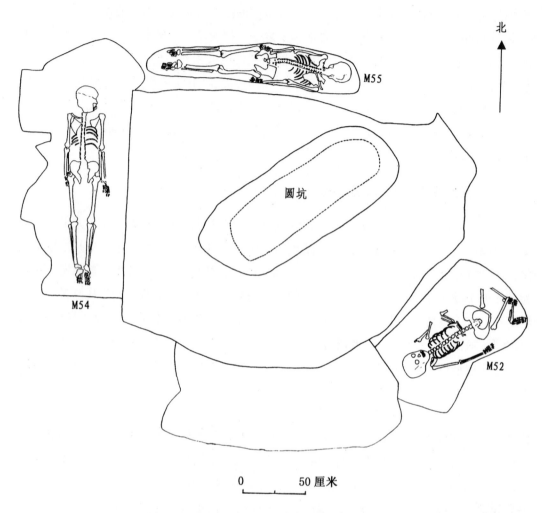

图一八　偃师二里头 1 号宫殿主体殿堂北部圆坑
边埋葬的人架（采自《偃师二里头》）

有的无墓圹，早期晚期都有。有墓圹的丛葬坑为竖穴土坑，平面为长方形或不规则形，一般长 2 米、宽 0.5～0.6 米、深 0.15～0.3 米。皆单人葬，仰身直肢、俯身屈肢、截断下肢或躯体不全者都有。比较规整的墓圹，也有少数随葬多件陶器的。值得注意的是无圹埋置。一期发现二座，二期发现四座，三期发现二十三座，四期发现十七座。皆随意放置，无随葬品，无固定葬式，有仰身屈肢、侧身屈肢、俯身屈肢、屈肢蹲坐、双手反缚，还有身首异处，与牲畜同埋，或数具骨架叠压，或仅存零星肢骨，总数大约有五六十个个体①。从掩埋现状及所在位置看，他们应是用于祭祀宗庙的人牲。

<hr>

① 中国社会科学院考古研究所：《偃师二里头》，中国大百科全书出版社，1999 年。

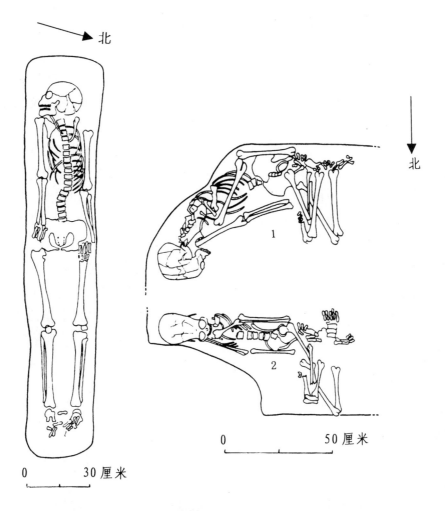

图一九　偃师二里头 1 号宫殿基址上部的埋葬（采自《偃师二里头》）

左. M57 葬坑　右. M27 葬坑

　　偃师商城的人牲实例主要见于早商王室祭祀区。祭祀区横亘在偃师商城宫城北部，
1998 年发掘。东西长 200 米，主体部位从东往西分 A、B、C 三区。A 区面积近 800 平
方米，由若干祭祀场和祭祀坑组成。被用于祭祀的牺牲有人、牛、羊、猪、狗、鱼等，
粮食祭品有水稻、小麦等。以祭祀坑 H282 为例。此坑为长方形斗状大坑，坑内堆积可
分十四层。在不同层位中分别发现有祭祀遗存，主要以人、动物牺牲（牛、猪）和积石
作为基本组合，在有的层位中还发现大量陶器。人牲有的被肢解，有的被腰斩，有的全
尸。坑底有大火焙烧的遗痕。B 区、C 区自成一体，以猪作为主要牺牲[1]。

　　① 中国社会科学院考古研究所：《河南偃师商城商代早期王室祭祀遗址》，《考古》2002 年第 7 期。

### （二）郑州商城遗址、二里岗遗址

郑州二里岗遗址是比二里头宫殿遗址稍晚的一处重要商代遗址。在这里发现一座规模很大的商代城址，发掘者认为它是殷商"中丁迁隞"的隞都[①]，习称"郑州商城"。商城四周有墙垣，城外有制作骨器的遗址、炼铜遗址、房屋建筑和墓葬。文化堆积包含前后两个阶段，一般称为"商代二里岗期下层"和"商代二里岗期上层"。以后，随着郑州商城发掘工作的深入，依据新发现的地层叠压关系和各期主要陶器的演变特征，又将原定的"商代二里岗期下层"和"商代二里岗期上层"两大期分别区分为"商代二里岗下层一期"、"商代二里岗下层二期"、"商代二里岗上层一期"、"商代二里岗上层二期"前后衔接的四个小期，年代约在二里头文化末期至盘庚迁殷以前，即商代前期后段，其起讫年限大约可推定在公元前 1509 年至公元前 1330 年[②]。

郑州商城从始建至废弃，历时二百余年（约公元前 16 世纪至前 14 世纪）。20 世纪 50 年代初，河南考古工作者就在这里调查发掘。先是发掘二里岗遗址，随后发现商代城址，发掘工作至今未结束。发掘资料表明，商城存在期间，正是商代统治者使用人牲渐次进入鼎盛的时期，人牲大致分两类：一类是祭祀用的人牲，另一类是奠基用的人牲。大多发现在二里岗下层二期和二里岗上层一期。

1. 祭祀用的人牲

在商城城垣内外的商代二里岗下层二期与上层一期的文化堆积层中和灰坑中，经常发现掷埋人骨架与猪狗牛等兽骨杂置的现象。在灰坑附近，还经常发现一些仅能容下人身而无随葬品的"小墓"，这些人骨和兽骨大多是举行某种祭祀时用为供品、事后被填埋的遗存。

属于二里岗下层二期的祭祀遗址，具有代表性的是发现于二里岗的 C5·1H171、C5·1H161 两个灰坑和南关外的 C9·1H111 灰坑以及 H111 周边的许多"小墓"。在这三个灰坑和"小墓"内大都杂埋人骨架和兽骨架。H171，位于二里岗西侧，竖穴土坑，坑口为椭圆形，向下逐渐收成圆形，发掘至深 3.6 米处见水，未再发掘。见水处的直径约 1.9~1.95 米。在距坑口下深 3 米处发现一具完整的人头骨，在距坑口下深 3.6 米处又发现两具较完整的青少年骨架，皆俯身屈肢，双手背后交叉似捆绑状，一具缺一手指二足趾，另一具缺双手骨。在这两具人架下面，又发现两块人腿骨。骨架上下是堆积纯净的黄沙层和灰白硬土层，说明这些人骨被埋入废弃的灰坑中是有意而为的（图二〇）。H161 是长方形竖井土坑，坑口长 2.1 米、宽 1.5 米，发掘至深 4 米处见水，不再发掘。

---

①　安金槐：《试论郑州商代城址——隞都》，《文物》1961 年 4、5 期合刊。
②　河南省文物考古研究所：《郑州商城》1040 页，表四一，文物出版社，2001 年。

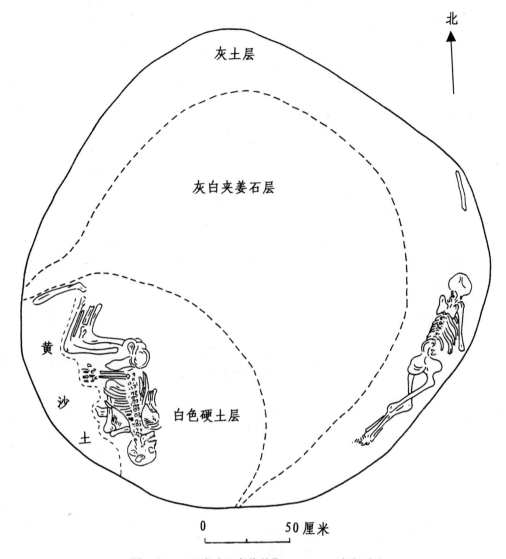

图二〇　二里岗遗址商代前期 C5·1H171 祭祀遗迹
内的人架（采自《郑州商城》）

坑壁垂直，坑内填满五层不同土色的灰土，灰土中有许多残破的陶片（鬲、尊、甗、盆等）和兽骨、卜骨。在深4米处的灰土中，掷埋人头骨、人脊骨、人肋骨、人骶骨和牛骨、猪骨，皆支离破碎，说明也是在灰坑废弃后掷埋下去的。H111 在南关外，竖穴土坑，口径长2米、宽0.8～0.9米，发掘至深6.4米处见水，未再发掘。在这深坑内填埋成年骨架二具，孩童幼婴骨架六具，大猪骨架五具，小猪骨架三具，狗骨架一具和狗头骨一个。分四层埋置。出土时，人架姿势异常，有的头低足高斜靠坑壁；有的低头，

北 ↑

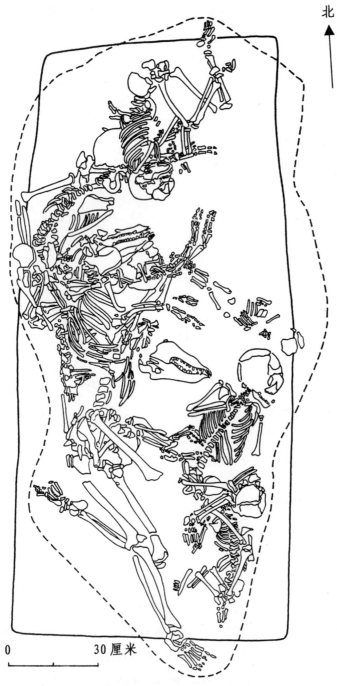

0　　　30 厘米

图二一　郑州南关外商代前期 C9·1H111 祭祀遗迹内
的人兽骨架堆积（采自《郑州商城》）

双手背后交叉；有的躯体弯曲，大多像是被捆绑头向下掷埋于坑内的（图二一～二三）。在 H111 的周边，还发现许多"小墓"。墓坑短浅，多不规整。有的坑内埋一具异常葬式的人架，有的仅有头骨，有的与狗猪同埋，有的还伴有陶器和卜骨。人架以幼童占多数，兽骨以狗骨为主。数量多，分布集中，推测这些被掷埋的人架和兽骨，应是当时举行某种祭祀活动被用来祭祀的牺牲[①]。

郑州商代二里岗上层一期祭祀遗迹遍布于商城内外，常见的是用人与狗祭祀，商城内东北部、西北部和城外铸铜遗址等地都有发现。位于宫殿区东北 100 米处的一处祭祀场的规模最大。祭祀场的中心是六块半埋土中的红砂石，围绕红砂石的北侧、东侧和南侧有烧土坑二个、狗牲坑八个、人牲坑十四个。八个狗牲坑内共

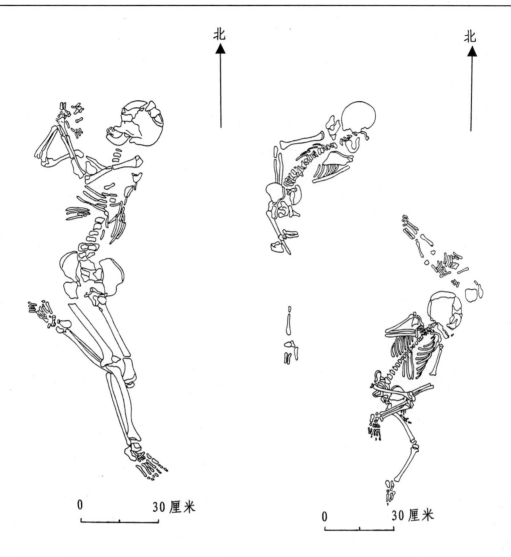

图二二　郑州南关外商代前期 C9·1H111 祭祀遗迹第一层中的部分人架（采自《郑州商城》）

左. 成年人架一具　　右. 儿童骨架三具

埋狗一百余只。其中二个狗牲坑中还埋有三具人骨架。十四个人牲坑，每坑埋一人，其中两坑（M10、M13）分别随葬二件陶器和一件玉柄饰，余十二坑皆无随葬品（图二四）。人牲坑和狗牲坑分别打破或叠压在夯土城墙的内侧。此外，在商城外附近的二里岗、南关外、人民公园等地的二里岗上层一期的文化层和灰坑中，还发现有用人与牛猪祭祀的遗迹[①]。

　　2. 奠基用的人牲

---

① 河南省文物考古研究所：《郑州商城》上册，493~511 页，文物出版社，2001 年。

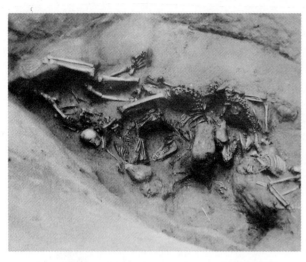

图二三　郑州南关外商代前期 C9·1H111 祭祀遗迹中第一层中的人架和狗、猪骨架（采自《郑州商城》）

在商城城墙内、大型房基下和制陶房址中，都发现有用于奠基仪式的人牲。属于二里岗下层二期的奠基牲，以发现于铭功路西侧的九座制陶房址（或作坊）最为典型。这九座房址，共发现奠基牲十五具，其中成年九具，孩童六具。C11F102 房址使用奠基牲最多，达五具。此房地坪面先后有六次铺垫，几乎垫土一次就用一具奠基牲。具体用法是：在第六层（即最下层）垫土下叠压屈肢孩童骨架一具，无随葬品；在第四层垫土下叠压仰身直肢成年骨架一具，随葬陶瓮、陶盆各一件；在第三层垫土下叠压仰身直肢少年骨架一具和俯身孩童骨架一具，均无随葬品；在第二层垫土下叠压仰身屈肢成年骨架一具，无随葬品。埋置奠基牲的土坑都各自打破下面的垫土层，有的直达第六层下面的生土层①。

属于二里岗上层一期的奠基牲，具有代表性的是商城城墙内侧的二十四个人牲坑（报告称"小墓"）和九个狗牲坑。人牲坑大多是长方形竖穴单人葬，坑小而浅，有的仅能容身。有的连人身都容纳不下，例如 C8M9，因土坑短浅，不能塞进全躯，只好把头和足架放在坑沿两端，未挖坑的牲人则随意掷埋在填土中。牲人没有固定的葬式，仰身屈肢、侧身屈肢、俯身屈肢和仰身直肢都有，部分坑底铺朱砂。其中九个坑有少量随葬品，余十五坑无。无随葬品的人牲坑大多集中在北城墙东部，打破城墙夯土层，与九个狗牲坑杂处。九个狗牲坑也叠压在城墙内，其中八个狗牲坑集中在一起，似分三行排列，每坑埋狗六至二十三只不等，共埋九十二只。有一个坑（坑15）中，狗架下面还有二具人骨架。另一个坑（坑18）内，狗骨中杂有成堆的零乱人骨。这些与牲畜同埋的被杀害者，至少有一部分是同牲畜一起被用作奠基或某种祭祀的牺牲②。

祭祀人牲和奠基人牲，不仅在商城鼎盛时期使用，到商城衰落时仍持续不断，实例见于郑州商城西北 20 公里处的小双桥遗址。在发掘的 1600 平方米范围内，发现牛牲狗牲坑十八个、人牲坑六个。人牲坑坑口为椭圆形，长 1.85 米、宽约 1.4 米、深 0.66 米。

① 河南省文物考古研究所：《1995 年郑州小双桥遗址的发掘》，《华夏考古》1996 年第 3 期。

② 河南省文物考古研究所：《郑州商城》上册，207～217 页，文物出版社，2001 年。

图二四　郑州商城内商代前期后段的单个人牲坑（采自《郑州商城》）

上.C8M11　下左.C8M12　下右.CM16

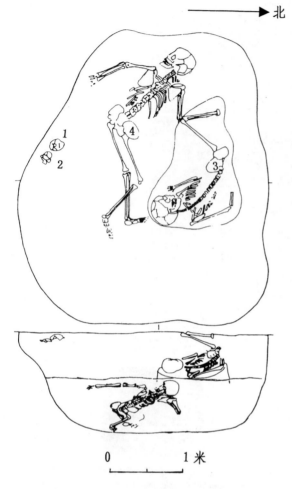

北

图二五　郑州小双桥遗址商代人牲坑（VH45）

（采自《华夏考古》1996 年 3 期）

1、2. 头盖骨　3. 侧身屈肢葬　4. 俯身屈肢葬

坑内埋牲人四具，分二层堆积，上层三具，其中二具仅存头盖骨和颈骨，另一具侧身屈肢，右臂骨、右腿骨部分缺失；下层一具俯身屈肢。可鉴定的二具骨架均为年 14 至 20 岁的女性（图二五）。发掘者推定小双桥遗址是郑州商城末期的一处重要祭祀遗址。发现的四具个体似为夯土建筑基址的奠基牲，或用于某种祭祀仪式的人牲[①]。

应该提到的是：在商城内的东北部发现数量众多的人头骨，人头骨中夹杂有少量的牛骨和猪骨。仅在一段长约 15 米的壕沟中，就发现人头骨近百个。不少人头骨留有明显的锯痕，一般是从人头骨眉部和耳部上端横截锯开，绝大多数是头盖骨，没有一个完整的人头骨。经鉴定，死者多属男性青壮年，过去误认为砍人头祭祀[②]，其实是一处制作头盖杯的场所。这些被杀害者应是与商人对抗的战俘，与猎头无关。

另一处是商城北边的紫荆山制骨场。在这里的一个窖穴内发现骨器和骨料一千多块。经鉴定，人骨占骨料的半数以上，推测是用俘虏和奴隶的骨架制作的[③]。但是否经过祭祀，则难以究明，所以也不宜笼统地定为人牲。

0　　　　　1 米

---

① 河南省文物考古研究所：《郑州商城》上册，397～403 页，文物出版社，2001 年。

② 河南省博物馆：《郑州商城遗址内发现商代夯土台基和奴隶头骨》，《文物》1974 年第 9 期。又见河南省文物考古研究所：《郑州商城》上册，476～482 页，文物出版社，2001 年。

③ 河南省文物局文物工作队：《郑州二里岗》，科学出版社，1959 年。又见河南省文物考古研究所：《郑州商城》上册，461～476 页，文物出版社，2001 年。

# 二　商代后期

商代后期指盘庚迁殷以后到帝辛亡国这一阶段，其起讫年限大约在公元前 13 世纪到公元前 11 世纪。

殷墟出土十几万片甲骨卜辞，使我们对商代后期的历史有了较多了解。这个时期，殷人实行政教合一，在政治生活中，神权色彩十分浓厚。意识形态领域里的一个最突出的特点是"尊神"观念。《礼记·表记》："殷人尊神，率民以事神，先鬼而后礼。"这种"尊神"特点，在甲骨卜辞中得到了完全的证实。在殷人看来，天神、地祇、人鬼（祖先）是永存的，他们都具有至高无上的权威，活人的一切，都由这些神灵支配。所以，事无大小，都要占卜，向神请示；给神灵奉献各种祭品，包括人在内。商人的祭祀活动极为频繁，尤其是祭祀祖先的仪礼最隆重，使用人牲也最可观。

这个时期的人牲资料很丰富，既有甲骨卜辞的记载，又有考古发现的实例，其中以殷王都安阳为最重要。

## （一）安阳殷墟

安阳殷墟位于河南省安阳市西北郊，洹水由西向东流贯其间，把它分隔为"河南"、"河北"两部分。19 世纪末期以来，这里不断发现甲骨卜辞，由此引起人们的注意。1928 至 1937 年的十年间，前中央研究院在这里做过十五次发掘。重要的发现有侯家庄西北岗的殷王室墓十多座，祭祀坑一千多个，小屯的王宫和宗庙建筑基址五十三座；在小屯、大司空村和后岗发掘殷小型墓一千多座。解放后五十多年来，发掘工作持续不断，先后在小屯、侯家庄、武官村、大司空村、后岗、苗圃北地和殷墟西区、南区共发掘各类殷墓二千五百多座、祭祀坑二百多个。殷墟的都城布局已基本上明了：洹水南岸的小屯村是殷代王宫、宗庙所在地，在它的附近有铸铜作坊和制骨作坊，还有比较密集的居住址和殷人宗族墓多处；在小屯东南方的后岗还有一处殷人贵族墓；洹水北岸的侯家庄、武官村一带是殷王陵和王室墓地；在它的附近有制骨作坊、居住址和殷人宗族墓[①]（图二六）。

1999 年又在殷墟东北部发现一座商代城址。城址平面略呈方形，边长 2150～2200米，西南城角与殷墟略有重叠。2001～2002 年在城内宫殿区发掘一座大型建筑基址。基址整体建筑略呈回字形，目前已清理基址西部约三分之二的主体建筑。在清理的基址

---

①　陈志达：《安阳小屯殷代宗庙遗址探讨》，《文物资料丛刊（十）》，文物出版社，1987 年。

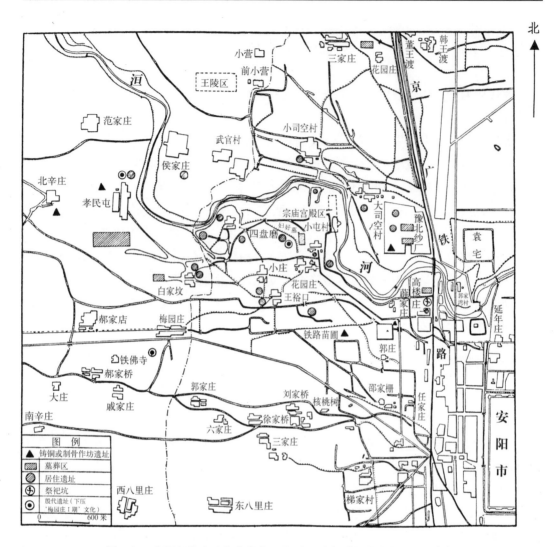

图例
▲ 铸铜或制骨作坊遗址
▨ 墓葬区
◍ 居住遗址
⊕ 祭祀坑
◉ 殷代遗址（下压'梅园庄Ⅰ期'文化）
0 —— 600米

图二六　安阳殷墟遗址墓葬分布示意图（采自《殷墟的发现与研究》）

夯土中及庭院内外已发掘包括人牲坑在内的祭祀坑四十多个①。

多年的发掘研究证实，殷墟的文化堆积可分为四个时期：第一期相当于盘庚迁殷到武丁初期；第二期相当于武丁到祖甲时期；第三期相当于廪丁到文丁时期；第四期相当于帝乙、帝辛时期②。习惯上把殷墟第一、二期称为殷墟前期；殷墟第三、四期称为殷墟后期。近年发现的洹北商城，年代比殷墟略早，目前可供讨论的宫殿区和大型建筑基

---

① 中国社会科学院考古研究所安阳工作队：《河南安阳市洹北商城的勘察与试掘》，又《河南安阳市洹北商城宫殿区1号基址发掘简报》，均见《考古》2003年第5期。

② 中国社会科学院考古研究所：《殷墟妇好墓》222～224页，文物出版社，1981年。

址的年代约始建于中商二期，废弃于中商三期。可能与"河亶甲居相"或"盘庚首迁殷"有关。由于洹北商城考古工作尚处于初始阶段，本文暂略，下面只介绍殷墟历年发现的人牲。

殷墟发掘证实，殷商统治者祭祀天神、地祇大多在王宫所在地举行；祭祀祖先神明，大多在宗庙里或墓地上举行。

1. 王宫宗庙遗址中发现的人牲

在殷人看来，宫殿是活着的王的居室所在，宗庙是死去的王的居室所在，必须确保绝对安全。不安全的因素来自两个方面：一个是地下鬼魔的干扰，另一个是天上火神的降临。为了防御地下鬼魔，在建筑宫殿和宗庙的全过程中都要安排活人到建筑物中的有关部位去。为了免除火神的惩罚，在建筑物落成以后要举行祭天仪式。

根据石璋如先生的现场观察，殷人的宫殿和宗庙建筑，要经过奠基、置础、安门、落成四个阶段，每个阶段都要举行一次祭祀仪式。祭祀的情况大致是这样的：

基址挖成以后，在基坑下面挖坑埋狗，重要的建筑兼用儿童，这是奠基仪式。之后填土打夯，等夯土打到一定阶段，就在基址面上挖出若干坑，埋入牛、羊、狗三牲，有时加用一个人牲，然后填土打夯平复，再放置础石，这是置础仪式。置础后，接着立柱架梁，继续打基面，等到筑墙安门时就举行安门仪式，在门槛的前后左右挖方坑，每坑埋一至三人。皆跪仆相向，手执铜戈，为首的加执铜盾或木盾，防御的目的异常明显。及至建筑物完成，又要举行落成仪式。这时用牲种类最多，规模也最大，往往要杀掉几百人，连同牲畜、车辆整整齐齐地埋在建筑物的外面[①]。

1933 至 1937 年，前中央研究院在安阳小屯村发掘一片主要属于宫室庙坛性质的遗址。这片遗址南北长约 350 米，东西宽约 100 米。在这总面积约 3.5 万平方米的发掘范围内，共发现建筑基址五十三座。主要发掘者石璋如先生把这五十三座基址分为甲、乙、丙三组。甲组在北边，共十五座，未见人牲，也没有牺牲。石璋如把甲组建筑定为居住区。乙组基址在甲组基址的南边，二十一座，残存十一座，余十座残缺，原貌不明。在这残存的十一座基址中，共发现一百八十九个祭祀坑。石璋如把乙组基址定为宫室建筑。丙组基址在乙组基址的西南边，面积 50×35 平方米，共发现十七座基址，其中八座未挖到底。在这组基址上及其附近，也有人牲和牺牲，还有"燔柴于天"的灰烬。石璋如把丙组基址定为"坛"[②]。

石璋如先生的报告非常详细，这里不可能全部照录。为了忠实于原报告，我们先把

---

① 石璋如：《河南安阳小屯殷氏的三组基址》，《大陆杂志》21 卷，1、2 期合刊，1960 年。又《小屯·殷墟建筑遗存》326 页，中央研究院历史语言研究所，1959 年。

② 石璋如：《小屯·殷墟墓葬之四·乙区基址上下墓葬》，中央研究院历史语言研究所，1976 年。

有人牲的乙组基址和丙组基址的报告原文节录出来。

乙组基址共二十一座。基址大部分向南，少数向东，个别向西。在乙组基址范围里，共发现一百八十九个祭祀坑，共用人牲六百四十一人，马十五匹，牛四十头，羊一百一十九只，狗一百二十七只，木车五辆。在残存的十一座基址中，最大的是 8 号基址，长 58 米、宽 14.5 米，夯土基面上有础石一百五十三个，现象很复杂；最小的是 14 号基址，近方形，长 4 米、宽 3.8 米，夯土基面上未见础石。基址的上下有很多祭坑，坑内埋狗、埋人或人狗同坑。其中祭坑最多的是 7 号基址，它位于乙组建筑群的中部，在这组建筑中具有典型意义。

乙组 7 号基址东西长 44 米，南北两端已残，面向南，可能是一处重要的宫殿建筑。在 7 号基址中区发现十七个祭坑。其中奠基坑三个，用狗三只；置础坑九个，各用一人，全躯，牛十头，羊六只，狗二十只；安门坑五个，共用十五人，其中全躯十二人，头骨三个，全躯中有一人随葬铜瓿、铜爵各一件，另一人随葬铜盖一件，其余十人未见随葬品。

在乙组 7 号基址南边的 11 号基址西边发现一大片祭祀坑，分布密集，排列基本有序，分为北、中、南三组，它们都应是乙组 7 号基址落成后杀祭的（图二七）。具体情况是：

北组以五个车马坑为中心，两侧有祭祀坑四十七个。五个车马坑分别编号为 20 号、45 号、40 号、202 号、204 号，其中 45 号、202 号两坑已遭隋墓严重破坏，殉葬车马不明。基本清楚的仅剩三坑：20 号坑埋一车四马三人，40 号、204 号两坑各埋一车二马三人，三坑共放木车三辆、生马八匹，殉人九具，各配备青铜武器一套。车马坑两侧的祭祀坑都是砍首而埋的馘墓，包括御者在内，共用人牲一百九十八人。每坑三至五人，以俯身葬占多数，仰身或全躯跪葬的较少，被砍下的头颅也放在坑内。从出土时的叠压关系看，系先放置躯体再扔放头颅的。大部分祭祀坑内未见随葬器物，但也有少数祭祀坑作全躯葬并放置少数器物。这些带有随葬器物的死者，其身份显然与馘墓有别。另有埋放儿童的祭祀坑二个，一坑埋七人（M30），另一坑埋九人（M35）。此外，还有羊坑一个，内埋十羊①。

中组发现祭祀坑八十个，分成十二行，大部分呈南北向，少数东西向。居中的五个祭坑，坑内各埋一人，其中一坑（M164）随葬马一匹、羊三只、狗五只，还有弓、矢、刀、戈、策、马饰和砺石。余四坑无随葬品。其他七十五坑，除一坑埋全躯一人并随葬铜制的爵、瓿、鼎各一件以外，全部是埋放身首分离的骨架，每坑埋二至十三具不等，共埋三百七十二人，躯体大多数叠压放置，以俯置为多，仰置极少。头颅大多压在躯架

---

① 石璋如：《小屯·殷墟墓葬之一·北组墓葬》上册，414 页，中央研究院历史语言研究所，1970 年。

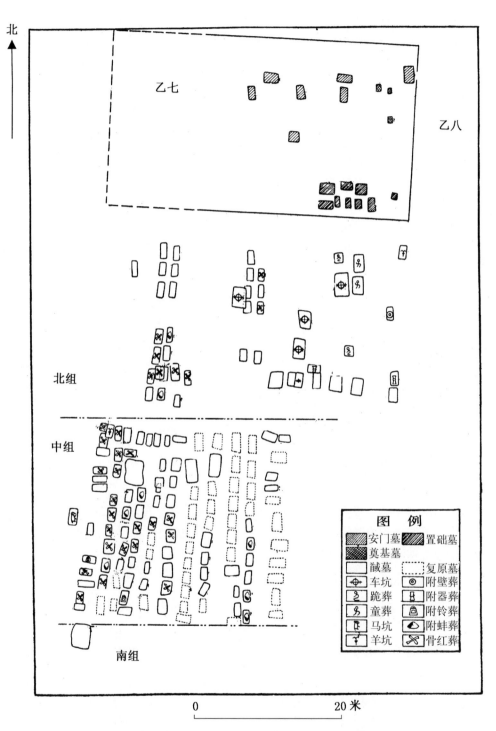

图二七　殷墟小屯殷王宗庙（乙组 7 号基址）前的祭祀坑

（采自《小屯·殷墟墓葬之四·乙区基址上下墓葬》）

上，由此可见，这批人牲是在被杀害后先埋放躯体，再扔头颅的。中组祭祀有一部分已遇到破坏，如果按照对称复原，应有祭祀坑一百二十个，用人牲六百二十六人①。

南组系一大墓（M232）。长方形土坑竖穴，有棺有椁，椁顶殉狗三只。墓底设腰坑，坑内埋放狗一只。墓主放于木棺内。椁内棺外有人架八具，皆全躯，伸直俯置，围绕成圈，面向棺内主人。部分殉人头部处有玉、骨、象牙等质料制作的装饰品。墓主随葬成套的青铜礼器以及陶器、漆器和玉石器饰。此墓墓主为乙组2号基址的南面三组墓中的居首人物，是北组、中组车阵的指挥者②。

丙组基址在乙组基址的西南边，面积50×35平方米，共有基址十七座，其中八座未挖到底。1号基址最大，17×20米，基面有础石八个，余十六座较小，有长方形和方形，多数未见础石。发掘者推定为"坛"。值得注意的是，2号基址西南边有四个葬坑，分别编号为358号、361号、365号、366号。366号内埋身首分离的人架二十具，其中俯身、仰身各十具，其他三坑各埋三人。365号葬坑埋全躯俯身儿童；358号、361号葬坑埋身首分离人架。四个葬坑合计牲人二十九人。

此外，在这四个祭祀坑的北面有葬坑一个（M357），坑内埋砍头人架三具；东面有兽坑二个，一个坑内埋七羊三狗，另一个坑埋三羊，在其附近有柴灰坑八个，坑内分别有柴灰和烧过的羊骨灰，错综复杂，没有规律，显示出使用时间的长久。从迹象观察，主要应是祭祀祖妣，兼及河、风等自然物。用牲的方法，主要是砍头的"伐"和烧之以火的"尞"③。

在丙组基址之北，乙组基址之西，还有六十多处形式复杂的窖穴、八处葬坑和五个兽坑（这部分报告尚未发表——引者）。

石璋如先生为发掘报告付出了辛勤劳动，向我们展示了当时发掘的盛况，为考古事业做出了积极的贡献。解放后，殷墟发掘工作继续进行，在过去已取得的成果的基础上，又积累了许多新的资料，对甲、乙、丙三组的年代和性质，可以定得更具体一些，对石先生的个别推论，也有一些新的认识。

从基址的文化层叠压关系和出土遗物判断，甲组基址中的大部分是洹北商城时期的外围遗存，与乙、丙两组基址的性质有所不同④。乙、丙两组基址的年代大约都属于武丁时期，历经祖庚、祖甲、廪辛、康丁，都有增建。直至殷末，这里还有殷人活动的遗迹。根据殷墟的年代分期，引人注目的乙组基址似建于武丁至祖乙时期（第二期），有

①　石璋如：《小屯·殷墟墓葬之二·中组墓葬》336页，中央研究院历史语言研究所，1972年。

②　石璋如：《小屯·殷墟墓葬之三·南组墓葬附北组墓补遗》17页，中央研究院历史语言研究所，1973年。

③　石璋如：《小屯殷代丙组基址及其有关现象》，《历史语言研究所集刊外编第四种》下册，中央研究院历史语言研究所，1961年。

④　中国社会科学院考古研究所安阳工作队：《河南安阳市洹北商城的勘察与试掘》，《考古》2003年第5期。

的迟至廪辛至文丁时期（第三期）[1]。

在小屯北地前中央研究院发掘的乙组基址附近，解放后又进行了多次发掘，在多处夯土台基上又发现用人奠基的现象。据报道，它是在夯土台基筑成以后，再在台基上挖出长方形土坑，把祭奠的人牲用席卷好，埋入坑内，最后填土夯实。出土时，人牲骨架上仍保留有席纹痕迹[2]。也有在房子建成后，再在居住地面中间挖方形坑，把人牲砍头肢解埋入坑中的[3]。

1981年在前中央研究院发掘的乙组二十基址以南80余米处发现三排大型建筑基址，分别编号为F1、F2、F3。1989年以后，陆续对这三排基址进行发掘，获知其建筑形制与过去发掘的乙组基址大体相同，在基址内外都发现有用于祭祀的人牲坑。F1基址发掘资料已发表，据报道，F1基址初建时东西全长61～62米、宽7.5～8米，方向185度。房基内有南北平行的两排柱洞，南排柱洞的南面有廊庑，还有数处供出入的门道。在基址之外南面垫土下发现祭祀坑十个，其中三个（M14、M15、M16）在东部，七个（M2、M3、M17～M21）在西部，祭祀坑内都埋有砍头人架三至四具，人头扔在坑内。东部三个祭祀坑的人架头皆向西，西部七个（发掘六个）祭祀坑的人架头皆向东。已发掘的九个祭祀坑，其中七个坑各埋人架三具，两个坑各埋人架四具，共二十九具，实际多不止此数（图二八）。埋置情况举2号、18号两坑为例。

2号坑在1号门西边。长方形竖穴土坑，坑口长1.95米、宽1.05米，底深2.35米，方向95度。坑底周边有窄台，坑内埋人架三具，俯身直肢并列，皆砍头，头颅放在人架颈部处，面向下，随葬陶器八件，全被砸碎，堆放在三具人架腿骨上，北边人架腿骨边有骨镞二件。坑内填土夯实，土色发黄与房基土近似（图二九）。

18号坑在2号门西侧础石之南，长方形竖穴，有壁龛，坑口长2.2米、宽0.9米，底深2.2米，方向95度。壁龛在北壁西端，龛外封闭，表面用稀泥涂抹，很坚硬，龛内填虚土，埋跪状人架一具。人架已被砍头，掷放于龛内中部，已压扁。下肢骨置龛底平台上。双腿向外，上肢仅见左臂，肋骨、盆骨已朽。坑底埋人架三具，皆并列俯身。人架均被砍头，头向东，面向下，头骨因夯打已全部破碎。南边人架双膝部有捆绑痕，中间与北边的人架下肢压在壁龛底部土台下。随葬陶器多件（未清理），皆砸碎堆放在三具人架腿骨上。另有骨镞三件，放于中间人架和北边人架身上。坑内埋黄土，夯实，土色与房基土接近（图三〇）。

祭祀坑大多设置在门道两侧的础石之外，少数压在门道两侧的础石之下。从所处的

① 陈志达：《安阳小屯殷代宗庙遗址探讨》，《文物资料丛刊（十）》，文物出版社，1987年。
② 中国科学院考古研究所安阳工作队：《1958—1959年殷墟发掘简报》，《考古》1961年第2期。
③ 中国科学院考古研究所安阳工作队：《1975年安阳殷墟的新发现》，《考古》1976年第4期。

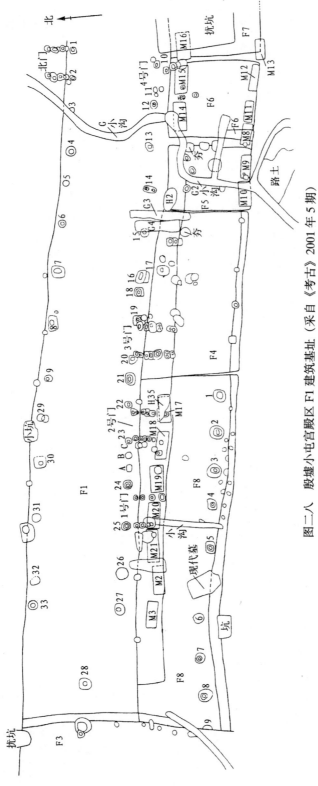

图二八　殷墟小屯宫殿区 F1 建筑基址（采自《考古》2001 年 5 期）

1～33. 柱洞

层位和位置分析，杀人祭祀大概是在立柱或上梁时进行的。祭祀完毕，将祭祀坑填土夯实，并在其上铺垫一层夯土。

F1 基址内无隔墙，无居住痕迹，门道两侧有排列比较规则的祭祀坑。坑内埋置人架状况类同，表明这座基址可能是用于祭祀的宗庙性建筑，性质与上世纪 30 年代前中央研究院发掘的乙组二十基址相近。F1 基址的修建年代约在殷墟一期晚段，属于武丁时期①。

根据礼书的记载，古时君主居住的宫殿，前面设有"朝"，是君主接见群臣和处理政务的地方；后面设有"寝"，是君主及其家族生活起居的处所。君主供奉祖先的宗庙，是仿照宫殿的规模建筑的：前面设有"庙"，用来陈列祖先的神主，作为朝拜和祭祀的地方；后面设有"寝"，用来陈设家具和生活用品，作为祖先灵魂生活起居的处所。甲、乙、丙三组基址的性质，似可参照礼书的记载做一点推测。甲组在北，规模较小，未见人牲，可能是殷王及其家族生活起居的处所。乙组基址有二十一座，规模最大，方向又不一致，似是宫殿和宗庙的所在地。大部分祭祀坑集中发现在 7 号基址的南边和 11 号基址的西边，看来这是两座最具规模的宗庙建筑。宗庙的职能是陈列祖先的神主，供殷王朝拜和祭祀祖

图二九　殷墟小屯宫殿区 F1 基址内的 2 号
人牲坑（采自《考古》2001 年第 5 期）

1、2. 骨镞　3. 陶罍　4～6. 人头骨

先，由于长期在这里举行杀祭活动，所以才出现这样多的祭祀坑。丙组中的某些基址，似为"坛"一类建筑。在这里发现了牺牲、人牲，还有灰烬，似为祭天的场所。它与宗庙关系密切，所以距离不远。石璋如先生把在乙组 7 号基址南边和 11 号基址西边发现的一大片祭祀坑分为北、中、南三组，认为这三组都应是 7 号基址落成后的杀祭坑，显然是夸大了建筑落成后的杀祭活动。何况到目前为止，我们还没有办法证实殷墟有第二座建筑因落成杀祭而留下祭祀坑。至于北组中的五个车马坑和所谓"南组大墓"，与这片祭祀坑也没有直接关系。在殷周大墓附近或墓道内设置车马坑，坑内埋放真车真马，

①　中国社会科学院考古研究所安阳工作队：《河南安阳殷墟大型建筑基址的发掘》，《考古》2001 年第 5 期。

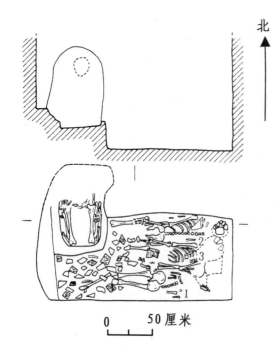

北

图三〇　殷墟小屯宫殿区 F1 基址内的 18 号人牲坑
（采自《考古》2001 年第 5 期）
1～3. 骨镞

0 ————— 50 厘米

并以御者为殉，这已被殷周墓葬考古发掘一再证实。五个车马坑的附近应有至今未被发现的贵族大墓。车马坑应是属于这座未被发现的大墓的。把 7 号基址南边的 232 号墓（南组大墓）拉入祭祀坑行列，似亦欠妥。1978 年，中国社会科学院考古研究所安阳工作队在 232 号墓附近发掘 17 号、18 号墓[①]。两墓的规模大小、随葬器物、殉人情况，均与 232 号墓相似，时代同属殷墟二期，墓主身份亦应相仿，即三墓墓主同属殷王室或殷贵族。

2. 王陵区及宗族墓区的人牲

在安阳小屯殷王都宫殿区遗址西北方，洹水北岸的侯家庄、武官村一带，有殷王陵和王室墓地，在这里曾发现公共祭祀场地一处。宫殿区南边的小屯南地、东北边的大司空村以及东南方的后岗、花园庄，都有殷贵族和宗族的墓地。在这四个墓地的南坡，都发现圆形或长方形祭祀坑。王陵区的公共祭祀场地和四个墓区的祭祀坑内都发现了大批的人牲遗骨。

（1）王陵区公共祭祀场

王陵区公共祭祀场位于侯家庄西北岗东区，1400 号、1443 号、1129 号三座大墓的西边、北边，以及武官村 1 号大墓（WKGM1）和 260 号墓（母戊墓）之间（图三一）。祭祀场东西长约 165 米，南北长约 180 米。从 1934 年到 1978 年曾先后进行过五次发掘。

第一次　1934 至 1935 年，前中央研究院历史语言研究所发掘祭祀场的西半部。在这片祭祀场内，除人牲外，还有车马坑、器物坑和禽畜牲坑。人牲坑大约有六七百个，可以分为先后几期或几组，年代有早有晚，显然是长期在这里举行杀祭而形成的（图三二）。人牲坑中，有的埋全躯，有的埋躯骨（即仅有躯体四肢而无头骨），每坑十具或多具，而更多的祭祀坑，坑中仅埋头骨，被称为"人头坑"或"人头葬"。人头坑大多是十坑成一排，或若干排自成一群，或每隔一两排而与无头躯体坑相间排列。人头坑多数是 每坑埋头骨十具，少数埋八具、七具，或少至六具、五具，最多的一坑埋三十二具

---

①　中国社会科学院考古研究所安阳工作队：《安阳小屯村北的两座殷代墓》，《考古学报》1981 年第 4 期。

北

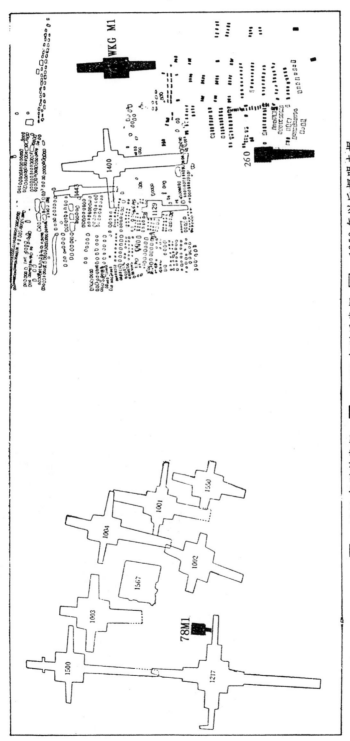

□···1949 年以前发掘　■···1950 年以后发掘　□···1950 年以后探明未掘

0　　40 米

图三一　安阳殷墟侯家庄西北岗大墓和祭祀坑（采自《新中国的考古发现和研究》）

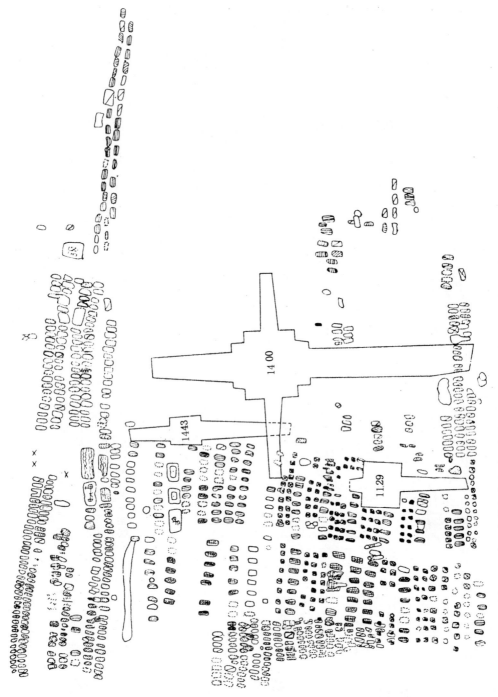

图三二　安阳殷墟侯家庄西北冈东区西部大墓和祭祀坑（采自《新中国的考古发现和研究》）

（图三三），平均每坑埋头骨七点二具[1]。据当年参加发掘的胡厚宣先生事后估计，这片祭祀场地共埋人牲总数当在二千人[2]。

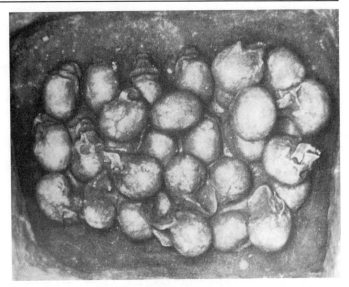

图三三　殷墟侯家庄西北岗祭祀坑中的人头骨
（采自《殷墟的发现与研究》）

第二次　1950年发掘武官村1号墓时，在大墓东南50米处，发掘面积100平方米。在发掘范围内，发现祭祀坑十七个。分四排，共埋无头躯骨一百五十二具，多数是一坑埋十人。颈向北、向南各半，全部俯身葬，无随葬品。躯骨中有的没有颈椎骨，有的带下颚骨。坑内躯骨多叠压，少则两层，多至五层。祭祀坑排列有序，大小深浅差不多，每坑长约2米、宽约1米、深约2.2米，全部南北向，坑间距0.5~1米，南北行距3~4米。可以断定，这是同一时间的有计划的杀祭行动。

这片祭祀坑南面，在发掘的200平方米的范围内，尚有散乱的祭祀坑九个，有的只埋头骨，有的只埋躯骨，有的头骨、躯骨杂置一坑中。每坑数量不等，总计达七十多个个体[3]。

第三次　1958至1959年，在260号墓（母戊墓）东20米处发掘东西并列的祭祀坑十个。坑形不整齐，大小差不多，长2米、宽约1米，间距0.21~0.29米。十个坑共埋无头躯骨五十五具，无葬具，无随葬品，人架向北向南都有，相互叠压，其中俯身葬二十九具，仰身葬二具，余不明。各坑人架数不尽相同，以五具为多，也有九具、六具、一具的。凡可鉴定的骨架全是男青年[4]。

第四次　1976年在第一次发掘地点的东边和东南边，又发现祭祀坑二百五十个，发掘了其中的一百九十一个。祭祀坑密集排列，纵横有序，大部分南北向，少数东西向。这些坑都是长方形竖穴，大小差不多，平均长2米、宽1米、深2米左右。坑壁不

①　杨希枚：《河南安阳殷墟墓葬中人体骨骼的整理和研究》，《安阳殷墟人骨研究》28、29页，文物出版社，1985年。
②　胡厚宣：《殷墟发掘》，学习生活出版社，1955年。
③　郭宝钧：《1950年春殷墟的发掘报告》，《中国考古学报》第五册，1951年。
④　中国科学院考古研究所安阳工作队：《1958—1959年安阳殷墟的新发现》，《考古》1961年第2期。

甚平整，内填以黄沙土，并经夯打。坑底未发现任何葬具的遗迹。各排坑之间的距离大多为 2 米左右。同一排中各坑之间的距离多数为 0.3～0.5 米。一般来说，同一排坑的坑间距离、坑口大小、方向、坑深，以及坑内骨架埋葬姿势和数目基本上是相同的（图三四）。有的一排坑类同，有的数排坑类同。根据这种现象，可以自然地把这片祭祀坑分为二十二组，其中最多的是四十七个坑一组，最少的一个坑一组（图三五）。同一组的坑似为同一次祭祀活动的遗迹，共有二十二组，可以认为殷王曾在这里进行过二十二次祭祀活动（图三六）。根据祭祀坑的叠压关系，其中南北向的十八组祭祀坑的时代早于东西向的四组祭祀坑。

祭祀坑中的遗骨，南北向的坑和东西向的坑有所不同。一般来说，南北向祭祀坑的人牲绝大部分被砍去头颅，俯身葬，交叉叠压，每坑八至十人。经鉴定的人骨，绝大部分是男性青壮年（图三七、三八）。东西向祭祀坑的人牲大部分是全躯，俯身葬。经鉴定的人骨，大部分是成年女性或儿童（图三九）；各坑所埋人数不等。

南北向祭祀坑内的遗骨，颈椎上多数留有明显的刀痕，有的颈椎上还残留有下颚骨或上下颚骨。有的下颚上亦可看到刀砍的痕迹。不少骨架是被砍断、肢解后零乱地扔在坑中。有的上肢骨或下肢骨被砍断，有的手指或脚趾被砍断，还有的被腰斩。有的骨架双手背缚；有的双脚被捆；有的双手上举，脊椎扭转，作挣扎状（图四〇）。有的坑在

图三四　殷墟侯家庄西北岗东区东部祭祀坑（局部）（采自《考古》1977 年第 1 期）

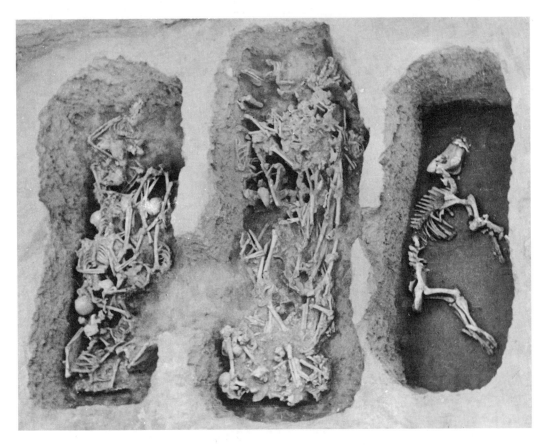

图三五　殷墟侯家庄西北岗东区东部祭祀坑中的人牲和猪骨架（第 17 组 M1～M3）

（采自《考古》1977 年第 1 期）

填土中也埋有人牲；有的头被砍去，仅存躯骨；有的仅存头颅；有的仅存躯干或四肢的残骸；有的人架被剁成十几块碎片。南北向的坑亦有少数坑中发现有头颅的人架，部分全躯，部分身首异处。

东西向祭祀坑中的人牲大都有头颅，全躯，只有极少数砍头；有的蜷曲，似捆绑状。

从已发现的有头颅的遗骨观察分析：凡是成年者，可能皆处死后扔进坑中；少年和幼童大都活埋，有的作捆绑状。

根据发掘者统计，这次发掘的一百九十一个祭祀坑共埋人牲一千一百七十八人，如果把被破坏和未清理的骨架数计算在内，估计约一千九百三十人。在已发掘的一百九十一个坑中，只有十三个坑有随葬品，五个坑中人牲与禽兽同埋。

从祭祀坑的分布排列情况分析，当时的祭祀活动是有计划有目的的，可能有专人管理。这片祭祀坑应是殷王室长期祭祀祖先的公共祭祀场所。南北向的祭祀坑，主要属

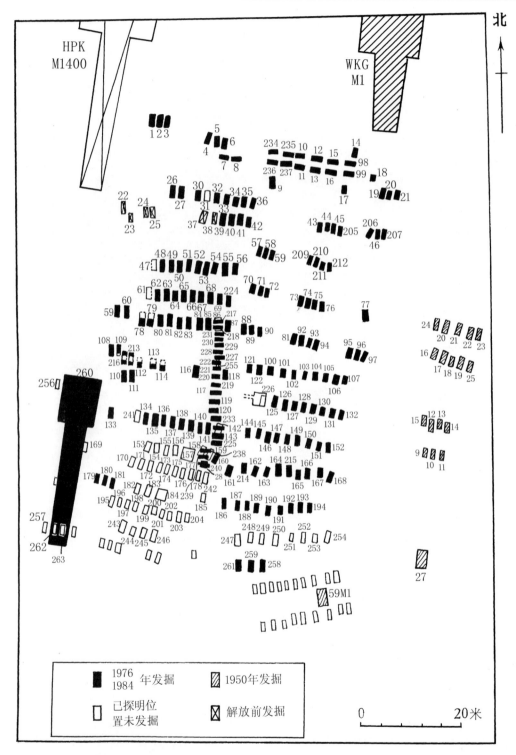

图三六　殷墟侯家庄西北岗东区东部大墓和祭祀坑平面图（采自《考古》1977年第1期）

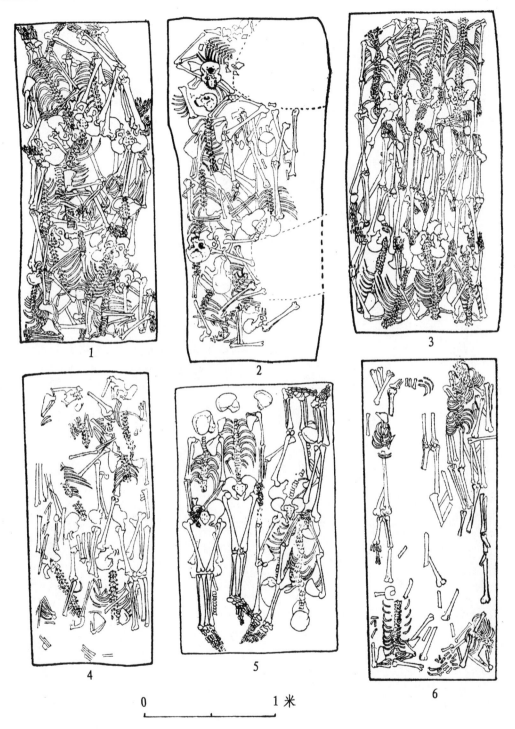

图三七　殷墟西北岗东区东部祭祀坑中的人牲遗骨（采自《考古》1977 年第 1 期）

1.126 号坑　2.11 号坑　3.30 号坑　4.161 号坑　5.16 号坑　6.139 号坑

图三八　殷墟西北岗东区东部祭祀坑中的人牲（采自《考古》1977 年第 1 期）

上左. 5 号祭祀坑中的十具人牲遗骨　　　上右. 87 号祭祀坑中的十具无头人牲遗骨

下. 222 号祭祀坑中五具被活埋的幼童遗骨

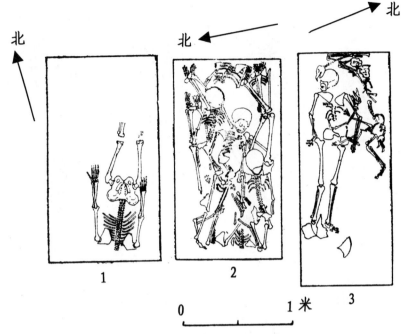

图三九　殷墟西北岗东区东部祭祀坑中的儿童牲遗骨

（采自《考古》1977 年第 1 期）

1.205 号坑　2.7 号坑　3.217 号坑

于武丁时期，东西向的祭祀坑主要属于祖庚、祖甲、廪辛时期[1]。

从钻探和发掘的资料得知，在这个祭祀坑的东、西、南三面还有许多同样的祭祀坑，这次发掘的祭祀坑，仅是这一庞大的祭祀场所的一部分。

第五次　1978 年发掘，位于第四次发掘地点的西南约 150 米，其西北距王陵区西区约 80 米。先在这片地面钻探，共发现祭祀坑一百二十座，发掘了其中的四十座。在发掘的四十座祭祀坑中，绝大部分埋的是动物，其中以马为最多。埋置人牲的有五个坑，每坑埋一人，皆成年男性，其中 1 号坑牲人为全躯，仰身直肢，头向北，两手上举，两腿交叠，呈捆绑状。3 号坑牲人被砍头，俯身直肢，双手交叉于腹。39 号、40 号、41 号坑各埋一人二马。人马同一头向。两马背向，姿势规整；人全躯，俯身直肢，分别放置在两马的右侧、中间和左侧。显然是处死后埋人，并做有意识的摆置。从地层堆积判断，这批祭祀坑系长期形成，大约曾举行过十五次祭祀活动。发现的五具人牲，其身份可能是战俘，与马埋在一起的人牲，其生前很可能是从事养马或驭马工作的人[2]。

综合上述对侯家庄殷王陵区的五次发掘，共发掘人牲坑九百三十二个（第一次估定

---

① 中国科学院考古研究所安阳发掘队等：《安阳殷墟奴隶祭祀坑的发掘》，《考古》1977 年第 1 期。

② 中国社会科学院考古研究所安阳工作队：《安阳武官村北地商代祭祀坑的发掘》，《考古》1987 年第 12 期。

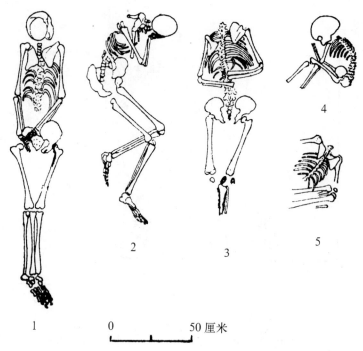

0　　　　　　　　　50 厘米

图四〇　殷墟西北岗东区东部祭祀坑中被杀祭的人牲遗骨

（采自《考古》1977 年第 1 期）

1.手脚被捆（6 号坑）　2.侧身屈肢，双手抱头（119 号坑）　3.双手背缚，
手指被砍（214 号坑）　4.幼童（222 号坑）　5.被砍断肢解（141 号坑）

为七百个），采集人牲标本三千四百六十个个体（第一次估定为二千人）。如果把这批人牲作为祭祀王陵区迄今已发掘的十四座大墓（西区九座，东区五座）墓主的人牲，平均每座大墓约占六十六个人牲坑，牲人数约二百四十七人。

还应提到的是，殷人不但要在王陵区墓地上定期杀人追祭祖先，而且在祖先埋葬时就要杀祭一批人，同时把杀祭的牲人埋放在墓室内、填土中或墓道附近。关于埋葬时的杀祭人牲，我们将在下一章连同殉人一起考察。

（2）宗族墓区的祭祀坑

宗族墓区中的贵族墓地，也有类似杀祭牲人的活动。小屯南地、大司空村、高楼庄后岗、花园庄南地四个墓区的南边，都发现了祭祀坑，前三地为圆形祭祀坑，花园庄南地为长方形祭祀坑。

小屯南地的祭祀坑（H33）在以妇好墓为首的贵族墓地的南边。1973 年发掘。坑口呈不规则椭圆形，长 3.9 米、宽 3.1 米。坑口上部被 1 号房基打破。坑内埋马一匹，马骨周围有牲人五具。其中有幼童二具，被肢解后埋置在马骨旁边；成人三具，一具侧身屈肢，身前放一头猪，一具仰身直肢，左腿髌骨处刺入铜镞一枚，口张开作反抗挣扎状，另一具是无头躯体，作俯身直肢葬式（图四一）[1]。他们很可能是战争中的俘虏，被用于祭祀这片墓地的祖先。

大司空村祭祀坑，1971 年发现于大司空村殷宗族墓地东南。坑口略呈椭圆形，东西长 2.8 米、南北宽 3.34 米、深 0.6 米。坑底呈不规则圜状。坑的北半部被战国地层破坏。坑内现存头颅三十一个，无头躯体二十六具。出土时，头颅与躯体分离，仅一具头颅与躯体尚有部分连接，没有完全被砍断，由此表明原有的三十一人被杀祭（无头躯体缺五具，系被战国地层破坏毁没）。随杀随埋，互相叠压，没有固定葬式（图四二）。人骨经鉴定，多数属 30 岁左右的男性，少数为 4 至 7 岁的幼童[2]。

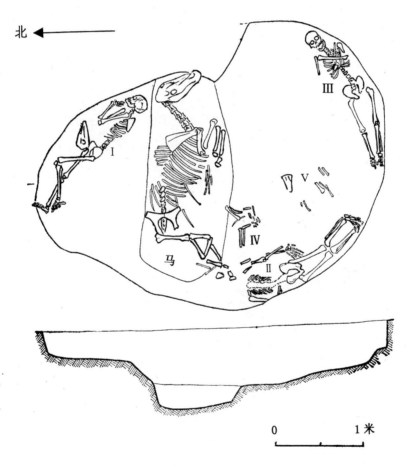

图四一　安阳小屯南地祭祀坑（H33）平、剖面图（采自《考古》1975 年第 1 期）

Ⅰ～Ⅲ. 成人骨架　Ⅳ、Ⅴ. 幼童骨架

①　中国科学院考古研究所安阳工作队：《1973 年安阳小屯南地发掘简报》，《考古》1975 年第 1 期。

②　安阳市博物馆：《安阳大司空村殷代杀殉坑》，《考古》1978 年第 1 期。

北 ←

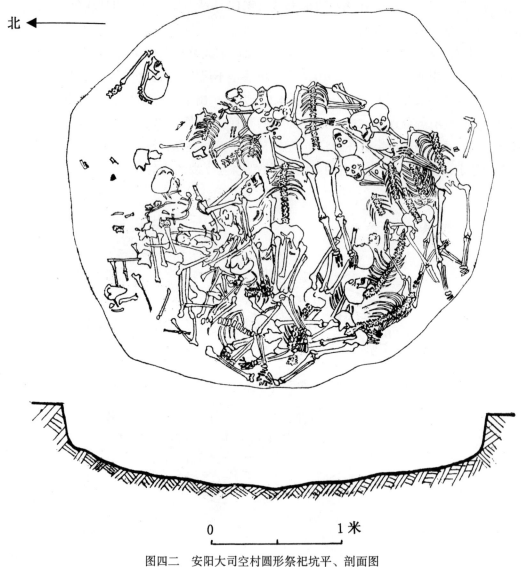

0 ⊢――――――――――⊣ 1 米

图四二　安阳大司空村圆形祭祀坑平、剖面图

（采自《考古》1978 年第 1 期）

后岗圆形祭祀坑，1959 年发现于高楼庄后岗殷宗族墓地的南坡。竖井形，坑口径
2.2 米、底 0.3 米、深 3.6 米。发掘工作分三次进行。坑内埋牲人七十三具，分三层。
上层二十五具，其中全躯二十具、头颅五个。骨骼上染一层红色。没有固定的葬式，有
俯身直肢、俯身屈肢、仰身直肢、跪仆、双手抱头和侧身屈肢等。个别头骨前额有刀砍
痕迹。经鉴定，均为男性，年龄以 14 至 19 岁为最多，40 岁以上者较少。与上层人架
共存的器物有"戍嗣子"铜鼎、爵、卣、刀、镞各一件，铜戈二件，以及大堆的海贝、
小米和麻织品。中层二十九具，其中全躯十八具、头颅十个、无头躯骨一具。内八具插

骨笄，七具有贝饰，两具有玉饰。骨骼上也染有一层红色。葬式有仰身、侧身、俯身。另有二具人架相对跪仆，头皆向东，两臂下垂，两足贴近盆骨，放置规整，似为捆缚入葬（图四三）。经鉴定，性别年龄与上层相仿，皆男性，青少年居多，壮年较少，其中还有年仅3至6岁的幼童五具（内有二具乳齿尚未脱落）。与下层人架同出的器物，除铜鼎、爵、戈以外，还有大量陶器。在上下两层之间，填以碎陶片层，把人架隔开。下层十九具，骨架保存较差，其中全躯二具、缺小腿骨和足骨的人架五具、头颅十个、上颚骨一个、残腿骨一条。据鉴定，其中青年男性三具、成年男性二具、青年女性三具、儿童和婴儿六具，余不明。伴少量装饰品和海贝[①]。

　　与侯家庄王陵区祭祀坑稍有不同的是，后岗祭祀坑上下二层骨架中伴出有铜器、陶器及海贝、小米等。从出土现象推测，这批器物应是杀祭时的供器和祭品，祭祀完毕后，随同牲人一起埋入坑中。

　　这三个祭祀坑的时代均属殷墟前期，又都发现于殷宗族墓地的南边，其性质似为祭祀历代先人，非专为祭祀某一先人而设。

　　花园庄南地的长方形祭祀坑（M3），位于大废骨坑的西北边。1986年发掘，坑口

图四三　安阳后岗圆形坑内的人牲与青铜器（采自《考古》1961年第2期）

---

　　①　中国社会科学院考古研究所：《殷墟发掘报告（1958—1961）》265～279页，文物出版社，1987年。

距现地表深 1.3 米，方向 280 度。坑口长 1.7 米、宽 0.9 米、底深 1.55 米。坑内埋少年人架二具，皆俯身直肢葬式，无葬具。北边的一具双手被砍掉，胸部下面有一残柄形玉饰；南边的一具，左手、右脚趾被砍掉，左手压在身下。年代属殷墟晚期[①]。

（3）殷墟牲人遗骨的鉴定研究

殷墟王陵区和宗族墓区出土的牲人遗骨，解放后发掘的，大部分都有鉴定报告，并随同发掘报告发表；解放前发掘的部分牲人遗骨，也已经由主持鉴定研究的杨希枚先生带回北京发表。在出土的牲人遗骨中，以王陵区第一次和第四次发掘的材料数量最多，鉴定研究也比较全面系统，可以代表殷墟牲人年龄、性别、人种成分的情况，引述如下：第四次发掘的一百九十一个祭祀坑，共清出人骨架一千一百七十八个。经鉴定的祭祀坑有一百个，人骨架个体计七百一十五至七百一十八个。鉴定的结果是：男性三百三十九个，女性只有三十五个，余三百四十一至三百四十四个未确定性别。在鉴定的全部人骨架中，只有未成年的儿童十九个，其余都是成年和接近成年的个体。女性个体皆保存头骨（全躯），绝大部分集中分布在这次发掘区最北部的五个坑中（4、5、6、12、13号坑），年龄都在 20 至 35 岁之间，没有发现一个老年个体，也没有发现幼年个体。男性个体的绝大部分是无头骨架，估计其年龄比较困难，从可资鉴别的男性个体的年龄来看，他们被杀时的年龄约在 15 至 35 岁之间，也没有发现中老年个体。幼年儿童的年龄大多是 6 至 7 岁，227 号坑出土的一个稍大，约 12 岁。多数保存头骨，也有无头的[②]。

第一次发掘的祭祀坑，经实际鉴定的有三百三十七个个体，出于九十一个祭祀坑（原报告作"九十一个小墓"），其中有三百二十七个头骨，出于八十六个祭祀坑。根据鉴定研究，这批人头骨的平均年龄约为 35 岁，男性头骨占六分之五，女性头骨占六分之一。按形态分为五个亚组三个主要人种成分，即主要属于北亚蒙古人种（I、IV、V 亚组），其次是太平洋尼格罗人种（II 亚组）以及数量较少的高加索人种（III 亚组）。在若干头骨测量项目上，他们较之现代华北人头骨更接近于甘肃和河南史前期人头骨[③]。对于这个问题，有学者表示异议。他们认为，第一次发掘的祭祀坑头骨，其中可能包括被掳获的战俘、奴隶或罪犯，来源比较复杂。因此，头骨的形态变异比较大，体质类型也比较复杂，这是可以想像的。主要的疑点是，这批头骨是否包括三个大人种成分？他们把这批材料同第四次发掘材料做了比较之后指出，所谓"两个高加索人种头骨（即第 III 亚组）"，仍然有许多

①　中国社会科学院考古研究所安阳工作队：《1986～1987 年安阳花园庄南地发掘报告》，《考古学报》1992 年第 1 期。

②　中国社会科学院考古研究所体质人类学组：《安阳殷代祭祀坑人骨的性别、年龄鉴定》，《考古》1977 年第 3 期，后收入《安阳殷墟人骨研究》109～118 页，文物出版社，1985 年。

③　杨希枚：《河南安阳殷墟墓葬中人体骨骼的整理和研究》，《安阳殷墟人骨研究》28～47 页，文物出版社，1985 年。

不可忽视的蒙古人种形态特征。从颅面部的一些主要测量数值来看，他们与蒙古人种的史前和现代华北类型有更多的关系。所谓"太平洋尼格罗人种头骨（即第 II 亚组）"，更可能和我国华南一些新石器时代晚期居民的头骨相似或相同，应该属于蒙古人种的南部边缘类型。总的来讲，解放前后四次发掘的祭祀坑人骨材料，无论从头骨的测量或形态上的观察都是相同的，它们的体型都属于"蒙古人种主干下的类似现代北亚、东亚和南亚的种系成分，其中，接近东亚的仍然居多。体型上这种多种系成分，可以解释为殷人同四邻的方国部落征战时，掳获了不同方向来的异族战俘"①。这种解释是有说服力的。

3. 甲骨文中的人牲

在占卜祭祀的甲骨文中，往往把人和牛、羊、豕、犬并提，作为占卜祭祀的祭品。吴其昌在 1932 年发表的《殷代人祭考》②一文中首先指出以人为牺牲这一事实。他的这一说法，当时还有许多人不相信。由于卜辞材料的增多，地下发掘的实证，现在已经没有人对这种说法表示怀疑了。

胡厚宣先生曾从著录甲骨文字的九十多种书刊，以及他长年以来所搜集的一些尚未著录的甲骨资料中，找出有关人牲的甲骨共一千三百五十片、卜辞一千九百九十二条③。就时代而论，甲骨文里有关人牲的卜辞，以殷武丁（前 1339～前 1281 年）时为最多，计有甲骨六百七十三片、卜辞一千〇六条，祭用九千〇二十一人，最多的一次用五百人。另有五百三十一条未计人数。其次是廪辛、康丁、武乙、文丁（前 1240～前 1210 年）时，计有甲骨四百四十三片、卜辞六百八十八条，祭用三千二百〇五人，最多的一次用二百人。另有四百四十四条未记人数。再次是祖庚、祖甲（前 1280～前 1241 年）时，计有甲骨一百片、卜辞一百一十一条，祭用六百二十二人，最多的一次用五十人。另有五十七条未记人数。再其次是帝乙、帝辛（前 1209～前 1123 年）时，计有甲骨九十三片、卜辞一百一十七条，祭用一百〇四人，最多的一次用三十人。另有五十六条未记人数。所载人牲最少的是武丁以前，即盘庚、小辛、小乙（前 1395～前 1340 年）时，计有甲骨四十一片、卜辞七十条，祭用一百人，最多的一次用二十人。另有五十七条未记人数。总计从盘庚迁殷到帝辛亡国，在这八世、十二王、二百七十三年（前 1395～前 1123 年）间，共用人牲一万三千〇五十二人，另有一千一百四十五条卜辞未记人数，如每条以一人计算，全部杀人祭祀至少当用一万四千一百九十七人。

每次所用的人牲数，除不记明的以外，至少有二十种不同的数目：一人、二人、三

①　韩康信、潘其风：《殷代人种问题的考察》，《历史研究》1980 年第 2 期；又：《殷墟祭祀坑人头骨的种系》，《安阳殷墟人骨研究》82 页，文物出版社，1983 年。
②　吴其昌：《殷代人祭考》，《清华周刊》37 卷，9、10 号，1932 年。
③　胡厚宣：《中国奴隶社会的人殉和人祭（下）》，《文物》1974 年第 8 期。本节叙述的甲骨文中的人牲数字，凡未注出处者，皆引自此文。

人、四人、五人、六人、七人、八人、九人、十人、十一人、十五人、二十人、三十人、四十人、五十人、一百人、三百人、一千人。由此知道每次杀祭的人牲最少是一人，最多可达一千人。十人以下的任何一个数目都被用过；二十人以上的数目，皆以十为单位；百人以上的数目，皆以百为单位[1]。有时还特地记明所用的是女人，如："戊辰下，又艮妣巳一女妣庚一女"（粹 720）。

人牲以羌人为最多。羌是一方国名，又是一种族名，大约居住在今陕西北部、山西西北部一带。他们经常与殷人发生战争，常被殷人所败，大批战俘就成了人牲。此外，也有少数羌人因田猎牧勹被殷人所掠获或作为奉献于殷王的贡纳品。羌，甲骨文作🦌（后编上 28.31）𦫶（粹 4054），像是用绳牵缬的类似牲畜的人。《说文》："羌，西戎牧羊人也。"可见直到东汉时，他们仍居住在我国西北。由于俘获羌人的数量最多，"羌"又几乎成为俘虏的代用语。

除羌以外，人牲还有来自大、亘、尸、绊、美、🜲、🜨、🜩、🜪、奚、而、印、艮等十多个方域的俘虏、田猎者或贡纳者[2]。

战争俘虏、田猎掠获或贡纳作为人牲的异族人，往往在到达王都的几天内就被"用"掉。《春秋穀梁传》成公十七年："祭者，荐其时也，荐其敬也，荐其美也，非享味也。"对祭祀礼仪特别看重的殷人来说，更是如此。所以大批战俘在未及转化为奴隶以前就被献上祭坛，作了牺牲，这大概就是"荐其时也，荐其美也"。一时用不完，当然也可以暂时畜养起来，有的则被转化为奴隶。暂时被畜养起来的战俘，一般逃脱不了被"用"掉的命运。被转化为奴隶的俘虏，甲骨文称之为仆、臣、妾、郎、母等，他们平时要从事农业生产，要服各种劳役，有时也用于田猎，或让他们从军打仗。如果不顺从役使，则随时有可能再被拉去"用"掉。甲骨文中有一种通称为"人"的人牲，大约就是指的这部分人。

以人为牲的处理方法与用牲的处理方法一样，名目繁多，手段残酷，根据古文字学家姚孝遂先生的研究，大约有十几种之多[3]。

1. 俎　全牲，俎人大多用羌。通常在比较隆重的祀典上以全牲祭祀。

2. 伐　即砍头，这是刻辞中最常见的用牲方法。甲骨文中凡被砍头的人牲或将被砍头作为祭祀的俘虏都叫伐。

3. 馘　与伐义同，都是斩首。甲骨文作图四四之形。好像将俘虏双手反缚，抓住其发辫，用斧钺断其头颅的形状。有的还带数小点，像血水淋漓之状。殷墟排葬坑中的

---

①　张秉权：《祭祀卜辞中的牺牲》，《中央研究院历史语言研究所集刊》38 本 181～231 页，1968 年。

②　姚孝遂：《商代的俘虏》，《古文字研究》第一辑 337～390 页，中华书局，1979 年。

③　姚孝遂：同②。

无头躯骨和失去躯体的头颅，大约都是用"伐"和"馘"的方法处置的。

4. 炆　字从人在火上，即用火烧死，一般用于求雨的祭祀。卜辞用于炆祭最多的是奻和妾，属女性，其身份应是女俘。

图四四　甲骨文"馘"字

5. 沈　《礼记·大传·注》："祭水曰沈。"甲骨文的沈字，字形像投牛或羊入水，引申之，凡投入水中的用牲方法皆谓之沈，并不限于牛羊。沈祭的主要对象是"河"，当为防水之祭。其义与炆正好相对，炆是火烧，沈是投水，皆以女性为之。卜辞有"沈郊"（后编上23.4）、"郊珏酻河"（铁127.2），当为后世"为河伯娶妇"的滥觞。

6. 澈（骹）　据于省吾《殷契骈枝·释骹》：骹字像以扑击蛇之形，引申为割杀之义。

7. 筒　《说文》篆文作"副"，训为"判"，当是劈开牲胸，取出内脏，风干以祭。

8. 兀　即《说文》畿，乃杀牲取血以祭。这种祭祀，大致相当于后世的"衅"。

9. 寮　《增考》26页："从木在火上，木旁诸点像火焰上腾之状。"《说文》："寮，柴祭天也。"卜辞"寮"多为奉年祈雨之祭。这种祭祀大多用牛羊，用人比较少见。

10. 卯　据《卜辞通纂》39片考释："因卯之字形取义，盖言对剖也。"这种用牲方法，一般施之于牛、羊，有时也用于牲人。

11. 弹（弢）　甲骨文作图四五之形。字从弓、从又，或从攴，正像"使战动掉弹"之形。有"击"义，谓击杀之。

图四五　甲骨文"弹"字

此外还有通言杀祭的"用"、"屮"、"岁"（戕、戕）和晋。

值得注意的是，某种用牲方法，往往施之于某种特定的俘虏。例如晋多施之于戉、𢦏；俎、伐，多施之于"羌"；骹多施之于尸；沈、炆施之于女俘，等等。

上面列举的十多种献祭人牲的方法，大多数发生在武丁时期。杀祭的次数和用人的数量也多，最多的一次杀祭竟达一千人。中期祭祀也都要用人牲，但数量略减。到了晚期，祭祀活动仍很频繁，但用人数大减。在一般情况下，只"牢又一伐"，而且往往限于杀祭敌方的首领。姚孝遂先生曾对有关的六百八十八片甲骨进行比较分析，得到下列统计数字，从中可以看到殷代早晚期明显的变化：

早期——武丁时期，约六十年

　　用人牲之记数者：5418 人

　　用人牲之不记数者：247 次

　　一次用人牲最高数：1000 人

　　总计用人牲片数：379 片

中期——自祖庚至文丁，约九十年

　　　用人牲之记数者：1950 人

　　　用人牲之不记数者：189 次

　　　一次用人牲最高数：300 人

　　　总计用人牲片数：277 片

　　晚期——帝乙、帝辛时期，约四十年

　　　用人牲之记数者：75 人

　　　用人牲之不记数者：29 次

　　　一次用人牲最高数：30 人

　　　总计用人牲片数：32 片

　　从上述统计数字可以看出，殷代使用人牲是随着时间的推移而逐渐减少的。帝乙、帝辛时期，战争的规模和持续时间都超过早期和中期，战争中的俘虏应比过去增多，然而这些众多的俘虏只有少数用于祭祀，多数俘虏的命运只能是沦为奴隶。晚期用人为牲的数量减少，应该是俘虏多数沦为奴隶的一种反映。殷墟王陵区和贵族墓地发现的人牲坑，绝大多数属于殷墟前期，到了后期渐趋减少，这种情况，与甲骨文所载完全相符。

### （二）地方与方国

　　在商王分封的地方贵族统治区以及商朝的四邻方国，同样存在杀人祭社、杀人祭祖和奠基牲的野蛮习俗。以考古发现为例：

　　杀人祭社遗址发现于江苏铜山丘湾。1960 年发掘。遗址地面平整，经夯打坚实。遗址中部竖立四块天然大石。大石周围有全躯骨架二十具、头颅二个、狗架十二具。人架、狗架杂乱放置，头向都对着大石，说明人、狗被杀是以中心大石为神祇进行祭祀的。人架大多俯身屈膝，双手反缚，头骨破碎的约占半数（图四六，上），有的在头骨旁或腕骨旁有一石块，似表明被砸致死。性别年龄可辨者有男性六人、女性四人，皆青年和中年，全部是被杀后就地掩埋的。发掘者根据掩埋深度，把人骨架和狗骨架分为两层：下层有人架三具，头颅一个，狗架十具（图四六，下）；上层有人架十七具，头颅一个，狗架两具。有一部分人架和狗架同层叠压，有的上下层叠压。说明同样的祭祀方式至少要进行两次，很可能有多次①（图四七）。

　　铜山丘湾，古为东夷旧地南缘。这一带流行立石为社主，杀人祭祀。《淮南子·齐俗训》："殷人之礼，其社用石。"高诱注："以石为社主也。"《太平御览》卷 531 引许慎《五经异义》："今山阳民，俗祀有石主。"《左传·僖公十九年》："夏，宋（襄）公使邾文公用鄫子于次睢之社，欲以属东夷。"沈钦韩《春秋左氏传地名补注》据《水经注》、

---

①　南京博物院：《江苏铜山丘湾古遗址的发掘》，《考古》1973 年第 2 期。

图四六　铜山丘湾商代社祀遗迹内的祭牲（采自《考古》1973 年第 2 期）

上．人牲　　下．狗牲

《方舆纪要》谓次睢之社当在徐州府境。由此说明鲁南苏北地区，至少从殷商时代以来直到春秋以后，乃至汉魏时期，一直流行用石作社神、杀人以祭的习俗。丘湾遗址的发现为这些文献记载做了最形象的说明[1]。

奠基牲发现于藁城台西商代遗址，这里南距安阳殷墟约200公里。1973年发掘商代房址十四座，在 2 号和 6 号两座较大的房址中发现了奠基牲[2]。

---

[1]　参考俞伟超：《铜山丘湾商代社祀遗址的推定》，《考古》1973 年第 5 期。

[2]　河北省文物研究所：《藁城台西商代遗址》20、21、25 页，文物出版社，1985 年。

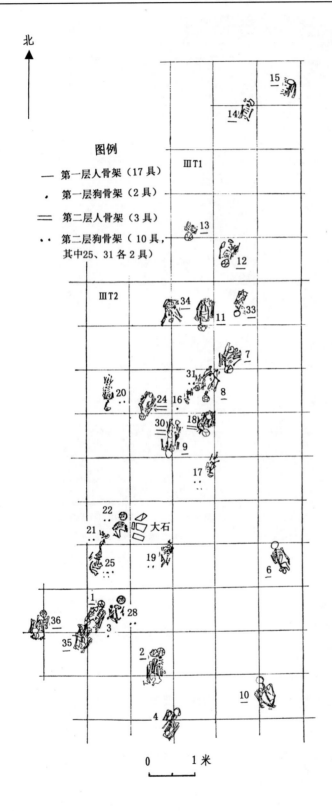

北

图例

— 第一层人骨架（17 具）

• 第一层狗骨架（2 具）

= 第二层人骨架（3 具）

•• 第二层狗骨架（10 具，
　其中25、31 各 2 具）

ⅢT1

ⅢT2

大石

0　　　1 米

2 号房是一座南北向的地面建筑，平面长方形，双室，全长 10.35 米、宽 3.8 米。在南、北两室西墙内各发现水牛角一支，南室西墙基槽内埋一陶罐，罐内装幼童尸骨一具。在北室东侧发现灰坑四个，其中三个分别埋牛、羊、猪，另一坑（H104）呈圆角长方形，长 1.5 米、宽 1.3 米、深 1.62 米，坑内埋人牲三具，皆男性，其中成年二具，少年一具。从出土的骨架姿势看，似经捆绑后，从背后推入坑中活埋。这四坑，应是 2 号房落成的祭祀坑。此外，在房址周围发现头骨四个，是否与祭奠有关，尚待进一步研究。6 号房平面呈曲尺形，由六个长方形单室构成，全长 12.9 米、宽 4.85 米。在西三室拐角处发现奠基牲头骨一具，

图四七　铜山丘湾商代社祀遗址
（采自《考古》1973 年
第 2 期）

第一层人骨架（1、2、4、6~15、33~36）　第一层狗骨架（3、6）　第二层人骨架（18、24、30）　第二层狗骨架（17、19~22、25、28、31）

女性，约 18 岁左右。在房址周围另有散置的人头骨五个，用意可能与 2 号房的人头骨相同。

地方与四邻方国的贵族墓，除了要用人殉葬以外，有的还要杀祭人牲。关于这个问题，我们将在下一章专门考察。

# 第三章　殷商墓葬中人牲人殉的考察

　　殷商统治者在宗庙和王陵所在地大量使用人牲祭奠祖先，在埋葬祖先时，还要杀祭一批人，随同殉葬人一起埋入陵墓中。这些被杀祭的人和随同殉葬的人，他们的身份是否相同，死亡的性质是否一样，过去的考古报告和研究文章，往往把他们混为一谈，笼统地把他们说成是奴隶，进而又把人殉、人牲现象简单地说成是奴隶社会的主要特征[①]。影响所及，看法愈加绝对化。近年来，这种看法受到了冲击[②]。他们认为，人牲和人殉的性质截然不同，应该严格加以区分，牲人的身份主要是俘虏，殉人的身份主要是近亲、近臣和近侍。俘虏与奴隶之间有着密切的关系，然而俘虏并不等于奴隶，近亲、近臣和近侍，从某种含义说是奴隶（奴仆），但不是特定含义的典型奴隶，即生产奴隶。把人殉中的主人和殉人的关系，人牲中的被祭者和牲人的关系与奴隶主和奴隶的阶级关系等同起来，混淆贵族和奴仆、俘虏和奴隶的界限是不正确的。人殉人牲只能作为推定所处的历史社会性质的一个侧面，但不能作为奴隶社会的主要依据。我赞同上面的这些基本观点。由于这些同志主要依据的是甲骨刻辞或先秦文献，所以，我准备从考古发掘资料方面加以补充，希望能使这个观点更加坚实可靠。

## 一　人牲人殉的区分

　　根据考古发掘资料来区分人殉、人牲，比起利用甲骨文和先秦文献似乎要困难得多，这是因为发掘资料没有文字标志，现存迹象与原状又有很大距离，所以，它必须根据历史唯物主义原理，参照甲骨文和先秦文献，利用考古学自身的特点和遗骨的科学鉴

---

① 这种看法的代表作是郭沫若先生的《奴隶制时代》，人民出版社，1954 年；又见 1952 年版、1973 年版。
② 姚孝遂：《人牲与人殉》，《史学月刊》1960 年第 9 期；又《商代的俘虏》，《古文字研究》第一辑 337～390 页，中华书局，1979 年。顾德融：《中国古代人殉、人牲者的身份探析》，《中国史研究》1982 年第 2 期。

定，制定出自己的区分标准。

"殷人尚鬼"，对祖先（人鬼）极为崇拜。他们相信人有灵魂，相信人死后还要到另一个世界继续过如同现世的生活。要吃、要穿、要用、要出行、要有各种亲近的手下人服侍。所以，活着的人要为死去的亲人送去一大批供吃、供穿、供用、供玩赏的东西，还要送去一批死者生前所宠信的人。穿、用、玩赏的东西，与本文关系不大，可以不论。所谓供吃，主要是肉食品，除了牛羊猪狗鸡鱼以外，还有人。被作为祭品的人就是人牲。动物祭品就是祭牲。殷代社会虽然已经超越野蛮的以人为食的时代，但"把人当作祭品的做法还在流行"①。他们把捉到的俘虏残酷地杀掉，当作宗教仪式和魔法上的一项内容，奉献于祖宗神灵之前，以供"食用"。这是无法否认的历史事实。那些被送去从死的"殉人"，情况要比供祭品的牲人好得多。他们的身份很复杂，有办事的贵族，有供淫乐的妃妾，有供侍卫的武士，有供杂役的奴仆，以及驾驶车马的御奴，所有这些殉人，都不超出近亲、近臣、近侍的范围。在这部分人看来，他们的一切都是属于主人的，主人死了，他们有义务从死，也愿意（至少不敢公开反抗）从死。活着的人按照从死者生前的身份地位给予不同的安置，或殓以棺木，或随葬一点物品，或模拟生前的司职（执戈、乘御、饲养小禽兽），各就各位。一般说，他们都得以保全首领（全躯），而且多数被安置在墓室中，"旋环左右"，"以卫死者"②。除了一批殉死的人以外，还有驾车的马、供警卫的狗，以及供玩赏的小鸟小兽，也在殉葬之列。这些为死者服务的动物就叫"殉牲"，其性质与供肉食的祭牲是不同的，似亦应加以区分。

或以为人殉实际是人牲的一种，为了死者而杀人以殉，即是人殉；杀牛羊以殉，亦是殉葬，供献的对象是人鬼，即可称人殉，供献的对象是人以外的自然界万物，则只能称牲或人牲，而不能称殉。这后一种看法是正确的，前一种看法基本上也可以说得过去，但为了避免混淆殉葬者的不同性质，还是把属于从死的殉葬者称人殉，把供祭品的殉葬者称人牲，比较妥当。

如果上述的理解可以成立，我们就可据以考察殷商墓中的发现迹象，给予比较合理的区分。

---

① "把人当作祭品的做法还在流行"是引用恩格斯记述塔西佗时代德意志人流行这种风俗的一句话。当时的德意志人"是一种刚从野蛮时代中级阶段进到高级阶段的民族"。见《家庭、私有制和国家的起源》，《马克思恩格斯选集》第四卷139页，人民出版社，1972年。
② 《左传·文公六年》"秦伯任好卒，以子车氏之三子奄息、仲行、鍼虎为殉"句下，服虔注："杀人以葬，旋环其左右曰殉。"杜预注："以人从葬为殉。"《左传·成公二年》宋文公卒"始用殉"句下，孔颖达疏"郑玄曰'杀人以卫死者曰殉'。言殉还其左右也。"

## 二　安阳殷墟墓葬中的人牲人殉遗迹

到 2003 年年底为止，已发表的殷商墓葬大约有三千多座，其中出土于河南安阳殷墟的约占一半以上。殷墟墓葬一般规模较大，较规整，显示出墓主的身份地位比较高，被送去从死的殉人数量和供祭品的牲人数量也比较多。根据公开发表的资料粗略统计，能见到人殉人牲遗迹的殷墟墓约一百座（见表五）。这批有人殉人牲的殷墟墓葬和未见人殉人牲遗迹的殷墟墓一样，都是平面长方形或近方形的竖穴土坑墓。因墓主身份地位的不同，墓葬有带墓道和不带墓道之分。带墓道的是大型墓，主要集中在侯家庄西北岗王陵区和小屯、大司空村、后岗一带的宗庙宫殿区内。西北岗王陵区因地处武官村正北，解放后习称其地为武官村北地。在这里埋葬的应是殷王、殷王室或高级贵族的墓葬。已发掘的殷墟带墓道的大墓共二十六座，其中带四条墓道的八座，带两条墓道的七座，带一条墓道的十一座。就保存较好的来说，带墓道的大墓都随葬成套的青铜礼器、珍贵的玉石器饰、漆器、陶器；有人殉、人牲；墓外有车马坑、祭祀坑。这批大墓早年全部被盗掘，墓室大都遭到严重破坏，遗存不多，有的甚至空无一物。墓道扰动较少，但有的未发掘，有的资料未公布，墓外的祭祀坑，除紧靠墓室的以外，一般无法确定属于哪个大墓。所以，能够真实反映人殉人牲情况的大墓，为数并不是很多。

不带墓道的土坑竖穴墓都属中小型墓。中型墓墓口一般长 3～4 米、宽 2 米，底深 4～6 米左右，有椁有棺，有腰坑，有二层台，有成套的青铜礼器和玉石饰品。中型墓属一般贵族墓，但不排除少数是王室墓、或富有的平民墓，例如小屯村北地的 5 号墓（妇好墓）、17 号墓、18 号墓，应是王室墓，南区刘家庄南地的一些中型墓可能是富有的平民墓。小型墓墓口一般长 2 米、宽 1 米，底深 3～4 米左右，有棺，大多无椁，无二层台，无腰坑，随葬几件陶器或石骨饰品，属一般平民墓，只有极个别偶有殉人。

已发表的能见到人殉人牲遗迹的殷墟中小型墓，主要分布在宗庙宫殿区、西区的孝民屯、白家坟和南区的梅园庄、薛家庄、郭家庄、刘家庄一带。殷墟中小型墓，一般也遭受盗扰，但保存相对较好。中型墓一般只用人殉，个别中型墓兼用人牲和车马坑。小型墓仅个别墓用人殉。

截至 2003 年底，已发表的殷墟车马坑约三十个，其中五个发现于小屯宫殿区，因受盗扰，有两坑遭破坏不明，余三坑共埋木车三辆、生马八匹，殉御奴九人，用意当为献给殷王祖先神灵享用。本书第二章已交代，此不赘述。其余二十多个车马坑，皆见于殷墟墓地。有殉人的车马坑约占车马坑总数的近一半。出土的殉人车马坑，除个别埋在大墓墓道内的以外，大都单独埋葬，一般不易确认属于哪个大墓，所以本文也做了介绍。

殷墟发现的车马坑，坑内大多埋一车二马一殉人，少数坑内埋一车四马二殉人或三殉人。车子大多完整埋入，埋入前预先在埋置部位挖出两道土沟，以便安放两轮。车辕、车轴一般放在坑底面上，个别坑中也有预先挖出安放车辕车轴的浅沟。马和殉人都是处死后入葬的。马分放在车辕两侧，多数背靠背。青铜车马器饰随同车马入葬。殉人大多横卧于车舆后，俯身直肢，面向下。无葬具，无随葬品。出土时，部分人架和马骨架上下有席纹，说明这部分人马在入葬前先在坑底铺垫草席，埋葬后又用草席覆盖。从部分人骨架、马骨架压在车舆下推知，入葬的顺序是先安置人马，然后推入木车掩埋。

殷墟发现的马坑，有的埋在大墓墓道内，有的单独埋葬。一般一坑殉二马，殉人马坑较少见。

由于大型墓大多数遭到破坏，中小型墓的殉葬情况大体相同，所以我决定在各种不同类型的墓中，挑选报道清楚、未盗或盗毁较少、兼用人殉人牲或有某种意义的十二座墓、两个车马坑作为实例，希望通过这批实例的探析，达到比较真实地记录殷商墓中人殉人牲概况的目的。

实例一（序号1）：侯家庄西北岗1001号墓（图四八）

墓底腰坑内埋一人、一狗，人手执一石戈。墓底四隅各挖二方坑，每坑埋一人一狗，每人手执一铜戈。这九人都是壮年男性，作跪屈状，又有狗伴随，其身份应是拱卫墓主的武装侍从，用以防御地下鬼魅的袭击。木椁外侧埋一人，已被扰乱，葬式不明。原报告定为巡逻者，似不确，估计原来应有多人。椁顶二层台上有十一人，皆全躯，其中六人有木棺，作仰置平伸，身长1.5米左右，有华丽首饰，其身份应是墓主的妃嫔媵妾；没有木棺的五人，葬式有仰有俯，与仪仗器物混杂在一起，应是管理仪仗的仆从。

墓坑填土大部分被扰乱，未扰动处发现人头骨一个，应是伐祭者。

四条墓道被扰动较少。东墓道有头颅六个、无头躯骨一具；南墓道有头颅四十二个、无头躯骨五十九具，分八组，分别埋在不同深度的埋土中，大多俯身，颈向墓室（图四九）；西墓道有全躯一具、头颅十一个，未见躯骨；北墓道有全躯一具，头颅十四个，未见躯骨。四条墓道合计有全躯两具，头颅七十三个，无头躯骨六十具。西北墓道中的两具全躯均埋于土坑中，处在同一深度和位置上，有少量铜器陶器随葬，北墓道中的全躯者有一狗同埋，这两人似为墓主随从。

四条墓道中的头颅和躯骨系分开放置，发现于不同深度，除个别外，无叠压交错者，躯骨排列基本整齐，都作双手反缚，俯身，头颅向墓坑。头颅、躯骨皆为青少年男性，个别为婴孩。原报告判断他们是在墓坑封埋过程中被分批拉到墓道内成排跪下，面向墓坑，刽子手站在他们背后顺序砍杀，而后就地掩埋，打入夯土中的。从头颅和躯骨的数量大体相等、而且又都是青少年等多方面分析，他们当各是同一个个体，原报告的分析是合理的。

墓坑东侧有土坑三十一个，半数在东墓道之北，半数在南，循墓坑东部坑壁曲折分布，与主墓墓坑间距2米许，排列基本对称，可确定属于此墓。三十一个土坑中有二十

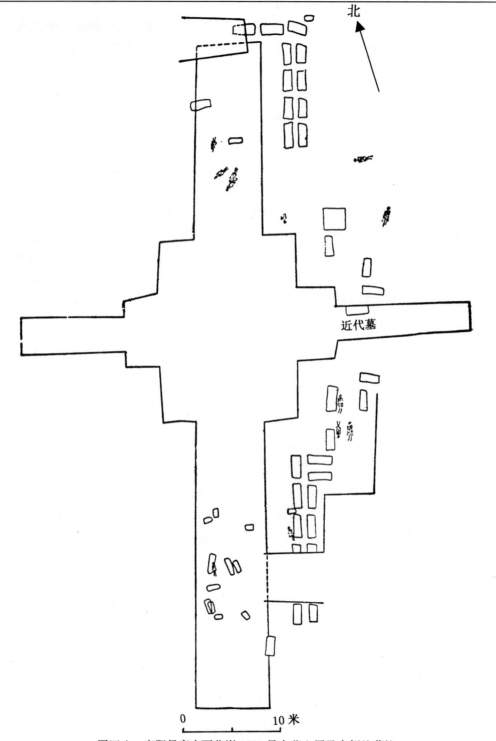

北

近代墓

0　　　　　　　　10 米

图四八　安阳侯家庄西北岗 1001 号大墓上层及东侧丛葬坑

（采自《侯家庄·1001 号大墓》）

图四九　殷墟侯家庄西北岗 1001 号大墓南墓道中的无头肢体（Ⅷ组）

（采自《侯家庄·1001 号大墓》）

二个坑埋人，共埋六十八人，每坑一至七人不等，以俯身、头向北者最多。北端的 1885 号坑最大，有腰坑，有棺椁，随葬成套铜礼器、车马饰，二层台上还有人架二具、狗架二具。其余的坑也大多有随葬品，有的戴皮盔，有的执铜戈、石戈，有的持铜管；有的有铜弓形器、海贝或与狗随葬。这六十八人似为墓主禁卫军。七个马坑有三坑因被破坏情况不明，余四坑共埋马十二匹。马有华丽辔头、绿松石饰，带小铜铃，应是供墓主驾车的用马。殷代还未出现乘骑，原报告断为田猎用，恐不确。

根据上述统计，此墓实存殉人九十人、牲人七十四人、马十二匹、犬十一只，实际当超过此数。殉人中以主墓东侧的 1885 号坑等级最高；墓室四阶中有六具有棺者次之；腰坑、墓底四隅、四阶无棺者以及主墓东侧殉葬者共八十人，地位最卑下。

实例二（序号 11）：武官村北地（西北岗东区）50：1 号墓（图五○）

墓底腰坑埋一人，全躯，手执铜戈，应是武装侍卫。两侧二层台埋四十一人、狗四只、猴一只、鹿一只，其他禽兽九只。人架皆全躯，两侧二层台的埋葬情况略同。东侧有十七人，头北足南，排列基本整齐，可确定八人有木棺，五人随葬铜容器和玉石骨器。西侧有二十四人，排列比较凌乱，有十八人头北足南，余头东足西。可确定六人有木棺，八人有随葬品。从随葬器物和遗骨特征看，东侧十七人似为近臣，西侧二十四人似为媵妾之属。东侧 9 号人架和西侧 8 号人架分别居两侧二层台的正中，棺最大，随葬品最多，似为两侧殉人之为首者。原报告认为，东侧 12 号人架和西侧 3 号人架皆无棺，骸骨分别夹在东侧 11 号人架和西侧 2 号人架的木棺之旁，由此推测东侧 12 号人架是 11 号人架的殉人，西侧 3 号人架是 2 号人架的殉人，其说似可信从。

墓坑填土大部分被扰动，盗坑扰土中出头颅三十四个，分置于三个不同深度。头颅作直立，面向中央，其身份当是牲人。躯体似另埋于附近祭祀坑中，现已无从确定。

图五〇　殷墟武官村 1 号墓模型

　　两条墓道内都埋有人、马、狗。北墓道中有三马坑，共埋马十六匹、狗四只。马坑之间另有一长方形土坑，坑内埋二人，一人执铜戈，一人带铜铃，作对面蹲视状，用意当是司警卫。南墓道中也有三马坑，共埋一人、十二马、一狗。人作蹲式葬。此殉人当是备驾乘的御奴。

　　此墓总计埋七十九人，内全躯四十五人、头颅三十四人；禽兽五十七，内马二十七匹、狗十一只、猴三只、鹿一只、其他十五只。除墓坑填土中的头颅为牲人外，其他皆殉人、殉牲。

　　实例三（序号 12）：武官村北地（西北岗东区）260 号墓（母戊墓，图五一）

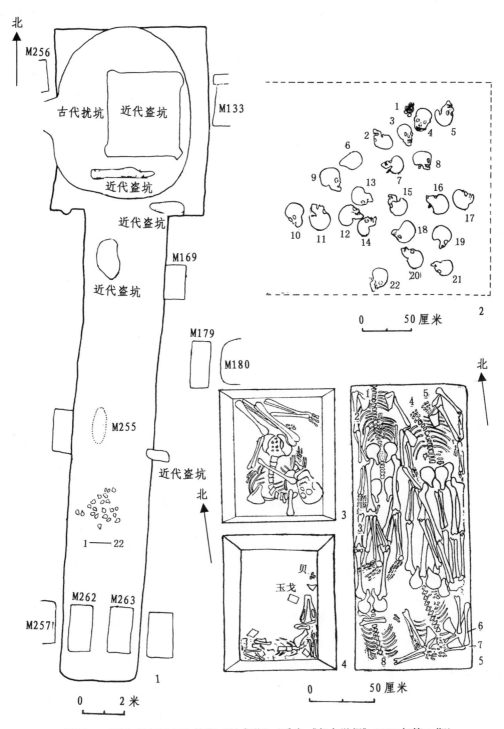

图五一　西北岗东区 260 号墓（母戊墓）（采自《考古学报》1987 年第 1 期）

1. 平面图　2. 墓道中的人头骨　3. 腰坑中的殉人　4. 腰坑中的狗架　5. 墓道外东侧 179 号人牲坑

墓道中部、墓道口下深35厘米处有头骨二十二个，分布集中，摆放均匀，应是埋葬墓主将结束、举行祭祀时使用的牲人头骨（图五一，2）。墓道底部有一方形坑，坑中放全躯骨架四具，皆有一棺，无随葬品，应属殉人。在深约7米的墓室填土中，有无头躯体约六具，应是埋葬过程中举行祭祀时使用的牲人躯体。椁壁附近有全躯骨架五具，已被扰乱，有无葬具或随葬品，均不明，似属身份较高的殉人。腰坑内有砍头骨架一具，身首分离，仰身直肢，为男性成年人（图五一，3）；骨架下有狗架一具，狗架下有大玉戈一件（被砸碎），贝三枚（图五一，4）。腰坑中的人架，其用意应是墓主阴间的拱卫者，属殉人性质。但此墓腰坑中的人架被砍头，甚罕见。腰坑中玉戈象征殉人的守卫武器，大约在埋葬前举行驱鬼活动时被砸碎。贝似为殉人随身之物。

在墓室和墓道的两侧有祭祀坑三个。其中有二坑在墓东侧，坑内各埋无头躯体八具，颈向南向北者各四具，皆俯身直肢，交叠摆放（图五一，5）。另一坑在西侧，未发掘，估计坑中应有无头躯体六至八具。墓道口下发现的二十二个头骨，与埋在这三个祭祀坑中的无头躯体似属同一个体。

在墓道底部和墓室填土中还发现马牛羊猪等骨架甚多，因遭严重扰乱，数目无法统计。

此外，在墓道中部西壁还掏有一个耳室，已夯实，推测此耳室原拟埋殉人或殉牲，后因故未使用。

综计此墓实存牲人二十八具，殉人十八具。

实例四（序号20）：大司空村576号墓（图五二）

墓底腰坑埋一人（X12），蹲踞状，全躯。腰坑旁另一小坑，坑内埋一狗。南墓道靠近墓室处有三个平列的小坑，每坑埋一人（X5、X6、X13）、一铜戈。这三人的殉葬性质与腰坑殉人相同，均为墓主侍卫。填土中埋四个人头骨（X8～X11），南墓道尽端处另有一头骨（X7），共五个个体。北壁近椁顶处填土中埋一肢骨（X（11）），在西壁耳室（耳室底部与椁顶板平齐）内又有一肢骨（X（10）），这两具无头肢骨应原属五个头骨中的个体。东壁近椁顶板填土中埋三具全躯骨架（X2、X3、X4），南墓道三小坑中的西边小坑上又埋一具全躯骨架（X1）。这四具骨架都埋在填土中，无葬具，无随葬品，与身首分离的五个个体应是被杀祭的人牲，区别是处置方式不同。

综上分析，此墓应有殉人四具、牲人九具、狗一只。

实例五（序号27）：殷墟西区701号墓（图五三）

西侧二层台埋二人，叠压，俯身，头向北，未成年。从出土现状看，上面的殉人原来可能是放在椁顶上。此人带有牛头形铜面具，似为入墓驱鬼的方相，其身份应是奴仆。下面的殉人，因残缺过甚，身份不明。

墓道口埋九人，俯身，向墓室，皆未成年，其中两人仅见脚骨，七人上半躯被盗坑

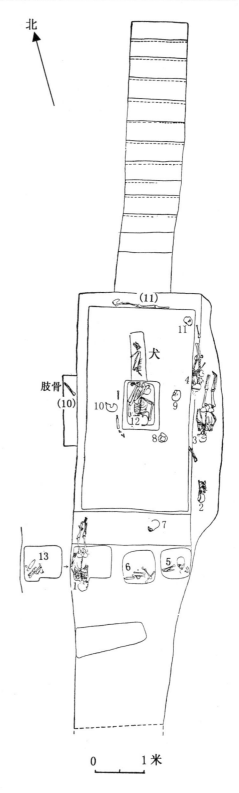

破坏。附近有排列整齐的残破龟甲（夯打压碎）。从残存迹象看，这九人可能是在占卜仪式之后被杀祭的，而且可能只埋置躯骨。

填土中埋一人，头低脚高，面向下，青年男性，似亦牲人。

实例六（序号30）：小屯村北地18号墓（图五四）

椁内棺外有四具人架（东西侧各一具，南端二具），放置规整，当系死后埋入。皆青少年。其中两具执铜戈，当为侍卫。

墓口下1.9米处填土中埋一人，仅存盆骨与下肢骨，似为牲人。

殉狗二只，一只放于腰坑，一只放于二层台。另有一支牛腿与陶器压在墓主头前，一支猪腿放于北端二层台上。从出土迹象看，牛腿、猪腿原放于椁顶上。

实例七（序号31）：小屯乙七基址南组232号墓（图五五）

椁内棺外有八具人架，皆全躯，伸直俯置。其中东侧四具，南侧、西侧各二具，皆并列微呈叠压状，肢骨较短小。围绕成圈，面向墓主。在头骨部位发现有用玉、骨、象牙等质料制作的笄、栖、璜、鱼和蚌泡、绿松石等头饰。此八人应即"旋环左右"的妃嫔媵妾，估计原有木棺。

腰坑和填土坑中埋四只狗，其性质可能都是作为司警卫的殉牲。

此墓随葬品很多，有铜鼎、爵、觚、斝、罍、瓿以及陶器、漆器和玉石器饰等，属于中

图五二 大司空村576号墓（采自《殷墟的发现与研究》）

1～6、12、13. 殉人 7～11. 牲人头骨及其少量肢骨（10）（11）

图五三　殷墟西区 701 号墓（采自《考古学报》1979 年第 1 期）

左 . 墓底　右 . 地表下深 4.05 米处　1～10. 牲人　11、12. 殉人

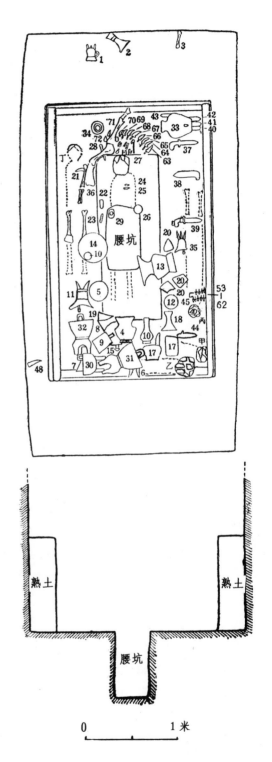

图五四　殷墟小屯北 18 号墓平、剖面
　　　　图（采自《考古学报》1981 年
　　　　第 4 期）

1.陶爵　2.陶觚　3.猪腿骨　4、13.铜尊
5.铜簋　6、11、35.铜爵　7、8、16、18、
19.铜觚　9.铜箕形器　10.铜卣与盖　12、
30.铜鼎　14.铜盘　15、17.铜斝　20.残
陶盆　21、48.铜爵腿　22.玉柄形饰　23.玉
锥形器　24.玉鱼刻刀　25.玉耳勺　26.玉
圆箍形器　27、28.玉笄　29.玉戚　31、
32.铜瓿　33.铜罍　34.陶豆　36.牛腿骨
37~45.铜戈　46.玉戈（压在 33 下）　47.
玉片（压在 33 下）　49.玉鱼（在墓主人口
中）　50、51.铜爵（压在 31 下）　52.铜
鼎（压在 4 下）　53~62.铜镞　63~72.骨
笄　73~76.海贝（墓主人口中）　甲、乙、
丙、丁.殉人

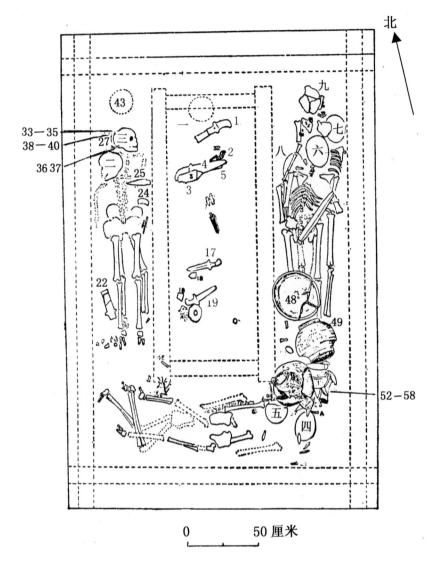

图五五　小屯乙七基址南组 232 号墓（采自《小屯·南组墓葬附北组墓补遗》）

一. 墓主残骨　二～九. 殉人骨架　主要随葬品：1、4、17、19、22、24、25. 铜戈　3、5. 石戈

33～35、38～40. 玉笄　36、37. 玉璜　48. 铜盘　49. 铜瓿　52～58. 铜鼎、斝、觚、爵等

型贵族墓。墓主身份似与小屯村北地 17、18 号墓（见序号 29、30）相仿。原报告定此墓为乙组七号基址落成后的杀祭坑，并推定此墓墓主为乙七基址南面三组墓（被称为北组、中组、南组。此墓属南组）中的居首人物，北组、中组车阵的指挥者，恐不确。

实例八（序号 32）：花园庄 54 号墓（图五六）

填土中埋二个人头骨、九只狗。每隔 0.5 米埋一至二只狗，五只骨架完整，颈部系铜铃，四只已零散。这两个人头、九只狗应是下葬时举行仪式用的祭牲。被打入东西二层

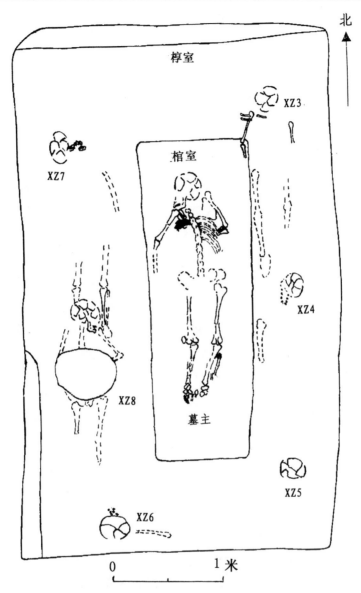

图五六 花园庄 54 号墓椁内棺外的六具殉人（XZ3~XZ8. 殉人）

（徐广德、何毓灵提供）

台熟土中的三个人头骨、五只狗，性质近似。

东二层台底部有三具人架，排成一列，上下两具俯身直肢，头向南，中间一具扭曲叠放在一小坑内，骨架下面有一玉铲。西二层台底部有一具人架，俯身直肢，头向南。东西二层台上的四具殉人估计都是成年男性，其身份应是墓主生前的侍卫或近臣。

椁内棺外有骨架六具，东西两侧各二具，均头北脚南；南端埋二具，头各东西。这六具骨架的上下皆有席纹痕迹，表明先铺垫草席，再安放殉人，最后又在殉人身上覆

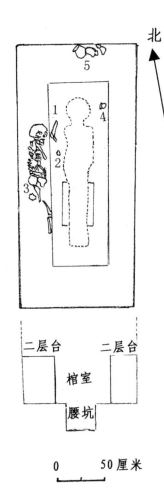

图五七　高楼庄后岗 16 号墓平、
　　　　剖面图（采自《考古》
　　　　1972 年第 3 期）
1、3. 铜戈　2. 石饰　3. 蛤蜊壳
4. 陶鬲

盖草席。六具殉人的身份似高于二层台上的四具，可能是墓主生前的姬妾。

腰坑埋狗一只，司警卫。

综计殉人十具（东二层台三具、西二层台一具、椁内棺外六具）、牲人五具（填土中二具、东西二层台内三具）、狗十五只（填土中九只、东西二层台内五只、腰坑一只）。

实例九（序号 36）：高楼庄后岗 16 号墓（图五七）

这是一座小型墓，墓主有棺无椁。据木棺痕迹，棺长 1.97 米、宽 0.64 米、高 0.51 米。有腰坑和二层台，随葬铜戈，身份似为下级武职。骨架已朽。西侧二层台有一具殉葬人，骨架保存较好，但左下肢骨缺失，随葬残铜戈一件，可能生前随墓主作战负伤致失左下肢。殷墟殉人小墓率多如此，墓主身份要比一般平民高出一等。

实例一〇（序号 66）：殷墟西区 1713 号墓（图五八）

长方形竖穴土坑木椁墓。椁室中置木棺。棺中墓主骨架仰身直肢，头向南。殉人三具。一具放于墓主足端二层台上，俯身直肢，头向西，右肩上有一穿孔蚌壳，无葬具。两具放于棺外东侧椁室内，叠压，一侧身，一俯身，头均向南。无葬具，无随葬品。三具殉人身高 1.3～1.4 米，皆为少年。在椁盖上的南端放有牛羊腿等祭肉。

此墓随葬品共一百九十多件，其中有青铜器九十一件。从埋葬情况及铜器铭文看，应属帝辛时期的贵族墓。它的规模和殉人殉牲情况，可以作为殷代末期贵族墓的代表。

实例一一（序号 84）：南区刘家庄南地 13 号墓（图五九）

这是一座比较特殊的小型殉人墓。墓室不大，葬具一椁二棺，有二层台和腰坑。墓主用红漆大棺，殉者用黑漆小棺，从表面看，有点像西周殉妾墓，但此墓墓主为老年女性，殉者为青年男性，而更大的区别是两人头部异向，其关系应是主奴而非夫妻（妾）。这种一椁二棺的殉葬方式，在年代稍晚的山西灵石旌介村商墓中也有发现（请参照序号 142），并影响于西周。

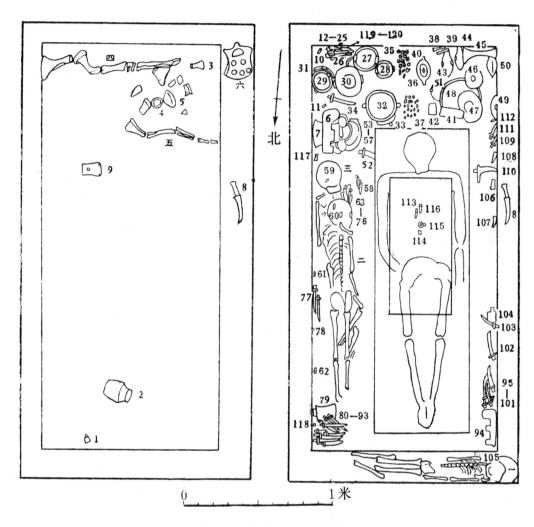

图五八　殷墟西区 1713 号墓

1.铜铃　2.陶罐　3.陶觚　4.陶爵　5.陶盘　6、94.铜大刀　7、79.铜钺　8.马头刀　9.石斧　10、11.铜管　12～25、63～76、119、120.铜矛　26.陶罍　27～29、31.铜鼎　30.铜甗　32、33.铜簋　34、52、77、78、80～93、95～103、109～111.铜戈　35.蚌饰　36.蚌片饰　37.小石子　38、39.穿孔石条　40.铜盂　41、42.石板　43、44、50.铜爵　45、46.铜觚　47.铜尊　48.铜盘　49.铜卣　51.铜斝　53～57.陶罐　58.石璋　59～61、118.长条叉形骨片　62.凹字形骨片　104.铜铲　105.蚌饰　106.铜锛　107、108.铜凿　112.玉棒　113.石柄形饰　114.梯形石片　115.石饰　116.绿松石片　117.铜套管　一～三.殉人　四.牛腿骨　五.羊腿骨　六.牛骶骨

实例一二（序号 92）：南区梅园庄 7 号墓（图六〇）

随葬器物被盗掘一空，墓主尸骨亦不存，仅棺椁痕迹尚可辨识。四具殉人骨架完好，两具成年女性放于墓主下方两侧的二层台上，头向与墓主一致；两具幼童放于墓主

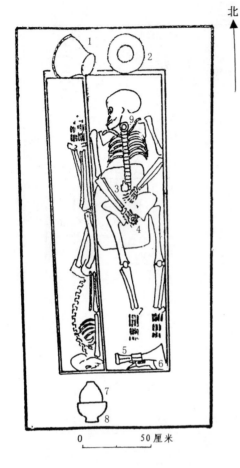

北

图五九　南区刘家庄南地 13 号墓
（采自《中原文物》1986 年第 3 期）
1. 陶簋　2. 陶罐　3. 铜饰　4. 玉饰　5. 铜
瓿　6. 铜爵　7. 陶罐　8. 陶碗　9. 玉环

脚端棺外二层台上，头向各自东西。这是殷墟一般中型墓较常见的安置多个殉葬者的方式。被殉者的名分地位也比较清楚。

实例一三（序号 97）：西区孝民屯 1 号车马坑（图六一）

坑内埋一车二马一人。车辕向东，两轮分置于预先挖好的两道沟槽中。两马处死后分置于车辕两侧，头向东，背相对。车马上有舌、踵饰、镳、轭等铜器饰。人架横卧车舆后，俯身伸直葬，头向北，无葬品。骨架上有席纹，应是处死埋葬后再在身上盖草席。此殉人应是驾此马车的御奴。

实例一四（序号 98）：南区郭家庄 52 号车马坑（图六二）

坑内埋一车二马二人。车辕向西，两轮分

置于预先挖好的两道沟槽中。两马处死后分置于车辕两侧，头向西，背相对。车马上有炙、镳、轭等铜器饰，随同车马埋入。一人放于车舆后，横卧，头南足北面东，俯身直肢。右手压在车舆的后轸下，骨架上遗有朱砂痕，身长 1.77 米。另一人放于车辕北边预先挖好的长方形浅坑内，头西足东面南。双手反绑于背后，俯身直肢，身长 1.73 米。骨架下面有席纹，骨架下半身上有红布纹。可知殉人身下有草席铺垫，安葬后下半身覆盖红布。从出土现象分析，应是先将人和马处死下葬后再放入拆散

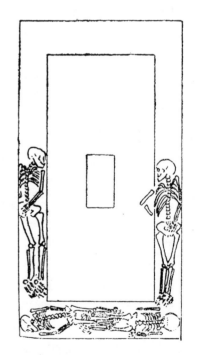

图六〇　南区梅园庄 7 号墓
（采自《中原文物》
1986 年第 3 期）

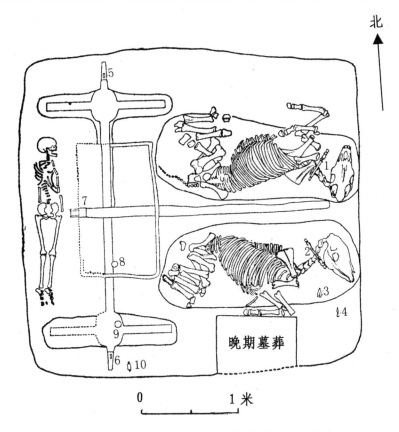

北

图六一　西区孝民屯1号车马坑（采自《考古》1977年第1期）

1、2.轭　3.三角形器　4.镳　5、6.昔　7.踵饰　8、9.小圆石块

10.桶形两耳器（车后殉御奴）

的车子。二人均为25至30岁男性，应是驾此马车的御奴。

## 三　安阳殷墟以外商墓中的人牲人殉遗迹

安阳殷墟以外的殷商墓葬，不论是殷王直接统治区，还是周边方国，墓中也常见人殉人牲遗迹，截至2003年底，已发表的殷墟以外的各地殷商墓葬大约一千座，墓中可认定有人殉人牲遗迹的六十多座。它们被发现于河南辉县琉璃阁、郑州商城附近、洛阳东郊、罗山天湖村、湖北盘龙城、河北藁城台西村、定州铁路货场、山东青州（益都）苏埠屯、滕州前掌大村、章丘宁家埠、惠民大郭村、山西石楼、灵石和陕西西安老牛坡、彬县断泾村等地。

殷墟以外的各地殷商墓葬，与殷墟所见基本相同，也都是平面长方形或近方形的竖穴土坑墓，因墓主身份地位不同，也分为带墓道的大型墓和不带墓道的中小型墓两种。

北 →

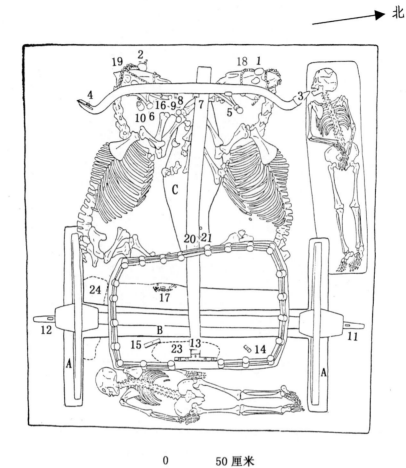

0 ——— 50 厘米

图六二　南区郭家庄 52 号车马坑（采自《安阳殷墟郭家庄商代墓葬》）

A. 轮槽　B. 轴槽　C. 辕槽　1、2. 大铜泡　3、4. 铜三角饰　5、6. 铜轭　7、8. 铜
兽面形衡饰　9. 中铜泡　10. 铜铃　11、12. 铜舌与辖套头　13. 铜踵　14、15. 铜杆
头　16. 小蚌环　17. 牙片饰　18、19. 贝　20、21. 中铜泡（压在辕下）　23、24. 板
灰、漆皮痕迹

已发表的十二座大型墓，除青州苏埠屯 8 号墓以外，全部被盗扰，有的空无一物，甚至连人殉人牲遗迹也被破坏殆尽。保存稍好的大型墓都有成套的青铜礼器、玉石器饰、陶器；有人殉人牲遗迹；有的墓外也有车马坑和祭祀坑。墓主大约都是殷王派往该地的首领、方国国君及其家属。不带墓道的竖穴土坑墓都是中小型墓，大小、结构、随葬器物与殷墟同类墓基本相同，人牲少见，人殉数量及放置方式比较复杂，有的与殷墟所见基本相同，有的则具有地方特点。

下面按发现的不同地点，先王畿、后方国的顺序简要说明。详情可参看文末登记表。

辉县琉璃阁。1951 年中国科学院考古研究所在该地发掘五十三座商墓。其中有两条墓道的大墓一座（M150），中型墓四座，小型墓四十八座。大墓和 141 号、147 号两座中型墓有人殉人牲遗迹①。1935 至 1936 年，前中央研究院曾在该地发掘战国墓和商代墓，后因抗日战争、战后搬迁，资料星散。解放初，郭宝钧先生根据自己掌握的资料写成《山彪镇与琉璃阁》一书，书中附录两座商墓，内一座（M54）有殉人遗迹。

郑州商城。上世纪 50 年代，河南文物工作队在郑州商城附近发掘中小型商墓一百多座，其中有殉人墓两座②。1997 至 1998 年又在商城内发掘六座，其中殉人墓一座③。郑州商城及其附近未见带墓道的大墓。这或可表明带墓道的大墓在郑州商城时期尚未出现。

洛阳东郊。1952 年中国科学院考古研究所在洛阳东郊东大寺、摆驾路口村一带发掘殷商晚期墓十九座。其中一条墓道的大墓五座，余为中小型墓。五座大墓的墓道均作曲尺形。墓室被严重盗扰，仅在东大寺 101 号墓发现二具殉人遗骨④。

垣曲商城。1988 至 1989 年，中国历史博物馆考古部在该地发掘商代早期（二里岗下层文化）墓十一座，其中有一座殉人墓（M16）⑤。未见带墓道的大墓。

藁城台西村。1973 至 1974 年，河北省文物研究所在该地发掘中小型商墓一百一十二座，其中殉人墓十一座，约占发掘墓葬总数的十分之一。共殉十三人，其中九人放于二层台上，一人放于椁盖上，三人与墓主同埋一棺内。放于二层台和椁盖上的十具殉人，仅两具各有一狭小木棺，余八具均无葬具，无随葬品。与墓主同埋一棺的三具殉人，内有女性一具，男性二具，葬式与墓主有别，均无随葬品⑥。

定州新建铁路货场。1991 年河北省文物考古所在该地发掘商末周初墓四十二座，皆为长方形竖穴土坑木椁墓。有棺，椁室周边有熟土二层台。中型墓约占四分之一，墓内大多有殉人，每墓一具，放于二层台或棺椁之间。约百分之九十的墓内有殉狗，每墓三至五只，放于二层台上。发掘者据出土铜器铭文推定为商代方国又族贵族墓地⑦。

青州苏埠屯。1965 年山东省博物馆在该地发掘四座大中型商墓。其中 1 号墓是四条墓道的大墓，是殷墟以外目前已知的最大商墓。墓内有人殉人牲四十七具，也是殷墟以外人殉人牲最多的一座商墓⑧。2 号墓是一条墓道的大墓，墓内有人头骨十多个。另

---

① 中国科学院考古研究所：《辉县发掘报告》，科学出版社，1956 年。

② 河南省文物考古研究所：《郑州商城》，文物出版社，2001 年。

③ 河南省文物考古研究所：《郑州商城新发现的几座商墓》，《文物》2003 年第 4 期。

④ 郭宝钧等：《1952 年秋季洛阳东郊发掘报告》，《考古学报》第 9 册，1955 年。

⑤ 中国历史博物馆考古部等：《垣曲商城》，科学出版社，1996 年。

⑥ 河北省文物研究所：《藁城台西商代遗址》，文物出版社，1985 年。

⑦ 河北省文物考古研究所等：《定州发现商代大型方国贵族墓地》，《中国文物报》1991 年 12 月 15 日。

⑧ 山东省博物馆：《山东益都苏埠屯第一号奴隶殉葬墓》，《文物》1972 年第 8 期。

两座是中型墓，也有殉人①，资料未发表。有学者根据 1 号墓铜器上多有"亚醜"铭文，推定这里是商代方国亚醜族墓地。商末周初，此地为薄姑氏所居，推测 1 号墓墓主是薄姑氏首领②。

1986 年，山东省文物考古研究所又在该地发掘六座商墓。资料发表三座（M7、M8、M11）。7 号墓是中型墓，有殉人三具。8 号墓、11 号墓是一条墓道的大墓。8 号墓基本完好，未见人殉人牲遗迹，这在商代晚期大墓中极为罕见。11 号墓盗扰严重，情况不明。发掘者根据 8 号墓多件铜器上铸铭"融"字，定为融族墓地③。

滕州前掌大村。位于春秋薛国故城遗址东 1 公里处。上世纪 80 年代以来，中国社会科学院考古研究所一直在这里工作，截至 1991 年，在村北发掘商代晚期大中型墓七座、小墓二十余座。大中型墓纵横排列，布局规整。已发表的两座带墓道大墓（M4、M3），墓内都有人殉人牲遗迹④。1994 年又在村南发掘十一座商墓，其中有殉人墓一座⑤。发掘者推定此地是商代东方薛国贵族墓地，带墓道的大墓墓主似为春秋薛国国君的先祖。

罗山天湖村（又称后李村）。1979 至 1980 年，信阳地区文管会等单位在此地发掘商代晚期墓二十二座，都是中小型墓，其中五座中型墓发现有人殉人牲遗迹，大多见于椁盖上。随葬铜器上铸有"息"字铭文，发掘者推定此地应是商代息国贵族墓地⑥。

盘龙城。位于武汉市北 5 公里许的盘龙湖西岸。1974 年湖北省博物馆在盘龙城发掘商代城址，同时发掘商墓三十七座，其中位于盘龙城东李家嘴的 2 号墓规模最大，墓内有三具殉人，年代为二里岗后期。这是目前已知的商朝最南方的一座殉人墓，推测墓主是商朝南土封国的贵族军事首领⑦。

石楼、灵石。地处山西省西南部。商代时，约为鬼方、土方的活动地区。1959 年，山西省博物馆曾在这一带做过一些零星发掘，在石楼县桃花庄发现一座商代殉人墓⑧。1985 年，山西省考古研究所在灵石县旌介村发掘二座商代殉人墓。殉人采用古老的"妻妾殉夫"葬俗，出土遗物是富有地方特色的青铜器和金首饰，与殷墟所见有别，被称为石楼类型青铜方国文化，殉人墓的墓主应是商代方国首领⑨。

---

① 山东省博物馆：《三十年来山东省文物考古工作》，《文物考古工作三十年》，文物出版社，1979 年。
② 殷之彝：《山东益都苏埠屯墓地和"亚醜"铜器》，《考古学报》1977 年第 1 期。
③ 山东省文物考古研究所等：《青州市苏埠屯商代墓发掘报告》，《海岱考古》第一辑，1989 年。
④ 中国社会科学院考古研究所山东工作队：《滕州前掌大商代墓葬》，《考古学报》1992 年第 3 期。
⑤ 中国社会科学院考古研究所：《滕州前掌大遗址有重要发现》，《中国文物报》1995 年 1 月 8 日。
⑥ 河南省信阳地区文管会等：《罗山天湖商周墓地》，《考古学报》1986 年第 2 期。
⑦ 湖北省文物考古研究所：《盘龙城》156 页，文物出版社，2001 年。
⑧ 谢青山、杨绍舜：《山西吕梁县石楼镇又发现铜器》，《文物》1960 年第 7 期。
⑨ 山西省考古研究所等：《山西灵石旌介村商墓》，《文物》1986 年第 11 期。又见《山西省考古工作五十年》，《新中国考古五十年》70 页，文物出版社，1999 年。

西安老牛坡。位于西安东郊。1986 年，西北大学历史系考古专业在此地发掘三十八座商墓，都是无墓道的竖穴土坑墓，其中二十座墓内发现人殉人牲遗迹，共九十七具。殉人墓占发掘墓葬总数的一半，平均每墓殉人五人。这个比例在同时期墓地中是很少见的。这二十座殉人墓都发现在老牛坡Ⅲ区第一地点，年代约在商代文化四期，相当于殷墟前期（主要是殷墟二期）。殉人墓中有六座规模较大的中型墓（M5、M8、M11、M24、M25、M41），墓底置椁室，椁室内置木棺，棺外或再置内椁，有左右边箱，大多有二层台、腰坑和四隅角坑。六座中型墓均被盗扰，随葬品所剩无几，人殉人牲遗迹亦多被扰动移位，但个体数一般可据人骨鉴定认定。然人殉人牲属性已难于分清。殉人小墓十三座，墓坑较小，一般也有二层台、木棺，腰坑不多见，无椁室、边箱和角坑。每墓一般殉一人。此外有一座人犬马合葬坑（M30），保存较好，可能是某一大墓的陪葬坑，但主墓尚未找到。从保存稍好的人殉人牲遗迹观察，牲人大多数放于填土中，殉人或放于边箱内，或放于二层台上，或放于腰坑中，或与墓主同放于椁室内合葬，而葬式与墓主有别。报告编写者认为，老牛坡地处商代崇侯国的中心势力范围，与商代西土三亳的地望亦相符合，由此推定老牛坡应是崇侯国贵族墓地[1]。

彬县断泾村。1995 年中国社会科学院考古研究所为探索周人先祖公刘居豳活动中心，在这里发掘一处先周文化遗址。在遗址内发掘四座墓，其中一座墓（M4）内有三具人牲人殉。根据墓制和出土遗物推定，此墓应是周人先世去豳迁岐后的北方戎狄文化墓葬[2]。

照上一节的体例，选取各种不同类型的或有某种意义的七个实例加以剖析，以加深对殷墟以外商墓中人牲人殉情况的了解。

实例一五（序号 107）：郑州商城 97·6 号墓（图六三）

三人合葬，均俯身直肢葬式，这在郑州已发掘的商墓中所未见。中间成年男性，全身遍涂朱砂，颈部挂串饰（海贝和绿松石组成），姿势舒展，处主要地位，应是墓主。右侧（北）女性青年，两手向上弯曲，处从属地位，似为从死的婢妾。左侧（南）为十余岁少年，位置狭窄，两手臂在头顶上交叉，似被捆绑状，腰部有一堆骨镞和一铜戈，似为殉葬者。

实例一六（序号 116、117、120、122）：藁城台西村二人同棺合葬墓（图六四、六五）

在台西村发现成年男女同棺合葬墓四座（M35、M36、M85、M102）。二人并列棺内，其中 36 号墓在二人中间用一木板分隔，其他三墓二人中间无间隔。人架经鉴定，

①　西北大学考古专业：《老牛坡》，陕西人民出版社，2001 年。

②　中国社会科学院考古研究所泾渭工作队：《陕西彬县断泾遗址发掘报告》，《考古学报》1999 年第 1 期。

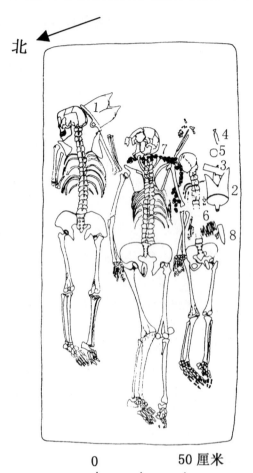

北

0　　　　　50 厘米

图六三　郑州商城 97·6 号墓（采自
《文物》2003 年第 4 期）

1.铜鬲　2.铜盉　3.铜戈　4.玉柄形饰　5.圆
陶片　6.骨（蚌）镞　7.贝饰　8.绿松石饰

男性居左侧，仰身直肢，应是墓主。女性居右侧，侧身微屈，面向男性。葬式显示男尊女卑。墓内随葬品较多，质量也较高。可视为原始社会末期出现的"妻妾殉夫"习俗的孑遗。在灵石旌介村商墓中也有发现，可参照。台西村 85 号墓，在男性一侧的二层台上还放置一小棺，棺内人架为成年男性，俯身葬式，无随葬品，表明他与墓主的主奴关系。

实例一七（序号 125）：山东青州（益都）苏埠屯 1 号墓（图六六、图六七）

二层台上有三个土坑，坑内各有木棺一具。三棺内分别放殉人一具、二具、四具。殉人皆全躯。有的随葬绿松石和金箔镶嵌的饰品。骨骼都比较细小，推测为少年女性，其生前身份应是婢妾之属。

墓底有腰坑，腰坑下面又有"奠基坑"。腰坑内埋一人架、一狗架。人架似拴系于木柱上。"奠基坑"内亦埋一人架，头部有骨簪，躯体作跪屈状（图六八，左）。腰坑和"奠基坑"系拱卫主墓而设。坑中殉人身份亦相当，都是墓主生前的侍卫。

南墓道尽端埋三十九个个体，分三层叠置，其中全躯十四具、头颅二十五个（图六八，右）。全是儿童。其身份似为俘虏的子女或奴隶的子女。从骨架下面有席纹痕迹及叠置现象看，他们应是被杀害后放在席上献祭的。根据殷墟常见人牲多身首分埋的实例，这二十五个头颅的所属躯骨，很可能被另埋于主墓附近的排葬坑中。

实例一八（序号 140）：湖北盘龙城李家嘴 2 号墓（图六九）

长方形竖穴土坑木椁墓。椁室内置一内椁、一棺。棺板雕花。棺内墓主骨架已朽没。椁底有腰坑，殉人一具，已朽，伴出一玉戈。椁室内有三具殉人。两具放于西边内外椁间，压在下面的是孩童（Ⅱ），无葬具，无随葬品。上面为成年（Ⅰ），头向北，仰身，压在夯土下，高低不平。从出土现象看，这两具殉人原来是放在椁顶上的。另一具

（Ⅲ）放在北端的内椁与棺之间，仅存骨架痕迹，骨盆已分开，亦可确定原放于椁顶上。

此墓随葬品甚多，其中青铜器六十三件。年代属二里岗后期。

实例一九（序号 141）：山西灵石旌介村 1 号墓（图七〇）

墓底椁室。椁室内并列三棺，棺内各有一具骨架，头皆向南，骨架已朽，轮廓可辨。中棺放男性，仰身直肢葬式，随身有玉璜、玉鸟、玉管、骨管等饰物。两侧棺放女性，均侧身，面向男性，右侧者身上有一件玉鱼，左侧者足下有一件石镰。木椁盖上似铺画幔。画幔上放青铜礼器、兵器、杂用器四十多件和一件陶鬲。

椁室内中棺外足端处有一具全躯骨架，骨架已朽，轮廓可辨。未见葬具，无随葬品。椁室外两侧各有一狗架，皆系铜铃。腰坑内亦有一狗架。

旌介 2 号墓（序号 99）的葬式与此墓相同。

旌介商代异性成人合葬墓所反映的"男尊女卑"的葬式，在甘肃武威县皇娘娘台和永靖县秦魏家两处齐家文化墓地中已存在[1]。灵石地处商朝羌方活动区，而羌人又是与商人为敌的文化比较落后的游牧民族。直到商末周初，羌方首领仍沿用古老的齐家文化的"妻妾殉夫"葬俗是可以理解的。

此墓除发现"妻妾殉夫"以外，在主棺外足端还发现一具殉葬人的骨架。说明羌人还受到商人的影响，已兼有人殉习俗。

实例二〇（序号 159）：西安老牛坡 25 号墓（图七一）

有一长方形腰坑。腰坑的四个斜角处又各有一长方形土坑。此墓早年被盗，破坏严重，遗物尽失，但埋葬人架基本清楚。棺室内有一具人架，仅存残段，性别不明，当是墓主。右边箱内有四具，左边箱内有三具，腰坑内有一具，均被扰乱叠压。但可看出这八具的头向与墓主同，均向东，性别亦不可辨，当是殉人。商墓椁室中设置边箱，尚属

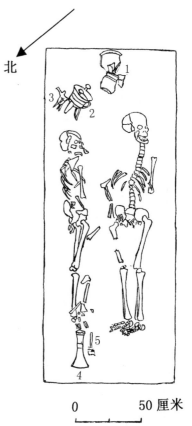

图六四　藁城台西村 35 号商墓
（采自《藁城台西商代遗址》）
1. 大陶罐　2. 铜斝　3. 铜爵
4. 铜觚　5. 铜笄形器

---

① 甘肃省博物馆：《甘肃武威皇娘娘台遗址发掘报告》，《考古学报》1960 年第 2 期；又《武威皇娘娘台遗址第四次发掘》，《考古学报》1978 年第 4 期。中国科学院考古研究所甘肃工作队：《甘肃永靖秦魏家齐家文化墓地》，《考古学报》1975 年第 2 期。

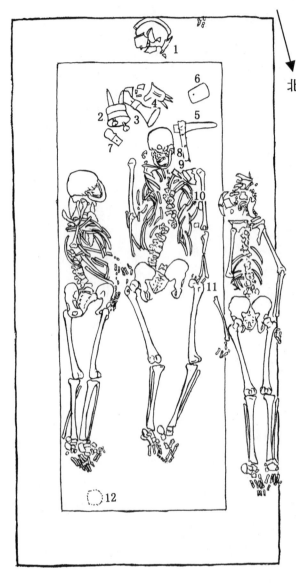

北

图六五　藁城台西村 85 号商墓（采自《藁城
　　　　台西商代遗址》）

1.陶簋　2.铜罕　3.铜觚　4.铜爵　5.铜戈　6.玉斧　7.锤形
玉器　8.石嵌饰　9.柄形玉饰　10.圭形石饰　11.人面形玉饰
12.漆盒痕迹

首次发现。在这里，边箱可视为陪葬棺。左右边箱内的殉人，可能有男女之分，其生前似为墓主的姬妾和近侍。腰坑中的殉人，生前似为卫士。

墓坑东南隅填土中发现一具人架。人架向西，头被斩，置于躯干下，缺左下肢，右肱骨有骨折痕。骨架倾斜，紧贴墓壁。当是被处死肢解后作为祭祀用的人牲。

实例二一（序号 146、151、155、157、154、160、163）：西安老牛坡二人、三人合葬墓（图七二）

老牛坡三十八座合葬墓中，有二人合葬墓四座（M4、M10、M19、M23），三人合葬墓三座（M18、M26、M44）。这七座墓的合葬者都同埋在椁室（或棺室）内，盗扰较轻、骨架保存较好的五座墓都是一具主体居中，仰身直肢葬式，合葬者在其一侧或两侧，但不同主体并列，而是多数偏在主体的左右下侧。保存较好的五墓合葬者，其出土现象是：

4 号墓，主体为成年男性。一具合葬者偏在主体右上侧，侧身屈肢，面向主体（图七二，左）。

10 号墓，主体成年，骨架已朽，一具合葬者为成年男性，偏在主体右下侧，侧身屈肢，面向主体。

19 号墓，主体为成年女性。一具合葬者亦为成年女性，偏在主体左下侧，侧身屈肢，头向与主体相反，面向主体脚下。

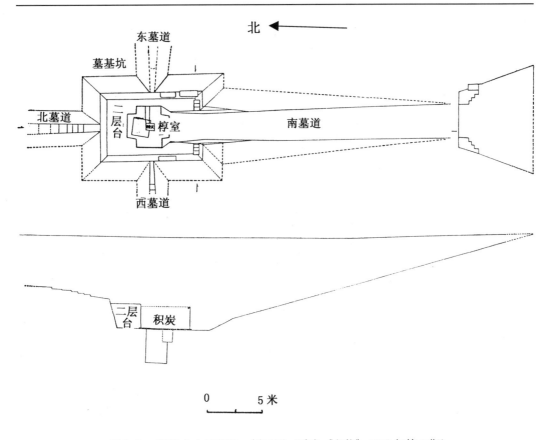

图六六 苏埠屯 1 号墓平、剖面图（采自《文物》1972 年第 8 期）

26 号墓，主体为成年人，骨架已朽。二具合葬者为一男一女，皆成年，分别偏在主体左右下侧，下肢皆微屈，面向墓壁。

44 号墓，主体为成年男性。二具合葬者分别偏在主体左右下侧，皆成年，性别未鉴定。右侧人架侧身屈肢，面向主体，左侧人架俯身屈肢，面向下（图七二，右）。

初步分析：居中主体，仰身直肢，应是墓主；旁侧合葬者的身份应是奴仆，奴仆为主人殉葬。

## 四 结语

殷商时代是中国人牲人殉制的鼎盛时期。墓葬中使用人牲人殉，不仅盛行于殷王国的统治中心，殷王统治区及其四邻方国也大多受其影响。以王都安阳殷墟和王畿辉县琉璃阁为中心，北到河北藁城、定州，东到山东青州、滕州，西到西安老牛坡，南抵湖北盘龙城的广阔地域内，都有发现。

带墓道的殷商大型墓，墓内一般有人殉和人牲。大型墓之间有车马坑、祭祀坑，但大

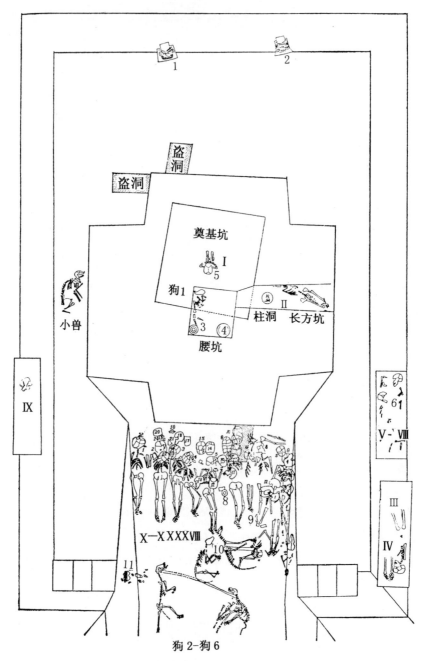

图六七　苏埠屯 1 号墓殉人及遗物分布图（采自《文物》1972 年第 8 期）

1. 钺　2. 铜钺　3. 陶罐　4. 陶尊　5. 骨簪　6. 绿松石饰　7. 铜矛　8. 陶瓶　9. 陶觚
10. 铜铃　11. 彩绘图案痕迹　Ⅰ. 奠基坑内殉人　Ⅱ. 长方形腰坑内殉人　Ⅲ、Ⅳ. 东二层台
南棺内殉人　Ⅴ～Ⅷ. 东二层台北棺内殉人　Ⅸ. 西二层台木棺内殉人　Ⅹ～ⅩⅩⅩⅩⅧ. 南墓
道尽端处的人牲（全躯十四具，头颅二十五个）

图六八　青州苏埠屯 1 号墓"奠基坑"殉人（左）与墓道第三层的人牲与狗牲（右）

（采自《文物》1972 年第 8 期）

多数不易确定是属于哪一个主墓。中型墓一般有一至数个殉人，个别可多至十几个殉人。少数中型墓也有牲人一至数人。小型墓葬不见人牲，个别有殉人一至二人。中小型墓的墓地里也发现有车马坑，一般是一车二马一御奴，说明比较富裕的中型墓也可以设置车马坑。

　　一个大墓要用多少殉人牲人，这是一个不容易回答清楚的问题。以保存稍好的侯家庄西北岗 1001 号墓和武官村 1 号墓为例：侯家庄西北岗 1001 号墓现存殉人九十人、牲人七十四人，武官村 1 号墓现存殉人四十五人、牲人三十四人。实际当不止此数，但相差不会很多。

　　不论大型墓或中小型墓，殉人大多放在墓室中。放在椁室内的殉人身份应高于放在椁顶二层台上的殉人。二层台上的殉人身份又高于腰坑、壁龛或墓道中的殉人。藁城台西村、灵石旌介村和西安老牛坡的异性成人同棺合葬墓，可视为原始社会末期出现的"妻妾殉夫"葬俗的遗存。人牲大多发现于墓坑填土中和墓道中，一般是处死后入葬。有全躯埋葬，也有头颅、躯体分开埋葬，个别可能是活埋的。

　　殷人用于各种祭祀的牲人数远远超过埋葬祖先时的殉人数。殉人只用于埋葬祖先；牲人除少数用于祭祀天神、地祇及建筑奠基以外，多数用于祭祀祖先。祭祀祖先的人牲，不但用于埋葬祖先时，大量的是在宗庙或墓地上举行追祭时所使用。这种情况在殷

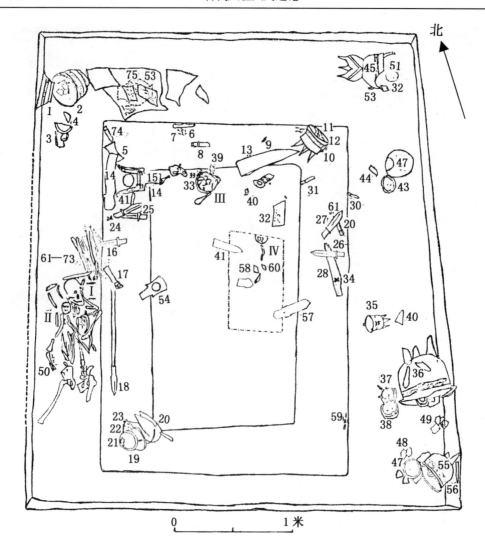

图六九　黄陂盘龙城李家嘴 2 号商墓（采自《盘龙城》）

1. 铜盘　2. 铜簋　3. 铜盉　4. 陶片　5. 铜瓿　6、65～68、70、71. 铜刀　7、32、34、39、40. 绿松
石　8、29、31、33、41. 玉柄形器　9、50、59. 铜镞　10、19、22. 铜斝　11、12、21、23. 铜爵
13、14、28、42、57、58. 玉戈　15、54. 铜钺　16、24～27. 铜戈　17、64. 铜斨　18、56. 铜矛
20. 铜盂　30. 玉笄　35、36、55. 铜鼎　37. 扁足鼎　38. 铜鬲　43、44、51～53. 铜小盘　45. 铜甗
46. 铜鼎足　47. 陶罐　48. 陶鬲　49. 硬陶瓮　60. 铜带流罐　61、62. 陶饼　63. 木雕印痕　69. 铜锯
72. 铜凿　73. 铜镦　74. 玉饰　75. 铜罍　Ⅰ、Ⅱ、Ⅲ. 殉人骨架　Ⅳ. 狗骨架

墟表现尤为突出。根据殷墟发掘资料统计[①]：小屯宗庙区发现牲人遗骨七百〇二具（其

————————
①　小屯宗庙区、侯家庄王陵区祭祀场和小屯后岗大司空村花园庄四个祭祀坑的牲人资料详见本书第二章。殷
　　墟墓葬中的牲人殉人资料，是根据本文表五统计出来的。个体数不明的按一人计算。

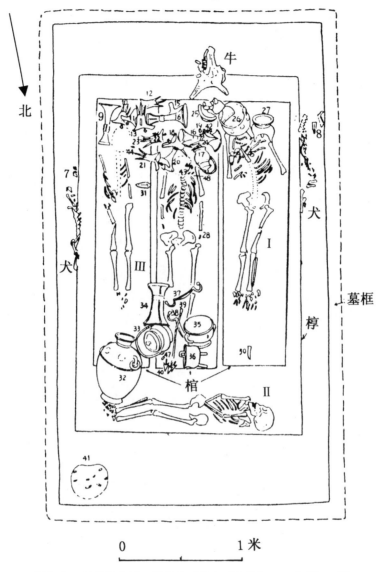

图七〇　灵石旌介村 1 号商墓（采自《文物》1986 年第 11 期）

1~6. 矛（填土内）　7、8、29. 铃　9、14、16、20. 觚　10~13、18、21~24、42.

爵　15、31. 戈　17、33. 卣　19. 觯　25. 陶鬲　26、36. 鼎　27. 罍　28、44~48.

玉饰　30. 石镰　32. 罍　34. 尊　35. 簋　37、38. 弓形器　39. 兽首管状器　40. 镞

41. 鼍鼓　43. 骨、器（未注明质料者为铜器）　Ⅰ~Ⅲ. 殉人

中乙组基址六百四十一具，丙组基址三十二具，F1 基址二十九具）；侯家庄王陵区祭祀
场发现牲人遗骨三千四百五十五具（包括第一次发掘估定的二千人）；小屯、后岗、大
司空村三个圆形祭祀坑发现牲人遗骨九十具，花园庄长方形祭祀坑发现牲人遗骨二具；
殷墟墓葬中发现牲人遗骨二百七十具。以上四项殷墟牲人合计为四千五百一十九人。如

北

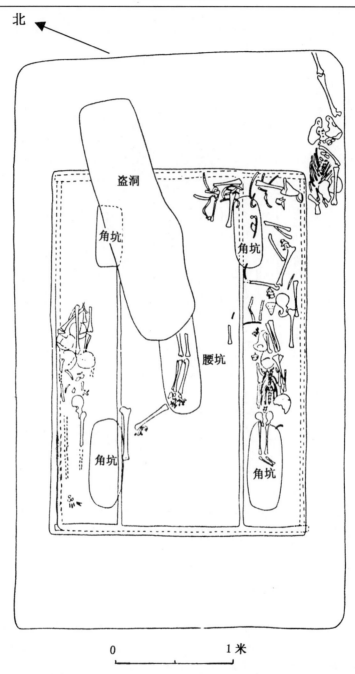

0　　　　　　　　　1米

图七一　西安老牛坡 25 号墓（采自《老牛坡》）

果加上甲骨刻辞所见的人牲一万三千零五十二人（不包括未记用人数的一千一百四十五条卜辞）[①]，扣除部分重复，总数估计一万七千人。而殷墟墓中发现的殉人遗骨共三百

① 胡厚宣：《中国奴隶社会的人殉和人祭（下篇）》，《文物》1974 年第 8 期。

图七二　西安老牛坡商墓

左．M4（1~3.陶鬲）　右．M44（1.玉戈　2、5.铜戈　3.铜觚　4.玉璜

6.铜爵　7.铜斝［五件铜镞在墓主人骨架下］）

六十三具。殷墟殉人数仅及牲人数的四十六分之一。

中国社会科学院考古研究所体质人类学组曾对武官村北地一百九十一个祭祀坑中的大部分人骨做过性别、年龄观察，据最后整理的资料，凡属早期的无头人骨，能看到的，全部是男性，死者都是15至35岁的青壮年，他们的体型属于"蒙古人种主干下的类似现代北亚、东亚和南亚种系成分，其中，接近东亚的仍然较多。体型上这种多种系成分，可以解释为殷人同四邻的方国部落征战时，掳获了不同方向来的异族战俘"。与祭祀坑同时期的大型墓中的牲人，其来源应与祭祀坑中的牲人相同，即来自四邻方国的战俘。体质鉴定报告还说，以中小型墓为代表的殷代自由民的体质比较单纯，主要接近东亚蒙古人种类型，从已发表的鉴定表看，中小型墓的殉人种系与墓主人是相同的①。当然，俘虏转化的近亲奴隶也很可能成为殉人，因遗骨鉴定还不多，目前还无法证实。

　　胡厚宣先生从甲骨刻辞中发现武丁时期人牲的数量大，次数最频繁，以后逐渐减弱，至帝乙、帝辛时期为数最少②。从武官村北地一百九十一个祭祀坑的发掘资料中也发现类似现象。这批资料还证实，武丁时期的人牲大多是被砍去头颅的男性青壮年，少数为接近成年的男性少年，未发现女性；而晚期的人牲，大多是成年女性和少年、幼童③。这点与殷墟大墓中的人牲也是相适应的。殷墟前期大墓人牲最多，而且大都是被砍去头颅的男性青壮年，殷墟后期大墓人牲较少，而且大多是少年儿童。前期的中型墓，有时也用人牲，后期则不见。人牲的这种变化，反映了殷代统治阶级对人的价值的看法的变化。人牲来源于俘虏。人牲的盛行，说明当时已有强大的武装足以发动大规模战争；同时也说明，俘虏成为奴隶后所产生的财富没有多少可供剥削的剩余价值。这种情况应是早期奴隶制国家的重要的特征。殷代晚期，人牲数量稍减，且多改用妇孺，估计青壮年俘虏中已有相当一部分转化为生产奴隶。这是社会进步的必然结果。

　　人殉起源于父系氏族公社确立以后，最初表现为女人为男人殉死，属于"男性对女性的奴役"④。随着国家的出现，人殉逐渐成为阶级对立的牺牲品。从人殉的考古资料看，殷商早期人殉不多，中期以后有所发展，晚期为甚。人殉的对象从原始社会末期兴起的妻妾为殉逐步扩大到近臣、近侍。人殉的这种变化，反映了人与人之间不平等关系的加剧。可否认为，在奴隶制国家出现的初期，本家族内的人与人之间的不平等关系还不太明显，所以人殉制并不发达，及至奴隶制国家发展时期，人与人之间的不平等关系已牢固确立，主奴名分已定，从死成为主奴关系的崇高准则，于是人殉制风行。

　　最后附带讨论一下殷代的祭牲、殉牲。

　　根据考古资料，祭牲的发生似乎比人牲要早一些，而殉牲的发生似在殉人之后。宝鸡北首岭仰韶文化墓地 17 号墓陶罐中所盛的鱼骨⑤，甘肃永靖大何庄齐家文化墓地

①　韩康信、潘其风：《殷代人种问题考察》，《历史研究》1980 年第 2 期。中国科学院考古研究所体质人类学组：《安阳殷代祭祀坑人骨的性别年龄鉴定》，《考古》1977 年第 3 期。

②　胡厚宣：《中国奴隶社会的人殉和人祭（下篇）》，《文物》1974 年第 8 期。

③　中国科学院考古研究所安阳工作队：《安阳殷墟奴隶祭祀坑的发掘》，《考古》1977 年第 1 期。

④　恩格斯：《家庭、私有制和国家的起源》，《马克思恩格斯选集》第 4 卷，61 页，人民出版社，1972 年。

⑤　中国社会科学院考古研究所宝鸡工作队：《1977 年宝鸡北首岭遗址发掘简报》，《考古》1979 年第 2 期。

"石圆圈"遗迹中的卜骨、牛马骨架①，是目前已知最早的祭牲。最早的殉牲，目前仅见于本文所论的殷商时代。如同人殉人牲一样，殷代是我国古代祭牲、殉牲的鼎盛时期，用牲的次数最多，数量最大。有人曾对甲骨卜辞中有关祭牲资料做过统计，发现殷人最常用的牺牲是牛、羊、猪、狗（豕、犬）。祭牲的数量多少不等，最少一次用一只，最多一次可达一千只。一般一次用牲几只到数十只。十只以下的任何数目，在卜辞中都被用过，二十只以上，往往总是十的倍数②。

殷墓中经常发现整狗、整马、整猪、整鸡、整鱼，或狗头、羊头、猪头、牛头，或牛腿、羊腿、马腿、猪腿、鸡腿。除一部分整狗、整马应属殉牲外，显然都属于祭牲。祭牲有的是煮熟后盛于铜陶器皿中，或宰杀后生置于铜陶器皿上，或放墓主棺木前头，或放墓主棺前二层台上，或放椁顶上，或埋填土中。

殷墓中的狗马兼有祭牲、殉牲二重性质。可确定为殉牲的狗，一般放于墓底腰坑内，个别殓以木棺置于墓主木棺外侧③，有的放在墓主两侧或脚端的二层台上。殉狗颈上有的系铜铃，头向大多与墓主相反或头朝外，用意在于司警卫。马一般与木车（或仅置铜车器象征木车）共埋于主墓附近专设的车马坑中（个别置墓道中），用意是备驾驭。与其他牲肉杂置的狗马，其性质应与其他牲肉一样，同为祭牲。

卜辞所见的祭牲，除牛、羊、豕、犬外，还有牢宰以及他们的幼子"青"。如何理解牢、宰二字的含义，关系到对殷代用牲制度的认识。根据三礼的记载，西周以来，祭牲分为大牢、少牢，死者依其不同的等级，使用不同的牢数。照东汉郑玄的解释，大牢指的是牛、羊、豕，小牢指的是羊、豕。天子用大牢九鼎，诸侯用大牢七鼎，卿大夫用少牢五鼎，士用牲三鼎或特一鼎。大牢以牛为首，少牢以羊为首，特牲以豕。不少人援引三礼论证殷代的用牲制度，对甲骨文中的牢宰两字做了许多不切实际的猜测。其实殷墓中数量最多的是狗，埋狗的殷墓约占殷墓总数的三分之一。其次是牛腿、羊腿，其他为数甚少。大墓用牲品类很多，但没有一定规律。中小型墓一般放一牲或二牲；未见牛、羊、豕三者共存的迹象，羊豕共存也不多见。通常见到的是一牛或一羊，少数牛、羊兼用，有些则是牛、鱼、鸡并存。仅就考古发现来说，我认为殷代并不存在按不同等级使用不同的祭牲的情况。祭牲的来源大概是墓主自家豢养的禽畜，使用的种类和数量似乎也没有具体规定。三礼中的礼制，多半出自东周秦汉儒家的设想，不但不能用于比附殷代，即使在三礼成书的时代，书中所说的礼制，与考古发现也有诸多不合。有人认

---

① 中国科学院考古研究所甘肃工作队：《甘肃永靖大何庄遗址发掘报告》，《考古学报》1974年第2期。
② 张秉权：《祭祀卜辞中的牺牲》，《中央研究院历史语言研究所集刊》第38本，181～231页，1968年。
③ 中国社会科学院考古研究所安阳工作队：《1969—1977年殷墟西区发掘报告》，《考古学报》1979年第1期。

为，甲骨刻辞中的牢宰似指专供祭祀之用而特意护养的牛羊[1]；还有人认为，牲人同牢宰一样，也是特意护养以备祭祀之用的俘虏或奴隶。我认为这似乎又走了另一极端。从牢宰二字的造形看，把它们看成是豢养的牛羊，以别于普通牧放的牛羊，应是正确的。但把它看成是专供祭祀之用而特意护养的，则缺乏根据。甲骨刻辞的祭牲中，不但有牢宰，还有更多的牛羊，这本身就足以说明"专供祭祀"、"特意护养"的说法是不能成立的。牲人来自俘虏，自然更谈不上特意护养了。

对殷商墓葬用牲的考察结果，说明被作为牺牲的牛、羊、豕、犬、马、鸡都是殷人豢养的家畜、家禽，殷人日常生活中也应以这些肉食品为主。殷人的饲养业应该是比较发达的。

殷商墓葬中的人殉人牲遗迹，资料浩繁芜杂，一般读者查阅有困难。因此我把自己读到的殷商墓葬中的人殉人牲资料以及有殉人的车马坑摘编成表五、表六，并附录与人殉人牲共存的祭牲殉牲资料。带墓道的大墓，不论有无人殉人牲遗迹，也全部列入表中，备研究参考。

表五、表六断代分四期：商代前期前段，商代前期后段，殷墟前期，殷墟后期。商代前期前段，即考古学上的二里头文化三期、四期至二里岗文化下层，约公元前1600年至前1450年；商代前期后段，即考古学上的二里岗文化上层，约公元前1450年至前1300年；殷墟前期，即考古学上的殷墟文化一期、二期，约当盘庚迁殷至祖甲，约公元前1300年至前1180年；殷墟后期，即考古学上的殷墟文化三期、四期，约当廪辛至帝辛，约公元前1180年至前1047年。商代前期的分段和年限是参照河南省文物考古研究所《郑州商城》1040页表四一制定的。殷墟文化的分期是参照中国社会科学院考古研究所安阳工作队（《考古》1964年第8期380页；《殷墟妇好墓》222~224页）的意见制定的。侯家庄西北岗大墓的分期是参照杨锡璋（《中原文物》1981年第3期48页）的意见制定的。从原发掘报告看，本表的殷墟前期墓多数属殷墟文化二期（武丁至祖甲）；殷墟后期墓多属殷墟文化四期（帝乙、帝辛）。

**表五**　安阳殷墟商墓中的人殉人牲（附殉牲祭牲、车马坑）遗迹

序号1（实例一）　　侯家庄西北岗西区M1001

1935年发掘。四条墓道。南墓道斜坡，从地面直通墓底；东、西、北三道斜坡有台阶，由地面通到椁顶二层台，墓坑口长18.9米、宽13.7米，底深10.5米，墓室中心为亚字形椁室。墓底有九具全躯骨架、九只狗，木椁顶有十一具全躯骨架，墓坑填土

---

① 张秉权：《祭祀卜辞中的牺牲》，《中央研究院历史语言研究所集刊》第38本，181页，1968年。

中有一头颅，墓道填土中有七十三个头颅、六十具躯骨和二具全躯骨架。墓坑东侧有三十一个土坑，坑内埋六十八人、二只狗、十二匹马。详见实例一。殷墟前期。盗扰。资料见梁思永、高去寻：《侯家庄·1001号大墓》28～69页，1962年。

序号2 侯家庄西北岗西区M1002

1935年发掘。四条墓道。南墓道斜坡，东、西、北三道斜坡有台阶，四条墓道都由地面直通墓底。墓坑口长19米、宽18米，底深10.8米。墓室平面方形。遗物被盗一空。木椁顶上有一处未扰动的祭祀遗迹。并有放在陶器上的三具兽骨（似为牛羊猪骨），以席覆盖，其上有九个人头颅。墓坑填土中有一人头颅，并若干碎骨。殷墟后期。盗扰。资料见梁思永、高去寻：《侯家庄·1002号大墓》18～21页，1965年。

序号3 侯家庄西北岗西区M1003

1935年发掘。四条墓道。墓坑口长18.1米、宽17.9米，底深11米。墓室平面方形。腰坑内埋一具屈肢人。墓口下深4.6米处有一个人头颅。殷墟后期。盗扰。资料见梁思永、高去寻：《侯家庄·1003号大墓》36页，1967年。

序号4 侯家庄西北岗西区M1004

1935年发掘。四条墓道。南道最长，32米，斜坡，从地面直通墓底。东、西、北三道斜坡有台阶，从地面通到椁顶二层台。墓坑口长17.9米、宽15.9米，底深12.2米。墓室平面长方形。盗扰过甚，南墓道尽端与墓室相接处有未被扰动的大方鼎一对（牛鼎、鹿鼎各一件）、石磬一组三个，墓坑扰土中有五个头颅和一只狗，北墓道填土中有七个头颅，部分头颅带颈椎骨。主墓东侧有一陪葬坑，埋一全躯骨架，有随葬品。腰坑内埋一狗。殷墟后期。盗扰。资料见梁思永、高去寻：《侯家庄·1004号大墓》26～30页，1970年。

序号5 侯家庄西北岗西区M1217

1935年发掘。四条墓道。斜坡，南、北、东三道至接近墓室10米长的一段各自扩宽一倍，西道台阶，在离墓室21米处折90度向北升至地面。墓室平面方形。盗扰过甚，未挖到底。资料见梁思永、高去寻：《侯家庄·1217号大墓》，1968年。

序号6 侯家庄西北岗东区M1400

1935年发掘。四条墓道。墓室亚字形，深12米。正式报告未发表，胡厚宣《殷墟发掘》87页中提及，学习生活出版社，1955年。

序号7 侯家庄西北岗西区M1500

1935年发掘。四条墓道。北道中部东西两壁有台阶直通地面。墓室平面方形。早年被多次盗掘。但南墓道和西墓道中尚保留一些遗物。在墓内填土中还有殉人墓和人牲头骨。两座殉人墓发现于墓坑南壁东段和南墓道东壁交接处，已盗毁。在填土中发现人头骨一百一十四个，其中一百一十一个在夯土内，三个在盗坑中。埋在夯土中的一百一十一个头骨可分二层：下层（深9.8~10.3米）七十二个较分散，上层（深1.73~9.8米）三十九个集中在北道口及其附近填土中，头顶向上，面向墓室。殷墟后期。资料见梁思永、高去寻：《侯家庄·1500号大墓》，1974年。

序号8　侯家庄西北岗西区M1550

1935年发掘。四条墓道。墓室平面方形，深10.9米。墓底四隅有四个小方坑，坑内各埋一人。中部腰坑埋一人、一狗。北墓道近墓室口有数行头颅，一行十个。在与椁顶相平的二层台上有牲畜腿骨。殷墟前期。盗扰。资料见梁思永、高去寻：《侯家庄·1550号大墓》，1976年。

序号9　侯家庄西北岗东区M1129

1935年发掘。南北二条墓道。墓道平面方形。正式报告未发表。胡厚宣《殷墟发掘》88页中提及，学习生活出版社，1955年。

序号10　侯家庄西北岗东区M1443

1935年发掘。南北二条墓道。墓室平面长方形，深8.4米。正式报告未发表。胡厚宣《殷墟发掘》88页中提及，学习生活出版社，1955年。

序号11（实例二）　武官村北地（西北岗东区）50M1

1950年发掘。位于M1400之东，原编WKGM1。南北二条墓道。墓坑口长14米、宽12米，底深7.2米。腰坑埋一全躯骨架，二层台埋四十一具全躯骨架、四只狗、一只猴、一只鹿和其他九只禽兽。填土中有二十九个头颅。北墓道有十六匹马、四只狗，南墓道有一具全躯骨架、十二匹马、一只狗。殷墟前期。盗扰。资料见郭宝钧：《1950年春殷墟发掘报告》，《中国考古学报》第5册，1951年。又《考古》1977年第1期31页附录《武官大墓南墓道的发掘》。

序号12（实例三）　武官村北地（西北岗东区）M260（母戊墓）

1984年发掘。一条墓道，向南。墓坑口长9.6米、宽8.1米、深1.2米。墓底长6.35米、宽5米、深8.1米。墓口埋一男性少年，俯身直肢，头向南，坑边不显。墓道中部墓道口下深约35厘米处埋人头骨二十二个，面向不一，分布集中。在深7米的墓室填土中埋六具无头躯体。椁壁附近埋五具全躯骨架，已被扰乱。墓底方坑中埋四具全躯骨架，有棺。底部和墓室填土中有马、牛、羊、猪、狗骨架甚多。在墓室和墓道两侧发现三个祭祀坑，其中二坑各埋八具无头躯体，另一坑未发掘。殷墟前期。盗扰。资料见中国社会科学院考古研究所安阳工作队：《殷墟259、260号墓发掘报告》，《考古学报》1987年第1期。

序号13　侯家庄北地（西北岗西区）78M1

1978年发掘。一条墓道，向南。位于M1003之南。墓道被M1217东墓道打破。墓底长7.7米、宽5.4米、深7.2米。墓室已扰乱，在扰土中发现人骨、兽骨甚多。根据发现的遗骨个体统计，除墓主人外，应有殉人七至八人。墓室殉牲有马、牛、猪、狗，墓道殉牲有马、鹿，已碎，个体难于统计。殷墟前期。盗扰。资料见中国社会科学院考古研究所安阳工作队：《安阳侯家庄北地一号墓发掘简报》，《考古学集刊（二）》，36页，中国社会科学出版社，1982年。

序号 14　武官村北地（西北岗东区）M259

1984 年发掘。位于 M260 东侧约 40 米。中型墓。墓口长 3.5 米、宽 1.6 米。墓底长 3.9 米、宽 2.2 米、深 3 米。二层台上有十四个人头骨，整齐摆放，皆成年，其中一人头骨放铜甗中。另有一具儿童骨架，头骨压在躯骨下。墓室扰土中还有人头骨、肢骨，已残碎，个体无法估计。二层台有六具狗架，一只牛腿及零星兽骨。墓东西两侧各有一祭祀坑，东坑埋六具无头躯体，西坑埋八具无头躯体。殷墟前期。盗扰。资料见《殷墟 259、260 号墓发掘报告》，《考古学报》1987 年第 1 期。

序号 15　武官村北地（西北岗东区）59M1

1959 年发掘。中型墓。墓口长 3.75 米、宽 2 米、底深 5.4 米。方向 353 度。两侧二层台上各有一人，头向与墓主一致（向北）。东侧二层台上另有四个头颅、一只狗。从出土迹象看，两侧殉人应有木棺盛殓，殉人身份似为墓主生前侍从。四个头颅应是被杀祭的人牲，从所处的位置看，其躯体似在北边的祭祀坑中，详见图三六。二层台上的狗与头颅杂置，应是祭牲。殷墟前期。未盗。资料见中国社会科学院考古研究所安阳工作队：《安阳武官村北的一座殷墓》，《考古》1979 年第 3 期。

序号 16　高楼庄后岗西区 M1

1933 年发掘。南北二条墓道，南墓道斜坡，北墓道斜坡有十三级台阶。墓坑口长 7 米、宽 6.2 米、底深 8.5 米。腰坑内埋一只狗，狗颈系铜铃，已被盗移于坑外。墓坑填土中有二十八个头颅，一个完整，二十七个残破。多数头颅有砍杀伤痕，有的还带有几节脊椎骨。南墓道扰土中出一百四十八块残破躯骨。填土中的头颅和南墓道中的躯骨似属同一个体，杀祭后被分置两处。此墓实用牲人应是二十八人。殷墟前期。盗扰。资料见石璋如：《河南安阳后岗的殷墓》，《中央研究院历史语言研究所集刊》第 13 本，21页，1948 年。又见《六同别录》上册，1945 年。

序号 17　高楼庄后岗 M32

1971 年发掘。南北二条墓道。墓坑口长 5.3 米、宽 3.1 米、底深 6.1 米。腰坑内埋一具全躯骨架，头向南，屈下肢。脚下随葬一件陶盆。陶盆下边有一具狗架（图七三）。北墓道口有一只狗。殷墟前期。盗扰。资料见中国科学院考古研究所安阳发掘队：《1971 年安阳后岗发掘简报》，《考古》1972 年第 3 期。简报登记表误作殉五人。

序号 18　高楼庄后岗 M48

1971 年发掘。南北二条墓道。墓坑口长 7.9 米、宽 5.55 米、底深 8.5 米。墓室扰

图七三　高楼庄后岗 32 号墓腰坑内的殉人
和狗(采自《考古》1972 年第 3 期)

土中有二头颅，腰坑内扰土中有二个人的下颚骨，北墓道口扰土中有一头颅。殷墟前期。盗扰。资料见《1971 年安阳后岗发掘简报》，《考古》1972 年第 3 期。简报登记表误作殉八人。

序号 19　高楼庄后岗 M47

1971 年发掘。一条墓道，向南。墓底长 4.75 米、宽 3.1 米、深 5.5 米。腰坑内埋一具全躯骨架，墓底西南角埋一狗。殷墟前期。盗扰。资料见《1971 年安阳后岗发掘简报》，《考古》1972 年第 3 期。

序号 20（实例四）　大司空村 M576

1980 年发掘。南北二条墓道。墓坑口长 4.36 米、宽 2.4 米、底深 5.94 米。墓坑填土中埋四个人头骨，腰坑内埋一人，腰坑北一小坑埋一狗，墓室西壁耳室（底部与椁顶板平齐）内有一人肢骨，北壁近椁顶板填土中有一肢骨不全的无头人，东壁近椁顶板填土中有三具全躯骨架。南墓道（斜坡）近尽端处并列三小坑，坑内各埋一人、一铜戈，西边小坑上又有一全躯骨架。三小坑北边平底上有一头骨。殷墟后期。盗扰。资料见中国社会科学院考古研究所：《殷墟的发现与研究》133 页，科学出版社，1994 年。

序号 21　大司空村 M116

1959 至 1961 年发掘。一条墓道，向北。墓坑口长 3 米、宽 1.9 米、深 7.5 米。墓道斜坡，靠近墓室处留有五级台阶。台阶上留有朱黑二色彩绘痕迹，图案已模糊，在第四级台阶东端有一块大卜骨。墓室四周有二层台痕迹。墓底有朱砂痕迹，未见腰坑，未见葬具、人骨架和随葬品。可能是开挖后未埋葬的"假墓"。资料见中国社会科学院考古研究所《殷墟发掘报告》203 页，文物出版社，1987 年。

序号 22　大司空村 M123

1959 至 1961 年发掘。一条墓道，向北。与 M116 东西并列，相距仅 20 厘米。被盗扰一空，无遗存。资料见《殷墟发掘报告》203 页，文物出版社，1987 年。

序号 23　殷墟西区 M93

1969 至 1977 年发掘。一条墓道，向南。墓底长 5.4 米、宽 4.1 米、深 5.8 米。腰坑内埋一具全躯骨架。殷墟后期。盗扰。资料见中国社会科学院考古研究所安阳工作队：《1969—1977 年殷墟西区发掘报告》，《考古学报》1979 年第 1 期。

序号 24　殷墟西区 M698

1969 至 1977 年发掘。一条墓道，向南。墓底长 4.8 米、宽 3.5 米、深 7.8 米。墓道内有一车马坑，埋一车、二马、一人。墓道尽端也埋一马。殷墟后期。盗扰。资料见《1969—1977 年殷墟西区发掘报告》，《考古学报》1979 年第 1 期。

序号 25　殷墟西区 M699

1969 至 1977 年发掘。一条墓道，向南。墓底长 4.4 米、宽 3.2 米、深 7.3 米，东、南、西三面二层台上各埋一人，东台者头向南，南台者头向西，西台者头向北。墓道北端有二人，头向东。五具皆仰身直肢葬，骨上有朱砂，皆未成年。墓室内有马腿骨。殷墟后期。盗扰。资料见《1969—1977 年殷墟西区发掘报告》，《考古学报》1979 年第 1 期。

序号 26　殷墟西区 M700

1969 至 1977 年发掘。一条墓道，向南。墓底长 3.9 米、宽 3.1 米、深 7.4 米。二层台有二具全躯骨架，墓道北端埋一具全躯骨架，骨架已凌乱。另有马腿骨。年代为殷墟后期，盗扰。资料见《1969—1977 年殷墟西区发掘报告》，《考古学报》1979 年第 1 期。

序号 27（实例五）　殷墟西区 M701

1969 至 1977 年发掘。一条墓道，向南。墓底长 4.6 米、宽 3.1 米、深 5.6 米。墓道北端埋九人，皆俯身，未成年。填土中埋一人，为青年男性。西侧二层台埋二人。另有牛腿数块和脊椎骨盛陶罐中。殷墟后期。盗扰。资料见《1966—1977 年殷墟西区发掘报告》，《考古学报》1979 年第 1 期。

序号 28　小屯村北地 M5（妇好墓）

1976 年发掘。中型墓。墓口长 5.6 米、宽 4 米、深 7.5 米。方向 10 度。腰坑内有一人、一狗，两侧壁龛有三人，椁顶上有四人、五狗。另在墓底水中捞出八个个体。殷墟前期。未盗。资料见中国社会科学院考古研究所：《殷墟妇好墓》，文物出版社，1981 年。

序号 29　小屯村北地 M17

1978 年发掘。中型墓。墓口长 3.1 米、宽 1.8 米、底深 2.8 米。椁内棺外两侧各有一人，仰身直肢，皆未成年。一人有玉鱼。腰坑内埋一狗，填土中埋一狗和一个狗头，头端二层台上有一羊腿，旁有一件陶豆。殷墟前期。未盗。资料见中国社会科学院考古研究所安阳工作队：《安阳小屯村北的两座殷代墓》，《考古学报》1981 年第 4 期。

序号 30（实例六）　小屯村北地 M18

1978 年发掘。中型墓。墓口长 4.6 米、宽 2.3 米，底深 5.6 米。椁内棺外有四人，皆男青少年。填土中埋一人，为成年男子。腰坑内有一狗。墓底西北角有一狗，头端二层台上有一猪腿，旁有陶觚爵；另有一牛腿，旁有一陶豆。殷墟前期。未盗。资料见《安阳小屯村北的两座殷代墓》，《考古学报》1981 年第 4 期。

序号 31（实例七）　小屯乙七基址南组 M232

1934 年发掘。中型墓。墓口长 3.4 米、宽 2.3 米，底残深 2 米。向北。椁内棺外共有八具全躯骨架，围绕成圈，有随葬品。腰坑内有一狗，填土中有三只狗。殷墟前期。未盗。资料见石璋如：《小屯·南组墓葬附北组墓补遗》17 页，中央研究院历史语言研究所，1973 年。

序号 32（实例八）　花园庄 M54

2001 年发掘。中型墓。墓口长 5.04 米、宽 3.23～3.3 米，墓底长 6.03 米、宽 4.15～4.4 米、深 7.3 米，方向 360 度。墓底四周有熟土二层台，一椁一棺，正中有腰坑。东二层台底部有殉人三具，西二层台底部有殉人一具，椁内棺外的东西南三边各有殉人二具；填土中埋人头骨二个，南二层台内埋人头骨三个；填土中埋狗九只，北西南三面二层台内埋狗五只，腰坑内埋狗一只。随葬的铜钺、卷头刀上有铭刻"亚长"，故推定墓主为商代"长"族军事首领。殷墟前期后段。未盗。资料见中国社会科学院考古研究所安阳工作队：《河南安阳市花园庄 54 号商代墓葬》，《考古》2004 年第 1 期。

序号 33　高楼庄后岗西区 H321B

1933 年发掘。中型墓。墓底长 3.6 米、宽 2.45 米、深 5 米。脚端二层台一人，俯置，骨上有朱砂。右侧二层台有一人，俯置，为一幼童，口内含一绿松石。腰坑内有一狗。另扰土中有一狗，另有鸟骨四堆。殷墟前期。盗扰。资料见石璋如：《河南安阳后岗的殷墓》，《中央研究院历史语言研究所集刊》第 13 本，21 页，1948 年。又见《六同别录》上册，1945 年。

序号 34　高楼庄后岗 M6

1971 年发掘。墓底长 3.1 米、宽 1.7 米、深 3.8 米。方向 8 度。两侧二层台上各有一人。殷墟前期。盗扰。资料见《1971 年安阳后岗发掘简报》，《考古》1972 年第 3 期。

序号 35　高楼庄后岗 M11

1971 年发掘。墓底长 3.3 米、宽 1.9 米、深 4.8 米。方向 18 度。墓室扰土中有人骨遗迹。殷墟前期。盗扰。资料见《1971 年安阳后岗发掘简报》，《考古》1972 年第 3 期。

序号 36（实例九）　高楼庄后岗 M16

1971 年发掘。墓底长 2.8 米、宽 1.3 米、深 4.7 米。方向 9 度。墓底有木棺痕迹，右（西）侧二层台埋一具骨架，缺下肢骨。殷墟前期。未盗。资料见《1971 年安阳后岗发掘简报》,《考古》1972 年第 3 期。

序号 37　高楼庄后岗 M17

1971 年发掘。墓底长 3.6 米、宽 1.7 米、深 5.4 米。方向 11 度。右(西)侧二层台上有一具全躯骨架,仅存大腿骨和牙齿。脚端二层台上有一儿童骨架,下肢略屈。殷墟前期。盗扰。资料见《1971 年安阳后岗发掘简报》,《考古》1972 年第 3 期。

序号 38　高楼庄后岗 M20

1971 年发掘。墓底长 4 米、宽 2.8 米、深 7 米。方向 12 度。左侧二层台有一人,右侧二层台有三人,头向均与墓主一致(北),内有二名儿童。头端二层台有牛腿、羊腿、猪腿各一支,椁顶正中有一狗,填土中也有一狗,狗头向南。殷墟前期。盗扰。资料见《1971 年安阳后岗发掘简报》,《考古》1972 年第 3 期。

序号 39　高楼庄后岗 M21

1971 年发掘。墓底长 3.7 米、宽 2.4 米、深 5.5 米。方向 13 度。南北两端二层台上各有一人,头向东。填土中有一狗,头向北。殷墟前期。盗扰。资料见《1971 年安阳后岗发掘简报》,《考古》1972 年第 3 期。

序号 40　高楼庄后岗 M27

1971 年发掘。墓底长 2.5 米、宽 1.4 米、深 3.8 米。方向 10 度。二层台上有一具全躯骨架。殷墟前期。盗扰。资料见《1971 年安阳后岗发掘简报》,《考古》1972 年第 3 期。

序号 41　高楼庄后岗 M41

1971 年发掘。墓底长 2.8 米、宽 1.5 米、深 3.7 米。方向 18 度。二层台上有一具全躯骨架。殷墟前期。盗扰。资料见《1971 年安阳后岗发掘简报》,《考古》1972 年第 3 期。

序号 42　大司空村 M170

1953 年发掘。墓底长 2.6 米、宽 1 米、深 4.7 米。方向 17 度。右侧壁龛中有一具骨架,侧身,两臂反背,下肢凌乱。殷墟后期。未盗。资料见马得志等:《1953 年安阳大司空村发掘报告》,《考古学报》第 9 册,1955 年。

序号 43　大司空村 M171

1953 年发掘。墓底长 3.3 米、宽 1.5 米、深 5.4 米。方向 188 度。距墓底 1.7 米处的填土中埋一具全躯骨架,俯身,带贝四枚。殷墟后期。盗扰。资料见《1953 年安阳大司空村发掘报告》,《考古学报》第 9 册,1955 年。

序号 44　大司空村 M256

1953 年发掘。墓底长 2.8 米、宽 1.4 米、深 3.2 米。方向 96 度。右侧二层台上有一具全躯骨架,俯身,未成年,旁有一砺石。殷墟前期。未盗。资料见《1953 年安阳大司空村发掘报告》,《考古学报》第 9 册,1955 年。

序号 45　大司空村 M267

1953 年发掘。墓底长 3 米、宽 1.6 米、深 1.6 米。方向 20 度。右侧二层台上有一具全躯骨架,俯身,上肢已朽,下肢弯曲。殷墟前期。盗扰。资料见《1953 年安阳大司空村发掘报告》,《考古学报》第 9 册,1955 年。

序号 46　大司空村 M312

1953 年发掘。墓底长 3.3 米、宽 1.8 米、深 4.6 米。方向 9 度。两侧二层台上各有一具骨架,俯身。墓室扰土中有一头颅,横向,皆未成年。殷墟前期。盗扰。资料见《1953 年安阳大司空村发掘报告》,《考古学报》第 9 册,1955 年。

序号 47　大司空村 M53

1962 年发掘。墓底长 2.9 米、宽 1.4 米。向北。墓主脚下东西两侧二层台上各有一具全躯骨架,伸直侧身,头向南。其中一人身旁有一龟版,此殉人似为占卜者。墓主头端(北)二层台上放牛腿、羊腿各一支。殷墟后期末段。未盗。资料见中国科学院考古研究所安阳发掘队:《1962 年安阳大司空村发掘简报》,《考古》1964 年第 8 期。

序号 48　大司空村 M323

1959 年发掘。墓底长 2.8 米、宽 1.2 米、深 4.2 米。方向 100 度。填土中埋一孩童,仅存头颅和下肢,头向东,面向上,头低足高,应是人牲。殷墟后期。未盗。资料见中国社会科学院考古研究所:《殷墟发掘报告(1959—1961 年)》212 页,文物出版社,1987 年。

序号 49　大司空村东南 M663

1983 年发掘。中型墓。墓口长 3.3 米、宽 2 米,底深 5.3 米。方向 95 度。西侧二层台有一具骨架,已朽,头向北。南侧二层台也有一具骨架,已朽,头向东。北侧、南侧椁内棺外各埋一具骨架,头皆向东,已朽,从葬姿看,为面向墓主。腰坑内埋一狗,头向西。二层台上二骨架皆细小,似为少年。殷墟前期偏晚。未盗。资料见中国社会科学院考古研究所安阳工作队:《安阳大司空村东南的一座殷墓》,《考古》1988 年第 10 期。

序号 50　大司空村 M539

1980 年发掘。中型墓。墓口长 3.3 米、宽 1.45 米、深 1.4 米。墓底长 3.66 米、宽 1.52～1.63 米、深 3.65 米。方向 97 度。墓主脚端(西)棺外埋一人,头向南,仰身,上体向东扭曲,为一少年。腰坑内埋一狗,蜷曲,头向西。殷墟前期。未盗。资料见中国社会科学院考古研究所安阳工作队:《1980 年河南安阳大司空村 M539 发掘简报》,《考古》1992 年第 6 期。

序号 51　大司空村北地 M68

1987 年发掘。墓口长 2.7 米、宽 1.4 米、底深 3.5 米。方向 100 度。左侧（南）二层台上埋一人，侧身直肢，面向南，无葬具，无葬品，殉人上方 20 厘米处埋一狗。殷墟后期偏晚。盗扰。资料见中国社会科学院考古研究所安阳工作队：《1984—1988 年安阳大司空村北地殷代墓葬发掘报告》，《考古学报》1994 年第 4 期。

序号 52　小屯西地 M233

1958 年发掘。墓底长 2.55、宽 1 米、深 4.66 米。方向 90 度。左侧（南）二层台上有一具全躯骨架，俯身直肢，头向东。殷墟后期。未盗。资料见中国社会科学院考古研究所：《殷墟发掘报告》212 页，文物出版社，1987 年。

序号 53　小屯西地 M258

1958 年发掘。墓底长 3.5 米、宽 2.2 米、深 3.7 米。方向 358 度。墓口下填土中埋一孩童，无下肢。两侧和头端二层台上各有一骨架，全朽，葬式不明，均无葬品。殷墟后期。未盗。资料见《殷墟发掘报告》212 页，文物出版社，1987 年。

序号 54　殷墟西区 M166

1969 至 1977 年发掘。墓底长 2.6 米、宽 1 米、深 3.6 米。方向 190 度。左侧（西）二层台埋一具全躯骨架，屈肢，面向下，为一少年。殷墟后期。已被盗扰。资料见《1969—1977 年殷墟西区墓葬发掘报告》，《考古学报》1979 年第 1 期。

序号 55　殷墟西区 M216

1969 至 1977 年发掘。墓底长 3 米、宽 1.4 米、深 5.9 米。方向 15 度。右侧（东）二层台埋一具全躯骨架，青年男性，左侧（西）二层台埋一马。殷墟后期。盗扰，资料见《1969—1977 年殷墟西区墓葬发掘报告》，《考古学报》1979 年第 1 期。

序号 56　殷墟西区 M217

1969 至 1977 年发掘。墓底长 3.3 米、宽 1.6 米、深 4.5 米。方向 15 度。腰坑内有一具全躯骨架，青年男性，另有一狗。脚端二层台有一具全躯骨架。右侧二层台有一马。殷墟后期。盗扰。资料见《1969—1977 年殷墟西区墓葬发掘报告》，《考古学报》1979 年第 1 期。

序号 57　殷墟西区 M358

1969 至 1977 年发掘。墓底长 2.2 米、宽 1.2 米、深 2.9 米。方向 190 度。墓底有二个头颅，一青年男性，另一未成年。殷墟前期。盗扰。资料见《1969—1977 年殷墟西区墓葬发掘报告》，《考古学报》1979 年第 1 期。

序号 58　殷墟西区 M629

1969 至 1977 年发掘。墓底长 3 米、宽 1.4 米、深 2.8 米。方向 358 度。左侧二层台有一具全躯骨架，仰身直肢，为一青年女性。脚端二层台也有一具全躯骨架，侧身直肢，为一少年男性。头端二层台有羊腿骨。腰坑内有一狗。填土中有二狗。殷墟后期。

未盗。资料见《1969—1977 年殷墟西区墓葬发掘报告》,《考古学报》1979 年第 1 期。

序号 59　殷墟西区 M703

1969 至 1977 年发掘。墓底长 3.2 米、宽 1.7 米、深 3 米。方向 110 度。墓底有一具全躯骨架,腰坑内有一狗。盗扰一空,未分期。资料见《1969—1977 年殷墟西区墓葬发掘报告》,《考古学报》1979 年第 1 期。

序号 60　殷墟西区 M708

1969 至 1977 年发掘。墓底 3.3 米、宽 1.8 米、深 7.4 米。方向 15 度。墓主脚端棺外南侧二层台埋全躯少年骨架一具。殷墟后期。已被盗扰。资料见《1969—1977 年殷墟西区墓葬发掘报告》,《考古学报》1979 年第 1 期。

序号 61　殷墟西区 M767

1969 至 1977 年发掘。墓底长 3.8 米、宽 2.2 米、深 7.6 米。方向 7 度。头端二层台有一具全躯骨架,为一少年。填土中有四只狗。另有牛腿骨。被盗扰一空,未分期。资料见《1969—1977 年殷墟西区墓葬发掘报告》,《考古学报》1979 年第 1 期。

序号 62　殷墟西区 M785

1969 至 1977 年发掘。墓底长 3.2 米、宽 1.5 米、深 3.6 米。方向 17 度。腰坑有一狗,两侧二层台各有一具全躯骨架,俯身直肢,头向与墓主一致,左侧为男性成年,右侧为少年。填土中有一狗,颈系铜铃。殷墟后期。盗扰。资料见《1969—1977 年殷墟西区墓葬发掘报告》,《考古学报》1979 年第 1 期。

序号 63　殷墟西区 M800

1969 至 1977 年发掘。墓底长 3.3 米、宽 1.5 米、深 3.7 米。方向 8 度。椁顶有一具全躯骨架。腰坑有一狗。填土有一狗。殷墟后期。盗扰。资料见《1969—1977 年殷墟西区墓葬发掘报告》,《考古学报》1979 年第 1 期。

序号 64　殷墟西区 M907

1969 至 1977 年发掘。墓底 2.3 米、宽 1.1 米、残深 1.4 米。方向 100 度。墓主骨架左侧有一具全躯骨架,俯身,头向与墓主一致,已朽。殷墟后期。未盗。资料见《1969—1977 年殷墟西区墓葬发掘报告》,《考古学报》1979 年第 1 期。

序号 65　殷墟西区 M1024

1969 至 1977 年发掘。墓底长 3.1 米、宽 1.5 米、深 3.3 米。方向 15 度。腰坑内有一狗。脚端二层台有一具全躯骨架,侧身屈肢,为一少年。另有牛腿骨。殷墟后期。盗扰。资料见《1969—1977 年殷墟西区墓葬发掘报告》,《考古学报》1979 年第 1 期。

序号 66(实例一〇)　殷墟西区 M1713

1984 年发掘。中型墓。墓底 3 米、宽 1.56 米、深 6.5 米。方向 177 度。北二层台一人,俯身,头向西,右肩上有一穿孔蚌。墓主棺外东侧有二人,叠压,头向南。以上三人皆无葬具。椁室前端有一牛腿、一羊腿，西二层台有一牛骶骨。填土中有一狗架。殷墟后期。未盗。资料见中国社会科学院考古研究所安阳工作队：《安阳殷墟西区1713号墓的发掘》，《考古》1986年第8期。

序号67　四盘磨村M6

1950年发掘。墓底长2.4米、宽1.17米、深4.5米。方向188度。墓口下1.2米处填土中有一幼童骨架，头西足东，俯身屈膝，双脚上翘，双手背置。殷墟后期。盗扰。资料见郭宝钧：《1950年春殷墟发掘报告》，《中国考古学报》第5册，1951年。

序号68　四盘磨村M7

1950年发掘。墓葬大小未说明，未挖到底。墓口下1.1米处的填土中有一儿童骨架，俯身，右臂不全，左臂反背于臂部。殷墟后期。盗扰。资料见《1950年春殷墟发掘报告》，《中国考古学报》第5册，1951年。

序号69　四盘磨M8

1950年发掘。墓底长2.6米、宽1米、深4.9米。方向186度。墓口下1.2米处的填土中有一具幼童骨架，头北足南，俯身，身长0.65米，手足骨未见。殷墟后期。盗扰。资料见《1950年春殷墟发掘报告》，《中国考古学报》第5册，1951年。

序号70　四盘磨M15

1950年发掘。墓底长2.4米、宽1.4米、深4.4米。方向186度。墓口下1.2米处的填土中有一具幼童骨架，头骨未见，屈肢侧卧，旁有一红陶罐，另有二根兽骨。余被盗一空，未分期。资料见《1950年春殷墟发掘报告》，《中国考古学报》第5册，1951年。

上述四盘磨发现的四例遗迹，都是在墓口下1.1～1.2米处埋置一具幼童，年代又相近，可能是当时居住在这里的某一家族的葬俗。这具被杀害的幼童，应是用于为死去的墓主举行祭祀或厌胜的人牲。

序号71　南区薛家庄M1

1983年发掘。墓底长3.7米、宽2.1米、深4.4米。方向10度。二层台上有一具骨架，未见葬具，无随葬品，填土中有二具狗架。殷墟前期。盗扰。资料见中国社会科学院考古研究所安阳工作队：《安阳薛家庄东南殷墓发掘简报》，《考古》1986年第12期。

序号72　南区薛家庄M3

1983年发掘。墓底长2.8米、宽1.6米、深5.2米。方向8度。填土中有二狗，东侧二层台有一具全躯骨架，长1.5米，似为女性。骨架下面有板灰痕，似为木棺，无随葬品。南侧二层台有二狗，西侧二层台和腰坑各一狗。此墓共殉六狗，一人。殷墟前期。未盗。资料见《安阳薛家庄东南殷墓发掘简报》，《考古》1986年第12期。

序号 73　南区郭家庄 M172

1982 至 1992 年发掘。一条墓道，向南。坑口长 5 米、宽 2.65～2.85 米、深 4.8 米。多次被盗扰，墓主尸骨、葬具均不存，遗物很少。墓道北段底部有三个长方形土坑，坑向皆 285 度。坑内各埋殉人一具，皆头西足东，俯身葬。坑内有板灰，估计原有木棺。北坑人架长 1.26 米，似为男性少年，无随葬品；另二坑人架为成年人，手上各有少量蚌泡、海贝、蛤壳等物。殷墟后期。资料见中国社会科学院考古研究所：《安阳殷墟郭家庄商代墓葬》，中国大百科全书出版社，1998 年。

序号 74　南区郭家庄 M34

1982 至 1992 年发掘。墓室长 3 米、宽 1.1 米、深 2.2 米。方向 187 度。棺室内墓主俯身葬式。西二层台有殉人一具，头向南，俯身葬，未见葬具和随葬品。腰坑内有一狗。头端棺室中有牛腿骨。殷墟后期。未盗。资料见《安阳殷墟郭家庄商代墓葬》，中国大百科全书出版社，1998 年。

序号 75　南区郭家庄 M45

1982 至 1992 年发掘。墓室长 2.9 米、宽 1.4 米、深 3 米。方向 5 度。棺椁尸骨已散乱，仅知墓主头向北。东二层台有殉人一具，头向北，俯身葬。填土中有一狗，腰坑内有一狗。殷墟后期，盗扰。资料见《安阳殷墟郭家庄商代墓葬》，中国大百科全书出版社，1998 年。

序号 76　南区郭家庄 M160

1990 年发掘。中型墓。墓底长 4.5 米、宽 2.9 米、深 8 米。方向 105 度。西侧二层台有一具骨架，头南足北。椁内棺外两侧各有一骨架，皆头西足东，直肢。腰坑内有一骨架，作挣扎状，似为捆绑活埋。另有三只狗，其中一只放于填土中，头向东；一只放于椁盖顶上；另一只放在腰坑人架下，头向西。此墓西南 30 米处有两座车马坑，方向也是 105 度，可能是此墓附葬。此墓被认为发现妇好墓（序号 28）之后的又一重要发现。殷墟后期。未盗。资料见《安阳殷墟郭家庄商代墓葬》，中国大百科全书出版社，1998 年。

序号 77　南区郭家庄 M170

1982 至 1992 年发掘。中型墓。墓室长 4 米、宽 2 米、深 5.5 米。方向 10/190 度。盗扰严重。葬具、尸骨已散乱，遗物很少。有殉人三具，一具放于东二层台内，头向南；二具放在西二层内，头向南，葬式均不明。殷墟后期。盗扰。资料见《安阳殷墟郭家庄商代墓葬》，中国大百科全书出版社，1998 年。

序号 78　南区郭家庄 M184

1982 至 1992 年发掘。墓室长 3.5 米、宽 2.2 米、深 3.8 米。方向 190 度。墓主头向南，遗物不多。北二层台有殉人一具，头向东，葬式不明。殷墟后期。盗扰。资料见

《安阳殷墟郭家庄商代墓葬》，中国大百科全书出版社，1998 年。

序号 79　南区郭家庄 M190

1982 至 1992 年发掘。墓室长 3.25 米、宽 1.95 米、深 3.9 米。方向 10 度。棺椁尸骨被盗扰，墓主头向北，葬式不明。南二层台有殉人一具，头向南，俯身葬。殷墟后期。盗扰。资料见《安阳殷墟郭家庄商代墓葬》，中国大百科全书出版社，1998 年。

序号 80　南区郭家庄 M230

1980 至 1992 年发掘。墓室长 2.7 米、宽 1.4 米、深 4.35 米。方向 0 度。棺室内墓主尸骨被扰，头向北，葬式不明。西二层台有殉人一具，头向北，俯身葬。殷墟后期。盗扰。以上郭家庄八座殉人墓，殉人大部分是身高不足 1.5 米的少年，能看出葬式的都是俯身。资料见《安阳殷墟郭家庄商代墓葬》，中国大百科全书出版社，1998 年。

序号 81　南区郭家庄东南 M26

1995 年发掘。墓口长 3.55 米、宽 2.25 米，底深 4.9 米。方向 105 度。椁内棺外两侧各埋一人，全躯，直肢，成年，已朽，头向东，无随葬品。二只狗，一埋填土中，一埋腰坑。殷墟前期。未盗。资料见中国社会科学院考古研究所安阳工作队：《河南安阳市郭家庄东南 26 号墓》，《考古》1998 年第 10 期。

序号 82　南区刘家庄南地 M1

1985 年发掘。主棺外有一少年骨架，双足交叉似被捆绑。殷墟前期。资料见安阳市博物馆：《安阳铁西刘家庄南殷代墓葬发掘简报》，《中原文物》1986 年第 3 期。

序号 83　南区刘家庄南地 M2

1985 年发掘。墓底深 6.2 米，主棺外有一成年骨架，仰身直肢，双手反背于后，交叉，似捆绑状。殷墟前期。资料见《安阳铁西刘家庄南殷代墓葬发掘简报》，《中原文物》1986 年第 3 期。

序号 84（实例一一）　南区刘家庄南地 M13

1985 年发掘。墓底长 2.8 米、宽 1.4 米、残深 2.7 米。方向 97 度。红漆主棺居中，棺内有一老年女性，仰身直肢，头向东。主棺右侧紧贴一较小的黑漆木棺，内放一具青年男性骨架，侧身直肢，头向西，面向主棺。主棺内外均有随葬品，殉棺无。腰坑内有一狗。殷墟前期。未盗。资料见《安阳铁西刘家庄南殷代墓葬发掘简报》，《中原文物》1986 年第 3 期。

序号 85　南区刘家庄南地 M15

1985 年发掘。主棺外有一男性骨架，俯身，两腿交叉似捆绑。资料见《安阳铁西刘家庄南殷代墓葬发掘简报》，《中原文物》1986 年第 3 期。

序号 86　南区刘家庄南地 M42

1985 年发掘。墓底长 3.95 米、宽 1.95、深 4.5 米。向东。主棺足端二层台上有二具全躯骨架，头向相反，下肢交压，无葬具，无随葬品。一具仰身，未成年；另一具俯身，为一成年男子。右侧二层台有一具全躯骨架，仰身直肢，头向东，有棺，无随葬品，为一成年女性。左侧二层台有一牛躯骨，头骨不存。殷墟后期。盗扰。资料见《安阳铁西刘家庄南殷代墓葬发掘简报》，《中原文物》1986 年第 3 期。

序号 87　南区刘家庄南地 M57

1985 年发掘。墓底长 3.1 米、宽 1.55 米、深 4.15 米。向东。主棺足端（西）二层台上有一具全躯骨架，仰身直肢，面向北，为一少年女性，无葬具，无随葬品。殷墟后期。资料见《安阳铁西刘家庄南殷代墓葬发掘简报》，《中原文物》1986 年第 3 期。

序号 88　南区刘家庄南地七座殉人墓

1985 年发掘。据《安阳铁西刘家庄南殷代墓葬发掘简报》："这次发掘六十二座中小型殷墓，其中十三座有殉人，共殉二十人，殉三人的一座（M42），殉两人的四座，余九座各殉一人（计算有误，实际应有殉人墓十四座——引者）。人骨经鉴定，男女都有。"简报只具体叙述殉人墓六座（序号 74～79），共殉八人，尚有七墓十二殉人未报道。

序号 89　南区刘家庄北地 M9

1983 至 1986 年发掘。中型墓。墓底长 3.36 米、宽 1.8 米、深 5.9 米。方向 100度。椁盖上殉一狗。椁室内有二棺。北侧大棺髹红漆，棺内一骨架，已朽，未经鉴定，估计是成年男性。南侧小棺，髹黑漆，棺内一骨架，鉴定为女性，似为墓主之姬妾从死者（发掘者定为二次迁葬，似不确——引者）。足端（西）二层台椁盖上有殉人一具，头南面上，仰身直肢，鉴定为成年男性。头端（东）二层台椁盖上放一牛头。右侧二层台椁盖上放一羊头、一牛腿。墓内有随葬品七十八件，其中青铜礼器十六件、兵器十四件。多件铜器铸铭"举父癸"三字。殷墟后期。未盗。资料见安阳市文物工作队：《1983—1986 年安阳刘家庄殷代墓葬发掘报告》，《华夏考古》1997 年第 2 期。引者按：孟宪武《殷墟南区墓葬发掘综述》文中之 M3 即此墓，见《中原文物》1986 年第 3 期。

序号 90　南区梅园庄 M5

1980 年发掘。墓底长 3.5 米、宽 1.74 米，向南。两侧二层台各有一具全躯骨架，头部与墓主同向南，但偏于左右下方。东侧骨架俯身直肢，西侧骨架俯身下肢微曲。两人皆双手压腹下，面向主棺，经鉴定成年男性。北端二层台有一具骨架，俯身屈肢，双手放于骨盆上，为一成年女性。三具皆无葬具，无随葬品。盗扰。资料见安阳市博物馆：《殷墟梅园庄几座殉人墓葬的发掘》，《中原文物》，1986 年第 3 期。

序号 91　南区梅园庄 M6

1980 年发掘。墓主头向南。两侧二层台各有一具全躯骨架，头部与墓主一致，但偏在左右下方，西侧骨架俯身直肢，双手压骨盆下，为一成年女性。东侧骨架亦俯身直肢，足端已近北壁，鉴定为一少年。二具均无葬具，无随葬品。填土中有一狗。盗扰。
资料见《殷墟梅园庄几座殉人墓葬的发掘》，《中原文物》1986 年第 3 期。

序号 92（实例一二）　南区梅园庄 M7

1980 年发掘。墓底长 3.4 米、宽 1.75 米、深 5 米。向南。两侧二层台各有一具骨
架，头与墓主同向南，但偏在左右下方，面向墓主，侧身微屈，皆成年女性。主棺外脚
端有幼童二具，头异向，俯身直肢，两腿交错叠压。四具皆未见葬具，无随葬品。盗
扰。资料见《殷墟梅园庄几座殉人墓葬的发掘》《中原文物》1986 年第 3 期。

序号 93　殷墟南区梅园庄 M8

1980 年发掘。墓主头向南。主棺右侧（东）二层台有一具全躯骨架，头与墓主同
向南，靠下方，面向墓主，俯身直肢，为一成年女性。未见葬具，无随葬品。盗扰。资
料见《殷墟梅园庄几座殉人墓葬的发掘》，《中原文物》1986 年第 3 期。

序号 94　殷墟南区梅园庄 M118

1987 年发掘。墓底长 3.7 米、宽 1.72～1.8 米、深 4.7 米。方向 100 度。椁内棺
外左侧（东）有殉人一具，已朽成粉末。腰坑内有一狗。资料见中国社会科学院考古研
究所安阳工作队：《1987 年秋安阳梅园庄南地殷墓的发掘》，《考古》1991 年第 2 期。

序号 95　大司空村殉人车马坑三座

175 号车马坑，1953 年发掘。坑内埋一车二马一人。资料见《1953 年安阳大司空
村发掘报告》，《考古学报》第 9 册，1955 年。

292 号车马坑，1966 年发掘。坑内埋一车二马一人。资料见《殷墟的发现与研究》
139 页，科学出版社，1994 年。

755 号车马坑，1985 年发掘。坑内埋一车二马一人。盗扰。资料见《殷墟的发现与
研究》141 页，科学出版社，1994 年。

序号 96　高楼庄后岗 3 号殉人马坑（图七四）

1971 年发掘。坑长 3.45 米、宽 1.9 米、深 3.6 米。向西。坑内埋二马二人，底下
铺垫一层席子，马头向西，背朝北，相顺侧卧；两人顺卧于马腹下，侧身，头北面西，
蹲屈向后似匍匐状。此马坑位于一座二条墓道的大墓南墓道（未发掘）南端，可能是这
座大墓的陪葬坑。未盗。资料见《1971 年安阳后岗发掘简报》，《考古》1972 年第 3 期。

序号 97　西区孝民屯殉人车马坑三座

先后发掘七座车马坑，都发现于大中型墓附近（个别在墓道中）。其中三座有殉人。

1 号车马坑，1959 年发掘。坑内埋一车二马一人。详见实例一三、图六一。资料见
《安阳殷墟孝民屯的两座车马坑》，《考古》1977 年第 1 期。

7 号车马坑，1959 年发掘。坑内埋一车二马一人（图七五）。未盗。资料见《安阳
新发现的殷代车马坑》，《考古》1972 年第 4 期。

图七四　高楼庄后岗 3 号殉葬坑（二马二人）（采自《考古》1973 年第 3 期）

图七五　西区孝民屯 7 号车马坑（采自《考古》1972 年第 4 期）

698 号车马坑，1969 至 1977 年发掘。位于 M698 南墓道内，坑内埋一车二马一人。殷墟后期。盗扰。资料见《1969—1977 殷墟西区墓葬发掘报告》，《考古学报》1979 年第 1 期。

序号 98　南区郭家庄殉人车马坑（含马坑、羊坑）四座

1987 年秋和 1989 年秋，在郭家庄 M160 和 M172 的西南边发掘七座车马坑，其中一座车马坑、二座马坑、一座羊坑有殉人。

52 号车马坑，1987 年发掘。坑内埋一车二马二人。详见实例一四、图六二。殷墟

后期。未盗。

51 号马坑，1987 年发掘。坑内埋二马一人。殷墟后期。未盗。

143 号马坑，1989 年发掘。坑内埋二马三人。殷墟后期。未盗。

148 号羊坑，1989 年发掘。坑内埋二羊一人。殷墟后期。未盗。

发掘者认为，52 号车马坑和 51 号马坑应是 172 号墓的陪葬坑，143 号马坑和 148 号羊坑应是 160 号墓的陪葬坑。资料见《安阳殷墟郭家庄商代墓葬》127～150 页，中国大百科全书出版社，1998 年。

序号 99　南区刘家庄北地 348 号车马坑

1992 年发掘。坑内埋一车二马一人。殷墟后期。未盗。资料见刘一曼：《安阳殷墟刘家庄北地车马坑》，《中国考古学年鉴（1993）》177 页，文物出版社，1995 年。

序号 100　南区梅园庄殉人车马坑三座

1 号车马坑，1993 年发掘。坑内埋一车二马一人。殷墟后期。未盗。资料见安阳市文物工作队：《安阳梅园庄殷代车马坑发掘报告》，《华夏考古》1997 年第 2 期。

40 号车马坑，1995 年发掘。坑内埋二车二马二人，殷墟后期。未盗。资料见中国社会科学院考古研究所安阳工作队：《河南安阳市梅园庄的殷代车马坑》，《考古》1998 年第 10 期。

41 号车马坑，1995 年发掘。坑内埋一车二马一人。殷墟后期。未盗。资料来源同上。

### 表六　安阳殷墟以外商代墓葬中的人牲人殉（附殉牲祭牲）遗迹

序号 101　河南辉县琉璃阁 M150

1951 年发掘。南北二条墓道。墓室底长 7.4 米、宽 5.2 米、深 8.2 米。方向 15 度。腰坑内有一具全躯骨架，屈膝，侧身，其上有陶鬲、陶豆和陶簋。东侧二层台有一具全躯骨架，俯身，佩石鱼饰。西侧二层台有二具全躯骨架。北侧二层台有一牛腿、一陶豆。椁室南端有一具全躯骨架和一只狗。人俯身，头向西，骨架已朽。填土中有五个头颅、二只狗。北墓道未发掘。殷墟前期。盗扰。资料见中国科学院考古研究所：《辉县发掘报告》15～18 页，科学出版社，1956 年。

序号 102　河南辉县琉璃阁 M141

1951 年发掘。中型墓。墓底长 6.1 米、宽 4.7 米、深 4.1 米。方向 15 度。盗坑扰土中发现一头颅、一狗和二块狗下颚骨。殷墟前期。盗扰。资料见《辉县发掘报告》16 页，科学出版社，1956 年。

序号 103　河南辉县琉璃阁 M147

1951 年发掘。中型墓。墓底长 5.2 米、宽 4.2 米、深 3.8 米。方向 15 度。椁室未扰处有六个人头骨的痕迹和若干腿骨的痕迹。两侧二层台各有一狗，墓口下 0.9 米处的填土中有一具全躯骨架，头向北，带璜形玉饰、有孔石斧。殷墟前期。盗扰。资料见《辉县发掘报告》16 页，科学出版社，1956 年。

序号 104　河南辉县琉璃阁 M54

1935 年发掘。墓底长 3.2 米、宽 2.5 米。墓主骨架旁有二具骨架。殷墟前期。资料见郭宝钧《山彪镇与琉璃阁》69 页，科学出版社，1959 年。

序号 105　郑州人民公园 M15

1954 年发掘。墓口长 3.05 米、宽 1.35～1.4 米，底深 1.05 米。方向 95 度。墓底有椁室，四周有熟土二层台，椁室内置木棺。棺下腰坑埋一狗一石铲。棺内墓主仰身屈肢葬式，骨架下面有朱砂痕迹。棺外东北部埋一具女性青年，骨架完好，侧身屈肢，面南向墓主，两臂上曲，屈左腿，姿态不自然，无葬具，无随葬品。墓内随葬品较丰富，有铜戈、铜钺、玉戈、玉璜等。二里岗后期。未盗。资料见河南省文物考古研究所：《郑州商城》889 页，文物出版社，2001 年。

序号 106　郑州白家庄 M3

1955 年发掘。墓口长 2.9 米、宽 1.17 米、深 2.13 米。方向 351 度。西侧二层台有殉人一具，仅存头骨和二根肢骨，俯身葬，头向与墓主一致（北）。腰坑内埋一狗。二里岗后期。资料见《郑州商城》，文物出版社，2001 年。

序号 107（实例一五）　郑州商城 97M6

1997 年发掘。位于商城内东北隅。墓底长 2.4 米、宽 1.1 米、残深 0.3 米。方向110 度。三人合葬，均俯身直肢。中间墓主为一成年男性，右侧为一青年女性，左侧为一少年。随葬青铜器、骨镞等一百四十二件。二里岗前期。未盗。资料见河南省文物考古研究所：《郑州商城新发现的几座商墓》，《文物》2003 年第 4 期。

序号 108　洛阳东郊东大寺 M101

1952 年发掘。一条墓道，向北，转折向东。墓坑口长 3.87 米、宽 2.67 米，底深7.8 米。墓底前端与墓道相接处两壁各扩出一耳室。墓底中央有腰坑，四周有二层台。盗扰严重，仅在东侧、北侧二层台上各有一具殉人骨架，均屈肢，被夯土压碎。殷墟后期后段。资料见郭宝钧等：《1952 年秋季洛阳东郊发掘报告》，《考古学报》第 9 册，1955 年。

序号 109　洛阳东郊东大寺 M104

1952 年发掘。一条墓道，向南，转折向东。墓坑口长 5 米、宽 2.95 米，底深 8.4米。形制与 M101 同。已被盗扰一空。殷墟后期后段。资料见《1952 年秋季洛阳东郊发掘报告》，《考古学报》第 9 册，1955 年。

序号 110　洛阳东郊摆驾路口 M1

1952 年发掘。一条墓道,向北,转折向东。墓坑口长 5.26 米、宽 3.05 米、底深 8.3 米。形制与东大寺 M101 基本相同。被盗扰一空,仅腰坑旁狗骨数块。殷末周初。资料见《1952 年秋季洛阳东郊发掘报告》,《考古学报》第 9 册,1955 年。

序号 111　洛阳东郊摆驾路口 M2

1952 年发掘。一条墓道,向南,转折向东。墓坑口长 4 米、宽 3 米,底深 7.25 米。二层台四角遗留布质画幔痕迹。墓室盗扰严重,葬具人骨毁没,残存少量狗骨、铜器和陶器。殷墟后期后段。资料见《1952 年秋季洛阳东郊发掘报告》,《考古学报》第 9 册,1955 年。

序号 112　洛阳东郊摆驾路口 M3

1952 年发掘。一条墓道,位于 M1 之南 2 米处。形制近似,破坏严重,未挖完即停工。似为殷墟后期后段。资料见《1952 年秋季洛阳东郊发掘报告》,《考古学报》第 9 册,1955 年。

序号 113　垣曲商城 M16

1988 年发掘。中型墓。墓口残长 2.86 米、宽 1.67 米、残深 1.15 米。方向 4 度。墓底有熟土二层台,木棺。墓主头向北,仰身直肢,为一壮年男性。东侧二层台有殉人一具,头向北,面向墓主,侧身屈肢,双手似经捆绑,为一女性青年,头部插一骨笄,旁一陶罐,无葬具。墓主随葬品放西侧二层台,有铜器、玉柄饰等。资料见中国历史博物馆考古部:《垣曲商城》,科学出版社,1996 年。

序号 114　河北藁城台西村 M14

1973 至 1974 年发掘。墓底长 2.6 米、宽 1.1 米、残深 0.93 米。方向 194 度。墓主头向南,男性,45 岁左右,俯身直肢葬。东二层台有一人,为一女性,20 岁左右,仰身直肢,头向南,手脚交叉,似捆绑状,未见葬具,随身有一骨笄、一骨匕、一蚌壳。主棺两端外各有一狗架。二里岗后期。未盗。资料见河北省文物考古研究所:《藁城台西商代遗址》,文物出版社,1985 年。

序号 115　河北藁城台西村 M22

1973 至 1974 年发掘。墓底长 2.68 米、宽 1.21 米、残深 0.72 米。方向 210 度。墓主男性,25 岁左右,头向南。东二层台有一人,男性,25 岁左右。无葬具,无随葬品。腰坑内有一狗架。殷墟前期。未盗。资料见《藁城台西商代遗址》,文物出版社,1985 年。

序号 116(实例一六)　河北藁城台西村 M35

1973 至 1974 年发掘。墓底长 2.44 米、宽 1 米、深 1.3 米。方向 122 度。漆棺内有骨架二具,头向东。南侧一具仰身直肢,男性,50 岁左右。北侧一具侧身直肢,两脚捆绑,两手放胸前,女性,约 25 岁。腰坑内有一狗。殷墟前期。未盗。资料见《藁城台西商代遗址》，文物出版社，1985 年。

序号 117　　河北藁城台西村 M36

1973 至 1974 年发掘。墓底长 2.9 米、宽 1.5 米、深 2.7 米。方向 110 度。一棺内分二室，各有一骨架，头均向东。南室较大，为一男性骨架，40 至 50 岁，俯身直肢；北室较小，为一女性骨架，年龄与前者相仿，侧身屈肢，手脚捆缚，面向大室。殷墟前期。未盗。资料见《藁城台西商代遗址》，文物出版社，1985 年。

序号 118　　河北藁城台西村 M38

1973 至 1974 年发掘。墓底长 1.95 米、宽 0.73 米、残深 0.65 米。方向 114 度。主棺髹黑漆，内有一女性骨架，30 岁左右，头向东。北二层台有一人，男性，18 岁左右，俯身直肢，有小棺，无随葬品。填土中有二狗架，腰坑内有一狗架。殷墟前期。未盗。资料见《藁城台西商代遗址》，文物出版社，1985 年。

序号 119　　河北藁城台西村 M74

1973 至 1974 年发掘。墓底长 2.35 米、宽 1.28 米、深 1.55 米。方向 212 度。主棺骨架已朽，头向南。东二层台有一人，下肢捆缚，性别、年龄未鉴定，未见葬具，无随葬品。腰坑有一狗架。殷墟前期。未盗。资料见《藁城台西商代遗址》，文物出版社，1985 年。

序号 120（实例一七）　　河北藁城台西村 M85

1973 至 1974 年发掘。墓底长 3 米、宽 1.5 米，底深 2.3 米。方向 200 度。漆棺内有骨架二具，头向南。西侧者俯身直肢，男性，25 岁左右。东侧者侧身屈下肢，手脚捆缚，面向西侧者，男性，20 岁左右。西二层台有一小棺，棺内一骨架，俯身葬，男性，35 岁左右，无随葬品。漆棺外两侧各有二狗架，棺外足端有一狗架，腰坑内有一狗架，共六狗架。殷墟前期。未盗。资料见《藁城台西商代遗址》，文物出版社，1985 年。

序号 121　　河北藁城台西村 M101

1973 至 1974 年发掘。墓底长 2.8 米、宽 1.56 米、深 2.5 米。墓底有二骨架，已被扰动，残朽，从出土现象看，一是墓主，一是殉人。另有一狗骨。殷墟前期。盗扰。资料见《藁城台西商代遗址》，文物出版社，1985 年。

序号 122　　河北藁城台西村 M102

1973 至 1974 年发掘。墓底 2.62 米、宽 1.14 米，底深 2.6 米。方向 109 度。一棺内并列骨架二具，头向东。左侧一具仰身直肢，男性，30 至 35 岁；右侧一具侧身屈肢，下肢捆缚，面向直肢者，约 30 岁，性别未鉴定。腰坑内有一狗架。东端二层台上有猪骨、羊肩胛骨、水牛角等。殷墟前期。未盗。资料见《藁城台西商代遗址》，文物出版社，1985 年。

序号 123　河北藁城台西村 M103

1973 至 1974 年发掘。墓底长 2.72 米、宽 1.27 米、残深 0.72 米。方向 195 度。主棺髹黑漆,男性,头向南,约 30 岁。椁盖上有一人,俯身直肢,男性青年;西二层台有一人,男性,15 岁左右,俯身直肢,膝盖以下被砍去,胫骨断面有刀痕,无葬具,无随葬品。有四具狗架,一具放于腰坑,一具放于殉人左侧,二具放于二层台西南隅。二里岗后期。未盗。资料见《藁城台西商代遗址》,文物出版社,1985 年。

序号 124　河北藁城台西村 M112

1972 年发掘。墓底长 3 米、宽 2 米、深 5 米。主棺骨架向西。头端二层台上有散乱人骨,似一个体。墓内出铁刃铜钺等二十六件遗物。二里岗后期。已扰动。资料见《藁城台西商代遗址》,文物出版社,1985 年。

序号 125（实例一七）　山东青州（益都）苏埠屯 M1

1965 年发掘。四条墓道,墓坑口长 15 米、宽 10.7 米,底深 8.3 米。腰坑有一人、一狗。奠基坑内有一人。二层台有七具全躯骨架,分盛于三木棺,有随葬品。南墓道尽端有十四具全躯骨架、二十五个头颅,全部为儿童。殷墟后期。盗扰。资料见山东省博物馆:《山东益都苏埠屯第一号奴隶殉葬墓》,《文物》1972 年第 8 期。

序号 126　山东青州（益都）苏埠屯 M2

1965 年发掘。一条墓道。规模比 M1 稍小,结构与 M1 略同。墓道内埋九个人头骨,墓底二层台四角各埋一个人头骨,另有一戈、一盾。资料见山东省博物馆:《三十年来山东省文物考古工作》,《文物考古工作三十年》,文物出版社,1979 年。

序号 127　山东青州苏埠屯 M8

1986 年发掘。一条墓道,向南。墓坑口长 7.5 米、宽 6.5 米,底深 4.46 米。北距 M1 约 95 米。有二层台,有腰坑。椁室内置一椁一棺,墓主骨架已朽,头向葬式均不明。椁顶埋一狗,东二层台埋一狗,头均向北。未见人殉人牲遗迹,这在商代大墓中可能是个例外。随葬青铜器、陶器等三百一十二件,在十多件铜器上铸"融"字铭文,发掘者推定为融氏族徽。殷代后期。未盗。资料见山东省文物考古研究所等:《青州市苏埠屯商代墓发掘报告》,《海岱考古》第一辑,1989 年。

序号 128　山东青州苏埠屯 M11

1986 年发掘。一条墓道,向南。墓坑口长 5.9 米、宽 4.2 米,底深 5.4 米。西南距 M1 约 70 米。有熟土二层台,有腰坑。椁室内置一棺,墓主骨架被盗毁。仅存腰坑内一狗,椁室西北隅有一陶罚。殷代后期后段。资料见《青州市苏埠屯商代墓发掘报告》,《海岱考古》第一辑,1989 年。

序号 129　山东青州（益都）苏埠屯 M7

1986 年发掘。中型墓。墓口长 3.65 米、宽 2.6 米,底深 2.9 米。方向 10 度。有棺椁，有二层台，有腰坑，有刻"亚醜"铭文的成套青铜器随葬。墓主仰身直肢葬式，头向北，已朽。殉人三具，皆无葬具。其中一具放西侧二层台中部，侧身直肢葬式，头向北，肩部有三枚海贝。东侧二层台南端一具，仰身直肢，头向北，腰间有蛤蜊壳。另一具儿童放南侧二层台东端，与东台殉人相交，侧身直肢，头向西，无随葬品。腰坑内殉一狗，椁顶板置二只牛腿。殷代末期。未盗。资料见山东省文物考古研究所等：《青州市苏埠屯商代墓发掘报告》，《海岱考古》第一辑，1989 年。

序号 130　　山东滕州前掌大村北 M4

1991 年发掘。南北二条墓道，墓坑口长 9.18 米、宽 5.54 米，底深 5.1 米。墓地上有建筑遗迹。墓室盗扰严重，有二椁一棺残迹及铜车马器、镶嵌蚌片漆牌饰、石磬等遗物，在内椁与棺之间有一殉狗坑，坑内有零散的狗骨。墓东侧有四个小墓，墓内各有一未成年骨架，无葬具，无随葬品，似为追祭祖先的人牲坑。商代末年。资料见中国社会科学院考古研究所山东工作队：《滕州前掌大商代墓葬》，《考古学报》1992 年第 3 期。

序号 131　　山东滕州前掌大村北 M3

1991 年发掘。一条墓道，向南。墓坑破坏 M4 的南墓道。墓坑口长 8 米、宽 3.3～3.4 米，底深 3.6 米。有二层台，二椁一棺，墓主直肢微侧，女性，年 40 岁左右。墓室盗扰严重，北侧二层台有牛腿。外椁西南角有一堆被扰动的人骨，并杂有铜泡、骨锥等遗物。从乱骨中可辨出三个以上的个体，应是殉人。商代末年。这两座墓的墓主似为亲属关系。资料见《滕州前掌大商代墓葬》，《考古学报》1992 年第 3 期。

序号 132　　山东滕州前掌大村南 M11

1994 年发掘。中型墓。墓底长 3.8 米、宽 1.96～2.06 米、深 3.34 米。南北向，有二层台，有棺椁，有腰坑。墓主身下铺朱砂，随葬青铜器、玉石器甚多。东侧二层台有殉人一具，侧身屈肢，双手做反剪状，头部腰间有少量装饰品。商末周初。未盗。资料见中国社会科学院考古研究所：《滕州前掌大遗址重要发现》，《中国文物报》1995 年 1 月 8 日。

序号 133　　山东章丘宁家埠 M61

1988 年发掘。墓口长 3.2 米、宽 1.35～1.9 米，底深 1.76 米。方向 98 度。有二层台，有腰坑，墓主为一棺一椁。腰坑内有一殉狗。墓主足端（西）二层台上有孩童骨架一具，仰身屈肢，头向南，无葬具，无随葬品。商代末年。未盗。资料见山东省文物考古研究所：《济青高级公路章丘工段考古发掘报告集》44～45 页，齐鲁书社，1993 年。

序号 134　　山东惠民县大郭村 M1

1973 年发掘。竖穴土坑墓。墓内发现一殉人、一狗。从收集的青铜器得知其年代为商代晚期。资料见山东惠民县文化馆：《山东惠民县发现商代青铜器》，《考古》1974年第 3 期。

序号 135　河南罗山县天湖村 M8

1979 至 1980 年发掘。中型墓。墓口长 5.2 米、宽 3.2 米，底深 4.4 米。方向 338 度。椁顶有骨架二具，各有薄漆棺，无随葬品。墓室内有狗、牛腿、马腿。殷墟前期。未盗。资料见河南省信阳地区文管会等：《罗山天湖商周墓地》，《考古学报》1986 年第 2 期。

序号 136　河南罗山县天湖村 M11

1979 至 1980 年发掘。中型墓。墓口长 3.6 米、宽 2.2 米，底深 4.2 米。方向 350 度。椁室内棺外残存一骨架痕迹，无随葬品。殷墟前期。未盗。资料见《罗山天湖商周墓地》，《考古学报》1986 年第 2 期。

序号 137　河南罗山县天湖村 M12

1979 至 1980 年发掘。中型墓。墓口长 4.3 米、宽 2.3 米，底深 5 米。方向 10 度。椁室内主棺外右侧有一骨架痕，无葬具，无随葬品。腰坑内有一狗架，系铜铃。殷墟前期。未盗。资料见《罗山天湖商周墓地》，《考古学报》1986 年第 2 期。

序号 138　河南罗山县天湖村 M28

1979 至 1980 年发掘。中型墓。墓口长 3.6 米、宽 2.2 米，底深 4.2 米。方向 20 度。椁盖上有三具骨架痕迹，呈东西向等距离排列，未见葬具，无随葬品。腰坑内有狗骨。殷墟前期。未盗。资料见《罗山天湖商周墓地》，《考古学报》1986 年第 2 期。

序号 139　河南罗山县天湖村 M41

1979 至 1980 年发掘。中型墓。墓口长 5.2 米、宽 3.8 米，底深 6.4 米。方向 35 度。椁盖上中部有一骨架痕迹，未见葬具，无随葬品。殷墟后期。未盗。资料见《罗山天湖商周墓地》，《考古学报》1986 年第 2 期。

序号 140（实例一八）　湖北盘龙城李家嘴 M2

1974 年发掘。中型墓。墓底长 3.77 米、宽 3.4 米，残深 1.41 米。方向 20 度。二椁一棺，棺内墓主骨架已朽。殉人三具，一具放于墓室北端椁顶板上，肢骨已零散；另二具放于西侧内外椁间，其中一具成年，头北足南，仰身，下肢骨未见。另一具为一孩童，头向南，压在成年骨架下面，躯干骨肢骨残缺不全。无葬具，无随葬品。这两具原来可能也是放在椁顶板上的。腰坑内有一狗。二里岗后期。未盗。资料见湖北省文物考古研究所：《盘龙城》156 页，文物出版社，2001 年。

序号 141（实例一九）　山西灵石县旌介村 M1

1985 年发掘。中型墓。墓底长 4.05 米、宽 2.5 米，残深 4 米。方向 190 度。椁室内三棺并列，棺内各有一骨架，头均向南。中棺男性，仰身直肢，两侧棺女性，侧身，面均向中棺。随葬品大多放于椁盖顶男性头端及足端方位上；女性仅有随身玉饰。中棺足端外放一殉人，头西脚东，侧身面向主人，未见葬具，无随葬品。腰坑内有一狗架，椁室两侧填土中有二狗架、一牛头，狗系铜铃，系被活埋。殷代末期。未盗。资料见山西省考古研究所等：《山西灵石旌介村商墓》，《文物》1986 年第 11 期。

序号 142　　山西灵石县旌介村 M2

1985 年发掘。中型墓。位于 M1 北 4 米处，墓底长 3.4 米、宽 2.2 米、深 6 米。方向 110 度。椁室内二棺并列，一棺居中，男性，仰身直肢；另一棺在其右，女性，侧身直肢，面向男性。距墓底 0.9 米处的填土中有一骨架，仰身直肢，头向东，胸部有一贝，头盖壳前后分离，未见葬具，似为被杀祭的牲人。椁外头端有一牛腿。腰坑内有一狗。殷代末期。未盗。资料见《山西灵石旌介村商墓》，《文物》1986 年第 11 期。

序号 143　　山西石楼桃花庄商墓

1959 年发掘。墓底长 2.5 米、宽 1.7 米、深 1.4 米。被扰动后调查，发现墓底有二具骨架，一具在墓底中部，应是墓主；另一具放在二层台上，应是殉人。墓内有青铜器、玉器，甚丰富。殷代末期。资料见谢青山、杨绍舜：《山西吕梁县石楼镇又发现铜器》，《文物》1960 年第 7 期。

序号 144　　西安老牛坡 M1

1986 年发掘。墓底长 3.76 米、宽 2.32 米、深 1.74 米。方向 60 度。墓口深 1 米以下直到墓底，陆续发现被扰动出来的人骨，经鉴定属十二个个体，除墓主一人以外，余十一人应是殉人。其中一具发现于二层台，余放置位置不明。殷墟前期。盗扰。资料见西北大学考古专业：《老牛坡》，陕西人民出版社，2001 年。

序号 145　　西安老牛坡 M2

1986 年发掘。墓底长 3.9 米、宽 2.23 米、深 2.2 米。方向 58 度。墓室内人骨零散，相互叠压，经鉴定属五个个体，除墓主一人外，余四人应为殉人。其中一具可确定埋在腰坑内，余三具位置不明。殷墟前期。盗扰。资料见《老牛坡》，陕西人民出版社，2001 年。

序号 146　　西安老牛坡 M4

1986 年发掘。墓底长 2.35 米、宽 1.1 米、残深 0.3 米。方向 50 度。墓底四壁有板灰痕迹。居中有一男性骨架，另一骨架在其右上侧，侧身屈肢，面向男性，经鉴定为青年女性。腰坑内埋一狗。殷墟前期。未盗。资料见《老牛坡》，陕西人民出版社，2001 年。

序号 147　　西安老年坡 M5

1986 年发掘。中型墓。墓底长 4.3 米、宽 2.78 米、深 2.98 米。方向 66 度。墓内发现骨架十四具：棺内一具，头向东；扰土中一具；盗洞中一具；左侧二层台一具，身长 1.52 米，仰身直肢，头向东；左边箱内三具，右边箱内六具，皆腐朽；腰坑中一具，侧身屈肢，头向东。这十四具骨架，除棺内骨架应是墓主外，余十三具应是殉葬者。殷墟前期。盗扰。资料见《老牛坡》，陕西人民出版社，2001 年。

序号 148　西安老牛坡 M6

1986 年发掘。墓底长 3.8 米、宽 2.15 米、深 1.35 米。方向 20 度。墓内人骨散乱堆放，经鉴定至少有七个个体，大多为男性，老少不一，除一具为墓主外，余六具应是殉人。腰坑和四个角坑内各埋一狗。殷墟前期。盗扰。资料见《老牛坡》，陕西人民出版社，2001 年。

序号 149　西安老牛坡 M7

1986 年发掘。墓底长 3.35 米、宽 2.12 米、深 1.61 米。方向 60 度。墓室被盗扰破坏，仅见二层台上有殉人三具。其中两具放于北侧二层台，头皆向东北，二人上下叠压，一侧身，一直肢。另一具放于东侧二层台，头向西北，仰身直肢。三殉人均无随葬品，无葬具。经鉴定均为 13 至 15 岁的男女少年。殷墟前期。资料见《老牛坡》，陕西人民出版社，2001 年。

序号 150　西安老年坡 M8

1986 年发掘。中型墓。墓底长 3.45 米、宽 2.54 米、深 2.85 米。方向 66 度。由椁室、棺室、二层台、腰坑、脚坑组成。填土中有二头骨、棺室内有一头骨，左右边箱各有三个头骨，腰坑内有 10 至 12 岁的儿童牙齿数枚，脚坑中亦有碎骨。经鉴定共有十个个体，除一具墓主外，余九具应是殉葬者和供祭祀的人牲。殷墟前期。盗扰。资料见《老牛坡》，陕西人民出版社，2001 年。

序号 151　西安老牛坡 M10

1986 年发掘。墓底长 2.55 米、宽 1.07 米、残深 0.25 米。方向 36 度。墓底四壁有板灰痕迹。一人居中，仅存头骨数片，性别不明。另一人居右侧，侧身屈肢，鉴定为 50 岁左右的男性。腰坑、头坑、足坑中各埋一狗。殷墟前期。未盗。资料见《老牛坡》，陕西人民出版社，2001 年。

序号 152　西安老牛坡 M11

1986 年发掘。中型墓。墓底长 4.7 米、宽 2.9 米、深 2.4 米。方向 62 度。椁室分棺室、左右边箱，有二层台、腰坑及四个角坑。填土中有三个头骨，棺室中有一个头骨，左右边箱各有二具凌乱的骨架，腰坑内有俯身屈肢骨架一具、西北角坑有一头骨，其他角坑和椁室中还有凌乱的肢骨，经鉴定共有十个个体，除一具为墓主外，其余九具应是殉葬者和供祭祀的人牲。殷墟前期。盗扰。资料见《老牛坡》，陕西人民出版社，2001 年。

序号 153　西安老牛坡 M16

1986 年发掘。墓底长 2.5 米、宽 1.2 米、残深 0.3 米。方向 68 度。盗扰严重，人骨凌乱，集中于墓底西半部，其中有三个头盖骨、二个下颌骨。经鉴定共有四个个体，除一具墓主外，余三具应是殉人，二腰坑内各埋一狗。殷墟前期。资料见《老牛坡》，陕西人民出版社，2001 年。

序号 154　　西安老牛坡 M18

1986 年发掘。墓底长 2.5 米、宽 1.24 米、残深 0.6 米。方向 65 度。已被盗扰，墓内骨殖凌乱。经鉴定共有三个个体，似为一墓主二殉人。殷墟前期。资料见《老牛坡》，陕西人民出版社，2001 年。

序号 155　　西安老牛坡 M19

1986 年发掘。墓底长 2.2 米、宽 1.05 米、残深 0.48 米。方向 50 度。墓底有骨架二具，头向相反，左侧俯身直肢，头向东北，经鉴定为女性，年 35 至 40 岁；右侧侧身屈肢，头向西南，面向左侧人，经鉴定为女性，年 20 岁左右。从埋葬现象看，左侧为墓主，右侧为殉人。腰坑内有一殉狗。殷墟前期。未盗。资料见《老牛坡》，陕西人民出版社，2001 年。

序号 156　　西安老牛坡 M20

1986 年发掘。墓底长 2.85 米、宽 1.4 米、残深 0.25 米。方向 43 度。盗扰严重，骨架十分凌乱。个别骨架上染红色。经鉴定为四个个体，似为一墓主、三殉人。腰坑、四角坑各埋一狗。殷墟前期。资料见《老牛坡》，陕西人民出版社，2001 年。

序号 157　　西安老牛坡 M23

1986 年发掘。墓底长 3.15 米、宽 2.04 米、深 1.47 米。方向 35 度。盗扰严重。在扰动的填土中散见若干头骨、躯干骨和肢骨残片，经鉴定属两个男性个体，估计为一墓主一殉人。殷墟前期。资料见《老牛坡》，陕西人民出版社，2001 年。

序号 158　　西安老牛坡 M24

1986 年发掘。中型墓。墓底长 3.26 米、宽 1.83 米、深 1.66 米。方向 56 度。椁室分棺室、左右边箱，有二层台和四角坑。棺内有骨架一，应是墓主。左边箱有骨架二，右边箱有骨架三。这五具骨架的头向、葬具不一致，有的骨架不全，似均为殉葬者。四角坑内有兽骨。殷墟前期。盗扰。资料见《老牛坡》，陕西人民出版社，2001 年。

序号 159（实例二一）　　西安老牛坡 M25

1986 年发掘。中型墓。墓底长 4.8 米、宽 2.8 米、深 1.8 米。方向 62 度。填土中有一斩首骨架。椁室分棺室、左右边箱。人骨已被扰乱，但可认定棺室中有一人，右边箱四人，左边箱三人，腰坑内一人。头均向东，性别、葬式不明。四角坑内有动物骨骼。殷墟前期。盗扰。资料见《老牛坡》，陕西人民出版社，2001 年。

序号 160　　西安老牛坡 M26

1986 年发掘。墓底长 3 米、宽 1.6 米、残深 0.25 米。方向 98 度。三具骨架同置于椁室内，头向一致。应是一主二殉人。墓主居中，已朽。左侧殉人为侧身直肢，右侧殉人为侧身屈肢，均面向墓壁。经鉴定，左侧为男，右侧为女，年均 50 岁左右。殷墟前期。资料见《老牛坡》，陕西人民出版社，2001 年。

序号 161　西安老牛坡 M30

1986 年发掘。墓底长 2.6 米、宽 1.35 米、深 0.75 米。方向 23 度。坑内马、狗、人排成一列，马在前（北），狗居中，人在后（南）。均被处死后埋入。人俯身屈肢，两臂折压于胸下，经鉴定为 13 至 15 岁男性。无葬具，无随葬品。此少年似为养马畜犬奴。此坑似为一主墓之殉葬坑或祭祀坑。主墓尚无法确认。殷墟前期。未盗。资料见《老牛坡》，陕西人民出版社，2001 年。

序号 162　西安老牛坡 M41

1986 年发掘。中型墓。墓底 5.1 米、宽 3.48 米、残深 1.5 米。方向 48 度。椁室内置一内椁一棺。腰坑内埋一人、一狗。人居上，狗在下。人侧身屈肢，手执一铜钺（木柄已朽）。盗扰过甚，扰动的填土中混杂人骨，先后发现头骨十二个，连腰坑一具，共十三具，除墓主一具外，余十二具应是殉葬人和被杀祭的牲人。殷墟前期。盗扰。资料见《老牛坡》，陕西人民出版社，2001 年。

序号 163　西安老牛坡 M44

1986 年发掘。墓底长 2.4 米、宽 0.95 米、残深 0.2 米。方向 151 度。墓底四壁有板灰痕迹。人架三具。一具居中，仰身直肢，应是墓主。左侧人架侧身屈肢，面向墓主，蜷曲于墓主腿骨左边；右侧人架俯身屈肢，面向下，位于墓主右腿下方，身下有铜镞五枚。腰坑内有一狗、一石戈。墓内随葬品较多。殷墟前期。未盗。资料见《老牛坡》，陕西人民出版社，2001 年。

序号 164　彬县断泾村 M4

1995 年发掘。墓底长 5.36 米、宽 4.38 米、深 4.56 米。方向 317 度。东壁近底留出二层台。墓底中部置一椁一棺。椁外四周是置椁后形成的熟土二层台。棺内墓主被盗扰，仅存二胫骨。棺下有腰坑脚坑各一个。腰坑内埋一狗一鸡，脚坑内殉人一具，头向北，面向上，屈肢蹲坐葬式。熟土二层台上另有一殉人、一牲人。殉人放东面二层台，俯身，头北足南，身上盖草席，身旁有五枚铜泡，背部有一件小铜刀。牲人被肢解后分置南面和西面二层台上。殷墟后期。盗扰。资料见中国社会科学院考古研究所泾渭工作队：《陕西彬县断泾遗址发掘报告》，《考古学报》1999 年第 1 期。

# 第四章　西周的人牲人殉

　　姬姓周人是我国古代的重要部族之一。根据《史记·周本纪》的记载，周人的发祥
地在今陕西泾河、渭河流域。其远祖弃（后稷）居住在武功境内，以农业劳动为生，其
后公刘率部众迁徙到豳（今陕西旬邑西南），传十世到古公亶父。古公亶父又率部众迁
居岐山周原，励志经营，历王季、文王、武王三世，继续发展，终于强大到足以翦灭大
国商。解放后，考古工作者在泾、渭两河流域进行了大量的田野调查发掘，从出土的遗
迹、遗物推定，这里的古文化面貌是一脉相承的①，说明周人先世发祥于泾、渭两河流
域的记载是可信的。

　　到目前为止，泾、渭两河流域的周人先世遗址中尚未见人牲人殉实例，这或可表
现，周人先世并不存在人牲人殉的习俗。及至殷末，周人成为中国西部的强盛部族，敢
与东方的殷人相抗衡，双方不断发生战争，经济文化互相交往，思想意识、风俗习惯也
互为影响、彼此渗透，殷人原有的人牲人殉习俗，可能也在这个时候开始被周人所接
受。

## 一　西周的人牲

《逸周书·世俘》中有周武王灭殷归来，在周庙行献俘大礼的记载：

　　庚戌，武王燎于周庙，……用俘，皆施佩衣，先馘入。武王在祀，太师负商王
纣首，县白旂，妻二首赤旂，乃以先馘入，燎于周庙。若翌日辛亥，祀于天位，荐
俘殷王鼎。武王乃翼矢珪矢宪，告天宗上帝。……追王烈祖自太王、太伯、王季、
虞公、文王、邑考以列升，维告殷罪。……癸丑，荐殷俘王士百人。……乙卯，武
王乃以庶国祀馘于周庙。……（武王）曰：'惟予冲子绥文考，翼于冲子'，用牛于

---

　　① 尹盛平：《从先周文化看周族的起源》，《西周史研究》（《人文杂志》丛刊第 2 辑）221 页，西安，1984 年。

天于稷五百有四，用小牲羊豕于百神水土社二千七百有一。

根据赵光贤先生的考定，今本《世俘》篇文字错讹甚多，但剔除其中的夸大荒诞之言，以及一部分干支仍有错误，无法校正外，基本上是研究周初史的宝贵资料[①]。上引的这段文字是根据赵先生刊正的认为可信的文字。据所拟武王伐商及凯旋归来的日程，武王灭殷后，在镐京行告庙献俘大礼，事在公元前1045年4月16日（庚戌）。这一天，武王燎祭于周庙，献馘俘。太师献纣首。十七日（辛亥）至十九日（癸丑），武王祭天宗上帝，追王太王、太伯、王季、虞公、父王、邑考以列升。荐俘殷王鼎。荐俘殷恶臣王士百人。二十一日（乙卯），庶国祀于周庙。祀典用的是殷祀。如果赵先生的考定不错，我们可以进而推定：周人原来并没有自己的告庙献俘制度。在周人强盛到足以同殷人发生战争的过程中，看到周人被殷人掳走后遭到斩首，并把首级献祭于殷庙的下场，必然激起强烈的报复心理，于是周人也学会了采用同样的办法来对待掳获的殷俘。武王灭殷归来，在周庙行献俘大礼，完全搬用殷制，这就不难理解了。周初政权巩固以后，告庙献俘祀典虽然还存在，但大规模的杀俘献祭，可能已被废止。

西周统治者非常重视天地山川社稷的祭祀，他们把始祖契及其他列祖列宗相继配食于天，所谓"郊祀后稷以配天，宗祀文王于明堂以配上帝"。其内涵比殷人复杂又系统化。为了应付这庞杂的祀典，在王廷中特设"大宗伯"专司其职。他的具体工作请看《周礼·春官·大宗伯》：

> 以禋祀祀昊天上帝，以实柴祀日月星辰，以槱燎祀司中、司命、飌师、雨师，以血祭祭社稷、五祀、五岳，以狸沈祭山林川泽，以疈辜祭四方百物，以肆献祼享先王，以馈食享先王，以祠春享先王，以禴夏享先王，以尝秋享先王，以烝冬享先王。

这众多的神灵，可归纳为天神、地祇、人鬼三类。昊天上帝、日月星辰、司中、司命、飌师、雨师属天神；社稷、五祀、五岳、山林川泽属地祇；先王属人鬼。祭祀仪式有禋祀、实柴、槱燎、血祭、狸沈等十多种。从中可以确定以人为牲的有"血祭祭社稷、五祀、五岳"。燎祀雨师、沈祭川泽，可能也是要用人牲的。

血祭，历代注家大多指牲血祭地。清代经学家金鹗的《燔柴瘗埋考》对此做过权威性的解释。他说："血祭盖以血滴于地，如郁鬯之灌地也。气为阳，血为阴，故以烟气上升而祀天，以牲血下降而祭地，阴阳各从其类也。"[②] 他用儒家的"仁爱观"解释血祭，以阴阳思想强加于古人，是不合古人的本意的。近人丁山据甲骨文"社"（即土）字之上常带点滴之物，推定社主上之点实像滴血以祭。再以春秋时期仍有不少用人祭

---

① 赵光贤：《说〈逸周书·世俘〉篇并拟武王伐纣日程表》，《历史研究》1986年第6期。

② 《求古录》卷一四《礼说》。

社、用人祭山的事实，推定《周官》"血祭"一语，实指用人牺，以人血滴于社主之上①，是有道理的。

检寻《公羊传》、《谷梁传》僖公十九年对"邾人执鄫子用之"一语的解释，也足以说明丁山的解释是正确的。《公羊传》说："恶乎用之？用之社也。其用之社奈何？盖叩其鼻，以衈（或作"血"）社也。"《谷梁传》说："用之者，叩其鼻以衈社也。"范宁《集解》："衈者，衅也，取鼻血以衅祭社器。"就是说，血祭是打破被祭人的鼻子，让他流血滴在社器（即用木材或石头做成的社主模拟物）上，直到血尽人亡。

再说"燎祀雨师"、"沈祭川泽"。

樀燎，郑注："樀，积也。……积柴实牲体焉。"燎，即甲骨卜辞中常见之尞字，义为焚烧女巫祭天求雨，春秋时仍有此俗。

貍沈，孔疏："以其山林无水故埋之，川泽有水故沉之。"殷墟卜辞有"沉"，即沉女子于河以祭河神。战国时，魏有"河伯娶妇"、秦有"君主妻河"，是其遗俗。详见第五章。

东周的这两种人祭，皆源自殷商旧俗，揆之西周，当亦如是。

除了上述的自然崇拜祀典偶尔用人之外，周人先世没有用活人祭墓的传统，也不存在于宫殿宗庙的建筑中使用人牲的习俗。西周立国后，似乎也不继承殷人的这两种恶习。根据目前掌握的考古资料，西周贵族墓里和墓地上，罕见用人祭祀，宫殿宗庙建筑中，也未见奠基牲。但与殷人关系密切的东夷旧地，用人祭社的习俗仍长期流行；在殷遗民集中的一些地方，进入西周的一段时期内，还保留用人奠基、祭墓的遗俗。洛阳北窑村西周遗址中发现的奠基牲及祭祀坑，可作为实证。

洛阳北窑村西周遗址，1974 年发掘，年代属西周中期前段。奠基牲发现于规模较大、保存较好的 2 号房址中。2 号房址平面呈长方形，长 11.2 米，宽 7.2 米。十二个奠基坑环列于墙壁基槽内。每个奠基坑深 1 米，坑内埋一人，或埋一马，或埋一狗，共埋人牲七具、马牲三具、狗牲二具。除东边的 1 号坑填陶范外，其余十一个坑均以纯净的黄土分层夯打填平。十二个坑构成环形，缺口两侧的坑各埋一人、一狗。

从出土现状看，人、畜均系活埋。据发掘者研究，这些人牲畜牲应是 2 号房置础、安门时所埋。

在同一地点发掘一座带有两条墓道的大墓，编号 M14，时代与 2 号房址相当。在平面呈方折形的北墓道两侧，发现四个祭祀坑，东西各二坑。东侧人牲坑、羊坑各一个。人牲坑平面长方形，死者俯身葬，无葬具，无随葬品，坑深与旁边的羊坑相当。羊坑圆形，口径 1.2 米，深 2.8 米，坑内埋四只羊，分三层叠放，上层一只，中层两只，

---

① 丁山：《中国古代宗教与神话考》501、502 页，龙门联合书局，1961 年。

下层一只。北墓道西侧二坑埋马，坑皆圆形，大小相同，口径2.5米，深3.2米。二坑各埋二马，系肢解后埋置[①]。

采用奠基牲和大墓附近设置祭祀坑，是殷人的习俗，周人中罕见。据《尚书·多士》记载，周灭殷后，周人曾"迁殷顽民"于洛阳。北窑村的房址奠基坑和大墓祭祀坑很可能是这批"殷顽民"长期保留殷人习俗的遗存。

见于西周贵族墓中的人牲至少有四例。

例一　北京琉璃河燕国墓地202号墓。1977年发掘。这是琉璃河燕国墓地中唯一的一座带有南北两条墓道的大墓。墓室已遭到严重破坏，仅在南墓道东壁发现人头骨一个。头骨埋在一个三角形的小坑中，位于墓道南端向北5.25米的东壁紧贴地面处。头骨上尚存颈椎骨，面向北，周围有数片绳纹陶片。推测是建墓时举行某种仪式而设的祭牲。年代为西周早期。根据两条墓道的形制，可以确认墓主是一代燕侯[②]。

例二　陕西宝鸡茹家庄1号墓（强伯墓）。1974至1975年发掘。墓道填土中发现一具牲人。身首分离，相距约3米。头骨附近有烧过的竹炭痕迹。在肢骨旁边发现四枚贝壳。据出土现象分析，此墓在墓口封实前似曾举行某种祭祀仪式，焚烧竹节，肢解牲人。经鉴定，牲人为青年女性，墓葬年代为西周中期（穆王时）[③]。

例三　山西曲沃北赵晋侯墓地93号墓。1994年发掘。是一座南北两条墓道的大墓。在南墓道东侧有两座小墓（M97、M98）。97号墓无葬具，被葬者头向北，屈肢侧卧，面向西，随葬一枚粗糙的骨笄。98号墓亦无葬具，无随葬品，被葬者俯身而卧，头向北，面向东。这两座墓与很多埋置牲牲（马狗为多，牛羊次之，大多肢解）的祭祀坑在一起，墓底深度也和祭祀坑相近，故推测这二小墓的被葬者应是人牲遗存。发掘者据墓中出土铜器，推定墓主为晋文侯（前780年～前746年即位）[④]。

例四　河南新郑县唐户村3号墓。1976年发掘，年代属西周晚期。3号墓是这次发掘的十二座西周晚期墓中规模最大的一座，属竖穴土坑木椁墓，墓坑长3.96米、宽3.36米、残深2.5米。一棺一椁，早年多次被盗，墓主骨架已不存，但还遗留带铭文的铜鬲二件和二十三件精美的玉器。在距离坑底约1.6米的填土中，发现无头屈肢人架一具。估计是在填土时举行祭祀用的牲人。如果判断不误，这在西周晚期确是罕见的现象。从二件铜鬲上均有"王作亲王姬"等铭文分析，墓主似为郑国或邻国的贵族[⑤]。

---

①　洛阳博物馆：《洛阳北窑村西周遗址1974年度发掘简报》，《文物》1981年第7期。

②　北京市文物研究所：《琉璃河西周燕国墓地（1973年～1977年）》，文物出版社，1995年。

③　宝鸡茹家庄西周墓发掘队：《陕西省宝鸡市茹家庄西周墓发掘简报》，《文物》1976年第4期。

④　北京大学考古学系等：《天马——曲村遗址北赵晋侯墓地第五次发掘》，《文物》1995年第7期。

⑤　开封地区文物管理委员会等：《河南省新郑县唐户两周墓葬发掘简报》，《文物资料丛刊（二）》，45页，文物出版社，1978年。

# 二　西周的人殉

西周王陵尚未发掘，从沣西中小型墓的人殉比例略高于殷墟中小型墓的人殉来看，西周王陵的人殉数恐亦不亚于殷王陵。在古籍中，周王陵殉人事也有线索可寻。《西京杂记》卷六记汉广川王发掘周幽王墓，原文是：

> （周）幽王冢甚高大，羡门既开，皆是石垩，拨除丈余深，乃得云母，深尺余见百余尸，纵横相枕藉，皆不朽。唯一男子，馀皆女子。或坐或卧，亦犹有立者，衣服形色，不异生人。

《西京杂记》系魏晋人笔记小说，所记多不足据为信史。汉广川国在今河北省冀县、衡水一带，战国时属赵。周幽王被犬戎杀死于骊山下，他的坟墓很可能在长安附近，广川王盗发周幽王墓显然不可靠。但这故事流传甚广，与《西京杂记》成书大约同时的《晋书·五行志》、顾恺之《启蒙注》和晋干宝的《搜神记》都有类似记载，而且多作附会离奇之谈。《晋书·五行志》：

> 魏明帝太和三年"时，又有开周世冢，得殉葬女子，数日而有气，数月而能言，郭太后爱养之"。

《三国志·魏书·明帝纪》青龙三年，"葬文德郭后"句下注引顾恺之《启蒙注》曰：

> 魏时人有开周王冢者，得殉葬女子，经数日而有气，数月而能语，年可二十。送诣京师，郭太后爱养之。十余年，太后崩，哀思哭泣，一年余而死。

晋干宝《搜神记》卷15作"有发前汉宫人冢者"，句下行文与《启蒙注》全同。

这些记载，繁简不同，情节也有出入，所指都是同一件事。由于信息来源不同，加上以讹传讹，故事与事实相去愈远，荒诞不经自不待言。但传闻提到的周幽王、周王墓中有以女子为殉一事，似不可视为纯属虚托，丰镐两京西周墓的发掘资料可以作证。

丰镐二京是西周都邑所在，相传其地望约在今陕西长安县沣河两岸。中华人民共和国成立之后，考古工作者曾多次沿沣河两岸进行调查。发现沣河东岸的斗门镇、白家庄、普渡村和沣河西岸的马王镇、客省庄、张家坡等地都有很多西周时期的墓葬，发掘工作随着在当地展开。

1953至1954年，在斗门镇普渡村发掘三座西周墓，其中一座墓中有殉人。因墓中出土多件自铭"长由"的铜器，故称"长由墓"。此墓为长方形竖穴土坑木椁墓，墓室长4.2米、宽2.25米、深3.56米。已被盗。腰坑内埋一狗。墓主棺外北边横放殉人二具。二殉人头脚交错放置，无棺，无随葬品，骨骼头骨细小，应是儿童。属西周中期。

据刻铭推断，墓主似属大夫级①。

1955 至 1986 年，中国科学院考古研究所（1977 年以后隶属中国社会科学院）曾多次在沣西的客省庄、张家坡一带进行大规模发掘。根据报道，大约有以下几次：

一、1955 至 1957 年，在张家坡和客省庄共发掘西周墓一百八十二座、车马坑四个。其中殉人墓九座（张家坡 M162、M204、M206、M218、M220、M312、M438 和客省庄 M34、M143），殉人最多的是 204 号墓，殉四人；218 号墓殉二人；其他七座各殉一人。共殉十三人。四个车马坑各埋一殉人，总共十七人。九座殉人墓和四个车马坑均属西周早期②。

除客省庄 143 号墓的殉人埋在填土内以外，其他各墓的殉人都放在墓主人棺外两侧或脚端二层台上，都是头东脚西，前后排成一列；北侧的二层台有一人，也是头东脚西；西端的二层台上有一人，头向北。218 号墓是南北向的墓，东侧二层台上的殉人头向南。另一个殉人被盗扰，仅在二层台的西北隅发现一些肢骨。其他的墓除张家坡 312 号墓和客省庄 34 号墓的殉人放在墓主人的棺外脚端外，都放在棺外两侧。162 号和 206 号两墓大概是因为二层台较窄，特地在墓壁上向外掏出一个横龛，以便有足够的地方容纳殉葬人。

殉葬人的头向，除 218 号墓的一具被扰不明外，其他在墓主棺外两侧的都和墓主人的头向一致，在脚端的，头都向右，只有客省庄 143 号墓的殉人放在填土内，头向正和墓主人相反。殉葬人的葬式有五具不清楚，其余八人中，四人仰身直肢葬，四人为俯身直肢葬。204 号墓中的殉人，仰俯并存。可见殉葬人的葬式并不固定。殉葬人都放得很整齐，大概是处死后再行埋入的。

十三具殉人都没有葬具，但有的有极少的随葬物。张家坡 162、206、220 号墓的殉葬人口中都含贝。客省庄 34 号墓的殉人腰间有十一枚贝。312 号墓的殉人腰下有二件玉鱼和数十个蛤蜊壳。162 号墓的殉葬人头前放一件陶鬲，很可能也是他的随葬物。

在张家坡西周早期墓附近发掘同时期的车马坑四个。1 号坑方向 86 度，埋一车二马一殉人。殉人埋在车厢后边，头南脚北，俯身直肢，因龛短人长，人头歪扭着，头顶向天，脸部扭向西，脚跷起，显然是硬塞进去的，或是处死后塞进去的。2 号坑方向 90 度，坑内埋二车六马一殉人。殉人压在 1 号车厢底下，头向南，俯身葬。3 号坑方向 190 度，坑内埋一车二马一殉人。殉人放于车厢后边，头向西，头骨在车右轮的土槽内，压在车轮下，俯身直肢，身上有席痕，大概是用席子裹卷入葬的。4 号坑方向 91 度，坑内埋三车八马一殉人。殉人放 2 号车厢后边，头向南，俯身直肢，腰部有一串

① 陕西省文物管理委员会：《长安普渡村西周墓的发掘》，《考古学报》1957 年第 1 期。
② 中国科学院考古研究所：《沣西发掘报告》113～115 页，文物出版社，1962 年。

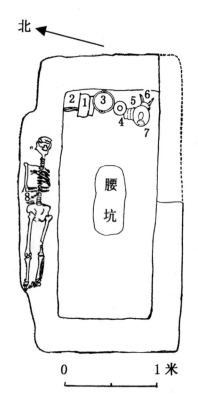

北

0    1 米

图七六　沣西张家坡 106 号西周墓
平面图(采自《考古》1984
年第 9 期)

1.铜簋　2.铜戈　3.铜鼎　4.铜瓠

5.铜尊　6.铜爵　7.铜觯　8.蛤蜊壳

贝,约二十多枚。殉人有的挖坑,有的直接放在车厢后,都无葬具,无随葬品。

二、1960 至 1962 年在张家坡发掘西周墓三十五座,车马坑一个。其中 101 号、106 号两墓和车马坑各埋一具殉人。墓中殉人都放在墓主左侧的二层台上,仰身直肢,头向与墓主同。101 号墓的殉人,腰间有贝四枚。106 号墓的殉人,身旁有一枚蛤蜊壳(图七六)。车马坑内埋一车二马一御奴。御奴埋于车后[①]。

两座殉人墓和车马坑均属西周早期。

三、1967 年在张家坡发掘西周墓一百二十四座、车马坑五个,其中殉人墓十三座(M12、M21、M23、M24、M27、M34、M36、M37、M54、M82、M87、M89、M91)、殉御奴车马坑一个。除 36 号墓殉三人(图七七)、54 号墓殉二人外,余各殉一人(图七八,左)。连同车马坑一人,共十七人。断代明确的七座墓和车马坑均为西周早期,89 号墓最早,属灭殷前的早周墓,余五座缺乏分期条件,估计也是西周早期墓。

殉人大多数放于二层台上,全躯,无葬具,随身有一二枚贝或一对蛤蜊壳,多数与狗同埋。36 号墓殉三人,分别在墓主两侧和足端二层台上,一人俯身直肢,二人侧身。放于右侧二层台的殉人,口中含七枚贝,腰部有一对蛤蜊壳。墓主头端二层台上放一鹿架。

54 号墓殉二人,一人放于墓主右侧二层台上,俯身直肢,头向与墓主同,胸部有一对蛤蜊壳;另一人放墓主足端二层台上,仰身直肢,头向南,无随葬品(图七八,右)。被定为早周墓的 89 号墓,位于墓地东北角,为一长方形竖穴土坑,口小底大,墓口长 3 米、宽 1.8 米,墓底长 3.3 米、宽 2 米。方向 265 度。椁室长 2.65 米、宽 1.1 米、高 0.6 米。棺木痕迹长 1.7 米、宽 0.55 米。墓底有长方形腰坑。墓主尸骨已朽,葬式不明,只能确定头向西。墓主头端棺外随葬陶罐、陶鬲各一件。北侧二层台上埋一具殉人,俯身,下肢伸直,上肢交于腹下,无葬具,无随葬品。断为早周墓的主要依据是陶鬲的形式为高领袋足,口部有一对横的凸饰(图七九)。编

---

①　中国科学院考古研究所沣西发掘队:《1960 年秋陕西长安张家坡发掘简报》,《考古》1962 年第 1 期。赵永福:《1961 年—1962 年沣西发掘简报》,《考古》1984 年第 9 期。

写者认为，这种陶鬲过去只见于宝鸡斗鸡台、岐山贺家的早周墓中，在张家坡的西周墓中是第一次发现，也是唯一的一件。

五个车马坑皆遭到严重破坏，仅在 45 号坑内发现一车二马一御奴。坑向东，殉人头向北[①]。

四、1976 至 1978 年，在客省庄和张家坡发掘西周墓十一座、车马坑一个。其中殉人墓四座（客省庄 M1，张家坡 M1、M3、M4）。4 号墓殉三人，余三墓各殉一人。车马坑在客省庄，殉一人，共殉七人。除张家坡 1 号墓属西周晚期外，余均属西周早期[②]。

殉人多数放于墓主一侧的二层台上，全躯，未见葬具，随葬贝一二枚，个别多至三十四枚。4 号墓殉三人，一人放于墓主左侧二层台上，头前有一件陶罐，两人放于右侧二层台上，头向与墓主一致，皆向东。

另有一个车马坑，坑内埋三组车马（一车二马为一组），在第二组的马后肢上横放御奴一人。御奴仰身直肢，面向上，头向北，未见随葬品。

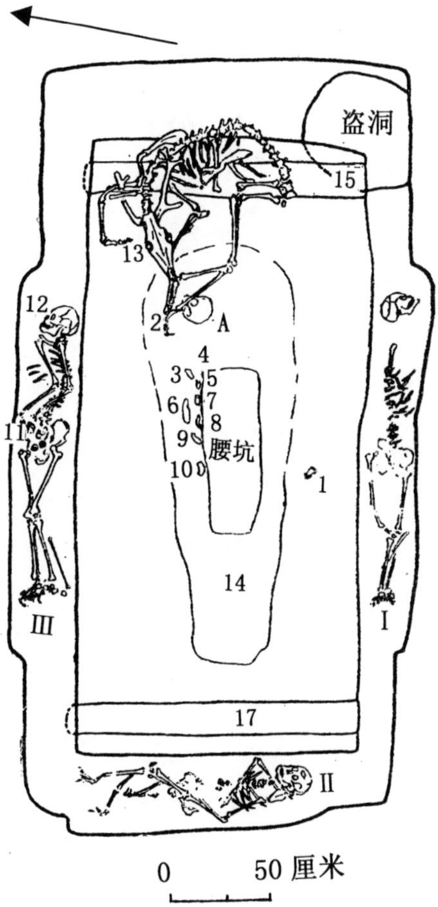

五、1983 年在客省庄发掘五座西周墓，其中 1 号墓殉二人，经研究定为灭殷以前的早周墓。1983 至 1986 年在张家坡发掘西周墓三百九十座，车马坑三个。其中殉人墓一座（M157），殉一人；殉人车马坑一个，殉一人。

图七七　沣西张家坡 36 号西周墓（采自《考古学报》1980 年第 4 期）

A 墓主头骨　Ⅰ、Ⅱ、Ⅲ. 殉人　1. 铜铃　2、4～10. 玉饰　3. 骨器　11. 蛤壳　12. 贝　13. 鹿骨架　14. 朱砂痕　15. 枕木痕

定为早周时期的客省庄 1 号墓是一座普通的竖穴土坑木椁墓，墓口长 3.8 米、宽 2.1 米，距地面深 1.1 米；墓底深 4 米。方向 80 度。有二层台和腰坑，葬具为一椁一棺。腰坑内埋一具狗架。棺内墓主骨架已朽，从遗痕看，属仰身直肢葬式。墓主随葬的

---

① 中国社会科学院考古研究所沣西发掘队：《1967 年长安张家坡西周墓葬的发掘》，《考古学报》1980 年第 4 期。

② 中国社会科学院考古研究所沣西发掘队：《1976—1978 年长安沣西发掘简报》，《考古》1981 年第 1 期。

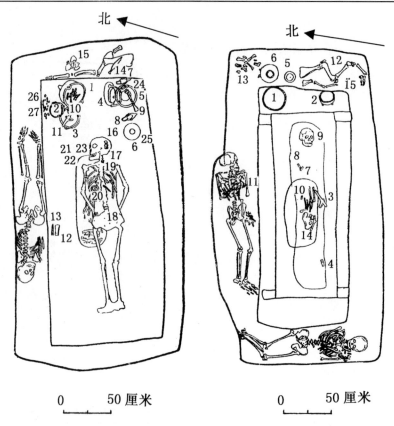

图七八　沣西张家坡西周墓（采自《考古学报》1980 年第 4 期）

左.87 号墓（1、2.铜鼎　3.铜簋　4.铜卣　5.铜尊　6.铜觚　7、8.铜爵　9.铜斗

10.铜斧　11.铜戈　12.铜锛　13.铜凿　14.铜矛　15.隔鬲　16～22.玉饰　23.

贝　24～27.蚌饰）　　右.54 号墓（1.铜簋　2.铜鼎　3.铜戈　4.铜镈　5.陶鬲

6.陶罐　7～9.玉饰　10.贝　11.蛤壳　12、13、15.兽骨　14.狗骨架）

青铜礼器已被盗，残存陶鬲一件、铜镞四件、铜戈二件、铜弓形器一件、骨管一件、玉饰二件。南北两侧生土二层台中部各挖一长方形土坑，坑长 2 米、宽 0.5 米、深 0.5 米。坑内各埋殉人一具。北侧土坑内有灰白色板灰，表明殉人原有木棺。殉人头向东，随葬石璧一件、海贝三枚、蛤蜊壳三件、骨管二件。南侧殉人头向西，不见木棺痕迹，仅有碎玉块一件。两殉人皆侧身直肢，面向墓主（图八〇）。断为早周墓的主要依据是陶鬲与 1967 年张家坡 89 号墓出土的陶鬲相同，铜戈器形与殷墟西区 613 号墓、656 号墓（均属殷墟第二期墓）出土的相同。这两件铜戈的发现为灭殷以前周人和殷人的关系提供了重要信息①。

────────────

① 中国社会科学院考古研究所丰镐发掘队：《长安沣西早周墓葬发掘记略》，《考古》1984 年第 9 期。

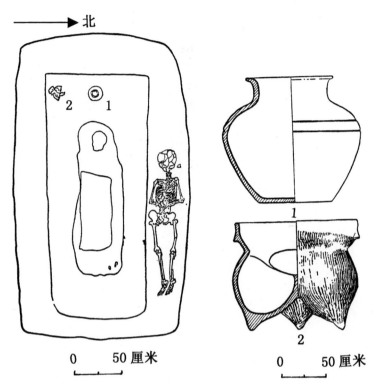

图七九 沣西张家坡 89 号墓及墓中出土的陶罐、陶鬲

（采自《考古学报》1980 年第 4 期）

1. 陶罐 2. 陶鬲

　　1983 至 1986 年在张家坡发掘的主要收获是井叔家族墓地的发现。157 号殉人墓是一座有南北两条墓道的大墓，墓主井叔采。年代在懿王孝王时期（西周中期）。发掘时，棺椁在地下水之下，未见完整人骨。从收集的散乱人骨中，确定墓主为男性，年龄 40 至 45 岁左右。又在一些骸骨上发现有七处利器砍削的痕迹。在一块下颌骨外刻"王君穴"三字，系清除一颌骨上的软组织之后所刻，由此推测这是一个卜葬的殉葬者。殉人车马坑（M155）在 157 号墓南墓道的正前方，相距最近处仅 1.5 米，应是 157 号墓的随葬车马坑。坑长 5.2 米，宽 4.66 米，深 4.47 米。方向 32 度。坑内埋一人、二车、十八匹以上的马。车拆卸后放置，马被活埋，上盖席子。殉人位于坑南壁马骨下，仰身直肢，盆骨以上被盗洞破坏[①]。

　　综上所述，自 1953 年至 1986 年，在沣河两岸共发掘西周墓七百五十座，其中殉人墓三十一座，殉人四十具；车马坑十四个，其中殉人车马坑八个、殉人八具。殉人墓最

---

　　① 中国社会科学院考古研究所：《张家坡西周墓地》，中国大百科全书出版社，1999 年。

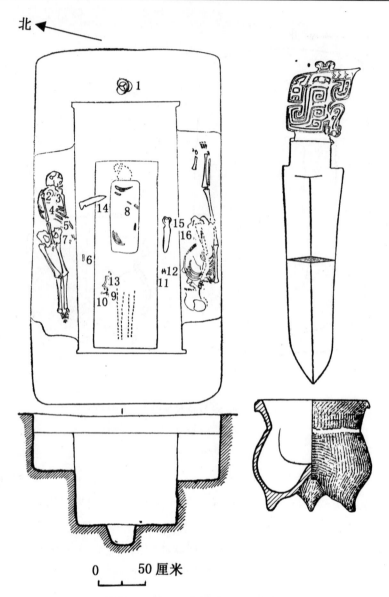

图八〇　沣西客省庄（83）1 号墓及墓中出土的铜戈（右上）、陶鬲

（右下）（采自《考古》1984 年第 9 期）

1.陶鬲　2.石璧　3.贝　4.蛤壳　5、6.骨管　7、16.碎玉片　8.玉饰　9

～12.铜镞　13.铜弓形器　14、15.铜戈

大、墓主等级最高的是有两条墓道的井叔采墓（M157），其余都是中小型的长方形竖穴土坑墓。殉人墓大多发现在墓室较大的中型墓，有二层台，有腰坑，葬具为一椁一棺。随葬铜礼器。一般一墓殉一人，个别的一墓殉二人、三人或四人。殉人皆全躯，大多放于两侧二层台上或墓主足端二层台上，少数放于壁龛中或填土中，或放于墓主棺外足

端。殉人多数没有葬具，少数备有木棺。头向一般与墓主同一方向。仰身直肢或俯身直肢都有。一般随身佩带一个蛤蜊壳或一至数枚贝，或口中含贝。除殉人外，一般还有殉狗、殉鹿，或兼用牛腿、羊腿等祭牲。从已鉴定的人骨观察，殉人多数是青少年和儿童。从出土情况看，都应是处死后入葬的。

殉人车马坑八个，除井叔墓的随葬车马坑（M155）埋二车十八匹马以外，都是一坑一车二马一殉人。殉人或有一狗同埋，或有一套兵器。经鉴定的殉人，均为成年男性，其身份应是驾车马的御奴。

这批殉人墓中，有两座（客省庄 M1、张家坡 M89）属灭殷前的早周墓，井叔墓及其车马坑属西周中期，76 张家坡 1 号墓可能属西周晚期，其余二十七座殉人墓、七个殉人车马坑，均属西周早期。

由此，我们可以归纳出三点认识：

其一，西周早期中小型墓中的殉人情况与殷代同类的中小型墓殉人情况相比大体相同，而同样是中小型的西周中晚期墓已几乎看不到用人殉葬的现象；带有墓道的西周中晚期大墓，殉人也不多见。

其二，总的说，西周殉人已趋衰落，与殷代殉人相差悬殊，不能并论。

其三，周人先世可能不存在殉人习俗，早周殉人墓的出现可能是在与殷人交往过程中受其影响而发生的。西周墓中的殉人数量、殉人埋葬位置、埋葬方式以及殉人的身份，都与殷商同类墓中的殉人基本相同，也可以证明西周殉人是承袭殷人的。

丰镐二京（沣河两岸）以外的西周墓和时代相当的非姬姓部族墓，殉人情况与沣河两岸的同类墓基本相同；殉人墓多属西周早期，西周中晚期的殉人在大墓中也不多见。考古发掘的宝鸡弦国贵族墓地、泾阳高家堡戈国墓地、河南浚县辛村卫侯墓地、鹿邑长子口墓、北京琉璃河燕国墓地、山西曲沃北赵晋侯墓地 114 号墓、甘肃庄浪县徐家碾寺洼文化墓地、山东胶东地区上层夷人墓，都有这个时期的人殉资料。

宝鸡弦国贵族墓地

位于宝鸡市区渭水南北两岸的茹家庄、竹园沟、纸坊头一带。1975 至 1981 年发掘二十七座，其中有殉人墓五座。它们是茹家庄 1 号墓（弦伯墓），茹家庄 2 号墓（弦伯妻井姬墓），竹园沟 4 号墓（弦季墓），竹园沟 7 号墓（伯各墓）和竹园沟 13 号墓。这五座墓都是带斜坡墓道的长方形竖穴土坑木椁墓，属西周康、昭、穆时期。除茹家庄 2 号墓以外，墓内都并列两个椁室，一大一小，大椁室内置二层套棺，内棺中放男性墓主；小椁室置于大椁室左侧，椁室内置一木棺，棺内放青年女性一具，当是随墓主殉葬的姬妾。大小椁室内都有很多青铜器随葬。从随葬青铜礼乐器的多少可以看出他们的不同身份。

1 号墓弦伯随葬编钟三件、大铃一件、鼎八件、簋五件、鬲二件、尊二件、爵二件、罍一件、瓿一件、觯一件、卣一件、豆四件；妾儿随葬鼎五件、簋四件。

2号墓弢伯妻井姬随葬鼎六件、簋五件、鬲三件、瓿一件、羊尊一件、盘一件、熏炉一件、匕二件、盒二件等。

4号墓弢季随葬鼎四件、簋二件、鬲一件、尊一件、爵一件、瓿一件、觯二件、卣一件；妾随葬鼎三件、簋一件、鬲二件、觯一件。

7号墓伯各随葬编钟三件、鼎三件、簋二件、瓿二件、尊一件、觯一件、卣二件；妾随葬鼎一件、簋一件、罍一件、觯一件。

13号墓主随葬铙一件、鼎七件、簋三件、瓿一件、尊一件、爵一件、瓿一件、觯一件、卣二件、豆一件；妾随葬鼎二件、簋一件。

发掘报告认为，根据随葬青铜礼乐器的多寡可以看出，五个墓主中以弢伯和弢伯妻井姬身份最高，其次是13号墓墓主、伯各、弢季；殉死者的身份，以弢伯妾儿为最高，儿应是儿国的女儿，其身份大约与弢季相当；其次是弢季妾、13号墓墓主妾、伯各妾。发掘报告还认为，弢国墓以妾为殉应是齐家文化妻妾殉夫葬俗的遗存，这是可信的。

除了姬妾殉死以外，弢伯墓中还发现有牲人、殉人，弢伯之妻井姬墓中也有殉人。

弢伯墓墓道填土中埋牲人一具，牲人被肢解，头骨、肢骨异处。椁室四周埋置殉人六具。其中2号殉人用木匣盛殓，放在墓道与墓室交接处，仰身直肢，双手交叉于腹部，经鉴定为青年男性。3号、4号殉人为10岁左右的儿童，共盛一木匣中，放置在弢伯之妾的右侧二层台上，皆侧身面向墓主。5号、6号殉人共盛一木匣中，放置在弢伯脚端二层台上，经鉴定，5号是壮男，6号是儿童。7号殉人亦盛以木匣，放置在木车轮的下面，殉人仰身直肢，背向墓主，经鉴定为男性，从放置位置看，7号殉人似为御者。

井姬墓在弢伯墓的西边，椁室内置套棺。井姬骨架已朽。殉人二具，各盛一木匣。一具放井姬脚端二层台上，侧身直肢，面向墓壁，经鉴定为少年；另一具放于井姬右侧二层台上，侧身微屈，面向墓壁，身着麻布衣，为一未成年女子。

弢伯墓及其妻井姬墓共殉九人，其中青壮年四人、少年儿童五人。殉人皆着麻衣，无随葬品，从放置所在的含义看，殉人中似有守门的杂役、护卫的壮士、赶车的御者，还有供役使的少年儿童（图八一）[①]。

泾阳高家堡戈国墓地

1991年发掘六座，都是长方形竖穴土坑墓。多数有棺椁，有二层台和腰坑，并有成套的青铜礼器。墓主头向北偏西，已朽。其中2号墓、3号墓各有殉人一具，殉狗一至二具。狗置于填土中。殉人放椁盖上，头向与墓主一致，仰身直肢葬式，头骨已碎裂，经鉴定均为20至30岁男性。无葬具，无随葬品，为处死后埋入。据发掘者研究，这

---

① 卢连成、胡智生：《宝鸡弢国墓地》，文物出版社，1988年。

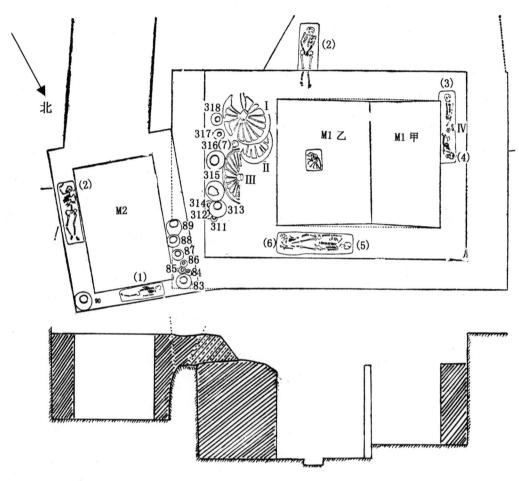

图八一 茹家庄 1、2 号墓（采自《宝鸡㪍国墓地》）

M1：311～318. 陶平底罐 （2）～（7）殉奴 Ⅰ～Ⅳ. 车轮

M2：83～90. 陶平底罐 （1）、（2）殉奴

批墓葬应是商末至西周早期夏人后裔戈氏家族墓[①]。

濬县辛村卫国墓地

1932 至 1933 年先后四次发掘八十二座，其中有墓道的大型墓八座，中型墓六座，余为小型墓、车马坑、马坑。出土遗物现存台湾。解放后，郭宝钧先生根据所存文字记录和部分器物照片和拓本写成《濬县辛村》一书。据云，1 号墓、6 号墓和 17 号墓、5 号墓是两组带有南北两条墓道的大墓。1 号墓、17 号墓各有殉人一具。1 号墓的殉人与木车同埋于填土中，俯身葬，上身向左微屈，两臂斜交脊背，似经绑缚所致。17 号墓

---

① 陕西省考古研究所：《高家堡戈国墓》37、53、118 页，三秦出版社，1995 年。

的殉人与狗同埋于北墓道中，屈肢葬，四肢蜷曲，侧背微斜。郭先生推定 1 号墓属西周中晚期孝夷厉宣时期，17 号墓属西周末年、未入春秋的幽平时期。两组大墓应是卫侯及其夫人墓①。其说大致可信。

河南鹿邑太清宫长子口墓

1997 至 1998 年发掘。西周初期。牲人一具，殉人十三具。

此墓位于鹿邑县东太清宫遗址上，是一座南北两条斜坡墓道的竖穴土坑木椁墓。全长 49.5 米，南墓道是主墓道。在南墓道填土中埋生马五匹，近底处埋牲人一具，头向南，下肢残。墓坑由上至下有四级二层台，逐级内收。椁室平面呈"亚"字形。底长8.1 米，宽 5.6 米，深 8 米。内置二套棺。墓主仰身直肢，头向北，经鉴定为 60 岁左右男性。随葬青铜方鼎九件、仿铜陶簋八件，以及其他青铜礼器、兵器、车马器、陶器，共二千多件。有铭文的铜器共五十件，其中铭"长子口"三字的三十二件。由此知墓主是长子口。长是国名，子是爵位，口是私名。

殉人十三具，放置在多处：

南墓道尽端进入墓室处埋八具（X1—X8），骨架上下铺朱砂。X1—X5 号殉人东西排列，头向东，仰身直肢葬式。X6—X8 号殉人放其脚下，并排，头向北，仰身直肢葬式。经鉴定，X1 号、X5 号为成年男性，X2 号、X3 号、X7 号为 15 至 20 岁女性，余三具为 10 岁以下的儿童。

西二层台埋一具（X9），头向北，左腿肱骨骨折。经鉴定为 18 岁左右女性。

东二层台埋一具（X10），头向北，骨架下部被坍方砸坏。经鉴定为 16 岁左右女性。

主棺两侧各埋一具（X13、X14），仅存部分肋骨，旁边有骨排箫、铜铙等乐器。

腰坑内埋一具（X11）。因腰坑太小，骨架蜷曲埋入，缺下肢。经鉴定为 40 至 60岁男性。颈部有小贝串饰（三十余枚）及玉鸟二件。

殉人均无葬具，大多无葬品，从放置于不同部位看，身份应有区别：放于东西二层台的年轻女性（X9、X10）似为近身婢妾；腰坑殉人（X11）似为侍卫；主棺两侧的殉人（X13、X14）似与奏乐奴隶有关；放在墓室入口处的八具殉人（X1—X8）似为供杂役的奴仆（图八二）②。

此墓形制、规模和埋葬习俗，与安阳郭家庄 160 号墓③ 基本相同。报告发表以后，已有多位学者做了研究，意见基本一致。他们从墓葬所在地、墓制、葬制以及自铭"长子口"等多方面分析，确认墓主原是殷末高级贵族，臣服于周后仍有很高的社会地位，

---

① 郭宝钧：《濬县辛村》，科学出版社，1964 年。

② 河南省文物考古研究所：《鹿邑太清宫长子口墓》，中州古籍出版社，2000 年。河南省文物考古研究所、周口地区文化局：《河南鹿邑县太清宫西周墓的发掘》，《考古》2000 年第 9 期。

③ 中国社会科学院考古研究所：《安阳殷墟郭家庄商代墓葬》，中国大百科全书出版社，1998 年。

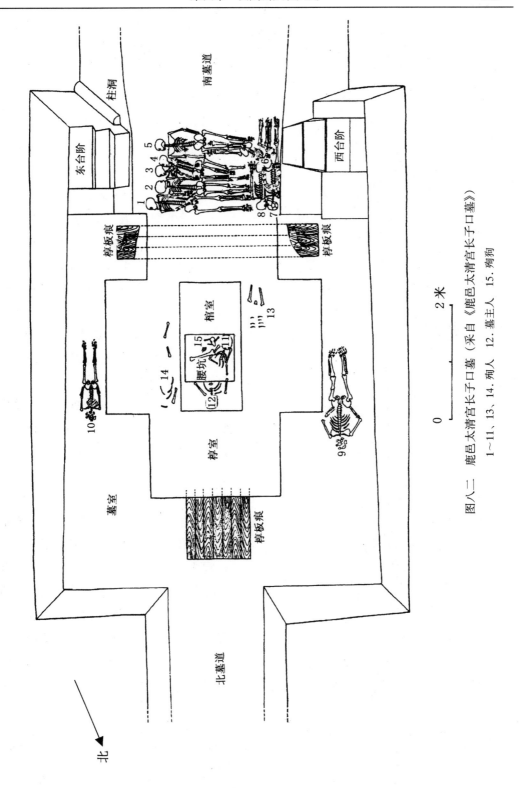

图八二　鹿邑太清宫长子口墓（采自《鹿邑太清宫长子口墓》）

1～11、13、14. 殉人　12. 墓主人　15. 殉狗

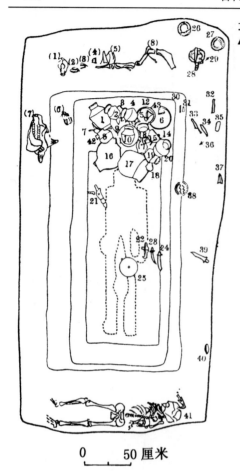

北

0　　50 厘米

图八三　北京琉璃河 52 号西周墓（采自
《琉璃河西周燕国墓地》）

1. 釉陶罐　2、4、8、10、12、13、16～20. 陶罐　3、5、43. 釉陶豆　6. 陶簋　7、9. 铜爵　11. 铜尊　14. 铜鬲　15. 铜鼎　21、23、24、39. 铜戈　22、37. 铜戟　25～27、38、40. 铜盾饰　28. 铜剑和鞘　29、36. 铜镞　30～32. 铜凿　33. 铜刀　34. 磨石　35. 铜锛　41. 铜矛　42. 铜觯　（1）～（6）狗头　（7）牛头　（8）牛肢骨

为仅次于周天子的方国国君。此地是西周初年封微子于宋的宋国，墓主可能与宋国开国君主微子启有关①。

北京琉璃河燕国墓地

1973 至 1976 年发掘六十一座，其中大型墓一座（M202），有牲人一具；中型墓九座，其中四座（M52、M53、M54、M105）有殉人，共七具，M53 附属车马坑一个、殉人一具；小型墓五十一座，其中三座（M21、M22、M51）有殉人，各一具。合计殉人墓七座、殉人车马坑一个，共有殉人十一具②。1995 年发掘十座，其中一座中型墓（M2）有殉人三具。

这八座殉人墓和殉人车马坑均位于京广铁路西侧黄土坡村。除 51 号墓属西周中期外，余均属西周早期。

202 号墓是带有两条墓道的大墓，墓室已遭到严重的破坏，仅存牲人一具（详本文上节），估计原来应有殉人，现已无法究明。

五座中型殉人墓都是长方形竖穴土坑墓，墓口长 3.4～4.3 米、宽 2.1～2.4 米，皆向北。有棺椁，有腰坑，有二层台，有成套青铜礼器和较多的陶器、玉石器随葬。52 号墓有殉人一具，放于南端二层台上，侧身，头向东，双手捆绑于背后，头前有一弯曲铜矛（图八三）。53 号、54 号、105 号三墓各有殉人二具。殉人大多放于东侧内外椁之间（个别放在椁顶），叠压，仰身直肢或侧身直肢葬式，多数有少量颈饰或佩饰，个别有铜兵器，均无葬具。可供鉴定的殉人均为青少年女性（图八四）。53 号墓附属的车

---

① 张长寿：《商丘宋城和鹿邑大墓》，《揖芬集——张政烺先生九十华诞纪念文集》，社会科学文献出版社，2002 年。王恩田：《鹿邑太清宫西周大墓与微子封宋》，《中原文物》2002 年第 4 期。高西省：《从"长子口方鼎"谈太清宫大墓墓主身份》，《中国文物报》2004 年 4 月 23 日。

② 北京市文物研究所：《琉璃河西周燕国墓地（1973—1977）》14～31、62 页，文物出版社，1995 年。

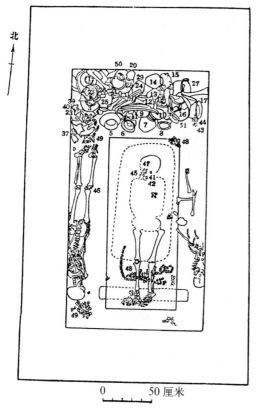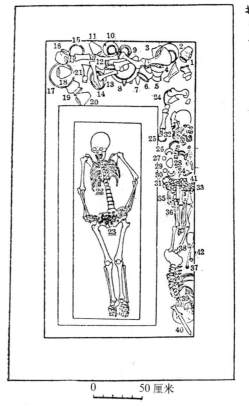

0 50 厘米    0 50 厘米

图八四 北京琉璃河西周燕墓（采自《琉璃河西周燕国墓地》）

左.54号墓（Ⅰ、Ⅱ、Ⅲ.殉人 1、4、5、7、9、11～14、16、19～22、24～26、36、52.陶罐 2、
6、8、10、15、17、18、23、31、32、53、54.陶鬲 3、33～35、55、56.陶簋 30.陶斝 37、38.
陶器盖 27.铜鼎 28.铜盘 29.铜簋 39、40.玉鸟 41、42.白玉鱼 43、44.青玉鱼 45.玉环
46.铜鱼饰 47.玉蚕 48.贝 49.蚌饰 50.铜环 51.刻花牙饰 57.陶拍） 右.53号墓
（Ⅰ～Ⅲ.殉人 1、2、4、5、9～12、16、18、20、44、45.陶罐 3、6、13～15、46.陶鬲 7.铜
匕 8.铜簋 17、24、47.陶簋 19.铜尊 21.铜觯 22.玉柄形器 23.贝 25～31.铜盾饰 32、
39.串珠 33.蚌饰 34、40.铜剑 35.铜矛 36.磨石 37.铜刀 38.铅器 41.铜戈 42.铜爵
43.铜镞）

马坑，平面长方形，坑内埋一车六马二狗一御奴。车已拆散，马向南。御奴放于马后浅
坑内，仰身直肢，头西足东，身长 1.5 米，无葬具，无随葬品。1995 年发掘的 2 号墓，
墓坑填土中埋一身首分离的狗。墓底四周有熟土二层台，一椁二棺。棺下有腰坑，坑内
埋一狗，墓主仰身直肢葬式，颈部有海贝和玉石珠串饰。殉人三具，骨架保存较好，一
具（Ⅰ）放于南侧二层台上，俯身直肢葬式，头向东，面向南，双足紧抵西壁，身上覆
盖竹席。无随葬品。两具（Ⅱ、Ⅲ）位于东侧棺外，均侧身屈肢，头向北，面向东，Ⅱ
号殉人双足置Ⅲ号殉人头上。二人颈部有串饰，身上及周围撒有大量海贝（图八

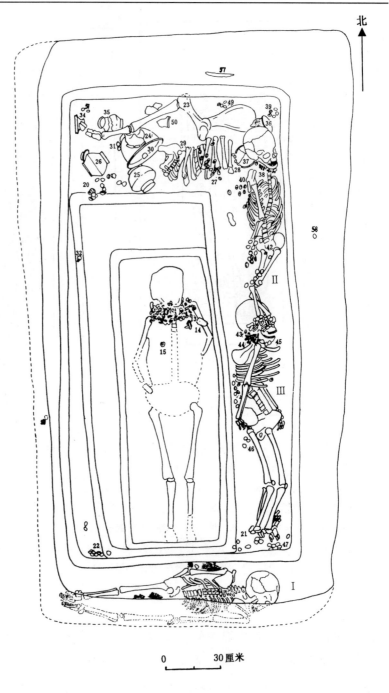

图八五　琉璃河燕国墓地
(95)2 号墓(采自
《文物》1996
年第 6 期)

8、10. 玉鱼　9、14. 戈
11、12. 玉鸟　13. 石兽头
15. 玉玦　20~22、28、31、
32、39、41、45~47、53、
58、59. 扇贝　23. 牛腿骨
24、36. 陶鬲　25、26、35、
50. 陶瓿　27、39、40、42、
49、52. 海贝　29. 兽骨
30. 陶簋　34、37. 原始瓷豆
38. Ⅱ号殉人项饰　43、44.
Ⅲ号殉人项饰　51. 蚌泡、
蚌片　57. 穿孔蚌片(简报
原图器物号和器物说明多有
欠缺,根据简报叙述,缺号
大多是海贝和玉石珠组成的
墓主项饰,以及散处椁内的
大量海贝、扇贝、蚌片——
引者)

五)[1],从殉葬的位置和装饰看,这三具殉人的身份似有所不同。经鉴定,三殉人均为青少年女性。

---

① 北京市文物研究所:《1995 年琉璃河遗址墓葬区发掘简报》,《文物》1996 年第 6 期。

三座小型殉人墓，墓口长 2.8～3.5 米、宽 1.18～1.8 米，皆向北。殉人各一具，放棺椁间，无葬具。经鉴定均为少年儿童，其中两具颈部有石串珠。

报告编写者从出土的陶鬲器形演变推定，琉璃河燕国墓地属于周系统的燕人而非殷遗民。

山西曲沃北赵晋侯墓地 114 号墓

2000 年发掘，位于晋侯墓地最东侧，殉人一具，在晋侯墓地属首次发现。

这是一座单墓道大墓，墓道向南。一椁一棺，墓主仰身直肢，尸骨已毁，墓内残存叔矢方鼎和铜陶原始瓷等遗物二百多件（组）。墓室内发现殉车四辆、殉狗二只和一殉人。殉人位于墓主头端北侧二层台下，打破墓底。殉人坑长 1.9 米、宽 0.64 米、深 0.6 米。殉人骨架完好，有薄棺，仰身直肢葬式，双手交于腹部，左胸部有一件河蚌，余无别物。经鉴定为一年轻女性，约 22 至 24 岁左右。据发掘者研究，此墓与 113 号墓是一组晋侯及其夫人墓，年代约在西周早中期之际。114 号墓主可能是晋侯燮父及其夫人（M113），也可能是晋武侯及其夫人[1]。

甘肃庄浪县徐家碾寺洼文化墓地

1980 年发掘一百○二座，全是长方形竖穴土坑墓，南北向。其中七座有殉人，各殉一人。除一例殉人放于墓主足端二层台上以外，余六例均放于墓主足端二层台上的壁龛内。未见葬具，无随葬品。这批殉人墓大都兼用牛、羊、马等祭牲[2]。根据墓葬形制和随葬器物的型式，这批殉人墓大约属于西周早期的某一部族。

山东胶东地区上层夷人墓

殷周时期，胶东地区是东夷部族聚居地，人牲人殉比较普遍，西周晚期至春秋中期尤为盛行。蓬莱、黄县、栖霞、莱阳、胶县等地都有发现。

1976 年在蓬莱县南部村里集发掘十一座西周墓，其中 8 号墓、11 号墓有殉人。两座墓都是长方形竖穴土坑，向东。墓主骨架已朽没。8 号墓的二具殉人都放在南侧二层台上，头向东，俯身葬。经鉴定为一男一女，均 14 至 15 岁。男性身长 1.45 米，女性身长 1.42 米。二殉人皆上身歪斜，两手交叉于骨盆处。头骨破碎，向左倾斜。11 号墓有三具殉人，其中二具放于南侧二层台上，头向东；另一具放于墓主足端（西端）二层台，头向南。三具殉人皆仰身，上身歪斜，两手交叉，骨架已朽，未见葬具，也没有随葬器物。据遗痕测量，殉人身长都在 1.6 米以上，应是成年，但年龄性别不明（图八六）。两墓早年被盗，仅在 11 号墓中发现一件铜鼎，由铜鼎推知，这两座墓大约都属于

---

[1]　北京大学考古文博院等：《天马——曲村遗址北赵晋侯墓地第六次发掘》，《文物》2001 年第 8 期。

[2]　中国社会科学院考古研究所泾渭工作队：《甘肃庄浪县徐家碾寺洼文化墓葬发掘纪要》，《考古》1982 年第 6 期。

北 ←

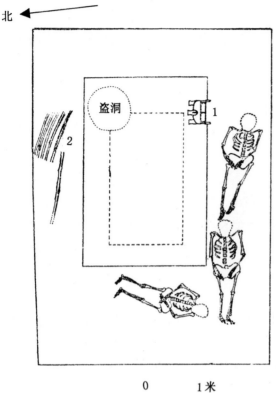

盗洞

1

2

0　　　　　1米

图八六　蓬莱村里集 11 号西周墓（采自《文物
资料丛刊（三）》）
1. 铜鼎　2. 木棍

西周中期①。

1984 年又在村里集南边的柳格庄发掘八座西周墓，其中 6 号墓有殉人四具。殉人环置墓主左侧及脚端的二层台上，三具仰身直肢，一具俯身微曲，尸骨下皆铺草席，无随葬品。身长 1.48～1.62 米，似均为少年。年代属西周末至春秋早期②。

同年又在黄县东营周家村发掘一座西周残墓（M2）。在墓主右侧的棺椁之间发现一具殉人，仰身直肢葬式，头向西，骨架已朽，性别不明③。

1982 年在栖霞县松山乡吕家埠发掘西周墓二座，各有一具殉人。1 号墓殉人放于墓主左侧二层台上，2 号墓殉人放于腰坑内，人骨皆腐朽，无葬具，无随葬品④。

1976 年在胶县西庵发掘一座西周墓（M1）及附属车马坑，皆有殉人。1 号墓殉人二具，已被盗扰，从残存头骨和肢骨看，应是二个儿童个体。车马坑内埋一车四马一御奴。车马向西。御奴放于车舆底下的浅坑中，头向南，仰身直肢，男性，无葬具，无随葬品。因浅坑较短，御奴头足折跽在坑壁两端⑤。

　　西周殉人墓，除南方外，几乎包括了西周领域的东、西、北三方边缘。这似可说明，西周时期人殉制的流行范围是很广泛的。当然，我们也注意到，有些地区的西周墓

　① 山东省烟台地区文物管理组：《山东蓬莱县西周墓发掘简报》，《文物资料丛刊（三）》，50 页，文物出版社，1980 年。
　② 烟台市文物管理委员会：《山东蓬莱县柳格庄墓群发掘简报》，《考古》1990 年第 9 期。
　③ 唐禄庭等：《山东黄县东营周家村西周残墓清理简报》，《海岱考古》创刊号，山东大学出版社，1989 年。
　④ 栖霞县文物管理委员会：《山东栖霞县松山乡吕家埠西周墓》，《考古》1988 年第 9 期。
　⑤ 山东省昌潍地区文物管理组：《胶县西庵遗址调查试掘简报》，《文物》1977 年第 4 期。

没有发现殉人。例如，河南陕县的虢国墓地①、洛阳中州路墓地和庞家沟墓地②、山东曲阜鲁城的鲁国墓③ 以及北京琉璃河的一处燕国墓地④。甚至连人殉制最盛行的殷墟也有像戚家庄东墓区、苗圃北地墓区内的较大中型墓罕见殉人的情况⑤。有的同志把这种现象归结为殷人、周人的不同葬俗，认为西周时期的殉人墓墓主应是殷遗民或受殷文化影响很深的夷人，而无殉人的西周墓墓主应是周人墓⑥。我认为这种说法可能不太妥当。在中国历史上，特别是上古史上，不同的部族各有不同的文化传统，这是事实；但各部族之间的文化交流，必然对各自的文化传统发生影响，引起变化，这也是不容否认的。如果各部族之间的经济文化存在较大的差异，在彼此的交流接触过程中，则往往呈现出更为复杂的现象：一种是被先进的或占统治地位的部族文化所融合；另一种是相反；再一种是出现另外的新文化。不同的"族"的概念也将随之淡化、消失。西周初期，周族与被统治的其他部族，各自保持固有的文化传统，这是可能的。但这种局面绝不能长久不变。随着时间的推移，原有的周文化与原有的各部族文化仍然要发生变化：一种是其他部族（如商族）接受周文化，不再实行人殉制；另一种是周族接受其他部族（如商族）文化开始实行人殉制；或者出现另外一种新的埋葬制度。各地区、各时期都会有所变化。不可设想，西周立国四百年，固有的殷部族文化和固有的周部族文化一直原封不动地各自保持下来。有些地区未见殉人，或同一地区中的若干墓地未见殉人，原因应该是多方面的：或由于各地的不同葬俗，或因年代早晚不同而出现葬俗变化，或因墓主身份的不同等等。只强调某一方面的原因，难免要失之偏颇。考古发现的事实是，宗周地区和非宗亲封国的西周墓，有殉人的，也有不殉人的；非宗周地区和非宗亲封国的西周墓，也有殉人和不殉人两种情况。总的来说，西周时期是实行人殉制的，但各地区的实行程度有所不同，也不排除个别地区不实行。搞人殉制的人，有可能原属周族，也可能原非周族，不论周族或非周族，他们大都属于西周统治阶级，企图在西周统治区内（边境地区除外）的西周时期墓中，划分出墓主的原来族属是不可能的（周初除外）。

---

① 陕县虢国墓地发掘出属于西周晚期至东周初期的墓约二百四十座，见中国科学院考古研究所《上村岭虢国墓地》，科学出版社，1959年。河南省文物考古研究所：《三门峡虢国墓》，文物出版社，2001年。

② 洛阳发掘的西周墓，主要有中州路十座、庞家沟三百多座。分别见《洛阳中州路（西工段）》53～60页，科学出版社，1959年；《文物》1972年第10期。

③ 曲阜鲁城发掘五十二座西周墓，仅202号墓有一殉人，见《曲阜鲁国故城》92页，齐鲁书社，1982年。

④ 1981至1983年琉璃河京广路东侧发掘西周墓一百二十一座、车马坑二十一座，未见殉人。见琉璃河考古队：《1981—1983年琉璃河西周燕国墓地发掘简报》，《考古》1984年第5期。

⑤ 孟宪武：《殷墟南区墓葬发掘综述》，《中原文化》1986年第3期。

⑥ 郭仁：《关于西周奴隶殉葬问题的探讨》，《中国历史博物馆馆刊》总4期，1982年。张学海：《试论鲁城西周墓葬的类型、族属及其反映的问题》，《中国考古学会第四次年会论文集》93～95页，文物出版社，1985年。

# 第五章　东周的人牲人殉

　　从平王东迁洛阳到秦始皇统一六国，历史上称为东周。东周又可分为春秋和战国两个时期。关于春秋战国的年限，现在学者多借用《史记·六国年表》，以周元王元年即公元前476年作为战国的开始，就是说，自公元前770年至公元前477年称春秋，公元前476年至公元前221年称战国。

　　春秋战国是中国社会大动荡、大变革的时代，政治斗争、军事斗争都很激烈，反映在思想意识、宗教信仰领域内的斗争也很激烈。当时各诸侯国常用"社稷"一词来代表自己的国家，对所祭祀的天神、地祇、人鬼进行了大规模的改组和调整，把当时所知的五岳四渎以及众多的山林川泽，按照世间的人际关系加以比拟和分工，一变为拟人化崇拜。殷商西周的原始的实体崇拜的祭祀法，被破坏殆尽。所谓"天子祭天地，诸侯祭社稷，大夫祭五祀。天子祭天下名山大川，五岳视三公，四渎视诸侯。诸侯祭名山大川之在其地者"①。根据人间的等级分工，祭祀的场所也相应规范和条理化，所谓"王为群姓立社曰大社，王自立社曰王社，诸侯为百姓立社曰国社，诸侯自为立社曰侯社，大夫以下成群立社曰置社"②。经过这一番改组整顿，"社"的位置被大大提高了。但实际上，社和社稷是一回事，因为周人是以稷配社的。所有这些"社"，统归周天子辖属，所以也可泛称为"周社"。

　　此外，还有不在祀典，"非其所祭而祭之"的，则称为"淫祀"③。"淫祀"中最著名的是殷社，亦称亳社，据说是周天子为告诫各诸侯王以殷商亡国为鉴戒而设立的。据《春秋·哀公四年》："六月辛丑亳社灾"句下杜预注："亳社，殷社。诸侯有之，所以戒亡国。"殷人盛行杀人祭社，在其影响较深的东方诸侯国，到东周时期仍沿用这种旧俗，

---

①　《礼记·王制》。
②　《礼记·祭法》。
③　《礼记·曲礼下》。

加之当时战乱不息，攻杀不已，把俘虏和敌方首领杀祭于殷社便成了一项重要的祭祀活动。至于周社，因周人先世没有杀人祭社传统，经整顿后的东周周社，基本上也不用人牲。

与人牲情况不同，东周时的人殉现象却仍然相当广泛地实行，考古发现的东周墓葬，保存较好、墓主身份大体可以认定的诸侯王、封君、上卿、大夫墓，墓内一般都有殉人，有的还有人牲。殉人少则数人、数十人，多至一百多人。殉人的身份除了近亲、臣下和家内仆从以外，还有不少大臣、义士被卷入从死的行列。有不少将相、姬妾，为了取得国君的宠信，往往用替死或从死相许诺。主人出于某种需要，不要婢妾或属下为自己殉死，事先要有嘱咐。从死成了东周统治阶层最高的品德准则。春秋中叶以后，人殉制遭到社会上一部分人的反对，出现利用陶俑、木俑随葬以代替活人殉死，从此以后，人殉现象才有所收敛。

值得注意的是，东周时期的殉死者不一定要同主人同穴，更多的是同主人异穴、异地。在一般情况下，殉死者的墓穴以安放在主人的陵园内或陵园附近为多。在这种风气的影响下，当时的王室、后妃、显宦，也以能把骸骨埋葬在国君陵园内为荣，并以此形成中国历史上的陪葬制度。这一来，陵园内就出现了两种不同死者的坟墓：一部分是与主人同时死去的殉葬者墓葬；另一部分是后于主人死去的陪葬者墓葬。两者死法不同，但他们的墓葬形制、随葬器物一般并无区别。考古工作者所能判断的仅限于与主人同穴的殉葬者及个别的异穴殉葬者，对于大多数的异穴殉葬者和陪葬者，考古工作便无法把他们分辨出来了。东周及其以后各代的人殉真相之所以不甚清楚，主要原因就在这里。《墨子·节葬下》说："天子诸侯（'诸侯'二字据孙诒让《墨子闲诂》补——引者）杀殉，众者数百，寡者数十；将军大夫杀殉，众者数十，寡者数人。"这基本上是春秋时期用人殉葬的真实记录。有不少同志只看到考古发现的春秋殉人数（与主人同穴者）并没有这么多，于是怀疑《墨子》这段话的真实性。这也难怪，因为这些同志只看到与主人同穴的殉葬者，而考古工作又无法给他们提供确实存在的大量的异穴殉葬者。这是我们深表遗憾的。

由于东周列国的社会历史不同，人牲人殉的传统不同，表现在人牲人殉的有无多寡上也有所区别。有学者把东周列国划分为七个文化圈，即中原文化圈、北方文化圈、齐鲁文化圈、楚文化圈、吴越文化圈、巴蜀滇文化圈和秦文化圈[1]。这种划分，基本上反映了东周社会文化的真实情况；用以区分各地区人牲人殉的多寡有无，也是适宜的。故依上引的七个"文化圈"作为东周人牲人殉的分区，并按原顺序加以叙述，但改"文化圈"为"文化区"。

---

[1]　李学勤：《东周与秦代文明》11 页，文物出版社，1984 年。

# 一　中原文化区

以周为中心，北到晋国南部，南到郑国、卫国，可称战国时周和三晋（不包括赵国北部）地区。它是东周时期的经济文化中心。

东周中原文化区，用人为牲习俗已趋式微，但用少女祭祀河神的陋习仍颇为流行。典型事例首推邺令西门豹废除"河伯娶妇"的故事，千百年来传为美谈。下面不妨把褚先生补《史记·滑稽列传·西门豹传》所载的"河伯娶妇"情节摘录出来，借以窥见当时祭河神的一般情况。

　　魏文侯时（公元前445～前396年），西门豹为邺令。豹往到邺，会长老，问之民所疾苦。长老曰："苦为河伯娶妇，以故贫。"豹问其故，对曰："邺三老、廷掾常岁赋敛百姓，收取其钱得数百万，用其二三十万为河泊娶妇，与祝巫共分其余数持归。当其时，巫行视小家女好者，云'是当为河伯妇'，即聘取。洗沐之；为治新缯绮縠衣，闲居斋戒；为治斋宫河上，张缇绛帷，女居其中。为具牛酒饭食，十余日。共粉饰之，如嫁女床席，令女居其上，浮之河中。始浮，行数十里乃没。"

此事不见于先秦诸子，想系褚先生据传闻而作。从秦有"君主妻河"[①] 看，此事绝非凭空捏造。褚先生的这篇文章，文笔精练，形神维肖，是他补《史记》诸篇中最好的一篇。他仿佛把我们带到当年的漳河边，目睹这一幕"河伯娶妇"的丑剧。邺城距离殷商王都殷墟不过数十里，为河伯娶妇的习俗，原来可能是殷商王朝的旧俗。在本书第二章《商代的人牲》中，我们谈到殷人祭河神，那时是把送祭的女人直接投入河中，叫"沉"祭。现在叫"河伯娶妇"，称河流为"河伯"，将其拟人化。把残酷的人牲变成了颇为"文明"的人殉。

中原文化区发现的人牲遗迹主要见于晋都新田祭祀遗址和上马墓地。

晋都新田祭祀遗址

晋都新田位于山西侯马市。公元前585年，晋迁都新田，事见《左传·成公六年》。至公元前403年，周烈王命魏斯、赵籍、韩虔为诸侯，晋公室名存实亡，但新田未废。晋静公二年（公元前376年），魏武侯、韩哀侯、赵敬侯迁往屯留，并三分晋地，新田才废弃。在晋都新田的二百余年间，晋国贵族举行过无数次的祭祀活动，留下了数以千万计的祭祀坑，1956年至2001年，山西省考古研究所侯马工作站在新田郊区（主要在南郊）共发现祭祀遗址十一处，发掘祭祀坑数千个。从已发表的资料看，埋祭牲以羊为主，其次是牛、马、猪，人牲仅二见。大约有近半数的坑只埋牲肉或牲血，发掘时已成空坑。祭祀坑都是竖穴土坑，分布密集，有一定次序，或二坑为一组，或四坑为一组，坑间隔仅1米。坑口

---

① 　事见《史记·六国年表》"秦灵公八年"条。参看本文"秦文化区"。

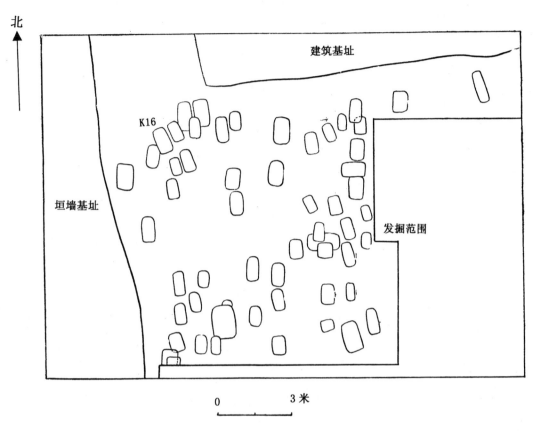

图八七　侯马牛村古城晋国建筑遗址祭祀坑分布图（采自《考古》1988 年第 10 期）

K16. 人牲坑

有圆形、椭圆形、长方形等多种。一般口大底小，坑壁平整，坑底不平整，深浅不一。坑口一般长 0.7~1.2 米，宽 0.4~0.9 米，深 0.4~0.6 米不等（图八七）。出土时，牲畜大多侧卧，比较完整，四蹄似被捆束在一起，头夹于胸间；有的似作挣扎状。祭牲有的戴铜笼饰，有的还在祭牲上埋玉璧、玉璜。人牲坑与祭牲坑杂处，也是竖穴土坑。出土于牛村古城南一处建筑遗址前的人牲坑（编号 K16）坑口略呈长方形，长 1.22 米，宽 0.55~0.62 米，基本上为南北向。坑口向下深 0.4 米处，向南收缩形成口径为 0.62 米的近方形坑。深 1 米。坑壁、坑底均不平整。人骨呈侧身跪卧式，头北面东，上身侧斜紧靠土坑北壁，上肢在胸部半屈交叉，骨架保存完好（图八八）。经鉴定为 30 岁左右男性，应是处死后埋入的。年代约在公元前 450 年至前 420 年左右[1]。

---

① 山西省考古研究所侯马工作站：《山西侯马牛村古城晋国祭祀建筑遗址》，《考古》1988 年第 10 期；《山西侯马西高东周祭祀遗址》，《文物》2003 年第 8 期。又见《晋国祭祀遗址发掘报告》和王克林《侯马东周社祀遗址的探讨》，均见《晋都新田》，山西人民出版社，1996 年。

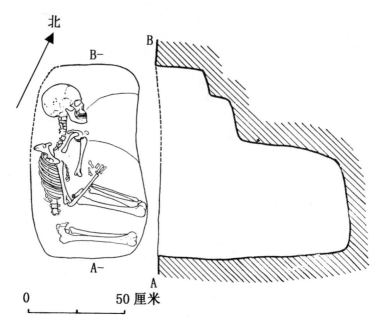

图八八　侯马牛村古城晋国建筑遗址前的人牲坑（K16）（采自《考古》1988 年第 10 期）

上马墓地

上马墓地位于晋都新田，在今侯马市东浍河南岸。1961 至 1987 年共发掘东周墓一千三百八十七座，全部是中小型的长方形竖穴土坑墓。在其中的 1261 号墓、1270 号墓和 6005 号墓三墓填土中发现牲人各一具。皆无葬具，无随葬品。1261 号墓的牲人埋在墓口下深 0.4 米处的填土中，头向东，面向南，半侧身，上肢骨脱离原位，骨架已朽。经鉴定为 18 至 20 岁男性。1270 号墓的牲人与一马同埋于近墓口处。牲人被肢解，头盖骨和肩胛骨弃置在马臀部外侧，二截下肢骨和残断的下颌骨却发现于距墓口深 2.6 米处。此墓填土未被扰动，证明牲人系肢解后随意埋置填土中。经鉴定为 13 至 14 岁少年。6005 号墓的牲人埋在墓口下深 0.7 米处，头向东，面向上，仰身直肢，上肢交叉于腹上，下肢已朽。这三座墓都是小型墓。1270 墓墓口稍大，长 2.72 米、宽 1.5 米，底深 3.5 米，墓主一椁二棺，经鉴定为 56 岁左右女性，仰身屈肢葬式，头插骨簪，口含玉玦。1261 号、6005 号二小墓各置一棺，葬式、葬品与 1270 号墓近似。经鉴定，1261 号墓墓主为 40 岁左右男性，6005 号墓墓主为 56 岁左右女性。三墓年代均属春秋早期[①]。这时期的小墓仍保存杀祭人牲，实属罕见。

同其他文化区比较，中原地区的人殉资料相对较少。东周王陵迄今未发现，是否用人殉葬，古籍未载。见于古籍用人殉葬的仅有晋景公。《左传·成公十年》：

①　山西省考古研究所：《上马墓地》，文物出版社，1994 年。

六月丙午，晋侯欲麦，使甸人献麦。……将食，张，如厕，陷而卒。小臣有晨
梦负公以登天，及日中，负晋侯出诸厕，遂以为殉。

此事发生于公元前 581 年，小臣有负晋景公上茅厕，景公不慎"陷而卒"，小臣有
难逃其咎，"遂以为殉"。所谓"晨梦负公以登天"自然是编造出来的。小臣有的遗骸，
可能被安置于晋景公墓中。

考古发现的三晋殉人墓，为数不少。属于春秋时期年代较早的是山西长子县牛家坡
7 号墓，墓主身份最高的是河南汲县山彪镇魏墓、辉县固围村魏墓、山西太原金胜村晋
卿墓、河北邯郸赵王陵陪葬墓。此外，邯郸百家村、齐村的两处赵国墓地，河南陕县
（今三门峡后川村）东周墓地，也发现一批殉人墓。

长子牛家坡 7 号墓

1979 年发掘，春秋时期，殉三人[1]（图八九）。

此墓位于韩之别都上党附近。墓制为长方形竖穴土坑。墓口长 6.42 米、宽 4.8 米，
墓底长 5.74 米、宽 4.28 米、深 11.5 米。方向 75 度。墓室底部椁室内有两层椁，套椁
内有朱漆彩绘棺。墓主头向东，骨架已朽，葬式不明，根据牙齿和随葬器物推测，应属
成年女性。随葬品以青铜礼器为主，连同玉器、漆器、陶器、木器，共五百五十三件。
从随葬五列鼎及其他遗物推定，墓主应是晋大夫级的夫人。

殉葬三人，皆有木棺。两棺置于椁室南侧，一棺放西端（足端），呈环矩形摆放。
殉人皆仰身直肢。1 号殉人随身佩带铜钩一件、当卢一件、小铜铃二件。2 号殉人随身
带木梳一件、玉片一件。3 号殉人随身带铜带钩和玉饰各一件。此外，在椁室北侧和主
棺前端（东端）随葬木俑四件。木俑与三具殉人呈旋环形摆放，寓意"以卫死者"。这
是目前发现的最早的以俑代替牲人为殉的实例。

值得注意的是，距离这里不远的长治分水岭，共发掘三十多座时代从春秋晚期到战
国末年的墓葬，有的墓制和随葬的青铜礼器与此墓相仿或更讲究，但未发现殉人[2]。这
说明从三家分晋以后，韩国的人殉制已趋衰微。

河南汲县山彪镇 1 号墓

1935 年发掘，战国早期魏墓，殉四人[3]。

此墓为近方形的竖穴土坑木椁墓，墓底长 7.4 米、宽 7.1 米、深 11.49 米。椁室与
墓壁之间积石积炭。早年多次被盗，墓主骨架已散乱，遗物残存青铜器一百四十七件，
中有列鼎五件及水陆攻战铜鉴、周王戈和错金的蔡戈。墓主应是魏国高级贵族。

---

①　山西省考古研究所：《山西长子东周墓》，《考古学报》1984 年第 4 期。

②　长治分水岭发掘的三十多座东周墓，见《考古学报》1957 年第 1 期；《考古》1964 年第 2 期；《考古学报》
　　1974 年第 2 期；《文物》1972 年第 4 期。

③　郭宝钧：《山彪镇与琉璃阁》4、5 页，科学出版社，1959 年。

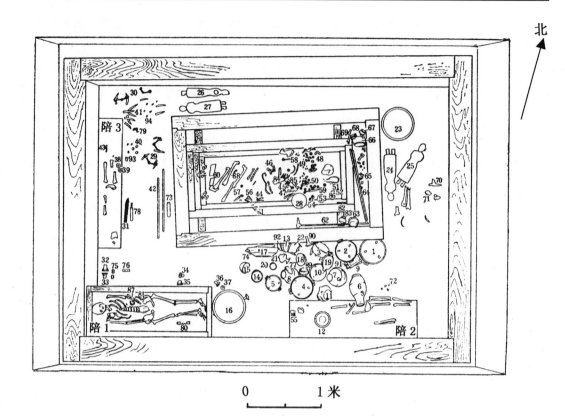

0　　　1 米

图八九　长子牛家坡7号春秋墓（采自《考古学报》1984年第4期）

1~5.鼎　6~8.壶　9、91.簋　10、89.鼎　11、12.甗　13、92.盆　14、15.带座豆　16、23.鉴　17、74.盘　18、77.漆舟　19.漆扁壶　20、21.陶豆　22.盉　24~27.木俑　28.漆盒　29、30.马衔　31.镞　32~39.车害　40.车饰　41.骨镳　42.木棍　43~45、81.带钩　46、50.玉佩　51.串珠　52.头发　53.镜　54、55.木梳　56.乐器　57~59.环首刀　60.玉饰　61.玉璜　62.戈　63、83.盖豆　64.木殳　65.玉佩　66.敦　67、68.鬲　69.鹿角　70.戈　71.牛骨　72.铃　73.竹帘　74.长方形车饰　76.车饰　78.鸭头形饰　79.扣饰　80.铜铃　82.骨匕　84、85.玉片　86.石坠　87.当卢　88.骨耳勺　90.豆　93.镈　94.骨贝　（未注明质地的是铜质）

殉人四人，分置墓主棺外的两端和两侧。殉人都有少量随葬品，可能都有木棺。

河南辉县固围村魏国王室墓地

1951年发掘，战国中期，保存稍好的1号墓、5号墓、6号墓，至少都有殉人一具[1]。

1号墓与2号墓、3号墓，东西并列，形制相同，都是二条墓道的中字形大墓。墓室内积石积沙，墓圹上有寝殿基址。三座墓均早年被盗，仅1号墓保存稍好。1号墓墓

--------

① 中国科学院考古研究所：《辉县发掘报告》71、104、106页，科学出版社，1956年。

口长 18.8 米、宽 17.7 米，底长 8 米、宽 6.65 米、深 17.4 米。南墓道的尽头有木室，木室内放置两辆马车；寝殿遗址东南部有瘞埋祭玉的小坑。墓中随葬器物大多被盗，遗存带盖陶鼎一套九件。墓室东壁侧穴中遗留殉人骨架一具，未见葬具和随葬品。估计原用殉人不止一人。葬主似为诸侯一级的身份。2 号墓、3 号墓已遭严重破坏，原来也应有殉人。

在这三座大墓的西侧，尚有二座陪葬墓，南北并列，编为 5 号墓、6 号墓。墓制相同，大小相仿，墓底长宽各 4 米左右，深 7 米许。墓主有棺有椁，似为魏国高级贵族陪葬于王陵之旁者。5 号墓殉人放于西壁头龛中，有木棺，仰身屈肢葬式，头下枕一陶擦。6 号墓殉人埋于东壁侧穴中，俯身葬式，骨架下有漆皮，随身佩带玉璧、玉马各一件。

太原金胜村晋卿墓（M251）

1987 年发掘。殉四人。春秋末年[①]（图九○）。

此墓为大型的竖穴土坑木椁墓，墓口长 11 米、宽 9.2 米，底深 14 米。墓坑积石积炭。墓底置三层套棺。墓主男性，年 65 至 70 岁左右，仰身直肢葬式，头向 108 度。主棺的南西北

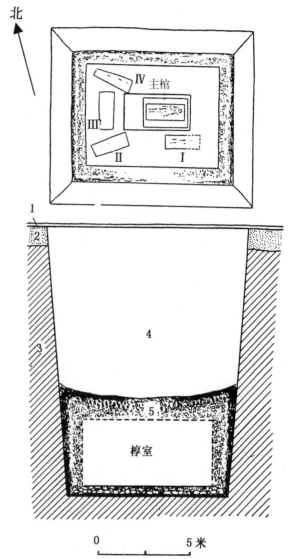

图九○　太原金胜村晋卿墓（M251）内的殉人棺
（采自《太原晋国赵卿墓》）
Ⅰ～Ⅳ. 殉人棺

三边环置殉葬棺四具，每棺放殉人一具。殉人都有少量随葬品或随身佩带的装饰品。棺上有车马器、兵器和乐器。殉人骨骸未鉴定，从出土现状分析，殉者似皆为婢妾近幸。此墓随葬品达三千多件，其中青铜器一千六百九十件，余为玉石器、陶器等。主墓东北

①　山西省考古研究所：《太原晋国赵卿墓》9～15 页，文物出版社，1996 年。

边有曲尺形车马坑，坑内埋木车十三辆，马四十四匹。发掘者推定墓主为春秋末年晋国赵卿（可能是赵鞅）。

邯郸赵王陵陪葬墓

赵王陵墓区在河北省邯郸市区西北部，坟丘累累，迄今犹存，目前仅发掘 3 号赵王陵的陪葬墓一座，年代属战国中晚期，墓中有殉童二具[①]（图九一）。

此墓 1978 年发掘，系带二条墓道的竖穴土坑墓，墓口长 14.5 米、宽 12.5 米，墓底长 12.6 米、宽 9.2 米、深 7.5 米。墓室正中是椁室。椁室分内外二层，外层用石砌，内层用木垒。椁室与墓壁之间全部夯土填筑。椁室内葬品已被盗光。墓主尸骨、葬具皆不存。墓道斜坡式，东道长 33.5 米、宽 7.2 米，近墓室处有一个车马坑，坑内埋二匹马及铜车马器。西墓道长 28 米、宽 6.8 米，近墓室处有一个殉葬坑。殉葬坑长 2.8 米、宽 2.5 米、深 0.5 米。坑内置木椁室，椁室内并列二棺，二棺各埋一人。头向东，一作俯身葬，一作仰身葬，骨架均腐朽。俯身葬者随葬铜质印章、带钩和箭镞各一件，铁削一件；仰身葬者随葬铜镜一件。据牙齿判断，应是未成年儿童。

此墓早年曾遭多次盗掘，墓内未能发现青铜礼器，也无文字资料可寻，准确判断墓主的身份比较困难。由于此墓位于 3 号赵王陵陵台下，推测墓主应是陪葬赵王的赵国王室贵族或大臣。

邯郸百家村赵国墓地

在邯郸以西的百家村、齐村一带有一大片赵国公墓地。1957 年和 1959 年在百家村发掘四十余座墓，其中殉人墓五座（M1、M3、M20、M25、M57）。在齐村发掘二三十座墓，也有殉人墓数座，资料未发表。这里只介绍百家村的五座殉人墓[②]。

这五座殉人墓是这片墓地中较大的墓葬，大约都带有车马坑。墓葬均为长方形竖穴木椁墓。墓口长 4~7 米、宽 3~5 米，墓主皆仰身伸直葬，随葬陶铜礼器和玉石器。1号墓墓主头向北，殉人一具，放于墓主棺外右上角，头向北，屈肢葬，未见葬具，随葬三件小带钩及少数车马饰。3 号墓墓主头向西，殉人三具，皆仰身伸直葬，有两具放于墓主棺外右侧（南），殉人头向西，其中一具有木棺，一具未见；另一具放于墓主足端，头向东，有木棺。三具殉人都有少量铜带钩、铜环等随葬（图九二）。20 号墓殉人一具，放于墓口下 0.6 米处的夯打填土中，未见葬具，随身有四件小铜带钩。25 号墓被盗扰，随葬品多已无存，仅在墓室北端横放未扰动的殉人一具，未见葬具，附近有铜马车器及铁削等遗物。57 号墓墓主头向东，殉人三具，分别放于墓主人的左右侧和脚下，均未见葬具。右侧殉人的头部有水晶珠十九枚，头部左右侧有铜矛、铜戈各一件，腰间

---

① 河北省文物管理处等：《河北邯郸赵王陵》，《考古》1982 年第 6 期。

② 河北省文化局文物工作队：《河北邯郸百家村战国墓》，《考古》1962 年第 12 期。

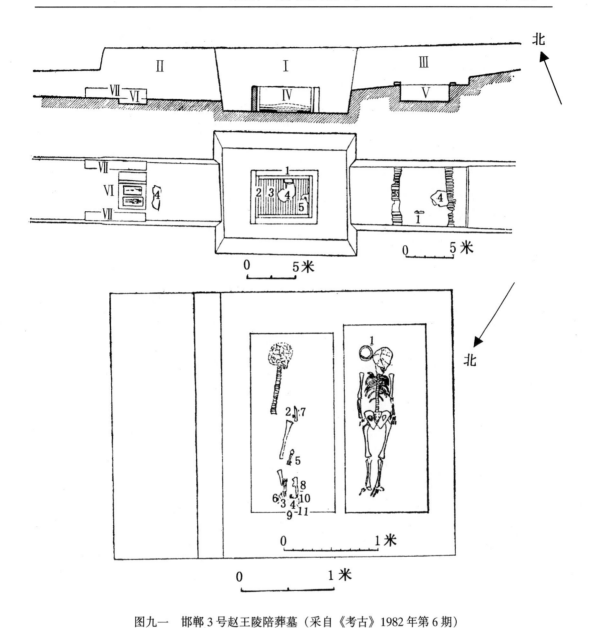

图九一　邯郸 3 号赵王陵陪葬墓（采自《考古》1982 年第 6 期）

上. 平、剖面图（Ⅰ. 墓室　Ⅱ. 西墓道　Ⅲ. 东墓道　Ⅳ. 椁室　Ⅴ. 车马坑

Ⅵ. 殉葬坑　Ⅶ. 夯土台　1. 石椁　2. 木椁　3. 地板　4. 石块　5. 木椁底板）

下. 殉葬坑（Ⅵ）平面图（1. 铜镜　2. 铜印　3. 有刺铜饰　4. 铜镞　5. 带钩

6. 把饰　7、8. 铁削　9. 骨锥　10. 铁器木把　11. 管形铜饰）

有铜当卢一件。左侧殉人腰间放铜带钩二件。脚下殉人有铜环九件、水晶珠五件。从出土现状可以看出，殉人入葬时应有完整服饰，并用木棺装殓入葬（图九三）。墓主身份似在大夫级以上。3 号墓随葬陶鼎九件一套，身份应更高。

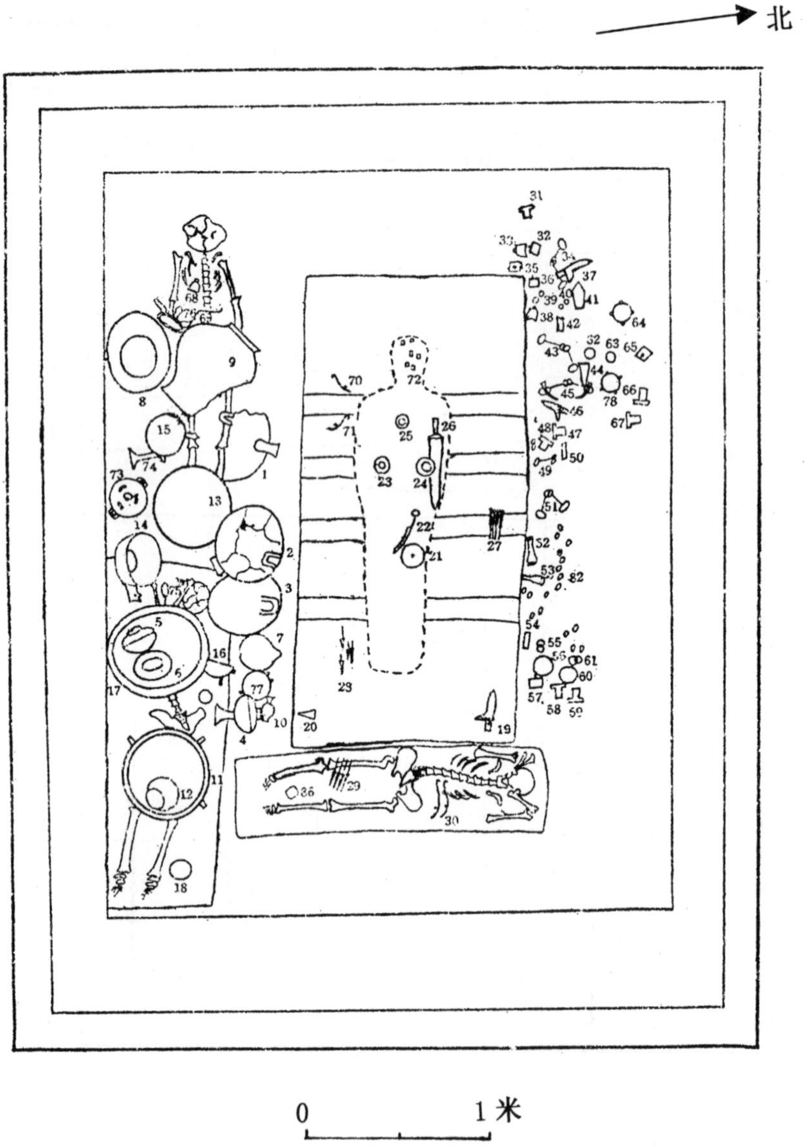

北

0　　　　　　　1米

图九二　邯郸百家村3号战国墓（采自《考古》1962年第12期）

1～3.陶鼎　4～6.陶豆　7.陶匜　8.陶壶　9.陶壶　10.小陶豆　11.陶鉴　12.陶壶
13.陶盘　14.陶盆　15、18.陶壶盖　16、17.铜鉴　19、37、46.铜戈　20.戈镈　21.
铜镜　22.铜削　23.玛瑙环　24.玉璧　25.玉环　26.铜剑　27.铜刻刀　28、29.铜镞
　30、69～71.铜带钩　31.铜轴头　32.铜扣饰　33、38.铜铃　34、43.铜马衔　35.
穿孔方形石块　36.铜扣饰　39、40.铜环　41.铜矛　42.骨管　44.铜矛镈　45.铜马
衔（附镖）　47～68.铜车马饰　72～86.铜鼎、铜匕、陶盉、陶豆等

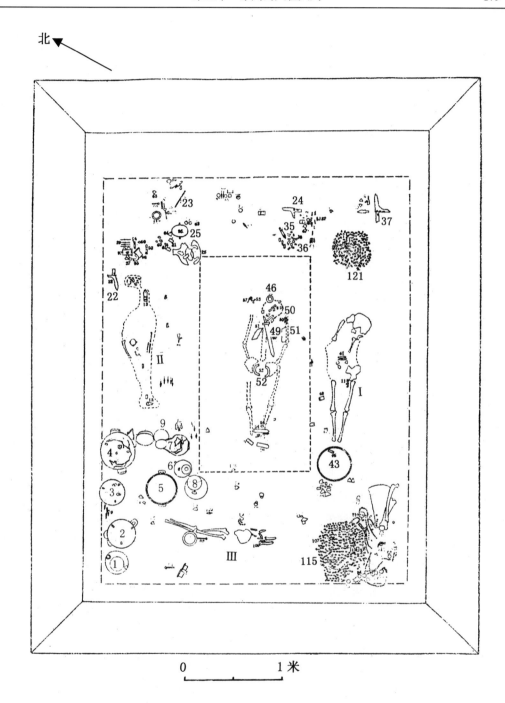

图九三　邯郸百家村 57 号战国墓（采自《考古》1962 年第 12 期）

Ⅰ、Ⅱ、Ⅲ. 殉人　主要随葬品：1. 铜甑　2~5. 铜鼎　6、9. 铜豆　7、8. 铜壶　22~24. 铜
戈　25. 铜匜　35、37. 铜戟　36. 铜矛　43. 铜盘　46. 玉璧　49. 铜剑　50. 铜带钩　51. 玉
石片　52. 玉璜　115. 扣饰　121. 骨泡

陕县后川村东周墓

1956 至 1958 年发掘一百〇五座，均为长方形竖穴土坑墓。其中两座（M2138、M2124）稍大，属中型木椁墓，各有殉人一具。2138 号墓墓口长 5.1 米、宽 4.3 米，底深 9.25 米，方向 91 度。墓主二层棺，仰身，下肢微向左屈，面部覆盖人面玉饰，随葬铜陶礼器等二百多件。殉人置椁室西部，横放在墓主脚下方，头向南，面西向，仰身直肢葬式，无葬具，无随葬品（图九四）。2124 号墓的形制与 2138 号墓近似，随葬铜陶礼器等一百多件，殉人置椁室西北角，顺放在墓主右下方，仰身直肢葬式，脸上有玉石片十三片，腰部有铜带钩一件，无葬具。两墓年代均属战国早期后段[1]。据《史记·秦本纪》记载，此时陕县一带属魏国辖地，死者应是魏人。

虢国地处中原腹心，1956 年和 1990、1991 年先后在河南陕县上村岭发掘一大批虢国贵族墓地，其中有虢太子墓、虢国国君墓，均未见殉人[2]。这是个例外。

见于古籍记载，属于仗义从死的有二例。一例是赵朔门客公孙杵臼和程婴，另一例是智伯门客豫让。

公孙杵臼和程婴决心为赵朔从死，事见《史记·赵世家》。起因于晋景公三年（前597 年），晋大夫屠岸贾诛灭赵朔全家，并搜捕孤儿赵武。赵家门客程婴和公孙杵臼定计救出孤儿。由公孙杵臼在搜捕时先死，程婴携赵武匿山中，十五年后赵家报了仇。就在报仇雪恨之后，程婴却执意从死，"下报赵宣孟（赵朔父赵盾之谥号）与公孙杵臼"，虽然赵武苦苦哀求，亦不能挽回。且看程婴是如何回答的。他说："'不可。彼（指公孙杵臼）以我为能成事，故先我死；今我不报，是以我事为不成。'遂自杀。"态度何等坚决！至今犹负盛名的《赵氏孤儿》戏剧即取材于此。可见其影响之深远。

豫让立志为智伯报仇从死事见《战国策·赵策一》、《史记·刺客列传》。事实经过大略是，豫让曾事晋范氏及中行氏，无所知名，去而事智伯。赵襄子与韩魏灭智伯，豫让决心谋刺赵襄子，为智伯报仇。他漆身为癞子，灭须去眉，以变其容，吞炭为哑，以变其音，但谋刺终于败露。赵襄子三年（前455 年）豫让为赵襄子所执。"豫让曰：'范、中行氏皆众人遇我，我故众人报之。至于智伯，国士遇我，我故以国士报之。'……于是襄子大义之，乃使持衣与豫让。豫让拔剑三跃而击之，曰：'吾可以下报智伯矣！'遂伏剑自杀。"这又是何等的惨烈！

上面议论的公孙杵臼、程婴、豫让，他们都为感恩报仇而从死，当然不可能与主人同穴。

---

[1] 中国社会科学院考古研究所：《陕县东周秦汉墓》第一部分，科学出版社，1994 年。

[2] 中国科学院考古研究所：《上村岭虢国墓地》，科学出版社，1959 年。又见河南省文物考古研究所：《三门峡虢国墓》，文物出版社，1999 年。

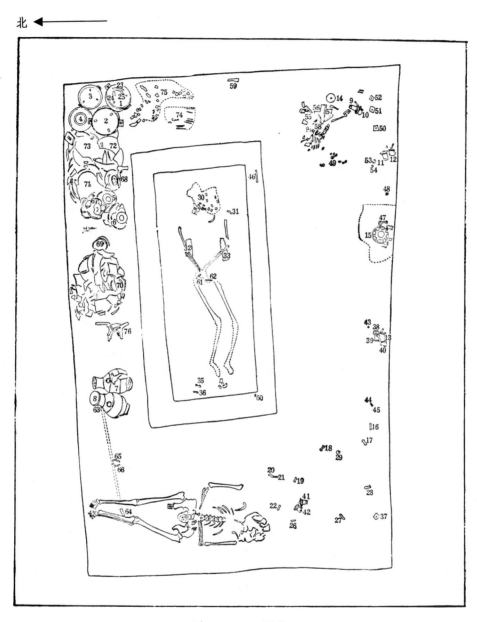

图九四　陕县后川 2138 号东周墓平面图（采自《陕县东周秦汉墓》）

1~3.铜鼎　4.铜敦　5、6.铜豆　7、8.铜壶　9~13.铜车舍　14.铜当户　15.铜四虎器座　16~22、26
~28.铜半圆管形器　23~25.玉璜　29.蚌泡　30.人面玉饰、玉耳瑱　31.玉璜　32、33.石饰　35、36.
铜带钩　37、50~52.石琮　38~42.铜车舍　43~45.铜环　46、59.铜镈　47.铜马衔　48.铜环耳　49、
60.贝　53.柱形石器　55.梯形玉饰　56、57.铜戈　58.圆柱形石器　61、62.石手握　63、64.铜衡末饰
65、66.铜鸟头饰67、68.陶豆　69、70.陶壶　71~73.陶鼎　74.石圭　75.玉石片　76.鹿角

春秋中叶以后，殉人恶俗在三晋地区已遭到反对。流传久远的"结草以报"故事，很可以说明这个问题。《左传·宣公十五年》（前 594 年）：

> 初，魏武子有嬖妾，无子。武子疾，命颗曰："必嫁是。"疾病，则曰："必以为殉。"及卒，颗嫁之，曰："疾病则乱，吾从其治也。"及辅氏之役，颗见老人结草以亢杜回，杜回踬而颠，故获之。夜梦之曰："余而所嫁妇人之父也。尔用先人之治命，余是以报。"

晋公室魏颗没有遵照其父病危时的"殉妾"嘱咐，而采取初病时"嫁妾"的嘱托，说明魏颗是顺应社会上反对人殉的变革潮流的。魏颗的人道行为，在当时必定有很大影响，特别是其父妾一家，所以才有后面结草报恩的故事。辅氏之役，魏颗擒秦将杜回，挫败秦师，给秦国的入侵以严重打击。时人编造"结草"故事，与其说是赞赏魏颗的武功，毋宁说是魏颗的反殉死行为受到时人的普遍拥护。

# 二　北方文化区

北方文化区包括赵国北部、中山国、燕国以及更北的方国部族。

从所处的地理位置看，这里正处于欧亚大陆北方游牧民族活动区的东境。欧亚大陆北方游牧民族流行的杀人头做头盖杯的风俗曾在这里居住的匈奴、柔然以及战国时赵国中间传播[1]。战国初年，"三晋分智氏，赵襄子最怨智伯而将其头以为饮器"[2]。显然是受这种风俗的影响。由于本文化区流行的是砍人头做头盖杯的风俗，人牲人殉反而比较少见。考古报道六例，分别见于河北怀来县北辛堡、平山县访驾村和山西定襄县中霍村三地东周墓。三地各两例。这三个地点，分别位于燕国西北边塞、鲜虞中山国和赵国北部戎狄文化区。

怀来北辛堡战国墓

1964 年发掘。两座。共有牲人二具、殉人四具。战国早期[3]。

两座均为长方形竖穴土坑墓。1 号墓墓口长 15.1 米、宽 5.1 米（东端）和 3.44 米（西端），墓底长 14.2 米、宽 4.4 米、深 3.9 米。墓坑填土中堆放祭牲的头部和四肢，检视个体，共有马、牛、羊各十多头。墓主一木椁一漆棺，头向东，随葬成组青铜器和双环首短剑、金盘丝、骨夹形器等。木椁西南边放置殓殉人的木棺二具，木棺并列摆放。殉人头亦向东，俯身直肢葬。一殉人随葬环首刀二件、砺石一件；另一殉人有环首

---

① 白鸟清：《髑髅饮器使用的风习及其传播》，京都《东洋学报》第 20 卷第 3、4 号，1933 年。

② 《战国策·赵策一》。

③ 河北省文化局文物工作队：《河北怀来北辛堡战国墓》，《考古》1966 年第 5 期。

刀、短剑、带钩各一件，背部盖一大蚌壳，蚌壳下有一块羊下颌骨。椁顶上放一牲人、一狗头。牲人被肢解埋入，并有骨夹形器二件（图九五）。

2号墓在1号墓西南12米处。墓口长6米、宽3.36米；墓底长4.9米、宽2.8米、深4.2米。墓坑填土中埋放祭牲三层，均取其头部和四肢，检视个体，共埋十一马、五牛、二羊、一狗、一猪及一个牲人头骨。人头放于第二层中部。墓底二棺。大棺髹漆，殓墓主，骨架已朽，佩带石串珠，随葬铜戈、铜镞、金箔等。小棺放于大棺棺内右侧，殉人作俯身直肢葬式，头向东，颈部有石串珠，应是从死的姬妾。

这两座墓葬均埋祭大量牲畜，与内蒙古扎赉诺尔和杭锦旗桃红巴拉的少数民族墓习俗相同，随葬的双环首短剑、金盘丝、骨夹形器，也与上述墓葬所出者相似；而青铜礼器、铜戈、铜镞，则具中原文化系统的特点。由此推测，墓主应是受燕文化影响的北方游牧部族首领。人牲人殉的使用情况，与北京琉璃河西周燕侯墓相同，显然也是受燕文化的影响。值得注意的是，东周时期，燕国未见人牲人殉，说明在西周时期，燕国曾流行的人牲人殉恶习，到东周时已被废除，而地处燕国西北边塞的北方游牧民族，却染上了西周时的燕国旧俗。

平山访驾村中山国墓

1977至1982年发掘。两座。殉人共四具。春秋末至战国初。

两座均为长方形竖穴土坑墓。一座（M8002）墓口长4.35米、宽2.9米，底深3.8米，方向60度。有二层台，有棺椁。墓主骨架已被扰毁。殉人三具，分放于北西南三侧二层台上，都有木棺，仰身直肢葬式。南侧、北侧的殉人头向与墓主一致，西侧殉人头向北。南侧殉人佩带一枚玛瑙环，余二具无葬品。经鉴定均为年20岁左右的女性（图九六）。另一座有一具殉人，有棺，放二层台上。两墓年代均约当春秋末至战国初，墓主似为白狄鲜虞建立的中山国贵族①。

定襄中霍村东周墓

1995年发掘。二座。殉人共四具。春秋晚期至战国早期②。

发掘五座，其中1号墓、2号墓有殉人。这两座墓都是长方形竖穴土坑石椁墓，方向40度。石椁用自然石垒砌。1号墓在石椁室内置二椁一棺。墓主尸骨已朽，仰身直肢葬式，头北脚南，随葬青铜礼器十六件。殉人一具，放内外椁之间东北角，仅存头骨和部分肋骨，经鉴定为40岁左右女性。附近有一件骨镳和四件铜节约。2号墓在石椁室内置一木棺，墓主尸骨已朽，仰身直肢葬式，头北脚南，随葬品一千多件，以玉饰为

---

①　河北省文物研究所：《河北平山三汲古城调查与墓葬发掘》，《考古学集刊（五）》，中国社会科学出版社，1987年。陈应祺：《略谈灵寿古城址所反映中山国的几个问题》，《中国考古学会第三次年会论文集》，文物出版社，1984年。

②　李有成：《定襄县中霍村东周墓发掘简报》，《文物》1997年第5期。

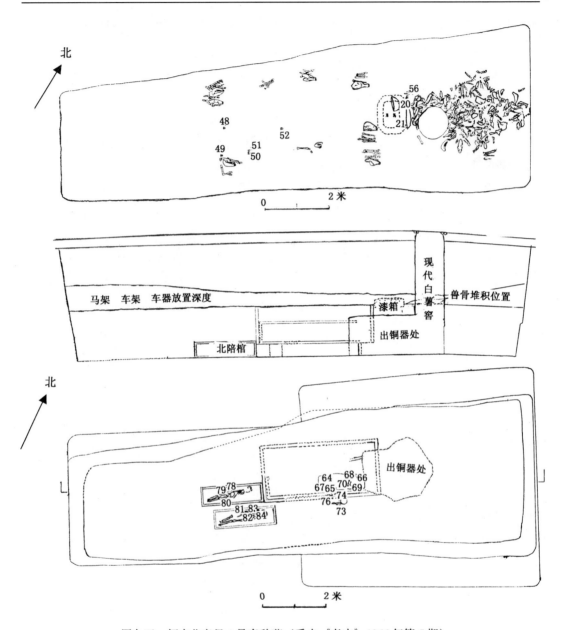

图九五　怀来北辛堡 1 号春秋墓（采自《考古》1966 年第 5 期）

上．椁盖上兽骨、漆箱、马架等的堆积情况（20、21、48～52.铜舍辖　56.铜戈）　下．平、剖面图

（64.骨夹形器　65.饼状骨节约　66、73.绿松石饰　67.金弹簧式环　68、69.铜衔　70.马具　74、

78.砺石　75、79～81.铜刀　76、83.铜剑　82.铜带钩　84.蚌壳）

主。在主棺外南边有一石砌墓室，室内置一木棺，棺内埋一具殉人，仰身直肢葬式，头东脚西，已朽，无随葬品。在石椁北壁外又挖一竖穴土坑，坑内置一木棺，棺内埋二具殉人。殉人皆头东脚西，北边男性，仰身直肢葬式；南边女性，侧身葬，面向南。皆无

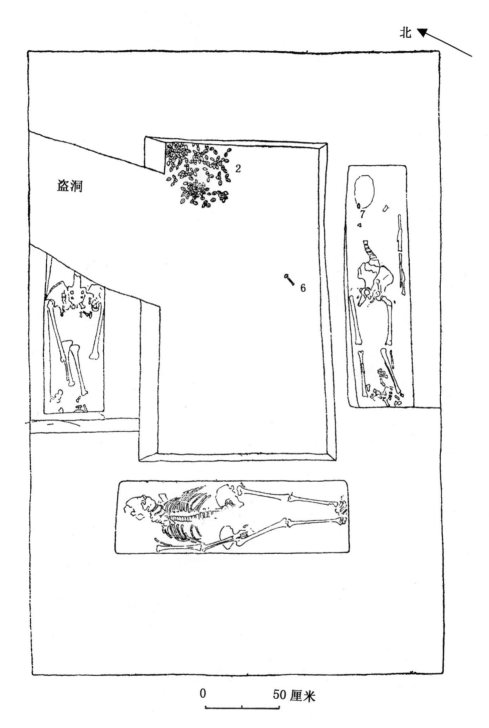

图九六　平山访驾村 8002 号东周墓（采自《考古学集刊（五)》)

2. 石贝　6. 铜辖　7. 玛瑙环

葬品。这二具殉人共用一棺，似为夫妻同殉（图九七）。

从两墓出土物判断，应是一组夫妇异穴合葬墓，1 号墓墓主为男性，2 号墓墓主为女性。采用石椁室葬制，原是东周北方戎狄葬俗，而随葬的青铜礼器，却具浓厚的晋文化特征，表明晋国文化与这里戎狄文化的交融。墓主似为受晋文化影响较深的戎狄贵族。

# 三　齐鲁文化区

齐鲁文化区包括今山东省境内的齐国、鲁国及其南部的邾、莒、郯、滕、薛等"泗

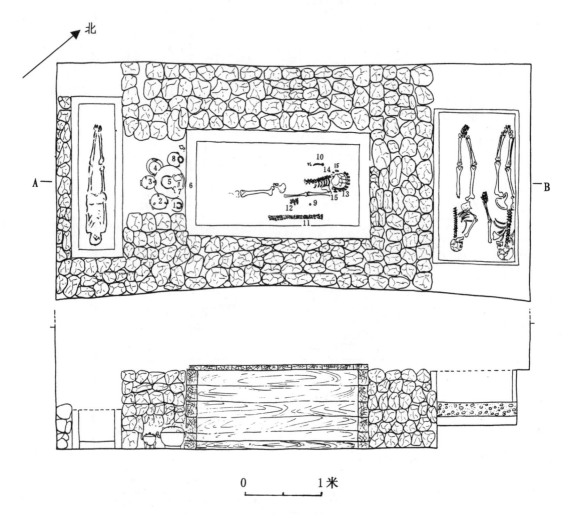

图九七　定襄县中霍村 2 号东周墓（采自《文物》1997 年第 5 期）

1.铜豆　2、3.铜鼎　4.铜鬲　5.铜盘　6.铜匜　7.铜勺　8.铜壶　9.玉扣　10.铜环首刀

11.料器（74 枚）　12.玉串珠（712 枚）　13.玉珠（386 枚）　14.玉玲　15.玉耳坠

上十二诸侯国"。子姓的宋国也附属于此。

包括鲁国在内的"泗上十二诸侯国",约位于今山东南部及东南部。这里古称东夷旧地,至迟从殷商以来就流行人牲人殉习俗。详情已见本书第二章。东周时期,这里仍然是人牲人殉的高度流行区。

从文献记载看,东周重要的献俘祭社事件,大多发生在这里。最早见于记载的是《春秋·僖公十九年》(前641年):

> 夏六月,宋公、晋人、邾子盟于曹南。鄫子会盟于邾。己酉,邾人执鄫子用之。

关于这件事,《左传》、《公羊传》、《谷梁传》僖公十九年都有记载,《左传》所载尤详:

> 夏,宋公使邾文公用鄫子于次睢之社,欲以属东夷。司马子鱼曰:"古者六畜不相为用,小事不用大牲,而况敢用人乎?祭祀以为人也,民、神之主也,用人,其谁飨之?齐桓公存三亡国,以属诸侯,义士犹曰薄德,今一会而虐二国之君,又用诸淫昏之鬼,将以求霸,不亦难乎?得死为幸!"(杜预注:"此水次有妖神,东夷皆社祠之,盖杀人而用祭。")

终春秋之世,杀人祭祀的恶习仍在这一带不断发生。《左传·昭公十年》(前532年):

> 秋七月,(鲁季)平子伐莒,取郠,献俘,始用人于亳社(杜预注:"杀人祭殷社。")

又《哀公七年》(前488年):

> (鲁季康子伐邾)师宵掠,以邾子益来,献于亳社。(杜预注:益,邾隐公也;亳社,以其亡国与殷国。)

从上引几段文字和杜预的注释中,我们看到"泗上十二诸侯"之首的鲁国,及其南缘的宋国,是推行东夷旧俗的祸首,杀祭地点皆在各国的殷社中举行。鲁国、宋国是春秋时期的大国,它对邻近的莒、邾等小国肆意侵凌掠夺,俘其国君,杀祭于殷社。这种极端霸道的行径,虽然已遭到时人反对,但依然存续不改。

除了献俘祭殷社以外,齐鲁文化区还流行血祭社神和焚尪求雨的活动。

血祭社神见于《管子·揆度》:

> 《轻重之法》曰:"自言能为司马,不能为司马者,杀其身以衅其鼓;自言能治田土,不能治田者,杀其身以衅其社。"

《管子》一书乃战国秦汉文字总汇,它所反映的基本上属于齐鲁史实。《揆度》摘引《轻重之法》的这两段话是有根据的。上半段说用人血衅鼓,《孟子·梁惠王》等书中都有记载。这种愚昧的做法由来久远,流行时间很长,但与本书所论的杀祭人牲的含义有别。下半段说的是用人血衅社,当然就是血祭社神了。

郊祭"焚尪求雨"的活动，事见《左传·僖公廿一年》（前 639 年）：

> 夏，大旱，公欲焚巫尪（杜注："巫，女巫也，主祈祷请雨者。"）臧文仲曰：
> "……巫尪何为，天欲杀之，则如勿生，若能为旱，焚之滋甚。"公从之。

按"焚尪求雨"，早在殷商时代就非常流行，据说多数是焚烧跛脚或弯脚的巫尪，称为"烄祭"。甲骨文中有"烄奻"、"烄婞屮雨"卜辞。奻、婞是女巫的名字。意思是说，焚巫尪奻、婞，果然灵验，下起雨来[1]。鲁国保留许多殷商遗俗，沿用这种古老的"烄祭"，应是可信的，但所用的女巫，是否跛脚或弯脚，则不可知。《左传》记录的这次焚尪求雨事件，遭到臧文仲的反对，没有实行，但也未见废止，看来终东周之世，鲁国的这一恶俗并未停止。

人殉在东方列国中也是比较盛行的。

齐国是东周列国中的东方大国，殷周人殉制在这里有深厚的基础，到春秋时仍相沿不衰。见于古籍记载的有齐桓公墓和齐宣王后无盐氏墓[2]。

齐桓公墓使用人殉，见《史记·齐太公世家·正义》引《括地志》：

> 齐桓公墓在临淄县南二十一里牛山上，……一所二坟。晋永嘉末，人发之，初得版，次得水银池，有气不得入。经数日，乃牵犬入中，得金蚕数十薄，珠襦、玉匣、缯䌽、军器不可胜数。又以人殉葬，骸骨狼藉也。

齐宣王后墓使用人殉，见明万历时沈德符《野获编》卷 29《叛贼·发冢》条：

> 嘉靖八年，山东临朐县有大墓，发之，乃古无盐后陵寝。其中珍异最多，俱未名之宝；生缚女子四人列左右为殉，其尸得宝玉之气，尚未销。

这二条皆出后人记载，情节又带神秘色彩，所谓齐桓公墓和宣王后无盐氏墓，也未必确切。不过，从考古发掘的齐国贵族墓一般都有殉人来看，说齐桓公、宣王后墓中使用殉人，应是可信的。

不但正常的殉死甚为流行，春秋时兴起的从死风气在齐国也盛极一时。齐大夫贾举、公孙敖等十一人集体为齐庄公殉死，是人殉制中最壮烈的一例。事见《左传·襄公二十五年》（前 548 年）：

> 夏五月，崔杼弑齐庄公。……贾举、州绰、邴师、公孙敖、封具、铎父、襄伊、偻堙皆死。祝佗父祭于高唐，至复命，不说弁而死于崔氏。申蒯侍渔者，退谓其宰曰："尔以帑免，我将死。"其宰曰："免，是反子之义也。"与之皆死。崔氏杀鬷蔑于平阴。晏子立于崔氏之门外。其人曰："死乎？"曰："独吾君也乎哉，吾死也。"曰："行乎？"曰："吾罪也乎哉，吾亡也。"曰："归乎？"曰："君死安归。君

---

[1] 参看丁山：《中国古代宗教与神话考》478 页，龙门联合书局，1961 年。
[2] 刘向《列女传》："齐钟离春者，齐无盐邑之女，宣王之正后也。"

民者，岂以陵民，社稷是主。臣君者，岂为其口实，社稷是养。故君为社稷死，则死之；为社稷亡，则亡之。若为己死而为己亡，非其私暱，谁敢任之。且人有君而弑之，吾焉得之，而焉得亡之。将庸何归。"门启而入，枕尸股而哭，兴，三踊而出。

晏婴是当时的大政治家、思想家，他认为国君为社稷而死，是正当的，人臣应该从死；国君为私利而死，亲眷应该从死，人臣则不一定要从死。在他看来，齐庄公被杀是死于私利，所以不必从死。

晏子的这套理论，在当时是有进步意义的。晏婴尚且主张"君为社稷死则死之；为社稷亡，则亡之"，由此可以想见，当时的从死风气必然远甚于此。鲁国公父文伯之母敬姜说得更加明白透彻，事见《国语·鲁语》：

> 公父文伯卒，其母戒其妾曰："吾闻之，好内，女死之；好外，士死之。今吾子夭死，吾恶其以好内闻也。二三妇之辱共先者祀，请无瘠色，无洵涕，无掐膺，无忧容，有降服，无加服，从礼而静，是昭吾子也。"

《礼记·檀弓下》也有大意相似的记载：

> 文伯之丧，敬姜据其床而不哭。曰："昔者吾有斯子也，吾以将为贤人也。吾未尝以就公室。今及其死也，朋友诸臣未有出涕者，而内人皆行哭失声，斯子也，必多旷于礼矣夫。"

公父文伯是个好色鬼，其母敬姜很嫌弃他，对这种人，她虽然劝说属下不必同情他，更不必为他殉死，但她却认为其子所宠爱的二三个女人还是应该从死的。反对用生人殉葬，甚至连用俑人殉葬都反对的孔子[1]，对敬姜的这套理论却深表赞赏。事见《孔丛子·记义篇》（《韩诗外传》卷一所载与此略同）：

> 公父文伯死，室人有从死者。其母怒而不哭。相室谏之。其母曰："孔子天下之贤人也，不用于鲁，退而去，是子素宗之而不能随，今死而内人从死者二人焉。若此于长者薄，于妇人厚也。"夫子闻之曰："季氏之妇，尚贤哉。"

还应该提到的是，殉死既然是臣妾应尽的本份，如果有特殊情况，主人不要求臣妾为自己殉死，要先嘱咐。齐季桓子令宠臣正常不必为自己殉死是很典型的事例。《左传·哀公三年》（前492年）：

> 秋，季孙有疾，命正常曰："无死。南孺子之子，男也，则以告而立之；女也，则肥也可。"（杜预注："季孙，季桓子。正常，桓子之宠臣，欲付以后事，故勒令

---

[1] 孔子反对人殉，也反对用俑人取代，依据见《礼记·檀弓下》："孔子谓'为明器者知丧道矣'，备物而不可用。哀哉，死者而用生者之器也，不殆于用殉乎哉？其曰明器，神明之也。涂车刍灵，自古有之，明器之道也。孔子谓'为刍灵者善'，谓'为俑者不仁'，殆于用人乎哉？"

勿从死。南孺子，季桓子之妻。言若生男，告公而立之。肥，康子。")

季桓子因有托孤重任，所以没有让宠臣正常从死。如果没有这个任务，正常从死是注定了的。

但也要看到，齐国的殉人习俗，到了春秋中晚期已遭到时人的反对。《礼记·檀弓下》记齐大夫陈子亢、陈尊已制止用人殉葬的故事是其典型。原文抄录如下：

> 陈子车死于卫。其妻与其家大夫谋以殉葬，定而后陈子亢至，以告曰："夫子疾，莫养于下，请以殉葬。"子亢曰："以殉葬，非礼也；虽然，则彼疾，当养者孰若妻与宰，得已，则吾欲已，不得已，则吾欲以二子者之为之也。"于是弗果用。

> 陈乾昔寝疾，属其兄弟，而命其子尊己，曰："如我死，则必大为我棺，使吾二婢子夹我。"陈乾昔死，其子曰："以殉葬，非礼也，况又同棺乎！"弗果杀。

这两例反人殉事例，写得绘声绘色，虽然早已脍炙人口，于今读来犹饶有趣味。

上一例记齐大夫陈子车死，其妻及其家大夫谋划用人殉葬，适陈子车之弟陈子亢归来。陈子亢自度不可用强制手段加以制止，于是来个"反奸计"，先以"殉葬非礼"的话相劝阻，当未被嫂夫人及家大夫所采纳时，再亮出侍养唯亲，"当养者孰若妻与宰"的大道理，用现代话来说，就是"要有人去地下陪伴，最合适的亲人就是他的妻子及其家大夫"。子车之妻及其家大夫当然不愿作茧自缚，此事只好作罢。这是对人殉制的伪善嘴脸的一次彻底揭露。

后一例记陈尊己违抗父命，不殉父妾，故事情节与晋国魏颗反对殉父妾基本相同（详见上一节）。

从这两例被儒家称许的反人殉事件，可以看出，野蛮的人殉制已经越来越不得人心了。临淄郎家庄1号墓开始出现陶俑随葬，也可以说明这个问题。

齐国、鲁国及胶东、鲁南东夷诸国，早在殷商西周时期就已经存在人牲人殉习俗，至东周时仍相沿不衰。考古发现的齐国殉人墓及殉人数均居东方列国首位。殉人墓大多发现在临淄齐故城附近的齐王室墓或其他高级贵族墓中，年代大多在春秋末至战国早期。主要有郎家庄1号墓，国家村1号墓、2号墓，齐鲁石化乙烯厂4号墓、5号墓、6号墓，淄河店2号墓，田齐王族墓，章丘女郎山1号墓。

临淄郎家庄1号墓

此墓位于齐故城南0.5公里处，1971至1972年发掘。原有高约10米的坟丘，现存墓口长21米、宽19.5米。墓室用石块垒砌，早年多次被盗，棺椁已毁，墓主尸骨仅剩几根烧焦的肢骨。墓室周围有从葬坑十七个，坑内均置棺椁，每坑埋一人，葬式皆仰身直肢，头向主室，作旋环拱卫状（图九八）。从葬坑内都有丰富的随葬品，各有仿铜的陶礼器一组、陶俑一组，以及贵重的玉石珍宝水晶串珠佩饰（图九九、一〇〇）。可供鉴定的骨架，全是20至30岁的女性，她们生前应是墓主的姬妾。5号从葬坑另有殉人一人，15 号从葬坑另有殉人二人，也都有简单佩饰随葬，全是青年女性。表明从死者还可以有自己的殉人。

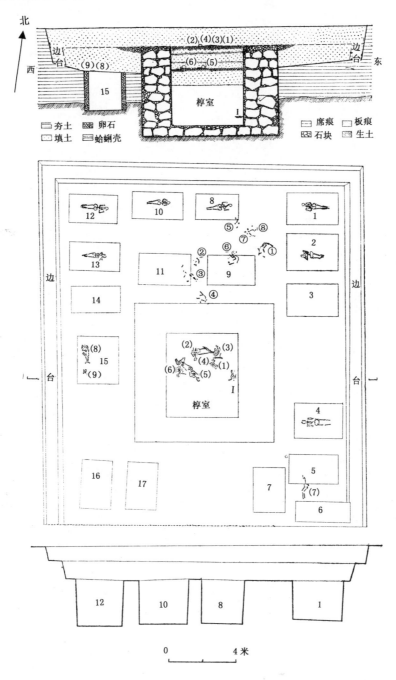

图九八　临淄郎家庄 1 号东周墓平、剖面图（采自《考古学报》1977 年第 1 期）

Ⅰ.墓主骨架　1~17.陪葬坑（其中 3、5~7、9、11、14~17.被盗）　（1）~（9）殉人　①~⑧殉狗

图九九　临淄郎家庄 1 号东周墓的 2 号从葬坑（采自《考古学报》1977 年第 1 期）

　　值得注意的是，墓室椁顶上的填土中还发现六具人架、八只狗，个别人架有少量陶器和装饰品。这六具人架有的被砍头，有的被肢解，有的只有头颅，有的似被捆绑生

图一〇〇　临淄郎家庄 1 号东周墓的 8 号从葬坑（采自《考古学报》1977 年第 1 期）

埋。可供鉴定的三具人架，一具为男青年，二具为女青年[1]。关于这六人的入葬性质，

---

[1]　山东省博物馆：《临淄郎家庄一号东周殉人墓》，《考古学报》1977 年第 1 期。

从被砍杀与狗同埋看，似为人牲。据发掘者研究，此墓埋葬年代约在春秋战国之际。从墓室结构及从葬坑的气势看，墓主的身份应是齐国王室或齐国的高级贵族。

临淄国家村1号墓、2号墓

2003年发掘。两墓均位于齐故城小城西南角2.4公里处。南北并列，相距30余米，1号墓在北，2号墓在南。两墓均为带斜坡墓道的竖穴土坑木椁墓，墓向南，近墓底留出二层台。二层台四周的墓壁上有麻布帷帐。墓室中间设椁室。椁室周围填塞石子、蚌壳。椁室内置一椁一棺。墓主尸骨均已腐朽，仅知仰身直肢葬式，头向北。椁室外围设殉葬坑。1号墓设四个殉葬坑，分别位于椁室西北角、东南角和椁室两侧。其中三个坑较大，坑内各置一椁一棺，各埋一人。另一坑较小，仅置一木棺，埋一人。殉人尸骨已朽，仰身直肢葬式，椁室两侧殉人头向与墓主一致，亦向北。殉人都佩带玉石饰品，有水晶串饰、玉片饰、滑石串饰、滑石管、料珠、骨珠、铜带钩等，每人数量稍有不同。2号墓殉十七人，木棺十五具。其中两棺各放二人，余一棺一人。二人一棺的棺位分别置于墓室东南角和西北角的长方形竖穴土坑内。棺内二人以薄木板分隔，仰身直肢葬式。位于墓室东南角的殉人头向西，西北角的殉人头向东。另有两具木棺直接放在椁室东西两侧，未挖土坑。棺内殉人骨架已零散。其余十一具木棺全部并列在椁室北侧的一个长方形土坑内。土坑长7.6米、宽2.1米、深近1米。十一具木棺内各埋一人，大多仰身直肢葬式，头均向墓主。殉人均有佩饰，有玛瑙环、玛瑙珠、水晶环、水晶管、滑石串饰、滑石璧、骨珠等。

这两座墓葬早年多次被盗掘，但仍遗存随葬品五百余件（套），有铜礼器、陶礼器、车马器、兵器、乐器等。发掘者根据墓葬形制、随葬品特征以及椁室周围填充石子、蚌壳等特点，推断为战国早期齐国墓[①]。从殉人都有木棺、佩带推测，似均为墓主生前的姬妾和歌舞乐人。

临淄齐鲁石化乙烯厂4号墓、5号墓、6号墓

1984至1985年发掘。位于齐故城西南约20公里处。4号墓、5号墓在同一坟丘下，均为斜坡墓道的竖穴土坑石椁墓，墓向南，东西并列，相距7米。4号墓墓室长25.6米、宽24.5米、深7.5米，墓道长49米。近墓底留出二层台，中间置椁室，四周用自然巨石垒砌，并用卵石填塞缝隙。椁室长6.9米、宽5.25米、高3.2米。椁室东、西、北三面的二层台上有十九个长方形土坑和一条兵器坑。土坑内置棺椁，每坑埋一具殉人。殉人皆仰身直肢，头向椁室，身上佩戴滑石、玉髓、水晶串饰。二层台上随葬大量仿铜陶礼器和乐器。5号墓有二个殉葬坑，坑内置棺椁，每坑埋一具殉人。6号墓在其附近，墓室长29.5米、宽28.25米、深7.6米。南墓道残长12.5

---

①　王会田：《山东临淄清理两座大型殉人战国墓》，《中国文物报》2004年1月30日。

米。椁室四周的二层台上有殉葬坑二十二个，其中十七个坑各殉二人，余五坑各殉一人，共殉三十九人。双人殉葬坑平面为方形，人自一棺，共用一椁。殉人佩戴水晶和滑石串饰[①]。

临淄淄河店2号墓

1990年发掘。位于齐故城南7.5公里，南邻"田齐王陵"。为一带斜坡墓道的近方形竖穴土坑石椁墓。方向195度。坟丘已毁。墓室分地上、地下两部分。地上墓室夯筑，现存墓口方形，每边长16.3～16.5米。地下墓室亦为方形，每边长15.6～15.9米，挖至深4.5米处留出二层台，再在二层台内侧挖筑椁室。椁室每边长7～7.5米，深5.5米。中间置棺椁，四周垒砌大石块，是为石椁。石椁上下铺盖方木。二层台上四周有麻布帷帐。椁室多次被盗，墓主尸骨已毁，仅知头向北。在墓主头端的二层台上挖出长方形殉葬坑。坑长10.6米、宽2.5米、深1.6米。坑内排列四具木椁，每具木椁内平放木棺三具，每具棺内埋一具殉人，共埋十二具殉人。殉人皆仰身直肢葬式，头向椁室，身上佩戴水晶环、玛瑙珠、骨管组成的串饰及铜带钩等。十二具殉人中有五具保存较好，经鉴定均为年轻女性，其身份应是墓主生前的姬妾或歌舞乐人（图一〇一）。

此墓经多次盗扰，尚存二十多辆木车、大量仿铜陶礼器及自铭"国楚"铜戈一件。墓室北侧附马坑，殉马六十九匹。发掘者推定为战国早期齐卿墓[②]。

临淄田齐王族墓

1990年发掘。位于齐故城南郊田齐王陵区内。是一座带斜坡墓道的方形竖穴木椁墓。墓口长16.5米、宽16.3米，底深5.5米，墓坑四壁及底部用天然大石块铺砌。墓主一棺一椁，骸骨已盗毁。椁室后部二层台上有一长方形土坑，坑长10.6米、宽2.5米、深1.6米，坑内埋十二具殉人。一人一棺，三人共一椁。殉人皆仰身直肢葬式，头向椁室，有带钩、玉髓环、水晶环、滑石璧和骨梳等随葬品。骸骨大多腐朽，能鉴定的五具都是女性青年，当为婢妾之属。在二层台上还埋置独辀马车二十多辆。墓室后面有大型马坑，内殉马六十九匹，头向东，自西而东单行排列。此墓早年被盗，遗物尚有七鼎六簋及钟磬等乐器，又有大量车马陪葬，死者当属田齐王族中的成员[③]。

章丘女郎山1号墓

1990年发掘。位于山东章丘县绣惠镇女郎山西坡上。也是带斜坡墓道的方形土坑木椁墓。方向190度。墓口长13.15米、宽12.58米，底残深3.3米。墓主二椁一棺，

①　郑同修、魏成敏：《淄博市齐鲁石化乙烯厂东周墓》，《中国考古学年鉴（1986）》139、140页，文物出版社，1988年。

②　山东省文物考古研究所：《山东淄博市临淄区淄河店二号战国墓》，《考古》2000年第10期。

③　魏成敏：《临淄又发现一座战国大墓》，《中国文物报》1991年7月28日。

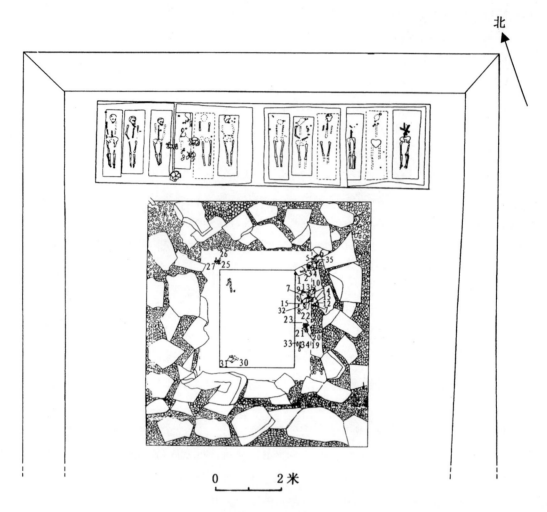

图一〇一　临淄淄河店 2 号战国墓殉人分布图（采自《考古》2000 年第 10 期）

椁室内：1～4、7～10、18、35.铜钮钟　5、6.铜镈　11、34.铜殳　12～14、19、20、24.铜戈　15、17、23、32、33.铜矛　16、21、22、25、26.铜戟　27.铜镞　28、29.铜剑　30.残铜片　31.铜带钩（椁室外随葬器物请参看《考古》2000 年第 10 期 49 页图六）

仰身直肢，头向北，鉴定为老年男性。墓室四周有二层台，东台置器物库，西台、北台环列五个殉葬坑，坑内各殉一人。殉人坑均为长方形竖穴土坑，有熟土二层台。其中四坑内置一棺一椁，另一坑仅置一棺。殉人皆仰身直肢葬式，随葬仿铜陶礼器、少量铜器和玉石水晶饰品。1 号殉人还随葬一套彩绘舞乐陶俑。殉人经鉴定，均为 20 岁左右的女性，其身份应是墓主生前的婢妾（图一〇二）。此外，在外椁盖上还发现被肢解的

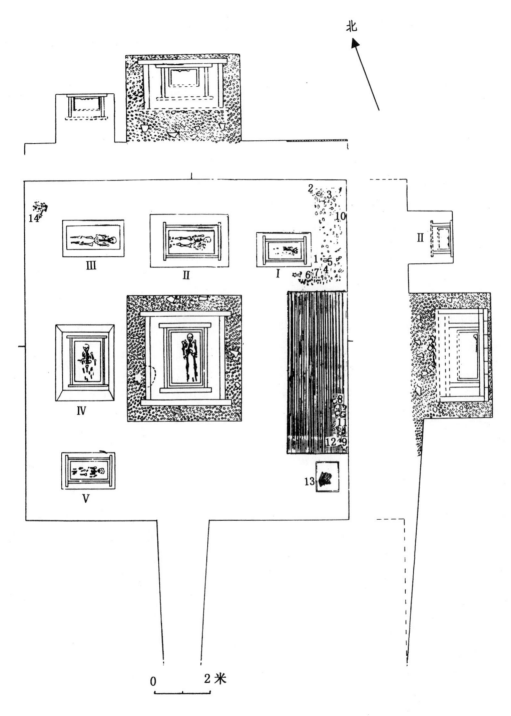

图一〇二　章丘女郎山 1 号战国墓殉人分布图（采自《济青高级公路章丘工段考古发掘报告》）

1、6、7. 兽形器耳　2、3. 陶豆　4、8. 陶鼎　5. 器座　9. 彩绘陶壶　10. 陶匜　11. 陶敦

12. 陶盘　13、14. 石编磬

殉人一具，似为封墓时举行祭奠的人牲。据发掘者研究，此墓墓主可能是齐将匡章①。

鲁国是仅次于齐国的东方诸侯国，是"泗上十二诸侯"之首。上引鲁宗室敬姜的言论，表明鲁国的人殉制度是很流行的，但考古资料发现不多，这可能是由于鲁国王室墓尚未发掘的缘故。目前已知仅一例：1977 年发现于鲁国故城的 202 号墓，年代属春秋早期。此墓为竖穴土坑墓，墓底长 2.8 米、宽 1.5 米、残深 1 米。有椁棺，有二层台，墓主仰身直肢，随葬铜陶器皿和象牙串珠。殉人一具，放墓主头端二层台上，葬式仰身直肢，无葬具，无随葬品。从现状看，应是处死后埋人②。

在鲁国的南部和东南部有邾、滕、薛、莒、鄅等小诸侯国以及子姓宋国。这里原属东夷旧地，是保留远古流传的人牲人殉习俗最多的地区。如上引《左传》所述，宋、鲁对捉获的莒、鄅的国君和俘虏，都依夷俗杀祭于殷社。考古发现的人殉遗迹，几乎遍及东夷诸国。重要的有滕州薛国故城内的薛国墓，临沂凤凰岭鄅国墓，莒南、沂水的莒国墓。

滕州薛国故城薛国墓

位于滕州市城南薛国故城内，1978 年发掘九座，其中六座（M1～M3、M6、M7、M9）有殉人。殉人墓均为长方形土坑竖穴木椁墓。墓向北偏东，有二层台，有腰坑，大多有成套青铜礼器和较多的陶器、玉石器。1 号墓双椁双棺，墓主侧身下肢微屈。殉人二具，一具放于腰坑内，头向南，双臂反剪，双腿因坑小而向上折起；另一具放于椁室北部，头向东，骨骸已腐朽。2 号墓双椁双棺，墓主已朽。殉人四具，一具放于腰坑内，头向南，仰身直肢葬式；三具堆放在椁室南部，尚存三人头及少量肢骨，似为砍杀后埋人。3 号墓双椁单棺，墓主已朽。殉人一具，埋于腰坑内，已被扰乱。9 号墓双椁单棺，墓主骨骸已朽。殉人一具，放于椁室西部，头向北，侧身屈肢。6 号墓一椁一棺，墓主仰身直肢葬式。殉人一具，放东侧棺椁间，头亦向北，四肢交叉，似捆绑状。以上四墓殉人皆无葬具，无随葬品。值得注意的是 7 号墓墓底的二具人骨。西侧一人有棺有椁，侧身下肢微屈，鉴定为成年男性。东侧一具有棺无椁，略小于西棺，棺底高出西侧棺底 0.3 米，仰身直肢葬式，双手交叉于腹部，鉴定为成年女性（图一〇三）。此墓随葬陶器十一件，放头端二层台上，另有一件铜舟放西侧棺椁内。葬式显示男尊女卑，似为姬妾之从死者。

这批东周薛国墓，1 号墓、2 号墓、3 号墓属春秋早中期，墓主身份较高；6 号墓、7 号墓属春秋晚期，墓主身份较低。薛人原是东夷人的一个支系，发祥于东方夷人区，

---

① 山东省文物考古研究所：《章丘绣惠女郎山一号战国大墓发掘报告》，见《济青高级公路章丘工段考古发掘报告集》，齐鲁书社，1993 年。李曰训：《山东章丘女郎山战国墓出土乐舞陶俑及有关问题》，《文物》1993 年第 3 期。

② 山东省文物考古研究所等：《曲阜鲁国故城》92 页，图版叁壹：2，齐鲁书社，1982 年。

先随商人入主中原，后又随周人东征，
重封故地，故有深厚的东方夷人的文
化特征，又带有夏夷交融的痕迹①。

临沂凤凰岭郮国墓

1982 年发掘。位于临沂城东 12 公
里的凤凰岭山巅上。长方形竖穴土坑
墓。墓底四周有熟土二层台，中间留
出生土二层台，把墓底分隔成前后两
室。前室铺席，席上放祭牲（牛）和
陶器；后室中部置棺椁，墓主仰身直
肢，头向东，为一成年男性，身佩玉
佩饰，腰下放一狗。十四具殉人环绕
于墓主棺椁周边及周边二层台上。其
中 I～IV 号殉人环绕在墓主棺椁周边，
均有木棺，人骨已朽，皆仰身直肢葬
式，随葬少量器物或饰品。V 号、VI
号殉人置中隔二层台土坑中，也有木
棺。被盗洞破坏，人骨已朽残，随葬
品已失。VII 至 XIV 号殉人环列周边二层
台土坑中。尸骨裹席（IX、XII 号未见
草席），人骨大多腐朽，但可看出 VIII 号
殉人缺左上肢骨，XI 号殉人缺左足，
XII 号殉人缺右足，XIV 号殉人足骨弯折。
VII、X、XII、XIII 号殉人各有一件铜削，
余无随葬品（图一〇四）。依据殉人的
安放位置以及葬具的差异和随葬品的
多寡有无，这些殉人的身份应有不同，
他们与墓主的关系可能是：I～IV 号，

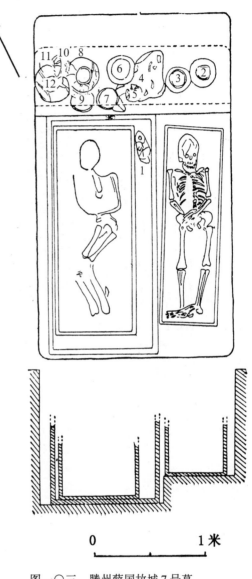

图一〇三　滕州薛国故城 7 号墓

（采自《考古学报》1991 年第 4 期）

1. 铜舟　2、4、8、12. 陶罍　3、6、7. 陶鬲　5、9～11. 陶豆

婢妾；V、VI 号，侍从；VII～XIV 号，奴隶。其中 VIII、XI、XII 号似为受过刖刑的奴隶。
此外，墓室北边有一个器物坑，坑内置木箱，箱内放成套的青铜礼器、乐器和兵器。在
墓室西北边有一个车马坑，已残。据发掘者研究，墓主似为春秋晚期东夷族建立的郮

———————————

① 山东省济宁市文物管理局：《薛国故城勘查和墓葬发掘报告》，《考古学报》1991 年第 4 期。

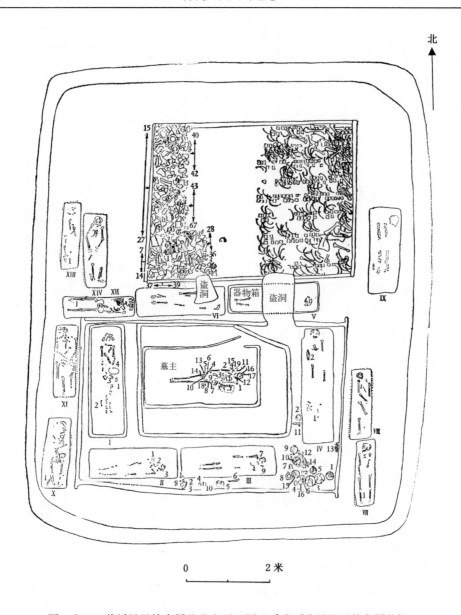

图一〇四　临沂凤凰岭东周墓墓室平面图（采自《临沂凤凰岭东周墓》）

墓主：1、11.玉玦　2、3、15、19.玉璜　4、5、8、9、13、14、18.玉佩　6.玉环形佩　7、10、16、17.玉环　12.玉瑱　器物箱：1～6.剑和鞘饰　7～14.陶鬲　15～27.陶瓮　28～36.陶缸　37～42.陶豆　43～67.陶器盖　殉人Ⅰ：1.骨管　2.铜削　3.骨料　4.残木盒　殉人Ⅱ：1.玉玦　2、3.玉环　殉人Ⅲ：1、2.骨管　3、5.残铜器　4.卣　6.铜削　7、9.玉环　8.象牙雕　10.鼎　殉人Ⅳ：1.玉石串珠　2.矛　殉人Ⅶ：1.铜削　殉人Ⅹ：1.铜削　殉人Ⅻ：1.铜削　殉人ⅩⅢ：1.铜削　殉人Ⅳ足下：1、3.簋　2.玉环　4.舟　5.鼎　6.铜卣　7.铃　8.盉　9.鼎　10.簋　11.戈　12.斤　13.镦　14.盘　15.壶　16.铜卣　前室：1～3、6.剑　4、5.铜鞘饰　7～14.陶鬲　15～27.陶瓮　28～36.陶罐　37～42.陶豆　43～67.陶器盖　（未注质料的是铜质）（殉人Ⅴ、Ⅵ、Ⅷ、Ⅸ、Ⅺ、ⅩⅣ，未见随葬品）

国国君墓①。

　　莒南和沂水的莒国墓

　　莒南莒国墓位于莒南大店镇，1979 年发掘两座。均为带斜坡墓道的长方形竖穴木椁墓，墓道向东。1 号墓墓室长 11.3 米、宽 10.4 米。分椁室、器物室两部分，中间以夯土梁间隔。椁室在南，器物室在北。墓主棺椁放椁室中部，骨架已朽，椁室中的随葬器物被盗，仅在漆棺内发现一把漆鞘铜剑，由此推测墓主为男性。再依铜剑放置的位置看，墓主头向西。十具殉人放置在椁外，都有简单的木棺装殓。一具在墓主足端（东端），一具在右侧，余八具在墓主头端。殉人皆仰身直肢葬式，头骨相向，未见随葬品。骨架已朽，从遗迹看应是成人。器物室有青铜器、陶器，室后部放四具马架，无头，应是祭牲。时代属春秋末期（图一○五）。2 号墓墓口长 10 米、宽 9 米。墓室也分椁室、器物室两部分。椁室在北，器物室在南。墓主棺椁放于椁室中部，骨架已朽，头向东，从残存头盖骨及部分肢骨看，似为男性。十个殉人环绕椁外，殉人各置薄木棺，其中两具放于墓主头端，两具放于墓主足端，墓主两侧各有三具。殉人皆仰身直肢葬式，面向中间墓主。从骨骼观察，殉人中有成年八人、少年二人。放于墓主头端及两侧的八个殉人，有的有铜削、木梳等简单随葬品。放于墓主足端的二具，一具胫骨、腓骨下端平齐，生前似受刖刑；另一具身首分离，头骨向上放置，地位似最卑下。墓主椁棺下有腰坑，坑内埋一只狗。器物坑内放青铜器、陶器，还有四具马架，当为祭牲。2 号墓比 1 号墓稍早，大约在春秋中晚期②。

　　莒南大店的两座大墓，墓制相同，殉人相同，随葬的陶鼎都是大小相次的七件，又有青铜礼乐器、兵器和车马器。2 号墓出土了编钟，且自铭"莒叔之仲子平"表明墓主是莒国的重要贵族或莒国封君。

　　沂水县刘家店子的两座莒国墓于 1978 年发掘。两座均为长方形竖穴土坑墓，无墓道。1 号墓墓口长 12.8 米、宽 8 米。墓底设一个木板构筑的椁室和二个器物库。椁室居中，器物库在椁室的两侧。椁室由二椁一棺构成，二椁套合，内有漆棺。墓主骨架已朽，头向东。椁外足端有一具薄木棺，内有一殉人。殉人头向北，仰身直肢葬式，有少量车马器随葬。器物库内放置大量青铜礼乐器、兵器，内有九鼎八簋九鬲及成套的编钟、编镈，有的器物上有"□公"铭文。南器物库木盖上有三层骨架，每层间距 20 厘米，下层骨架直接放置在库盖板上。骨架东西排列，相互叠压，头向南北不一，无一定葬式，未见葬具及任何随葬品。骨架均已腐朽成粉末，个体无法搞清，估计有三十五至四十人。从出土现象看，似为入葬后举行祭奠时杀祭的牲人（图一○六）。北器物库顶

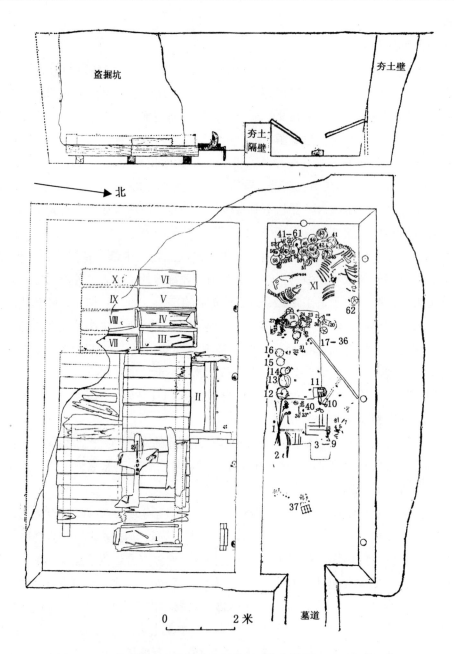

图一〇五　莒南大店1号春秋墓（采自《考古学报》1978年第3期）

Ⅰ～Ⅹ．殉人　Ⅺ．殉马4匹（已残）

1.车伞盖　2.盖弓帽　3.舌辖　4.锁形器　5.铜管　6～8、34.箭镞　9.铜矛　10.铜筒帽
11.铜镈　12、13.铜鼎　14.铜壶　15～17.铜敦　18.铜簠　19.铜舟　20～28.钮钟　29.铜
剑　30～32.节约　33.小铜帽　35.合页　36.凤纹铜饰　37.骨贝　40.井字形铜器　41～47.
陶鼎　48～51.陶敦　52～58.陶壶　59.陶敦　60.陶罐　61.陶甒　62.陶豆

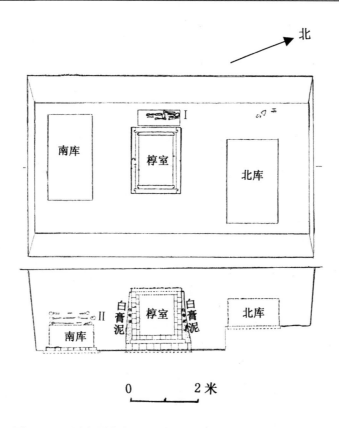

图一〇六　沂水刘家店 21 号春秋墓平、剖面图（采自《文
物》1984 年第 9 期）

Ⅰ.椁室西壁填土中的一具殉人（有棺）　Ⅱ.南器物库盖上的三层殉
人（已朽），约三十五至三十九具

上填土已被群众破坏，是否有骨架，无法了解。2 号墓的墓向和结构与 1 号墓全同，相距仅 8.7 米，发掘前已遭到破坏。从收集的部分青铜器及玉石饰看，2 号墓墓主与 1 号墓墓主的身份亦相似。发掘者据墓制及出土礼乐器分析，推定 1 号墓墓主是莒国封君，2 号墓墓主系其夫人，身份与莒南大店发掘的二座莒国墓墓主相同[1]。

另据报道，1975 年在胶东莱阳前河前村发掘五座东周己国墓，每墓也都有一至二具殉葬人[2]。

在古籍记载中，邾国、宋国的人殉是很盛行的。《左传·成公二年》（前 589 年）：

八月，宋文公卒。始厚葬，用蜃炭，益马车，始用殉。

可见自宋文公以后，宋国国君以人殉为常制。宋国于公元前 286 年为齐所灭，在其立国

---

① 山东省文物考古研究所等：《山东沂水刘家店子春秋墓发掘简报》，《文物》1984 年第 9 期。

② 山东省兖石铁路文物考古工作队：《临沂凤凰岭东周墓》34、37 页，齐鲁书社，1988 年。

的三百年间，估计都是用人殉葬的。

邾国国君用人殉葬见于《左传·定公三年》（前 507 年）：

> 三年春二月辛卯，邾子在门台，临廷。阍以瓶水沃廷。邾子望见之，怒。阍曰："夷射姑旋焉。"命执之，弗得。滋怒，自投于床，废于炉炭，烂，遂卒。先葬以车五乘，殉五人。

邾庄公坠炉死，埋葬时先在墓穴中安排五辆车、五个殉人。车备主人出行，殉人备地下服役。这种做法，大约是春秋时期的通例。

# 四　楚文化区

楚文化区以长江中游的楚国为中心，随着楚国势力的强大和扩张，其北边的曾、随、陈、蔡和南边的各方国部族也包括在内。

楚俗好巫鬼，重淫祀，东周以前是否存在人牲人殉习俗，文献、考古均无征。东周时期，大约是受齐鲁地区的影响，人牲人殉颇为流行。

有名的人牲事例见《春秋·昭公十一年》（前 531 年）：

> 冬十有一月，丁酉，楚师灭蔡，执蔡世子有以归，用之。（杜注："杀以祭山。"）

《左传》作"用隐大子于岗山"。隐大子即世子有，并指出杀祭的地点在岗山。《公羊传》、《谷梁传》传文与《春秋》所载并同，但《公羊传》认为"用之筑防（城）"；而《谷梁传》范宁集解则引《左传·僖公十九年》邾人执鄫子故事，认为"用人祭社"。不论用于祭社神，或用于祭山神，皆属祭"诸淫昏之鬼"的淫祀一类，其杀祭方法大约也是采用"叩其鼻以衅社"的血祭。

上引楚灵王执蔡世子用之岗山这件事，遭到楚芋尹申无宇的非议，他说："不祥，五牲不相为用，况用诸侯乎！王必悔之。"说明杀祭诸侯的野蛮行为已遭到楚国进步人士的反对。

1973 年发掘楚都纪南城，在南垣水门木构建筑的北端发现一个圆形土坑。坑口直径 3.2 米，距河底深 1.2 米。坑内埋一具人骨、麻鞋三双、木箅一件、木梳一件、绳纹长颈罐一件，附近还发现一个马头和其他兽骨若干，时代与木构建筑同属春秋晚期。发掘者认为埋入坑内的人骨架是奠基牲①。奠基牲出现于河南龙山文化，至殷商时代颇为流行，西周以来未再发现。纪南城南垣水门木构建筑中发现的人骨似应另作解释，而不

---

①　湖北省博物馆：《楚都纪南城的勘查与发掘（上）》，《考古学报》1982 年第 3 期。

一定属奠基牲遗存。

长江中游的人殉习俗起源于何时？目前还不清楚。文献史料和考古发现的人殉都在春秋中期以后。最著名的是楚芊尹申亥以二女殉楚灵王。《左传·昭公十三年》（前529年）：

> 夏五月癸亥，（楚灵）王缢于芊尹申亥氏，申亥以其二女殉而葬之。

《史记·楚世家》有较详细的记载：

> 灵王于是独彷徨山中，野人莫敢入王。……芊尹申无宇之子申亥曰："吾父再犯王命，王弗诛，恩孰大焉！"乃求王，遇王饥于釐泽，奉之以归。夏五月癸丑，王死申亥家。申亥以二女从死，并葬之。

楚灵王是个暴君，因派系斗争被推翻外逃。申亥为了报答他不杀其父申无宇之恩，把他接到自己家中藏匿起来。不久，灵王悲愤自杀，申亥竟胁迫自己的两个女儿为这个暴君殉死！

为了取得国君的宠信，有些嬖臣、姬妾以至相将、门客，常常在国君面前，以替死或从死相许诺。在楚国，这种自愿申请从死的风气较之别的诸侯国似乎更为流行。见于古籍的至少有下列四例：

第一例是楚共王的嬖臣安陵君，事见《战国策·楚策一》：

> 江乙说于安陵君曰："君无咫尺之功，骨肉之亲，处尊位，受厚禄，一国之众，见君不敛衽而拜，抚委而服，何以也？"曰："王过举而已，不然，无以至此。"江乙曰："以财交者，财尽而交绝；以色交者，华落而爱渝。是以嬖女不敝席，宠臣不避轩。今君擅楚国之势，而无以深自结于王，窃为君危之！"安陵君曰："然则奈何？"江乙曰："愿君必请从死，以身为殉，如是，必长得重于楚国。"曰："谨受令。"……于是楚王游于云梦，……有狂兕牂车依轮而至，王亲引弓而射，一发而殪。王抽旃旄而抑兕首，仰天笑曰："乐矣，今日之游也，寡人万岁千秋之后，谁与乐此乎？"安陵君泣数行而进曰："臣入则编席，出则陪乘，大王万岁千秋之后，臣愿得以身试黄泉，蓐蝼蚁，又何如得此乐而乐之。"王大悦，乃封坛为安陵君。

《说苑·权谋》也有类似的记载：

> 安陵缠以颜色美壮，得幸于楚共王。……王顾谓安陵缠曰："吾万岁之后，子将谁与斯乐乎？"安陵缠乃逡巡而却，泣下沾衿，抱王曰："万岁之后，臣将从为殉，安知乐之者谁？"于是共王乃封安陵缠于车下三百户。

《战国策》、《说苑》均西汉刘向辑录。两书叙江乙说安陵君嬖幸楚王事甚详，情节稍异，结论复同。知"安陵君"、"安陵缠"，必同是一人，但《说苑》系此事于楚共王时（前590～前560年）；而《战国策·楚策》则系此事于楚宣王时（前369～前340年）。关于这个问题，古代学者已有争议。据近人缪文远考辨，江乙仕楚正当宣王时，江乙说安陵君的时间亦应以宣王时为是①。

第二例是楚昭王（前515～前490年）的爱幸越姬，事见刘向《列女传》卷五：

> 楚昭越姬者，越王勾践之女，楚昭王之姬也。昭王儴游，蔡姬在左，越姬参右。王亲乘驷以驰逐，遂登附社之后，以望云梦之囿，观士大夫逐者，既欢，乃顾谓二姬曰："乐乎？"蔡姬对曰："乐。"王曰："吾愿与子生若此，死又若此。"蔡姬曰："……固愿生俱乐，死同时。"王顾谓史书之："蔡姬许从孤死矣。"乃复谓越姬。越姬对曰："……妾不敢闻命"。……居二十五年，王救陈，二姬从王，病在军中，……越姬曰："大哉君王之德以是，妾愿从王矣。昔日之游，淫乐也，是以不敢许，及君王复于礼，国人皆将为君王死，而况于妾乎？请愿先驱狐狸于地下。"……遂自杀。……王薨于军中，蔡姬竟不能死。

当楚昭王是个淫乐之君的时候，越姬不愿从死，但当楚昭王"复于礼"的时候，她立即改变态度，"请愿先驱狐狸于地下"，在昭王的病榻前自杀殉死。蔡姬则反是，"竟不能死"。刘向对二姬的一褒一贬，或可代表汉儒在人殉道义上的看法。

第三例是随楚昭王军于城父的楚国诸将相，与越姬从死的同时，演出一幕"以身祷于神"的从死丑剧。事见《史记·楚世家》：

> （楚昭王）二十七年（前489年）春，吴伐陈，楚昭王救之，军城父。十月，昭王病于军中，有赤云如鸟，夹日而蜚。昭王问周太史，太史曰："是害于楚王，然可移于将相。"将相闻是言，乃请自以身祷于神。昭王曰："将相，孤之股肱也，今移祸，庸去是身乎！"弗听。卜而河为祟，大夫请祷河。昭王曰："自吾先王受封，望不过江、汉，而河非所获罪也。"止不许。

亏得楚昭王有点实事求是精神，不然，随军诸将相都将身葬鱼腹了。

第四例是墨者钜子孟胜死，弟子从之者一百八十三人。事见《吕氏春秋·上德》：

> 墨者钜子孟胜善荆之阳城君。阳城君令守于国，毁璜以为符，约曰："符合听之"。荆王薨，群臣攻吴起兵于丧所，阳城君与焉。荆罪之。阳城君走，荆收其国。孟胜曰："受人之国，与之有符，今不见符，而力不能禁，不能死，不可。"弟子徐弱谏孟胜曰："死而有益于阳城君，死之可矣；无益也，而绝墨者于世，不可。"孟胜曰："不然，吾于阳城君也，非师则友也，非友则臣也，不死，自今以来，求严师必不于墨者矣，求贤友必不于墨者矣，求良臣必不于墨者矣。死之，所以行墨者之义，而继其业者也。我将属钜子于宋之田襄子。田襄子贤者也，何患墨者之绝世也。"徐弱曰。"若夫子之言，弱请先死以除路。"还，殁头前于孟胜。因使二人传钜子于田襄子。孟胜死，弟子死之者百八十三人。以致命于田襄子，（高注：句上

当有"二人"二字。以，犹已也。）欲反死孟胜于荆，田襄子止之曰："孟子已传钜子于我矣"。不听，遂反死之。

孟胜出于感恩，为阳城君殉死；孟胜的一百八十三个弟子，出于思想信仰，也相率为孟胜殉死；那两个传命于新钜子的弟子，可以弃新钜子于不顾，还要返回来为老钜子殉死。从这件事看，墨家无异墨教，它的"从死观"教义，曾驱使多少无辜信徒白白送死！东周从死风气大炽，与墨家思想不无关系。

上引四例，除了第三例因当事人不同意，没有死以外，第一、二、四例都死得很痛快。第一例的申亥二女和第二例的越姬，应是与主人同墓穴的。第四例比较复杂，孟胜是误信阳城君为楚王而死的，其实阳城君并没有死，孟胜的尸体当然不会同阳城君埋在同一墓穴内。孟胜的一百八十三名弟子，外加"先死以除路"的徐弱和传命归来的二个弟子，他们是否与孟胜同一墓穴，已无从查考。

楚文化区内发现的殉人墓不少，资料已发表的楚国墓有河南淅川下寺楚王室墓地、信阳长台关4号楚墓、固始侯古堆1号墓、固始白狮子地楚墓、新蔡葛陵村楚墓，湖北当阳曹家岗5号墓、赵巷4号墓、鄂城百子畈3、4、5号墓和长沙浏城桥1号墓。此外，安徽寿县蔡侯墓、河南新野曾国墓、湖北随县擂鼓墩1号墓和2号墓，都是本区内著名的楚附庸国殉人墓。

淅川下寺楚王室墓地

1978年发掘大中型墓九座，小墓十五座，以及大中型墓的祔葬车马坑五个。墓群分布在丹江水库两岸的龙山山脊上，山势呈南北走势。墓葬分三区：南区有8号、7号、36号三墓和8号墓的车马坑，中区有1号至4号四墓、2号墓的车马坑和十五座小墓，北区有10号墓、11号墓和各自的一个车马坑（图一○七）。

这九座大中型墓，全部是长方形竖穴土坑墓。墓底构筑椁室，椁室内随葬大量的青铜礼器、乐器和兵器等。根据2号墓出土的铜器铭文，多数学者认为2号墓墓主应是楚庄王之子令尹子庚，即公子午，他卒于楚康王七年（前552年）；少数学者认为2号墓墓主应是令尹薳子冯，他卒于楚康王十二年（前548年）。1号墓、3号墓墓主是2号墓墓主的两位夫人。1号墓墓主是孟滕姬，3号墓墓主是邵中姬。二姬与2号墓墓主三人异穴合葬。4号墓墓主可能也是女性，地位似略低于1号墓、3号墓墓主。南区三墓和北区两墓的墓主亦为楚王室成员。南区三墓的年代比2号墓稍早，北区二墓的年代比2号墓稍晚[①]。

引人注目的是，九座大中型墓的椁室内大多并列两棺，一大一小，大棺居中，埋葬墓主；小棺偏于一侧。小棺内可确认有尸骨的有1号、2号、3号、8号、10号、11号六墓。发掘时，墓坑填土夯打层次清楚，没有发现两次夯填的痕迹，表明椁室中的两棺

---

①　河南省文物研究所等：《淅川下寺春秋楚墓》，文物出版社，1991年。

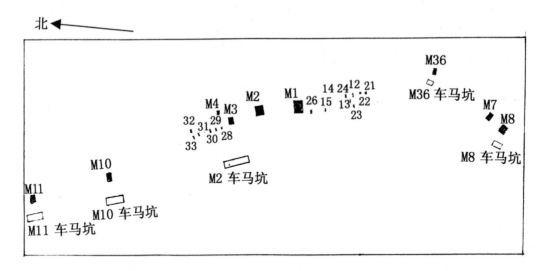

图一〇七　淅川下寺春秋楚墓分布示意图（采自《淅川下寺春秋楚墓》）

M1、M2（令尹子庚墓或令尹蒍子冯墓）、M3、M4、M7、M8、M36、M10、M11 是大中型墓，未加 M 的是小墓

应是一次埋入，参照山西灵石旌介村商代末期墓[①] 和陕西宝鸡西周弢国贵族墓[②] 的实例，小棺内的死者应是殉葬者。出土时，大小棺内的尸骨均已腐朽，有的已朽没，性别年龄均无法鉴定。大棺内的墓主一般可以据出土铜器铭文推定，小棺内的死者，因缺乏与性别有关的专用葬品，其身份只能据常理推测：1 号墓和 3 号墓墓主被认定为 2 号墓墓主的两位夫人，墓内的殉人估计是其贴身侍女（图一〇八）。其他四墓的殉人身份，尚难认定。

1 号墓至 4 号墓周围的十五座小墓，都是狭长的竖穴土坑墓，墓口略大于墓底，墓底一般长 1.8~2.3 米、宽 1 米左右，深 1.5 左右。多数墓底置一木棺（少数无棺），棺底铺朱砂。除 23 号墓一棺埋二人外，都是单人葬，仰身直肢，头向东，面向上。23 号墓棺内二人，头向不一，一向东，一向西。小墓一般无随葬品，少数随葬一二件玉石饰品，比较突出的是 24 号墓，随葬玉牌四块和碎玉石四块，墓坑也较大较深。

这批小墓墓室狭小，随葬品贫乏，与九座大中型墓无法比拟。从其祔葬于令尹子庚（或令尹子冯）及其夫人墓的近侧以及当时风行奴仆为主从死的习俗推测，这批小墓很可能是 1 号墓、2 号墓、3 号墓墓主的从死者。

信阳长台关 4 号楚墓

1991 年发掘。位于 1957 年发掘的 1 号、2 号楚墓南边 500 米处。大型竖穴土坑木椁

① 山西省考古研究所等：《山西灵石旌介村商墓》，《文物》1986 年第 11 期。已收入本书第三章。

② 卢连成、胡智生：《宝鸡弢国墓地》，文物出版社，1988 年。已收入本书第四章。

墓。方向 112 度。椁室分棺室、南侧室、北侧室三部分。棺室盗扰严重，仅剩棺椁漆皮痕迹，墓主尸骨已毁。椁室西侧置一具圆木棺，棺中间掏空，掏空的凹槽长 1.76 米、宽 0.32 米、深 0.12 米，内埋一具殉人。殉人仰身直肢，头向南，身长 1.5 米以下，似为未成年人。因被扰动，仅存部分肢骨、盆骨和指骨。圆木棺上盖草席、竹席各一。据墓葬形制和遗存的随葬品推定，此墓属春秋晚期[①]。

固始侯古堆 1 号墓

1978 年发掘。战国前期偏早。殉人十七人。

此墓位于固始县城东南 2 公里处，地名"侯古堆"的山岗上。是一座带斜坡墓道的竖穴土坑木椁墓，墓道向东。墓上坟丘高 7 米。墓坑长 12 米。有积沙积石，有两重的椁室，内陈漆棺。墓主是一 30 岁左右的女性。在椁外及内外椁间，有十七具盛殓殉人的木棺。其中六具放内外椁之间，十一具放外椁四周。木棺长 108~190 厘米、宽 50~54 厘米、高 40 厘米。殉人骨架多数完好，绝大多数为仰身直肢葬式，少数俯身葬（图一〇九）。一般随葬陶器、玉器、铜带钩、铜削等，但数量不等。经鉴定，殉人年龄均在 20 至 40 岁之间，可确定性别的为男性五人、女性九人，余三人不明。根据出土物及对当地历史的考查，一般认为此墓大约是楚的封君夫人[②]。或以为

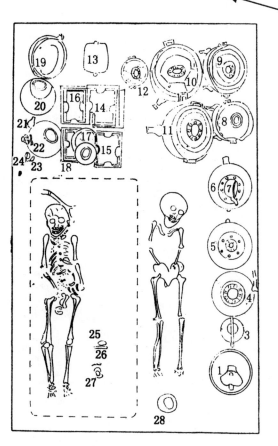

北

0　　　　　　　　　10 厘米

图一〇八　淅川下寺 3 号楚墓椁室（采自《淅川下寺春秋楚墓》）

1. 铜盘　2. 铜匜　3. 铜蚕　4、8~12. 铜鼎　5、6. 铜浴缶　7. 铜斗　13. 铜盒形器　14~16、18. 铜簠　17. 铜盏　19. 铜鉴　20、22. 铜尊缶　21. 铜提链壶　23、24. 铜勺　25. 铜镜　26. 铜削　28. 铜量　27、29~51. 玉石、料器　（27、29~51 置于南侧人骨架左右，因太小未绘入图中）

① 河南省文物研究所：《信阳长台关四号楚墓的发掘》，《华夏考古》1997 年第 3 期。

② 固始侯古堆一号墓发掘组：《河南固始侯古堆一号墓发掘简报》，《文物》1981 年第 1 期。郭建邦：《试论固始侯古大墓陪葬坑出土的代步工具——肩舆》，《中原文物》1981 年第 1 期。

图一〇九　固始侯古堆 1 号墓椁室和周边的殉人坑

此墓有楚国世族"鄙子成周"自做的九件编钟，又有宋景公（前 516～前 451 年）为其妹句敔（吴）夫人所做的四件铜簠，而且这一带曾是吴楚争夺之地，所以，此墓也有可能是"句敔（吴）夫人"墓①。

固始白狮子地楚墓

二座，均位于固始县砖瓦厂白狮子地山岗上，南距侯古堆 1 号墓约 500 米。其中 1 号墓为 1980 年发掘，共殉葬十三人，年代为战国早期偏晚。另一座墓为 1988 年发掘，殉葬一人，年代为战国晚期。

1 号墓为竖穴土坑木椁墓。坟丘残高 1.5 米。方向正东。墓口长 12 米、宽 11 米，墓底长 7.6 米、宽 6.7 米、深 10 米。坑壁四周有宽 60 厘米的二层台，墓室构筑近似侯古堆 1 号墓。有两层木椁，内置一漆棺。墓主骨架已朽，随葬的青铜礼器、兵器和车马

---

①　欧潭生：《豫南考古新发现的重要意义》，《河南省考古学会论文选集》（《中原文物》特刊），1981 年。

器甚多。十三具殉人环置于内外椁间，各有一具薄棺装殓。薄木棺大多朽塌，骨架亦多
腐朽。其中五具放于内外椁间，首尾连接，环卫主棺，从残存骨痕看似皆侧身葬；其余
八具置于外椁壁外四周，似亦皆为侧身葬。除 6 号棺内殉人随葬一木梳外，余未见随葬
器物。可供鉴定的椁外五具骨架全是 40 岁左右的男性，从殉人的陈列位置看，椁内五
具殉人的身份应高于椁外的八具殉人。从墓葬规模及铜陶礼器、兵器、漆木器看，墓主
应是楚国卿大夫以上的贵族①。

1988 年发掘的一座也是大型的竖穴土坑木椁墓。椁室内设棺室、头箱、边箱、脚
箱，棺室内有二层套棺，墓主已朽，随葬品甚丰。在脚箱内靠外棺处置一殉葬棺，内有
一具殉人，人骨已朽，仅存二块头骨，未见随葬品，时代属战国晚期②。

新蔡葛陵村楚墓

1992 至 1993 年发掘。战国中期。殉三人。

此墓位于新蔡县西北 26 公里处的葛陵村，是一座带斜坡墓道的竖穴土坑木椁墓。
墓道向东，墓口长 25 米、宽 23 米，墓口至椁室的墓坑四壁有九层台阶逐级内收。椁室
近方形，每边长 10 米左右，距墓口深 9 米。椁室中部是棺室，棺室四周有边箱。早年
被盗，葬具、尸骨、随葬品全被扰动。共发现已支离残损的四个个体，除一具墓主外，
另三具应是殉人，骨架未鉴定。从遗存的青铜器、漆木器、玉石器和竹简推定，此墓应
是战国中期的一位楚国封君③。

当阳曹家岗 5 号墓和赵巷 4 号墓

曹家岗 5 号墓，1984 年发掘，春秋晚期。殉二人。

赵巷 4 号墓，1988 年发掘，春秋中期偏晚。殉五人。

曹家岗 5 号墓为长方形竖穴土坑木椁墓。墓旁另设随葬器物坑，墓口长 9.07 米、
宽 8.4 米，墓底深 7.6 米。方向 94 度。椁室高 2.3 米。椁室并列一主棺两陪棺，主棺
为两层棺，髹漆，制作精细。两陪棺紧靠主棺左侧，较小，形同主棺的内棺。三棺内各
置一具骨架，均已腐朽、散乱，根据骨架测量，主棺内的被葬者身长约 1.7 米，似为男
性，两陪棺内的被葬者身长约 1.6 米，似为女性（图一一〇）。

此墓早年被盗，从遗存的四件铜鼎，铜殳、铜矛、皮甲等兵器，以及二件铜簠刻有
"王孙雹乍（作）蔡姬食簠"铭文考察，墓主应是楚国卿大夫级的贵族④。

当阳赵巷 4 号墓也是一座大型竖穴土坑木椁墓。方向 268 度。椁室内置二层套棺，
墓主仰身直肢葬式，50 岁以上男性。椁室内东南隅置一具殉葬棺（Ⅴ），椁室外东侧及

① 信阳地区文物管理委员会等：《固始白狮子地一号和二号墓清理简报》，《中原文物》1981 年第 4 期。

② 詹汉清：《固始发现一座大型战国木椁墓》，《中国文物报》1988 年 3 月 18 日。

③ 宋国定等：《新蔡发现一座大型楚墓》，《中国文物报》1994 年 10 月 23 日。

④ 湖北省宜昌地区博物馆：《当阳曹家岗 5 号楚墓》，《考古学报》1988 年第 4 期。

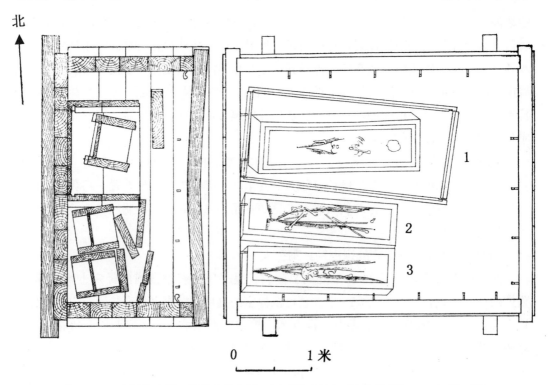

图一一〇　当阳曹家岗 5 号楚墓椁室平、剖面图（采自《考古学报》1988 年第 4 期）

1. 主棺　2、3. 殉人棺

东南隅置四具殉葬棺 Ⅰ～Ⅳ。五具皆为长方形悬底棺，棺内各放一具殉人，竹席裹尸，身着麻织物。Ⅴ 号棺殉人腐朽过甚，余四具保存较好，鉴定为青少年女性，年龄均在 14 至 24 岁之间，身份似均为墓主生前婢妾（图一一一）。年代约春秋中期偏晚。墓主身份与曹家岗 5 号墓墓主相当，似均为楚大夫①。

鄂城百子畈 3 号墓、4 号墓、5 号墓

1978 年发掘。战国中期偏早，共殉五人。

三墓皆竖穴土坑木椁墓。3 号墓有一条墓道，4 号、5 号墓无。均向东。结构大小近似，墓口长 7 米许、宽 5～6 米，底深 5 米左右。墓底有二层台。椁室分五室，中间主室置墓主的两层棺，四边是边箱，放随葬器物。墓主仰身直肢葬式，用竹席包裹。随葬陶鼎七件、陶壶四件、陶簠二件、陶敦二件，以及数量较多的木漆器和铜车马器。殉人放于边箱内，皆备薄棺装殓。3 号墓的一具殉人放于脚箱中；4 号墓和 5 号墓各有二具殉人，分别放于脚箱和右边箱中（图一一二）。殉人骨架已朽，葬式不明，但都有陶

---

①　湖北省宜昌地区博物馆：《湖北当阳赵巷 4 号春秋墓发掘简报》，《文物》1990 年第 10 期。

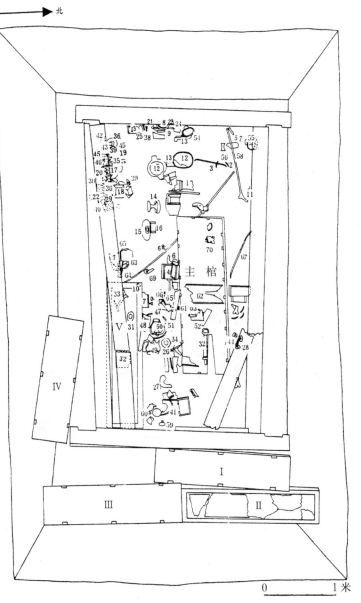

图一一一　当阳赵巷 4 号楚墓（采自《文物》1990 年第 10 期）

1、18、63.漆方壶　2、3、23、29、35.竹弓　4~6、13、33、40、52、62、63.马甲片 7.漆瑟　8、14、15、20、37、39.漆豆　9.漆木棍　10.木珠　11.金属片　12、17、36、54、55.漆篃　16.漆盖　19.小木棍　21、69.弦纳　24.木柲　25、43、46.铜饰片　26、27、28、31、34、41、45、60、70.甲片　30.铜戈　32.镇墓兽 38.铜车辖　42.玉玦　44.玉琮 47.铜盘足　48、53.铜扣形器 49.陶鬲　50.铜匜　51.铜盘 56.陶豆把　57.积石　58.木拐杖　59.弦纳柱　61.铜盘环　64~ 66.木片　67.木弓　68.兵器杆 71.木笸　72.木梳　Ⅰ~Ⅴ.殉人棺

杯、铜带钩等少量随葬品。墓主身份可能属卿大夫级[1]。

长沙浏城桥 1 号墓

1971 年发掘，战国早期偏晚，殉一人。

此墓为长方形竖穴土坑木椁墓，墓口长 5.84 米、宽 4 米、深 7 米，向东。墓底置两层椁，椁内放一漆棺。墓主仰身直肢，骨架已朽，外椁与内椁之间的东、南、西三面

---

[1]　湖北省鄂城县博物馆：《鄂城楚墓》，《考古学报》1983 年第 2 期。

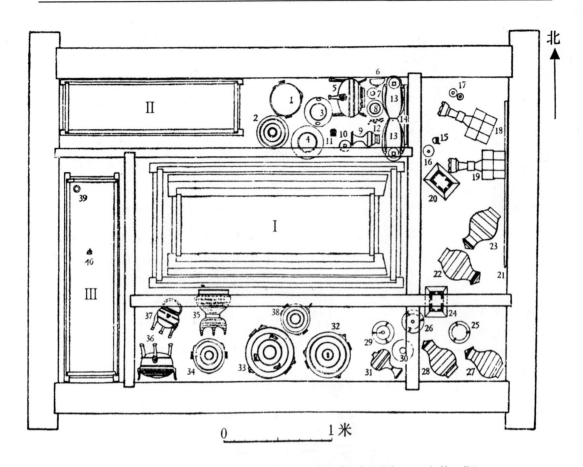

图一一二　鄂城百子畈5号楚墓椁室（采自《考古学报》1983年第2期）

Ⅰ.主棺　Ⅱ、Ⅲ.殉人棺　1、2.鼎及鼎盖　3.陶罍　4.陶罐　5、32～34、36、38.陶鼎　6.陶豆盖　7.8号盖　8、9.陶高把壶形器　10.9号盖　11、15.木梳　12.果核　13.漆飞鸟（一对）　14.漆剑稜　16.铜器盖　17.玉璧　18、19.镇墓兽　20、24.陶篚　21.木条　22、23、27、28.陶壶　25、26、29.陶敦　30、31.陶带盖豆　35.陶甗　37.陶镳壶　39.瓷杯　40.铜带钩

空间设三个边箱，放置随葬器物二百六十多件，可作为墓主身份标志的器物有陶鬲、陶鼎各十件，陶篚六件以及大量兵器、乐器和漆木器。墓主身份应在卿大夫以上。

西边箱内横置一具小棺，长190厘米，宽47厘米，一端高57厘米，另一端高54厘米，棺板厚6厘米，棺外用绳索围捆[①]。棺的大小形式与固始白狮子地1号墓和鄂城百子畈3号、4号、5号墓出土的殉人木棺近似。棺内骨架已朽。可以肯定，此棺亦应是盛殓殉人的小棺。

寿县西门内蔡侯墓

---

① 湖南省博物馆：《长沙浏城桥一号墓》，《考古学报》1972年第1期。

1955 年发掘。春秋晚期，殉一人以上。

此墓为竖穴土坑木椁墓，墓口长 8.45 米、宽 7.1 米，漆棺。墓主骨架已朽，墓室多次被盗，扰动过甚，墓底东南隅未被扰乱处发现一具殉人，未见葬具。墓虽多次被盗，但仍出大批青铜礼器、乐器和玉器[①]。经过多年讨论，墓主可定为蔡昭侯（公元前491 年卒）。

新野小西关村曾国墓

1971 年发掘。春秋早期。殉一人。

长方形竖穴土坑木椁墓，墓底长 3.8 米、宽 2.5 米。北壁有二层台。墓主有棺有椁，放于墓室西侧。葬式仰身直肢，头向北，骨架已朽，性别不辨。随葬铜礼器多种，其中有一鼎一甎。甎上有"曾子中"等铭文。殉人一具，放墓主东侧，有棺无椁，棺较窄小。亦仰身直肢，头向北，骨架已朽，性别不辨。另有少量车马器随葬[②]。

随县擂鼓墩 1 号墓

1979 年发掘。战国早期。殉二十一人。

这是一座大型木椁墓，建于红砂岩上，现存墓口长 21 米、宽 16.5 米，向南。木椁顶上及四周均填木炭，覆以青膏泥，再盖以石板。椁室分北、东、中、西四室。主棺在东室，同室有八具殉人棺、一具狗棺；西室另有十三具殉人棺（图一一三）。主棺有内外二层，均髹漆彩绘，墓主骨架经鉴定为 45 岁左右男性。殉人棺长 190～200 厘米、宽65～80 厘米、高 60～80 厘米，亦施彩绘，每棺一人，都用竹席裹尸，有少量玉器、木梳、木篦随葬。殉葬者骨架经鉴定，全部是 13 至 25 岁的女性。与墓主同室的八个殉人似为姬妾之属，西室的十三个殉人似为乐伎。墓内出土物甚丰，大部分青铜器上有"曾侯乙"勒铭，当是墓主自用器，故又称曾侯乙墓[③]。由共出的楚王酓章镈铭得知，此墓埋葬于公元前 433 年或稍后。

随县擂鼓墩 2 号墓

1981 年发掘。战国早期偏晚。殉一人。

墓制与 1 号墓相同，但较小。现存墓口长 7.3 米、宽 6.9 米，室内中部放一具漆绘棺，当是墓主，骨架已朽。主棺右下侧有一具小棺，应是殉葬者，骨架亦腐朽。此墓随葬青铜礼乐器很多，有编钟一套三十六件，有九鼎八簋，但未见兵器。年代较 1 号墓稍晚，估计是曾侯夫人之墓[④]。

以上所列为已发现的楚文化区的十多座殉人墓。墓主身份大体上可以认定属于诸侯

① 安徽省文物管理委员会等：《寿县蔡侯墓出土遗物》5 页，科学出版社，1955 年。
② 郑杰祥：《河南新野发现的曾国铜器》，《文物》1973 年第 5 期。
③ 湖北省博物馆：《曾侯乙墓》，文物出版社，1989 年。
④ 湖北省博物馆等：《湖北随县擂鼓墩二号墓发掘简报》，《文物》1985 年第 1 期。

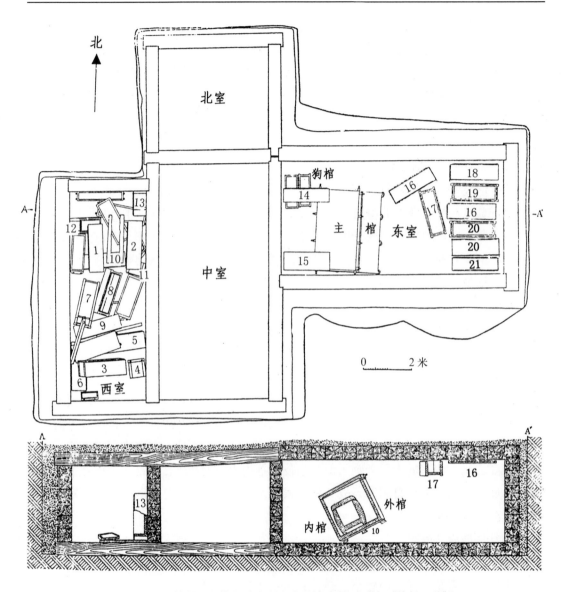

图一一三　曾侯乙墓椁室及东西室内的殉人棺（采自《曾侯乙墓》）

1～13.西室殉人棺　14～21.东室殉人棺

级的有淅川下寺楚王室墓，寿县蔡侯墓，随县擂鼓墩1、2号墓；属于封君级的有固始侯古堆1号墓，鄂城百子畈3、4、5号墓以及新野小西关的曾国墓。由此推定，东周楚文化区内的诸侯、封君、上卿、大夫墓，墓内一般都有殉人。殉人皆置薄棺，有简单随葬品，其身份似均为墓主生前的贴身嬖幸。另据对淅川下寺楚王室墓地的发掘研究，楚王室的殉人与墓主同穴者仅为少数，更多的是与主人异穴而葬的殉人。对于后一种殉人，目前还了解不多，似应在今后工作中留意。

# 五　吴越文化区

吴越文化区包括吴国、越国，淮水流域和长江下游的嬴姓、偃姓诸小国以及东南的方国部族。

在古书中，本文化区的一些僻远地方，流行"啖人"和"杀食长子"的野蛮习俗。有的在杀食之前，还要举行宗教仪式，祈求谷物丰收。以后吃人的风气没有了，但杀人祭祀仪式却流传下来，形成历史上的猎头祭谷习俗。《楚辞·招魂》、《墨子·鲁问》、《墨子·节葬下》、《列子·汤问》、《后汉书·南蛮传》、晋张华《博物志》等书都有这方面的记载。内容详简不等，或略有不同，所指的流行地点，各书也稍有歧异，有的说在"楚之南"，有的说在"楚之东"。总之，大约是在本文化区的僻远山区或海隅之地。遗憾的是，上引诸书大都没有明确的时间，内容多语焉不详，或夹杂诙恑谲怪，考古资料又缺乏这方面的实证。所以，关于这个地区的人牲源流问题，目前尚无法说清楚。

吴越文化区存在人殉，早在《尸子》书中就有披露：

> 夫吴越之国，以臣妾为殉，中国闻而非之。

据《史记·荀卿列传》集解引刘向《别录》："尸子书，晋人也，名佼，秦相商鞅客也。卫鞅商君谋事计划，立法理民，未尝不与佼规之也。商君被刑，佼恐并诛，乃亡逃入蜀。自为造此二十篇书，凡六万余言。"《汉书·艺文志》列入杂家。《隋书·经籍志》著录二十卷，云有九篇亡佚，魏黄初中所续。南宋尤袤《遂初堂书目》尚有著录，至元明而全佚。今所见为清人章宗源、孙星衍、汪继培等辑本。此书虽历经亡佚，所存无几，然尸佼以当时人记当时事，必系所闻所见，可惜此条仅留十六字，未得其详。但它明确指出，当中原诸侯国的人殉习俗已式微时，吴越所属之地仍流行"以臣妾为殉"的恶习。记录是可信的，考古资料可供印证。

除《尸子》以外，《吴越春秋》、《越绝书》上也有记载。《吴越春秋·百家杂说》：

> 吴王阖闾，崇饰厚葬，生埋美人，多藏宝物，数百年后，灵鹤翔于林壑，神虎啸于山丘。

又同书《阖闾内传》：

> 吴王有女滕玉……（女）乃自杀，阖闾痛之，葬于国西阊门外，凿池积土，文石为椁。……乃舞白鹤于吴市中，令万民随而观之。遂使男女俱入羡门，因发机以掩之。杀生以送死，国人非之。

《越绝书·外传记吴地传》所载略同。

《吴越春秋》和《越绝书》系汉魏时人采撷民间传闻编纂而成，所载多不实，不足以据为信史，清儒早已考辨，目为伪书①。我认为，两书虽为伪作，但其摭取杂说或有所本，用它来印证考古资料，仍有其参考价值。

考古发掘的殉人墓见于丹徒吴王陵、淮阴高庄和邳州九女墩徐国贵族墓地。

吴王陵

吴王陵区分布在丹徒大港烟墩山西至谏壁镇的沿江山峦上。由东而西排葬，春秋吴王陵在西部，早年均遭盗扰，近年清理几座，发现陵内大多有人殉、人牲和马牲。资料发表的有三座：北山顶墓，1984 年发掘，牲人二具，殉人一具；青龙西山墓（亦称"青龙山磨子顶墓"），1989 年发掘，殉人二具，殉马三匹；粮山 2 号墓，1979 年发掘，殉人一具。三墓共发现殉人四具、牲人二具、马三匹。三墓年代均为春秋中期偏晚。

北山顶墓有高大的封土墩，土墩下是"刀"形墓坑。分主室、侧室（原报告称"墓道"）两部分。主室长 5.8 米、宽 4.5 米、深 1.4 米左右。侧室在主室西壁偏北处，长5.8 米、宽 2.35 米、深 1.2 米左右，方向 270 度。侧室坑口两侧有平整的祭祀台，台上各埋一具牲人。牲人已朽，仅存若干肢骨，北侧牲人头向正北，随葬铜削、铜小刀和三足铜鉴。南侧牲人头向 210 度，头部有三粒水晶珠。发掘者据葬品推测其为一男一女，应是用于墓主下葬时举行祭祀的人牲。侧室出土器物甚多，分三层：上层有二十六件铜盖弓帽，中层有一具殉人。殉人骨架完好，身裹丝织品，仰身直肢葬式，身长 1.6米，头向东。经鉴定为女性，年约 30 岁。下层放置大量青铜礼器、乐器、兵器、车马器等。主室盗扰严重，残存少量漆木器、陶器和铜器残片，墓主尸骨已毁。发掘者据铜器铭文及地理位置，推定墓主为吴王余眛（卒于公元前 527 年）②。

青龙西山墓，号称"江南地区春秋第一大墓"。地上有高大的土墩，土墩下是带斜坡墓道的竖穴石室。石室长 12 米，宽 7 米，深 5.5 米。墓道向西，长 13 米、宽 4.3米。墓道口的左右两侧各埋一具殉葬人。殉人的骨架保存完好，经鉴定为一男一女，年龄均在 17 岁左右。墓道内排列大批印纹硬陶器，在墓室入口处横陈三匹生马。墓室被劫毁火焚，幸存铜礼器、兵器、车马器八十多件。发掘者据出土遗物，推定为春秋偏晚的吴王墓，或以为吴王寿梦（卒于公元前 561 年）③。

粮山 2 号墓，地上也有高大的封土墩，土墩下是长方形竖穴石室。墓口长 12 米、宽 7米，墓底长 9.8 米、宽 5.9 米、深 9 米。墓主头向北，骨架已朽，身长约 1.6 米，佩带玉饰品。葬具已朽，随葬大量原始瓷器及少量铜器。西侧二层石台的中部有一孩童骨架。骨架为仰身直肢葬式，身长 1.25 米，未见葬具，应是殉人。头骨前有四件原始瓷碗，应是殉人的

---

① 清姚际恒：《古今伪书考》，见《古籍考辨丛刊（第一集）》310～311 页，中华书局，1955 年。

② 江苏省丹徒考古队：《江苏丹徒北山顶春秋墓发掘报告》，张敏：《吴王余眛墓的发现及其意义》，均见《东南文化》1988 年第 3、4 合期。

③ 肖梦龙：《吴国王陵区初探》，《东南文化》1990 年第 4 期。

随葬品。脚端有一件陶鼎及马头、马牙和马肢骨，应是祭牲。墓主似为吴国贵族[①]。

淮阴高庄殉人墓

1978 年发掘。战国早期后段。殉人十四具。

此墓为长方形竖穴土坑木椁墓。墓口长 10.5 米、宽 9 米，底部略小，深 3.9 米。墓向 285 度。墓底中部有腰坑，坑内有一具狗架。东北部设椁室，内分三棺室，一头箱，随葬器物放于椁室外南侧。早年被盗。中棺室（主棺）仅剩漆棺，人架已不存，现存殉人十四具，其中十一具（Ⅰ～Ⅺ 号）放椁室内，三具（Ⅻ～ⅩⅣ 号）放椁室外。均被扰乱，原状不详。出土时，Ⅰ 号殉人放于头箱内，仅存头骨及部分肢骨，头骨旁有三件铜戈。Ⅱ 号殉人放南棺室，有棺，人架仅存下颌骨及部分肢骨和牙齿，随葬小玉管、玉佩，经鉴定为青年女性，似为姬妾从死者。Ⅲ～Ⅺ 号殉人放于北棺室，无棺，其中Ⅶ～Ⅸ 号为幼童，其他为成年，一般有玉环、角梳、带钩等小件随葬。Ⅻ～ⅩⅣ 号殉人仅存部分头骨和肢骨，与随葬器物混杂，性别不明，似亦无棺。此墓虽早年被盗，然尚存青铜器一百七十六件、陶瓷器三十七件。重要的青铜器有十一件鼎、十八件盘、四件鉴、二件盉、一件甗、一件觥、一件盆、七件匜，以及戈、镞、车马器等。年代约在战国早期后段[②]（图一一四）。

淮阴古属淮夷之地，春秋时属吴，战国初入楚。据《史记·越世家》：勾践平吴后，割"淮上地与楚"，但"当是时，越兵横行于江淮东"，说明这里仍是越人活动地区。高庄墓出土遗物，既有楚器特征，又有越器特征，墓主是楚人抑或是越人？目前尚难论定，从墓底设腰坑并有大批殉人等特点看，此墓与山东莒南大店和沂水刘家店子的莒国贵族墓（详见本章第三节）极为近似。在历史上，苏北和鲁南地区都是东夷人的活动地域，殷商以来盛行用人祭社，用人殉葬也比别的地区为多，高庄殉人墓墓主应是深受夷俗影响的楚人或越人。

邳州九女墩徐国贵族墓地

1982 至 1997 年陆续发掘五座，早年皆遭盗扰，其中 2 号、3 号、6 号三墓，墓内都发现多具殉人。4 号墓、5 号墓是带斜坡墓道的竖穴土石坑墓，墓内各有二具人架，其中一具可能是殉人，因报道过于简略，此处暂不论[③]。

2 号墓是土墩墓。墓室平面呈凸字形，南北长 7.3 米，北侧宽 6.8 米，南侧宽 7.3 米，由北向南分为主室、前室以及前室东西二侧室。主室和前室四周有木板围隔，上覆盖板（木板已朽成灰），深 2.9 米。东西两侧室位于前室围板外，系用芦席铺围的土坑，

---

①　刘建国：《江苏丹徒粮山春秋石穴墓》，《考古与文物》1987 年第 4 期。

②　淮阴市博物馆：《淮阴高庄战国墓》，《考古学报》1988 年第 2 期。

③　徐州博物馆等：《江苏邳州市九女墩春秋墓发掘简报》，《考古》2003 年第 9 期。

北

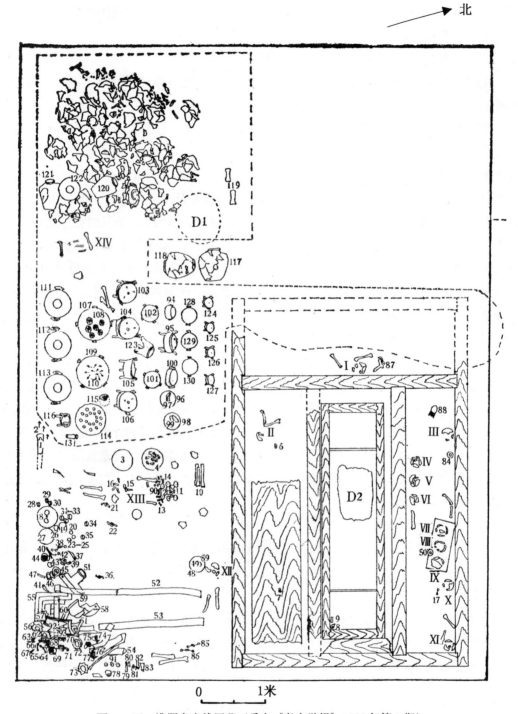

0　　　　1米

图一一四　淮阴高庄战国墓（采自《考古学报》1988 年第 2 期）

I～ⅩⅣ. 殉人　D1、D2. 盗坑　（虚线范围内系发掘前被农民挖土破坏，部分器物的出土位置据农民回忆复原。墓内出土青铜礼器、容器、兵器、车马器、生产工具共一百七十六件、陶瓷器五十七件，以及玉石器、木器、角器等）

无板隔，深1.6米。主室内发现六具人架，皆仰身直肢，头向东，居中一具（YG4）应是墓主，东侧三具、西侧二具，应是殉人。从殉人身上及附近遗存的玉片饰和水晶珠推测，殉葬者似为墓主生前姬妾之属。前室东侧室有二具人架。人架皆仰身直肢，并列，头向北，其中一具佩带一件铜削。西侧室内有三具人架，人架皆仰身直肢，并列，头向北，其中两具各随葬一件陶罐、一件铜削（锥）。从埋放位置及随葬品看，这五具殉人似为墓主生前的侍从之属。残存青铜礼乐器、兵器及陶器等一百四十二件，皆出自前室和主室，其中有六件编镈自铭"郳巢"①。

3号墓在2号墓南边，亦为土墩墓。墓室平面近方形，东西长9.8～11.6米，南北宽9.5米，深3.1～3.2米。由主室、前室、二侧室、二殉葬坑、兵器车马器坑和生土祭祀台等组成。主室四周有土墙，内置一棺一椁，有人架二具（YG1、YG2），均已朽成灰，似为仰身直肢，头向东。棺内残存铜剑、玉璧、玉璜、串珠、海贝及陶罐等三十九件（组）。前室位于主室南边，内有四具人架（PG1～PG4）。人架皆仰身直肢，并列，头向北（主室）。人架上方放镈钟、编磬，右侧堆放铜礼器等七十五件。主室北边是兵器车马器坑，堆放兵器、车马器一百七十八件，内有一具人架（PG11）。人架侧身直肢，头西面南（主室），头旁放陶罐、纺轮各一件。东侧室有三具人架（PG8～PG10）。人架皆仰身直肢，并列，头向西（主室），头旁放陶罐、纺轮各一件。西侧室有三具人架（PG5～PG7）。人架皆仰身直肢，并列，头向北，中间一具（PG6）头部放铜尊、盆、壶各一件，余二具头旁各放一件陶罐、一件纺轮。墓室西部还有二个殉葬坑，北坑紧靠西侧室，坑内有三具人架（PG12～PG14）。人架皆仰身直肢，并列，头向东，头旁各放一件陶罐。南坑内有二具人架（PG15、PG16）。人架皆仰身直肢，并列，一具头向北，另一具头向南，头旁各放一件陶罐。南殉葬坑与前室之间有一生土祭祀台，台高1.3米，台上堆放大量动物骨骼，有火烧痕迹②（图一一五）。

综计墓内共发现十八具人架，其中二具在棺椁内，似为一男一女，从平面图上看，二人间距较大，有可能是并列二棺。南棺较大，似为男性墓主；北棺较小，似为从死的姬妾。围绕主室的十六具人架全部用席子包裹，头旁放陶罐、纺轮，葬式一致，身份可能差不多，大约都是乐伎、侍从之属，因性别、年龄未鉴定，目前未能进一步辨识。

6号墓在2号墓之东，为带斜坡墓道的竖穴土坑木椁墓，墓向110度。墓底椁室四周有二层台。椁室长6.2米、宽3.8米、深2.5米，椁室盗毁严重，仅知中部有漆棺，北部有大量马骨，墓主尸骨不存。主棺南边有一具殉葬棺，东边有二具殉葬棺，皆直接安放在墓底，与主棺平行，间距0.7米。主棺北边盗扰严重，从残痕推测，北边也应有

①　南京博物院等：《江苏邳州市九女墩二号墩发掘简报》，《考古》1999年第11期。

②　孔令远、陈永清：《江苏邳州市九女墩三号墩的发掘》，《考古》2002年第5期。

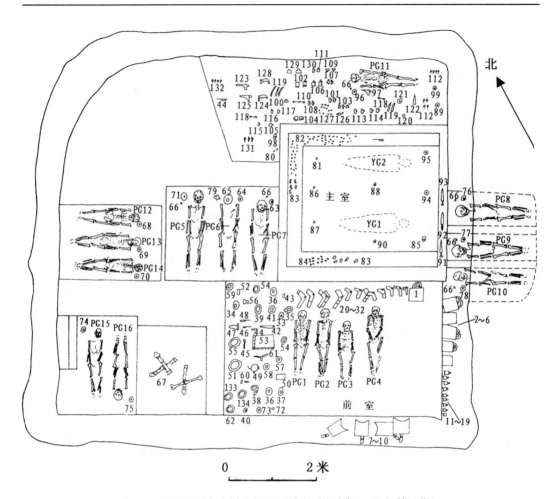

图一一五　邳州九女墩 3 号墓（采自《考古》2002 年第 5 期）

YG1、YG2.主室内人架　PG1～PG16.主室周围的殉人　1～6.铜镈钟　7～10.铜甬钟　11～19.铜钮钟　20～32.石编磬　33、34、36、37、65.铜盘　35、133、134.铜盆形鼎　38.铜鬲　39.铜罐形鼎　40、63、68～71、74～78、89、95、96、98、99.印纹硬陶罐　41.铜兽首鼎　42.铜锯　43.铜锄　44、46、48.铜削　45.铜凿　47.铜镰　49.铜龙首盉　50.铜方形器　51.铜罍　52.铜锛　53.铜炉盘　54、56～59.铜豆　55.铜缶　60.铜杖饰　61.鹿角饰　62.铜汤鼎　64.铜提梁壶　66.陶纺轮　67.兽骨　72.石鼓槌头　73.陶鬲　79.陶鬲　80.水晶环　81、86、87.玉璧　82.海贝　83.玉璜　84.玉串珠　85.陶盆　88、90.玉环　91～93.铜剑　94.陶罐　97、123、125.铜戈　100～109、111、113～117.铜车饰　110、118.铜马衔　112、132.铜镞　119.角镳　120.铜圆环　121.铜连环　122.铜镈　124、128.铜钩　126.铜带具　127.铜珠　129、130.铜铲　131.铜盖弓帽

一具殉葬棺。遗存的三具殉葬棺均为漆木棺，棺内各有一具人架。南边棺内的人架细小，似为儿童，未见随葬品。东边两具棺棺内的人架严重腐朽，仅知为成年，而且都有少量陶器和铜器随葬。在墓道中部两侧还各有一个长方形土坑，坑内各有一具漆木棺，

棺内各有一具人架。南侧棺内人架保存尚好，仰身直肢，头向东，成年，男性，足部放砺石、铜刀等。北侧棺人架已朽，仰身直肢，头向东，性别不明，足部放一件铜刀。墓内遗存三十七件陶瓷器，在一件铜器残片上刻有"工□王之孙"铭文[①]。

墓内发现的五具殉人，都有漆木棺，除主棺南侧的殉人是儿童、无随葬品、身份难以估定外，其他四具殉人都有少量随葬品，其中三具都有椭圆形陶片随葬，区别仅在于埋葬位置不同，推测主棺周边殉葬者的身份似略高于墓道内两侧的殉葬者。

发掘者对九女墩五座墓的历史地理位置及出土铜鼎铭文做了考证，认为五座墓的墓主都是春秋徐国高级贵族，其中可能有徐王或徐王室中人。公元前512年吴灭徐，这五座墓的年代大约距此年不会太远。

# 六　巴蜀滇文化区

本文化区的范围约当今西南地区的川、黔、滇三省，东周时有巴国、蜀国、滇国以及其他部族。

据《后汉书·南蛮西南夷传·巴郡南郡蛮传》记载，巴人始祖"廪君死，魂魄世为白虎，巴氏以虎饮人血，遂以人祠焉"。说明巴文化区上古时代已存在用人为牲祭祀祖先的习俗。四川地区已发掘不少属于巴蜀文化的大石墓、石板墓，墓中常见多具骸骨或多至数十具骸骨的丛葬者，其中有一次葬，有多次葬，也有拣骨葬，他们的身份、血缘关系以及是否存在殉死性质，目前都还不甚清楚。考古发现的基本上可以认定的人牲人殉遗迹仅见于云南剑川鳌凤山青铜文化墓葬和云南滇池一带的滇人墓。

## （一）剑川鳌凤山青铜文化墓葬中的人牲人殉

云南剑川鳌凤山青铜文化墓地，1980年发掘。在一百一十七座早期土坑墓中有成人男女一次合葬墓葬五座，其中一男一女合葬四座，一男二女合葬一座。男女同置一棺中，男性仰身直肢，女性侧身屈肢。分别介绍如下[②]。

50号墓　墓坑长2.1米、宽1米、深1.3米。木棺一具，棺内骨架二具，一次性埋入，头向156度。老年男性，仰身直肢居右；中年女性，侧身屈肢居左，面向男。男性头端和右肩处有铜剑2件、铜剑鞘4件、铜钺1件（图一一六，左）。

53号墓　墓坑长2.05米、宽0.98米、深0.6米，木棺一具，棺内二具骨架，一次性埋入，头向148度。成年男性，仰身直肢居右，左手戴三枚铜镯、四枚铜戒指；成

---

① 徐州博物馆等：《江苏邳州市九女墩春秋墓发掘简报》，《考古》2003年第9期。
② 云南省文物考古研究所：《剑川鳌凤山古墓发掘报告》，《考古学报》1990年第2期。

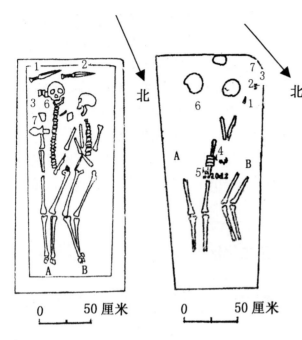

北

北

年女性，侧身屈肢居左，面向男。二人头端放铜戈、石坠、猪下颌骨，女性有铜簪，男性有铜镯、铜戒指和玛瑙珠、绿松石串成的项饰。（图一一六，右）。

200 号墓　墓坑长 2.75 米、宽 1.6 米、深 0.7 米。一椁一棺，棺在椁内。棺内用木板隔成两室，有三具人架，均一次性埋入，头向 200 度。右室放一具成年男性，仰身直肢葬式；左室放二具成年女性骨架，均侧身屈肢葬式，未见随葬品。

59 号墓　墓坑长 2.1 米、宽 0.5 米、深 0.3 米。木棺一具，棺内有二具骨架，为一次性埋入，上下叠压，头向 150 度，男性在上，女性在下，均仰身直肢葬式，足端放铜饰品和陶罐。

158 号墓　墓坑长 3.5 米、宽 1.7 米、深 2.05 米。木棺一具，棺内有骨

图一一六　剑川鳌风山青铜文化墓葬（采自《考古学报》1990 年第 2 期）

左. 50 号墓　（1、2. 铜剑　3. 铜钺　4. 铜剑鞘）

右. 53 号墓　（1. 铜戈　2. 石坠　3. 铜簪　4. 铜镯　5. 铜戒指　6. 料珠项链　7. 猪下颌骨）

架二具，为一次性埋入。骨架头向 210 度，并列，老年男性居右，中年女性居左，均仰身直肢葬式。头端随葬带鞘铜剑一件、铜饰品一件、料珠一百九十六枚、猪腿骨一支。

这五座合葬墓，大多具男尊女卑葬式和男性随葬品多于女性的特点；在同一墓地中又以这五座合葬墓墓坑较大，随葬品也较多（200 号墓例外）。与甘肃武威皇娘娘台、永靖秦魏家齐家文化墓地发现的成年男女合葬墓[①] 基本相同。墓中出土的"安佛拉式"双耳陶罐和随葬猪下颌骨的习俗，可能也是受甘青地区齐家文化的影响。发掘者认为，两地文化如此相似，当与历史上氐羌族南迁有关。鳌风山这五座成年男女合葬墓，也应认为是齐家文化存在的妻妾殉夫葬俗的再现。据放射性碳素断代并经校正，这五座合葬墓的年代约当春秋末期至战国早期。当时剑川、宁蒗地区和雅砻江流域为笮都夷居住地，故推测死者似属南迁的氐人与本地土著民族融合同化而形成的笮都夷人。

① 甘肃省博物馆：《甘肃武威皇娘娘台遗址发掘报告》，《考古学报》1960 年第 2 期；《武威皇娘娘台遗址第四次发掘》，《考古学报》1978 年第 4 期。中国科学院考古研究所甘肃工作队：《甘肃永靖秦魏家齐家文化墓地》，《考古学报》1975 年第 2 期。

### (二) 云南滇墓中所见的人牲人殉

云南滇池一带的滇人墓中，考古发现的人牲人殉资料较多，主要见于晋宁石寨山、呈贡天子庙和江川李家山三处早期滇人墓。早期墓的随葬品大多有浓厚的滇文化特征，部分含有楚文化因素，时代大约在庄蹻入滇（前 277 年）前后到汉武帝元封二年（前 109 年）"置益州郡，赐滇王印"（《史记·西南夷列传》）以前。滇与中原发生关系主要在汉代，但反映人牲人殉的资料，却集中在具有浓厚的滇文化器物上，说明滇国有人牲人殉习俗，主要发生在滇国早期，即相当于中原的战国时期，所以我把它放在本章中介绍。

滇人的人牲习俗是从滇墓中出土的青铜铸造的器物图像表现出来的。器物图像表现最多的是战争斩获敌人首级和杀人祭祀。结合文献和民族资料的研究，可以推定滇人流行猎头祭谷和献俘祭社习俗。

反映战争题材的图像中，一方是以髻发为特征的滇人，另一方是以编发为特征的昆明人。滇人是战胜者，昆明人是战败者，是滇人征伐、俘虏、奴役和杀戮的对象。其中含的馘首和俘虏的实物图像有：

1. 在两件铜矛（石 M3：112、石 M1：84）的两侧，各吊挂铐住双手的昆明人形象[1]。

2. 在一件图画文字铜片（石 M13：61）上刻出昆明人的头颅，与各种牲畜、奴隶等财富并列[2]。

3. 在一件铜斧（石 M1）上刻出昆明人的头颅作为花纹[3]。

4. 在多件贮贝器（石 M6：1、M13：356）、铜饰牌（石 M13：109、M3：72）[4] 和铜斧（李 M13：21）[5] 上雕铸出战士骑马，右手执矛，左手提人头而归的形象。

猎获昆明人首级，除有馘首报功的含义外，还应该同猎头祭谷习俗联系起来考察。石寨山、李家山出土的青铜制宗教性干栏式建筑中，常见房龛中有供奉人头雕像的[6]，很形象地说明了这个问题。猎头祭谷习俗是原始人对赖以生存的土地和农作物的自然崇拜，在当代世界上的原始部落中仍有遗存。云南西盟的佤族是我国近代仍保存猎头习俗

---

① 云南省博物馆：《云南晋宁石寨山古墓葬发掘报告》35 页，图版贰壹，文物出版社，1959 年。

② 《云南青铜器论丛》编辑组：《云南青铜器论丛》69 页，图一，文物出版社，1981 年。

③ 云南省博物馆：《云南晋宁石寨山古遗址及墓葬》，《考古学报》1956 年第 1 期，56 页，图一五。

④ 云南省博物馆：《云南晋宁石寨山古墓葬发掘报告》74、75、89 页，图版肆捌～伍壹，捌叁：2，文物出版社，1959 年。又见《云南晋宁石寨山古墓群出土铜铁器补遗》，《文物》1964 年第 12 期，41、42 页，图版伍：2。

⑤ 云南省博物馆：《云南江川李家山古墓群发掘报告》，《考古学报》1975 年第 2 期，128 页，图版叁叁：1。

⑥ 云南省博物馆：《云南晋宁石寨山古墓葬发掘报告》92、93 页。云南省博物馆：《云南江川李家山古墓群发掘报告》，《考古学报》1975 年第 2 期，图版拾肆：1。

的民族。据解放初期的调查，在西盟佤族的原始宗教里就出现了司谷物生长的女神司欧布。祭祀司欧布是他们祭祀活动的中心。在播种和收获季节，每个部落都要用人头血祭，奉献给谷神司欧布，请她保佑谷物丰收。猎取人头时，要先用卜鸡卦的方式选举猎取人头的军事领袖，制造事端，对别的氏族、村庄、部落发动战争或暗中袭击。把猎取来的人头供奉在村边的木房（或竹棚）中。木房（或竹棚）是司欧布女神居住的房屋，也是木鼓神克洛克居住的地方，因此挖木鼓、盖竹木房便成了每个氏族的重要活动，后来发展为村落一年中重要的集体宗教活动。人祭便成为克洛克和司欧布共同分享的牺牲。为了安慰被砍的人头，要用牛作牺牲，祭祀被砍的人头，每年佤历 1 至 6 月是砍牛作牺牲、祭祀人头的时间。作为牺牲的人头骨要放置在村外的森林里，那里专门置有放置人头的人头桩；牛肉则由村社成员用抢的方式分吃[1]。石寨山出土的猎头图像、木房模型，可以从佤族的猎头祭谷活动记录中得到形象地说明。

滇人的献俘祭社习俗，可以从石寨山出土的三个青铜制贮贝器盖上铸雕的杀人祭祀场面得到实证。

12 号墓出土的筒形贮贝器（M12:26），器盖上的杀人祭祀场面（图一一七）人数最多，尚存一百二十九人，内容复杂，主题是杀人祭木柱（因系铜铸，故常误为铜柱）。尸祭者是一滇人，男性，高坐于干栏式房屋内，另有八人列坐两旁。木柱竖立在干栏式房屋前面的广场上，柱上浮雕二条蟠蛇，一蛇作噬人状。木柱的旁边竖立一块巨石，巨石上捆绑一人（图一一八）。其旁又有一锁足枷的"昆明人"。这二人应是这次祭祀的人牲。祭祀的后方有二个骑马战士押解一俘虏，另有五个裸体儿童，缠抱成串，大概也是掳掠来的[2]。

1 号墓出土的鼓形贮贝器（M1:57），器盖上的杀人祭祀场面（图一一九）布局与M12:26 略同，但无干栏式房屋。全场四十七人，以一乘舆为中心，肩舆上坐一滇人女子，四个滇人男子肩抬之。有一持斧者为前导，另有四人在肩舆两旁相随。广场中有一立柱，立柱上浮雕蟠蛇，柱顶作虎饰。将被用于祭祀的有四人，全是编发的昆明人：一人足被铐，一人手被反缚，一人被缚于巨石之上（图一二〇），一人被两人拖曳于地，一滇人武士在旁监视[3]。

20 号墓出土的筒形贮贝器（M20:1），器盖上的杀人祭祀场面中间有三个铜鼓叠累成柱（似为一木柱雕出三个铜鼓相叠形），以此为界。全场人物分二组：右有十六人，有一乘肩舆，肩舆内坐一位滇人贵族妇女，四人抬肩舆，皆滇人男子；左有十八人，有

---

① 宋恩常：《云南少数民族社会与家庭形态调查研究》第 1 辑，云南大学历史研究所民族组，1975 年。

② 云南省博物馆：《云南晋宁石寨山古墓群发掘报告》75、76 页，图版伍贰～伍伍。内容描述请参考汪宁生《"滇人"的经济生活和社会生活——晋宁石寨山文物研究之一》，《云南青铜器论丛》61 页，文物出版社，1981 年。易学锺：《晋宁石寨山 12 号墓贮贝器上人物雕像考释》，《考古学报》1987 年第 4 期。

③ 云南省博物馆：《云南晋宁石寨山古遗址及基葬》，《考古学报》1956 年第 1 期，55 页，图版伍。

图一一七　晋宁石寨山 12 号滇墓出土筒形贮贝器

一竖立木牌，上绑一"昆明"男子，连发辫一齐捆于牌上。木牌正面有数名滇人女子，或肩袋，或提篮，其中一篮内盛一个人头，其他不明[①]。

　　另外，江川李家山 24 号墓出土的一件浮雕扣饰（M24∶90），以蟠蛇为大地，以立柱为中心，柱前有一牛，牛角上倒吊一人。四个滇人男子正缚牛于柱。这头牛和倒吊的

――――――――――

①　云南省博物馆：《云南晋宁石寨山古墓群发掘报告》76、77 页，图版伍陆、伍柒，文物出版社，1959 年。

图一一八　石寨山 12 号滇墓贮贝器上的
杀人祭社雕像

左：雕刻立虎（已失）和蟠蛇怪兽的木柱（社的
象征物）　　右．捆缚在立石上的待用人牲

人，应是即将进入祭祀场的牺牲①。

　　学者们一致认为，这三个贮贝器盖上雕铸的人物所表现的是滇人杀人祭祀场面。这是没有问题的，但祭祀什么，却有多种不同的解释。从三个场面都竖立一木柱，有一主祭人（或司祭者）以及多少不等的牛牲人牲情况来看，我认为这三个场面的主要内容应是献俘祭社仪式。社，就是土地，就是社稷，任何原始民族对社都是极为崇拜的。作为社的象征物，或以土堆，或立石头，或立木柱，或利用古老的大树。原始人就对这些象征物举行各种迷信崇拜活动，以为心灵的寄托②。滇墓出土的祭祀图像，大多以木柱为中心，说明滇人以木柱作为社的象征物。平时祭社一般以牛为牺牲，隆重祭祀（如征伐）兼用人牲。用于祭祀的人牲皆作昆明人的形象。由此也可以证明，人牲来源于俘虏。

　　1986 年我去四川出差，路经彭县乡村，见到一些乡村村头的古老大树的枝干上披挂许多红绿布条，树下还有焚香烧纸的遗存。这大树应是村民举行祭社的象征物，借以祈求树神（社的化身）保佑全村平安。想不到这种古老的祭社活动居然在 20 世纪 80 年代的中国内地还能见到。

　　滇人使用人殉基本上可以确定。由于滇墓一般保存不好，葬具、骨架大多腐朽不存，给人殉的推定造成很大的困难。根据目前掌握的资料，大约可以举出下列几例：

　　呈贡天子庙 41 号墓

　　这是天子庙滇墓中最大的一座土坑竖穴木椁墓，随葬滇文化遗物最多，保存也比较好。但因墓底积水，泥浆遍地，发掘者仅在墓主木棺范围内捡得二块人肋骨和一枚人臼齿，又在椁室西北角捡得一个人头骨、一块下颌骨和四枚臼齿。经体质人类学家鉴定，这些人骨人齿至少分属两个个体。一个是成人，大约是墓主；另一个是儿童，大约是殉人。墓葬年代大约相当于战国晚期③。

　　昆明上马村五台山 1 号墓

　　①　云南省博物馆：《云南江川李家山古墓群发掘报告》，《考古学报》1975 年第 2 期 128 页，图三三：1。
　　②　丁山：《中国古代宗教与神话考》30、126 页，龙门联合书局，1961 年。
　　③　昆明市文物管理委员会：《呈贡天子庙滇墓》，《考古学报》1985 年第 4 期。

图一一九　晋宁县石寨山 1 号滇墓出土的鼓形贮贝器

　　此墓在同墓地中规模最大，随葬滇文化遗物最多。墓中葬具已不存在，墓主仅存少量牙齿及肢骨，似为仰身直肢葬式。墓主足端另有三个头骨和一些散乱的骨骼。估计应是殉人或墓主生前猎获的战俘首级。年代大约相当于战国中晚期[①]。

　　江川李家山 2 号墓、11 号墓

　　11 号墓属大型墓，随葬滇文化遗物甚丰。2 号墓较小，随葬滇式铜矛三件及扣饰。

---

　　[①]　云南省博物馆文物工作队：《昆明上马村五台山古墓清理简报》，《考古》1984 年第 3 期。

图一二〇　石寨山 1 号滇墓贮贝器上的杀人祭社雕像

左.雕刻立虎、蟠蛇、鳄鱼（?）的木柱（社的象征物）　　右.捆缚在立石上的待用人牲

两墓都在墓主足端发现一堆零乱的骨骼，其中有头骨碎片、肢骨、肋骨、牙齿等。从出土迹象看，似为埋葬墓主时有意放置的。年代相当于战国晚期[1]。

晋宁石寨山 8 号墓、9 号墓

这是石寨山滇族墓地中最小的两座墓，位于滇王墓（6 号墓）东北边，均东西向。墓内各埋一人，仰身直肢葬式。8 号墓骨架右下肢残缺，随葬铜矛及少量陶器、五铢钱、铁刀、铁削，似为男性。9 号墓骨架自颈部及腰部截成三段，似为肢解入葬。随葬铜矛及陶器多件。发掘报告认为这两墓的死者可能是滇王或滇贵族的仆从，为 6 号墓滇王或某贵族墓的殉葬者[2]。年代已至西汉后期。

石寨山 21 号墓

墓中有二具骨架，发掘报告认为其中一人也有可能是殉人。年代约当战国晚期。

上举几例的判断不一定准确，但因滇人盛行人牲习俗的被确认，故而推论滇人兼用人殉，我看是可以成立的。


# 七　秦文化区

秦文化区包括今陕甘地区秦国故地及战国末年秦人影响所及的占领区。

秦国先世是嬴姓部族，该部族与西戎杂处。西周覆灭时，秦襄公救周有功，平王才封他为诸侯，故秦在诸侯国中是比较落后的。春秋以前，这个部族可能不存在人牲人殉习俗，及至春秋时期，受东方诸侯国的影响，人牲人殉开始在秦国流行。

见于文献的人牲，有祠上帝、祭河神、焚女巫求雨各一例。

其一，祠上帝。事见《史记·秦本纪》秦穆公十五年（前 645 年）：

缪公虏晋君以归，令于国，"齐宿，吾将以晋君祠上帝"。周天子闻之，曰："晋我同姓，为请晋君。"夷吾姊亦为缪公夫人。夫人闻之，乃衰绖跣，曰："妾兄弟不能相救，以辱君命。"缪公曰："我得晋君以为功，今天子为请，夫人是忧。"乃与晋君盟，许归之，更舍上舍，而馈之七牢。十一月，归晋君夷吾。

① 云南省博物馆：《云南江川李家山古墓群发掘报告》，《考古学报》1975 年第 2 期。
② 云南省博物馆：《云南晋宁石寨山古墓葬发掘报告》134 页，文物出版社，1959 年。

要不是周天子和穆公夫人出面说情，晋君夷吾决难逃被用于祠上帝之厄运。

其二，祭河神。事见《史记·六国年表》：

> 秦灵公八年（前 417 年），城堑河濒。初以君主妻河。

《太平御览》卷八八二，神鬼部二引《风俗通》：

> 秦昭王伐蜀，令李冰为守。江水有神，岁取童女二人为妇。主者自出钱百万以行娉。

上一条史料说明，秦国用人祭河神开始于战国初年。唐司马贞《史记索隐》认为，秦国的"君主妻河"习俗是受魏俗"河伯娶妇"的影响，是可信的。秦国把送去祭河神的民女晋升为"君主"，"君主犹公主也"，大概是为了博取河神的欢心吧。下一条史料说明，祭河神陋俗曾在秦国占领区广泛推行。

其三，焚女巫求雨。事见《礼记·檀弓下》：

> 岁旱，穆公君召县子而问然曰："天久不雨，吾欲暴尪而奚若?"，曰："天久不雨，而暴人之疾子，虐，毋乃不可与。""然则吾欲暴巫而奚若?"曰："天则不雨，而望之愚妇人，于以求之，毋乃已疏乎?"

故事情节与鲁僖公欲焚巫尪相同（详本章第三节），同样遭到反对。它说明，春秋时的秦国曾一度受到殷商以来便已存在的焚女巫求雨恶习的影响。

考古发现的秦国用人祭祀遗存，见于陕西凤翔秦都雍城内的一处秦国寝庙建筑群遗址，年代约当春秋中晚期。1981 至 1984 年发掘，在长 160 多米、宽 90 多米的范围内，发现各类祭祀坑一百八十一个，其中牛坑八十六个、羊坑五十五个、牛羊坑一个、木车坑二个、人牲坑八个、人牲与羊牲坑一个，瘗埋祭肉或牲血的土坑二十八个。这些祭祀坑均为竖穴土坑，南北向，东西排列，绝大多数分布在寝庙中庭，少数在东西两厢南边的空地上，个别发现于朝寝建筑及东厢内。牛羊牲坑有的埋整牛、整羊，或肢解切碎，或仅埋头骨、腿骨；个别羊坑中可能还有狗。八个人牲坑，每坑埋牲人一人。肢解后埋入或仅埋头颅，皆不见葬具，部分骨殖有朱砂痕。其中 153 号坑的牲人作跪式，有完整的下肢和髋骨，头骨已残，无上肢骨，身旁有玉璜、骨璧各一件。146 号坑是人羊合坑，牲人仅存躯干，无头，骨殖旁有朱砂；羊骨已朽，仅见骨节若干[①]。

发掘资料表明，秦国祭寝庙行瘗牲瘗玉之礼，牲以牛羊为主，人牲仅占少数。

秦国的人殉制可能是从秦襄公（前 777～前 766 年）发迹后开始的，甘肃礼县大堡山秦公陵园及其附近圆顶山秦国贵族墓地的发掘似可得到实证。

秦公陵园位于礼县以东永兴乡赵坪村大堡山，1994 年发掘陵园内的两座大墓（编

---

① 陕西省雍城考古工作队：《凤翔马家庄一号建筑群遗址发掘简报》，《文物》1985 年第 2 期；又《凤翔马家庄春秋一号建筑遗址第一次发掘简报》，《考古与文物》1982 年第 5 期。

号 M2、M3）及其祔葬的一座车马坑（另一座未发掘）。又在陵园北部发掘九座中小型墓。据报道，2号墓有牲人十二具、殉人七具；3号墓有牲人七具、殉人一具以上。九座中小型墓，也有"在墓壁一侧掏挖壁龛，安放殉人"的。车马坑内埋木车十二辆，生马四十八匹，因盗扰过甚，未见殉人。下面介绍两座大墓的牲殉状况[①]。

　　2号墓是带两条东西向斜坡墓道的竖穴土坑木椁墓。全长 88 米、深 15.1 米。椁室四周有二层台。木椁、漆棺和墓主尸骨均已腐朽。从遗迹知墓主为仰身直肢葬式，头向西。墓底中央有腰坑，埋狗一只、玉琮一件。二层台的东北南三面埋殉人七具。殉人有木棺，有的有漆棺，随身佩戴小件玉饰。西墓道在斜坡道上做出八级台阶，在深 1.25 米处埋牲人十二具、狗一只。牲人均屈肢，头向东向西都有。牲人有的作痛苦挣扎状，似为生埋。有的姿体规整，头有穿洞似为杀殉。从出土现象看，牲人大多数是青少年，除每人各有一件玉玦以外，均无葬具葬品。东墓道的情况未报道。

　　3号墓与2号墓基本相同，也是带两条东西向斜坡墓道的竖穴土坑木椁墓。全长 115 米、深 16.5 米。椁室四周也有二层台。木椁、漆棺和墓主尸骨均已腐朽，仅知墓主仰身直肢，头向西，颈部有大量琥珀珠。腰坑内埋狗一只、玉琮一件。北面二层台上有殉人一具。其他三面被盗扰严重，详情不明。西墓道在斜坡上边做出多级台阶，填土中埋牲人七具、狗一只。东墓道的情况未报道。

　　发掘者认为，这两座大墓处同一陵园内，各有自己的一座车马坑，从墓葬形制、随葬器物和铜器铭文推定，2号墓和3号墓应是秦公夫妇异穴合葬墓，2号墓墓主可能是秦襄公。

　　圆顶山在西汉水南岸，与大堡山南北相望。1998 年在这里发掘三座春秋秦墓（M1～M3）和一座车马坑。据报道，1号墓有殉人三具，2号墓有殉人七具，3号墓有殉人一具，车马坑有殉人一具[②]。

　　1号墓、3号墓都是长方形竖穴土坑墓，东西向，墓底南北两侧设二层台，在台上向壁里挖壁龛，埋殉人。葬具为一椁一棺，墓主尸骨已朽，从随葬品摆放位置看，墓主头向西。1号墓北壁挖龛二个，各埋殉人一具。东龛较大，殉人（X1）有漆棺，侧身屈肢葬式，头向西，面向北，佩戴石串珠、石饰片、石鱼、骨鱼、海贝，口含圆柱状石饰。西龛较小，殉人（X3）无棺，仅存下肢，头向西，仰身屈肢葬式，佩戴石管、玉片，口中亦含圆柱状石饰。南壁挖龛一个，埋殉人一具（X2），有漆棺，侧身屈肢葬式，头向西，面向南，佩戴玉匕、玉玦、石饰，口中亦含圆柱状石饰。墓底设腰坑，埋狗一只，狗颈部有一件铜铃（图一二一）。3号墓只在北壁挖一龛，埋殉人一具，无棺，

　　① 戴春阳：《礼县大堡子秦公墓地及有关问题》，《文物》2000 年第 5 期。
　　② 甘肃省文物考古研究所等：《礼县圆顶山春秋秦墓》，《文物》2002 年第 2 期。

尸骨有草席包裹痕迹，仰身屈肢葬式，头向西，面向南，佩戴石圭、石饰，左手握碎玉玦。2号墓靠近1号墓，发掘报告仅云殉人七具，但未具体报道，墓制和殉葬情况估计与1号墓基本相同。

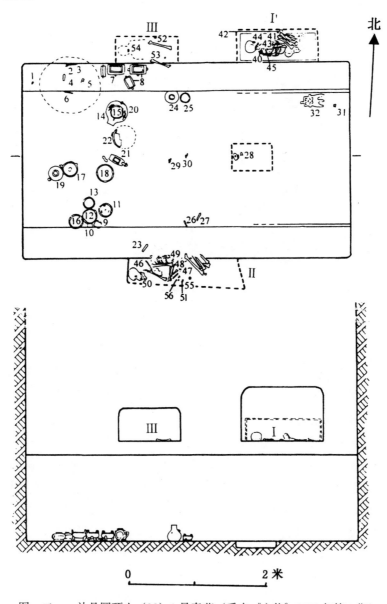

图一二一　礼县圆顶山（98）1号秦墓（采自《文物》2002年第2期）

1. 玉饰　2～4、6、20、23、26、27、29.石圭　5、28、31.铜铃　7、8.铜方壶　9、10.铜方盒　11. 铜带盖鼎　12、13、16、18、25.铜鼎　14.铜匜　15.铜铆　17、19.簋　21.铜盉　22.铜盘　24.铜圆壶　30、40、44、50、54.圆柱状石饰　32.铜棺饰　41.石鱼　42.骨鱼　43、45.贝币、串珠　46.玉匕　47、56.四棱状玉饰　48.玉玦　49、53.玉片　51.四棱状石饰　52.石管　Ⅰ～Ⅲ.殉人

车马坑长 18.8 米、宽 3.15 米、深 4 米，方向 86 度。坑内埋车五辆、马十六匹。其中三车各驾四马，二车各驾二马。西端的 1 号车车舆内殉御奴一具。御奴头向西，侧身屈肢（图一二二）。

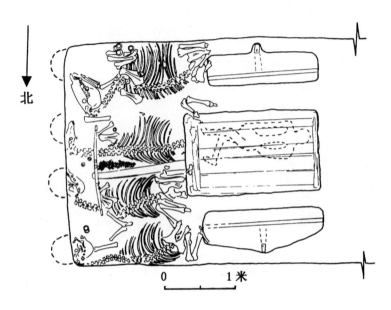

北

0　　　　　　1 米

图一二二　礼县圆顶山秦墓车马坑内的 1 号车（一车四马一殉人）

（采自《文物》2002 年第 2 期）

发掘者据墓制和出土铜器，推定 1 号墓、2 号墓为春秋早期的秦国贵族夫妇异穴合葬，车马坑是其祔葬。3 号墓墓主为男性，亦为春秋早期贵族。

史书记秦国人殉制始于秦武公二十年（前 678 年）。事见《史记·秦本纪》：

武公卒，葬雍平阳。初以人从死，从死者六十六人。

考古发现的人殉实例比《史记》这条记载早一百年。但是否可以认为，秦国大量使用人殉是从武公开始的。历德公、宣公、成公三世，人殉数量可能都不少，至穆公时达到高峰。这次用人殉葬，人数达一百七十七人，数量居当时列国首位。秦国的奄息、仲行、鍼虎三位大臣也在从死行列中，举国震惊，影响极大。《左传》、《史记》对此均有记载。

《左传·文公六年》：

秦伯任好（即穆公）卒，以子车氏之三子奄息、仲行、鍼虎为殉，皆秦之良也。国人哀之。为之赋《黄鸟》。（杜注："子车，秦大夫氏也。"）

《史记·秦本纪》：

三十九年（前 621 年），缪公卒，葬雍。从死者百七十七人，秦之良臣子舆氏三人，名曰奄息、仲行、鍼虎，亦在从死之中。秦人哀之，为作歌《黄鸟》之诗。

《诗·秦风·黄鸟》：

> 《黄鸟》，哀三良也，国人刺穆公以人从死，而作是诗也。
>
> 交交黄鸟，止于棘。谁从穆公，子车奄息。维此奄息，百夫之特。临其穴，惴惴其慄。彼苍者天，歼我良人，如可赎兮，人百其身。
>
> 交交黄鸟，止于桑。谁从穆公，子车仲行。维此仲行，百夫之防。临其穴，惴惴其慄。彼苍者天，歼我良人，如可赎兮，人百其身。
>
> 交交黄鸟，止于楚。谁从穆公，子车铖虎。维此铖虎，百夫之御。临其穴，惴惴其慄。彼苍者天，歼我良人，如可赎兮，人百其身。

诗句悱恻深沉，寄托了秦国人对三良的无限哀痛和对秦穆公的愠怒。在秦国君的残暴统治下，老百姓大概只能做这么一点点表示吧。到了汉代，司马迁写《史记·秦本纪》，当写到秦穆公令三良从死时，不禁以"君子"的名义对此做了无情的抨击：

> 君子曰："秦缪公广地益国，东服强晋，西霸戎夷，然不为诸侯盟主，亦宜哉。死而弃民，收其良臣而从死。且先王崩，尚犹遗德垂法，况夺之善人良臣百姓所哀者乎！是以知秦不能复东征也。"

以秦穆公的才干及当时的国力，他是可以当诸侯盟主的，但他"死而弃民，收其良臣而从死"，失去肱股，国人离心，使秦国不敢再事东征。

但要看到，三良的从死，并不是秦穆公临死时突然做出的决定。三良的死，是当时从死思想压制下所造成的。《史记·秦本纪·正义》引应劭云：

> 秦穆公与群臣饮酒酣，公曰："生共乐，死共哀。"于是奄息、仲行、铖虎许诺。及公薨，皆从死，《黄鸟》诗所为作也。

应劭是东汉末经学家，他的话当有所本。

为秦穆王从死的一百七十七人，是埋葬在秦穆公墓中还是另外挖坑埋葬，我们不妨做一点推测。《史记·秦本纪·正义》引《括地志》云："秦穆公冢在岐州雍县东南二里。三良冢在岐州雍县一里故城内。"三良墓距穆公墓大约 0.5 公里，可见是异穴而葬，至于其他一百七十四人，则有可能是埋放在穆公墓室中或墓葬附近。考古发掘的 1 号秦公墓，对此提供了可供佐证的资料。

1 号秦公墓在秦都雍城（今凤翔）南郊南指挥乡。它是一座带有两条墓道的中字形竖穴木椁墓，全长 300 米，墓室长 59.4 米、宽 38.45 米、深 24 米，是目前所见春秋战国墓中最大的一座。发掘历时十年（1977～1986 年）。此墓早年被盗，随葬器物洗劫殆尽，但人牲二十具、人殉一百六十六具基本完整。从残存石磬上的大篆刻文"天子匽喜，龚桓是嗣"，推定墓主应是继龚（共）公、桓公之后的秦国国君景公（公元前 537 年卒）。

二十具人牲被肢解后置于夯打填土中，应是埋葬完毕举行祭奠仪式之用牲。殉人一百六十六具，一具一棺，顺序排列于椁室底部及其四周。棺分两种：一种呈长方箱形，共九十四具，枋木垒成，长 2.35 米、宽 1.5 米、高 1.4 米，多数髹漆。殉人用绳索捆绑或处理成蜷曲特甚的形状，装入框架中，然后抬入长方箱中埋葬。另一种较小，呈木匣状，共七十二具。薄木板制成，一般长 2 米、宽 0.7 米、高 1 米左右，板厚 4 厘米左右。长方箱内的殉人，大多数有少量随葬品，有的佩戴金串珠或绿松石串珠，其身份似为姬妾、近臣或工匠。薄木匣内的殉人，大多没有随葬品，仅少数有少量随葬品，其身份似为家内奴隶[①]。

秦公陵园周边的一般秦国墓，也常见用人殉葬。

1976 年，在八旗屯发掘秦墓四十座、车马坑四座，其中殉人墓八座，共殉二十具；车马坑一座，殉人一具[②]。

1977 年，在高庄发掘秦墓四十六座，其中殉人墓四座，共殉六人[③]。

1980 年，在南指挥西村发掘秦墓四十二座、车马坑二座，其中殉人墓一座（M163），殉人一具；车马坑一座，殉人一具[④]。

1983 年，在八旗屯西沟道发掘秦墓二十六座、车马坑一座，其中殉人墓一座（M3），殉人五具；车马坑一座，殉人一具[⑤]。

上述殉人墓和殉人车马坑，除西村 163 号墓属战国时期以外，大都是春秋晚期到战国早期。殉人的放置，有的仍沿用礼县春秋早期墓放壁龛内的做法，也出现采用东方列国放于椁室主棺旁和环列二层台上的做法。

1976 年和 1977 年发掘的八旗屯、高庄秦墓的墓中殉人，大多数放在壁龛中。每龛放一人或二人，一墓一般设一二个壁龛。例如八旗屯 2 号墓，在两侧二层台上向里各掏一个壁龛，龛中各放殉人一具。另在右龛殉人脚下放殉牲（狗？）一具。殉人侧身屈肢，头向西，与墓主头向相同（图一二三）。八旗屯 102 号墓也在两侧二层台上向里各掏一个壁龛。右龛放殉人二具，头向东，与墓主异向；左龛放殉人二具，交叉错放。三殉人均侧身屈肢葬式，仅一人有零星饰品（图一二四）。个别秦墓也有多至五个壁龛的。例如八旗屯 B 区 32 号墓，五龛设在墓主所在的两侧壁，各二龛，互为对称，另一龛设在墓主足端二层台上的墓壁中。每龛各置一个匣状木棺，棺内各放一具殉人。殉人除了多数放在壁龛中以外，有的被分别放在壁龛和椁室内，高庄 18 号墓即其一例（图一二

---

① 韩伟：《凤翔秦公陵园钻探与试掘简报》，《文物》1983 年第 7 期。韩伟、焦南峰：《秦都雍城考古发掘研究综述》，《考古与文物》1988 年第 5、6 期。韩伟：《秦国史钩沉》，《文物天地》1988 年第 5 期。

② 吴镇烽、尚志儒：《陕西凤翔八旗屯秦墓墓葬发掘简报》，《文物资料丛刊（三）》，文物出版社，1980 年。

③ 吴镇烽、尚志儒：《陕西凤翔高庄秦墓发掘简报》，《考古与文物》1981 年第 1 期。

④ 李自智、尚志儒：《陕西凤翔西村战国秦墓发掘简报》，《考古与文物》1986 年第 1 期。

⑤ 尚志儒、赵丛苍：《陕西凤翔八旗屯西沟道秦墓发掘简报》，《文博》1986 年第 3 期。

五）。也有在墓中夯筑土台上放置殉人的，例如高庄10号墓。夯土台设在墓底西北角，高0.5米。因不够容纳两具殉棺，又在台的西头墓壁挖进0.38米，高1.4米，构成一个全长2.3米、宽1.76米的平台。台上并列木棺两具，各放一具殉人，均侧身屈肢葬式，有少量随身饰物。墓室东侧并列两棺。位于北边的似为主棺，南边的似为从葬棺。此从葬者的身份应高于夯土台上的殉人（图一二六）。

殉人一般有玉玦、玉璧、石圭等少量佩饰；口中含玉片、石片或蚌片。出土时，骨架大多完整，从现状观察，当是处死后放入。殉人的身份，因遗骨大多未鉴定，情况不明。从殉人皆装殓木棺及少量佩饰看，其身份大约是婢妾、侍从。

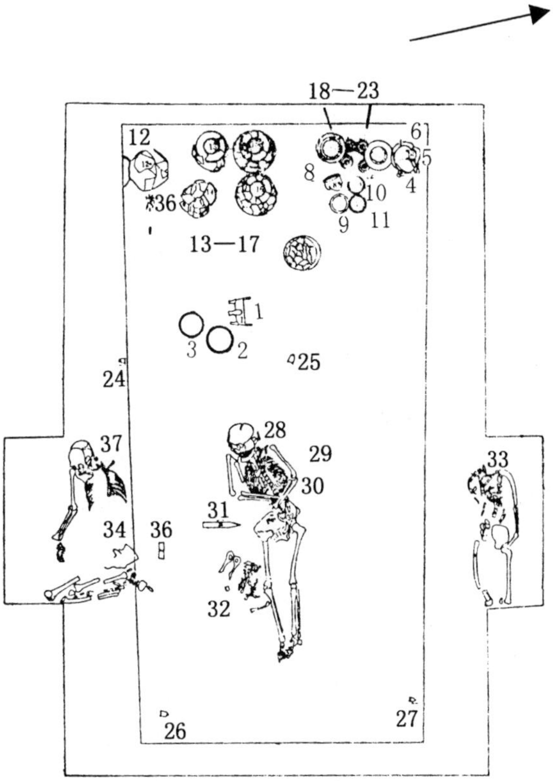

比较特殊的是，八旗屯B区104号墓的墓坑填土中发现两具人架，未见木匣装殓痕迹，又没有随葬器物，人架周围放置四块石头，

图一二三 凤翔八旗屯2号秦墓（采自《文物资料丛刊（三）》）

1～3.铜鼎 4.铜簋 5.铜盘 6.铜匜 7.铜瓠 8～11.陶鬲 12～23.罐 24～27.铜铃 28.玉玦 29.玉珩 30.玉质串饰 31.玉璜 32.骨觽 33.麻布 34～36.石圭 37.绿松石塞

同层填土四隅还发现作为祭牲的羊、牛肢骨。看来这两具人架属于牲人的可能性较大。如果判断不误，这恐怕是墓中牲人的最晚实例。

1980年在南指挥西村发掘的163号墓也是长方形土坑木椁墓，墓向278度。墓葬被盗一空，棺椁人骨被毁，仅四具殉人尚存。其中一具放于椁室西北隅，被扰，仅见肢骨；余三具分别放在北、西、南龛内，均有木棺，作侧身屈肢跪状，各有少量随葬品和装饰品。年代为战国中期。同墓地1号车马坑，平面梯形，坑内埋一车二马一御奴。车马向东，御奴放于车舆下浅坑内，殓以木匣，头向西面北，侧身屈肢跪葬式，无随葬品。年代属战国早期。

1983年在西道沟发掘的3号墓为长方形土坑木椁墓，墓向289度。椁室紧贴墓底二层台。椁室内有一木棺，墓主已朽。墓葬早年被盗，器物几乎一空，唯五具殉人尚

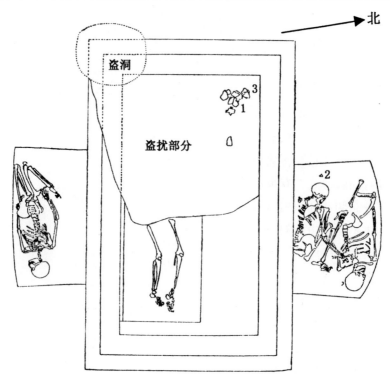

图一二四　凤翔八旗屯 102 号秦墓（采自《文物资料丛刊（三）》）

1. 陶罐残片　2. 玉玦残片　3. 玉环

存。殉人环列于二层台上的土坑内，尸骨用树皮树枝覆盖，皆处死后埋入。其中南台的二具，均侧身屈肢，一具（Ⅰ）头向西面向南，腰间有一件铜带钩；另一具（Ⅱ）头向东面向北，有二件铜削。东台的一具（Ⅲ），俯身屈肢，头向北面向下，抱头缩颈，无随葬品。北台的二具，一具侧身屈肢（Ⅴ），头向西面向北，腰间有一件铜带钩；另一具（Ⅳ）儿童，已朽，无随葬品。余四具均年约 20 岁左右，性别不明（图一二七）。同墓地 1 号车马坑，平面为长方形，坑内埋一车四马一狗一御奴。车马向东，狗放在车舆上，御奴放在车舆下浅坑内，头向西面向南，已残，无随葬品。其年代与 3 号墓同属战国早期。

此外，户县宋村、咸阳任家嘴等地也发现秦国殉人墓。

1974 年在户县宋村发掘一批秦墓，其中殉人墓多座，目前只发表了 3 号墓资料。此墓有殉人四具，附属车马坑一座，也有殉人一具，年代为春秋早期。这是一座长方形竖穴木椁墓，沿袭西周墓制，设腰坑和二层台。椁室内置一椁一棺，棺内墓主骨架已朽，仅剩头骨，头向东。随葬青铜礼器一套十四件，身份为秦国卿大夫。腰坑内和墓主足端二层台上各放一狗。四具殉人分别放置在两侧二层台上，皆仰身直肢，头向东，装殓在髹黑漆的匣状木棺内。棺长 1.6～1.75 米、宽 0.37～0.47 米、高 0.26 米，恰与椁

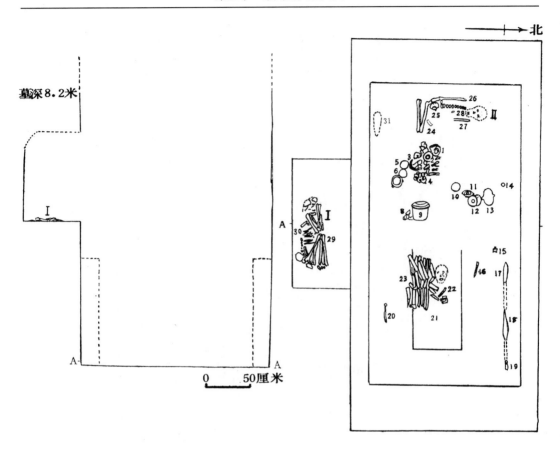

图一二五　凤翔高庄 18 号秦墓平、剖面图（采自《考古与文物》1981 年第 1 期）

Ⅰ、Ⅱ、Ⅲ. 殉人　1. 陶盘匜　2、4. 陶壶　3. 陶甗　5、6. 陶鼎　7. 铜釜　8、9. 陶囷　10.
陶豆　11、12. 陶簋　13. 铜舟　14. 铜泡　15. 铜铃　16. 铜戈　17. 铜剑　18. 铜矛　19. 矛
镦　20. 铜削　21、26、27、29. 铜襟钩　22. 砺石　23. 石圭　24. 石璜　25. 陶罐　28、30.
石饰　31. 粮食

室盖顶平齐。殉人口含玉石块，各随葬一件铜铃。人骨经鉴定，为男性青少年和老年，
其身份似为墓主生前的侍从（图一二八）。墓葬东边有祔葬车马坑一座。坑内埋马十二
匹、御奴一人、狗一只以及车器、兵器、陶器等①。

咸阳任家嘴秦墓

1984 年发掘，战国中期。殉人二具。

此墓为竖穴土坑木椁墓。墓向西。椁室内置一椁一棺，被破坏，墓主尸骨也被毁。
在残存的北壁上发现一个壁龛，内置一薄棺，棺内有殉人一具。殉人仅存上半身，侧
身，头向西，嘴大张，似挣扎反抗状，经鉴定为成年男性。另在棺椁外头端处发现一具

────────────

①　陕西省文物管理委员会秦墓发掘组：《陕西户县宋庄春秋秦墓葬发掘简报》，《文物》1975 年第 10 期。

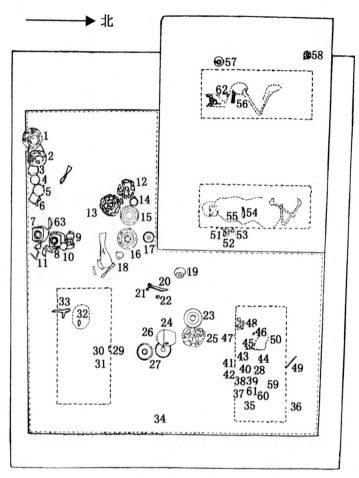

图一二六　凤翔高庄 10 号秦墓（采自《考古与文物》1981

年第 1 期）

1、2、23、25、26、52.陶囷　3～5.铜鼎　6.铜甗　7、8.陶壶　9、10.铜

壶　11.陶盂　12、13.陶簋　14、18.铜舟　15、16.陶簋盖　17.铜盂　19、

48、51、57、58.陶罐　20、28、39、48、49、54、56.铜削　21.玉襟钩

22.玉玦　24、34～37、42、50、61.串珠　27.陶车轮　29、32、41、44、

59、60.玉璜　30、55、62.铜带钩　31.石饰　33.铜戈　38.砺石　40.玉

泡　43.金襟钩　45、46.陶柱状饰　47.陶匜　53.铜铃　63.石圭

孩童尸骨。尸骨头向北，骨架涂红色，已凌乱，与牛牲骨并排，似为人牲[①]。

《秦本纪》说，秦献公元年（前 384 年）"止从死"，其实并没有止住。始皇的祖母宣太后淫荡知名，昭王四十二年，病将死，令所爱魏丑夫殉死的故事很可以说明这个问

① 咸阳市博物馆：《咸阳任家嘴殉人秦墓清理简报》，《考古与文物》1986 年第 6 期。

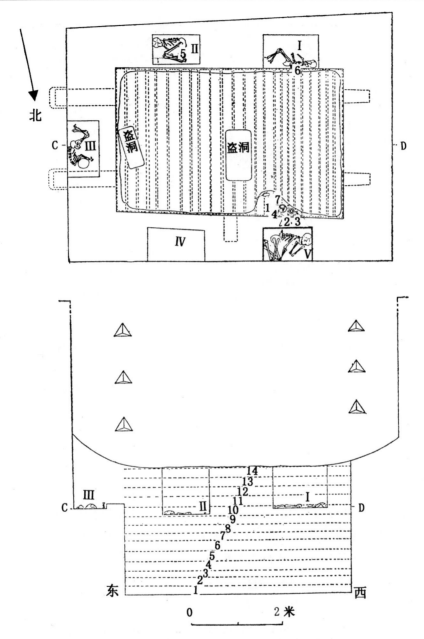

图一二七　凤翔西道沟 3 号秦墓（采自《文博》1986 年第 3 期）

平面图：Ⅰ～Ⅴ. 殉人　1. 铜匜　2、3. 陶罐　4. 石圭　5. 铜削　6、7. 铜带钩

剖面图：1～14. 椁室南壁木板

题。据《战国策·秦策二》：

秦宣太且爱（魏）醜夫。太后病，将死，出令曰："为我葬，必以魏子为殉。"

魏子患之。庸芮为魏子说太后，曰："以死者为有知乎？"太后曰："无知也。"曰：

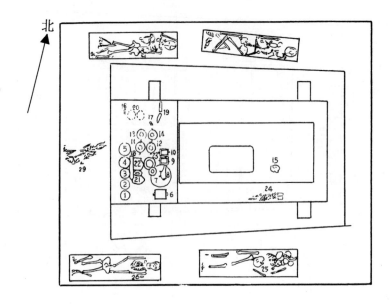

图一二八　户县宋村 3 号秦墓（采自《文物》1975 年第 10 期）

1～5. 鼎　6. 甗　7. 盘　8. 匜　9～10. 壶　11～14. 簋　15. 头盖骨残片

16、17. 管状骨器　18. 玉圭　19. 玉戈　20. 漆器印痕　21、22. 陶罐　23.

鬲形罐　24. 车马器　25～29. 铜铃

　　"若太后之神灵，明知死者之无知矣，何为空以生所爱，葬于无知之死人哉？若死者有知，先王积怒之日久矣，太后救过不赡，何暇乃私魏丑夫乎？"太后曰："善"。乃止。

这个故事说明两点：（1）秦国仍盛行人殉制，所以宣太后才会下令要她的私幸魏丑夫殉死；（2）庸芮敢于谏阻宣太后，说明人殉制在当时已遭到强烈反对。但秦国人殉制似乎并不因献公下令"止从死"、宣太后未殉魏丑夫而终止。根据考古发掘资料，战国后期，秦国人殉制不但在本土继续推行，而且在秦国占领区的秦人墓中推行。山西侯马乔村发现一批带有殉人的围沟墓，很值得注意。

　　乔村围沟墓位于晋都新田今侯马市东浍河北岸。1959 至 1990 年，在这里发掘一千多座战国墓，其中围沟墓三十七座。三十七座围沟墓中大约有近二十条围沟中发现有殉人，每墓一至八人不等，最多的是 2 号墓，殉十八人。一共殉六十多人。殉人大多无葬品，有的被肢解或被捆缚[①]。

　　围沟墓由主墓和围沟两部分组成。主墓大都是中小型的长方形竖穴土坑墓或洞室

　　　---

① 吴振禄：《侯马乔村墓地述要》，《晋都新田》，山西人民出版社，1996 年。

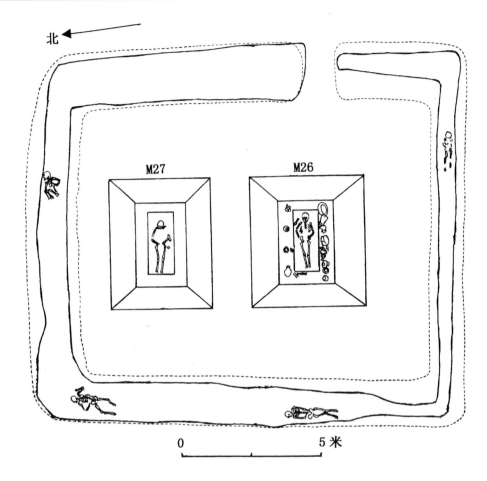

图一二九　侯马乔村26、27号秦墓（采自《文物》1960年第8、9期）

墓，多数是两墓并列，应是夫妻异穴合葬；也有多墓或只有一墓的。主墓与战国流行的墓制无别。在主墓四周挖出一圈狭窄的浅沟，殉人即放置于浅沟中。围沟平面长方形或方形，有的四面闭合，有的留出缺口。围沟制作不甚规整，拐角多呈圆钝形。口大底小，沟底高低不一，沟内填土未夯。举1959年发掘的26、27号墓和1969年发掘的2号墓为例。

　　26、27号墓的围沟平面近方形，外围边长11.2～13.2米，沟口宽1.2米，沟深1.1～1.65米，东围沟中间留一缺口。围沟内正中有二主墓。围绕主墓的浅沟中有四具殉葬人，葬式有仰身、俯身、捆绑、跪坐，皆处死后埋入，无棺，无随葬品[①]（图一二九）。

　　2号围沟墓，也有两主墓，均为长方形竖穴土坑，有棺椁，随葬玉饰品、错金铁带

---

①　山西省文物管理委员会等：《侯马东周殉人墓》，《文物》1960年第8、9合期。

钩、错银铜带钩、玛瑙环、铜印、玉印等。围沟外围边长 10.5～13.3 米，沟口宽 1～1.4 米，沟底宽 0.8 米、深 2.7 米不等。殉人十八具，其中三具上下叠压在沟的东北角，四具上下叠压在东南角，其余散埋在西北角、西南角和北、西、南三面围沟的填土中，埋置深浅不一。葬式有仰身、侧身、俯身，头向面向也不一致。有的头骨破碎，有的被肢解，骨骼断裂缺失。殉人大多无葬具，无随葬品，个别殉人（奴 10，青年女性）还颈卡铁钳。另有一具（奴 18）脊椎畸形弯曲的老人，备有一具薄棺，身下有一件小铁钩。可供鉴定的十六具骨架中，男性十人，女性六人，除一具为老年外，余皆青壮年①。由于乔村围沟墓的墓主皆行蜷曲特甚的屈肢葬，与关中秦墓所见相同，随葬器物又具秦文化的风格特征，故推定为秦攻占三晋以后的秦人墓。

　　1959、1969 年发掘的乔村围沟墓资料发表后，备受大家的关注，公认其为秦攻占三晋以后的秦人墓。1992 年河南三门峡火电厂又发现八座围沟墓，其中二座主墓共围一条沟的六座（即三条围沟），一个主墓自围一条沟的二座。发掘者推定三门峡围沟墓的年代属秦末汉初，确认主墓和围沟墓系同时建成，同时又认为围沟填土和围沟内的遗物（含所谓"殉人"骨骼）要晚于主墓，证据是：主墓填土经过夯打，围沟填土松软未夯，沟中遗物在填土中位置深浅不一，很少见于沟底，表明它们与主墓不可能是同时所为。出现围沟的原因可能是为了加高主墓丘垄，就近取土而成，也可能是为了标示墓葬范围而挖出围沟作为边界。挖出的围沟没有填土，后来因自然的或人为的原因逐渐填积，人骨（或尸体）、兽骨和其他遗物也被后人逐渐混入或埋入，故形成深浅层次不一。该墓地 9102 号墓围沟填土中发现汉武帝时所铸十三枚五铢钱就是明证②。我认为报告编写者的意见是正确的，回头再来检查侯马乔村围沟墓，情况极为相似，所谓沟中"殉人"纯属误解。出现误解的原因，可能是乔村围沟填土比较纯净，未见可确定的后世遗物；或发掘时疏于观察可疑现象所致。由于乔村墓地发掘者在 1996 年的文章中仍坚持沟内被埋者为"殉人"的说法③，可能有其可靠的依据，所以本文仍依旧说，并摘录新说作为参考。希望当事者实事求是，相信问题会得到解决的。

　　上面对乔村秦人围沟墓是否存在殉人的问题并列了两种不同的说法，目的是供读者研究参考。对秦在六国占领区的秦人墓中仍用人殉葬的说法并不影响。明确的实例是，1953 年在洛阳西郊烧沟发掘一批战国晚期墓，其中 640 号墓有一具殉人。这是一座普通的长方形竖穴土坑墓，墓底长 2.6 米、宽 1.68 米、深 4.98 米。墓底中部有一具木棺，墓主行屈肢葬式。殉人放于填土中，俯身直肢，无葬具，无随葬品④。从随葬墓主

　　①　山西省文物工作委员会：《侯马战国奴隶殉葬墓的发掘》，《文物》1972 年第 1 期。

　　②　三门峡市文物工作队：《三门峡市火电厂秦人墓发掘简报》，《华夏考古》1993 年第 4 期。

　　③　吴振禄：《侯马乔村墓地述要》，《晋都新田》，山西人民出版社，1996 年。

　　④　王仲殊：《洛阳烧沟附近的战国墓葬》，《考古学报》第 8 册，1954 年。

的陶鼎、陶豆、陶壶造型特征看，这座殉人墓也应是秦攻东周后的秦人墓。

秦始皇攻灭三晋后几年，就为自己营建骊山陵。死后殉葬宫人、工匠"数以万计"①。如果秦国不盛行人殉制或人殉制已经式微，恐怕不大可能出现这种骇人听闻的惨剧。秦二世枉杀"万计"的无辜者殉葬，只不过是秦国人殉制的恶性发展而已。

---

①　《汉书·刘向传》。

# 第六章　秦汉至明清的人牲

　　秦汉以来，我国建立了统一的多民族国家，以汉族为主体的居住区，已进入封建制社会，而少数民族为主体的居住区，一般尚处在原始社会解体或阶级社会刚出现的阶段。国内各民族间的争斗融合从未间断，风俗习惯互为影响，在人牲人殉习俗方面，也出现了相当复杂的情况。关于这个时期的人殉，我们将在第七章专门讨论。本章只谈人牲。

　　这个时期的人牲，总的趋势是走向衰微或消失，但在特定的时间或特定的环境下仍时有发生，使用人牲的范围大体上包括献俘祭庙（或祭社）、杀仇祭奠和"淫祀"等三个方面。牲人的身份，除"献俘祭庙"明确标示为战俘以外，其他两个方面的牲人身份已变得非常复杂。有仇人，有买来的生人，也有捉来的外地人，然细加分析，他们都带有早期人牲以俘虏为主要来源的痕迹[①]。

## 一　献俘祭庙（或祭社）

　　献俘祭庙（或祭社）的传统，早在殷周时代就很流行，秦汉以后，沿袭不衰，只是献祭形式已有很大变化。

　　秦汉以后各代的献俘祭庙（或社祭）庆典，一般是在官军凯旋后由皇帝亲自主持的奏凯受降活动。庆典徒具形式，但意义重大，因为这是一次提高皇权、宣扬国威的大好机会。在庆典仪式上，皇帝要对被俘的官兵做出处置。一般地说，对待"伏罪"的异族政权首领或地方割据政权首领，皇帝往往表示"宽容"，不加杀害。有时出于某种政治考虑，仍委以原职或授以新的官职；一般战俘释放回家或沦为奴仆，被杀祭的仅限于个别"怙恶不悛"、"违抗不降"的敌方主帅。但对农民军或其他叛逆，则无"宽容"可

---

　　① 参看顾德融：《中国古代人殉、人牲的身份探析》，《中国史研究》1982 年第 2 期。

言，惩处大都极为严厉，杀祭手段也最残酷。秦汉以来的官方史书对此都有专门记载，而以宋代和明代的"献俘"过程记载得更为具体。现即以宋明两代为例。

宋太祖赵匡胤在征讨十国割据政权的过程中，继承唐代皇帝亲征的军礼，制定了"受降献俘"仪式。根据十国统治集团对北宋政权的不同态度，分别给予惩处或赦免。其中以开宝四年（971年）平灭南汉后，在太庙举行的受降献俘仪式为最隆重。据《宋史·礼志·军礼》"受降献俘"条：

> 岭南平，刘𬬮就擒，诏有司撰献俘礼。𬬮至，上御明德门，列仗卫，诸军、百官常服班楼前。别设献俘位于东西街之南，北向；其将校位于献俘位前，北上西向。有司率武士系𬬮等白练，露布前引。……俟告礼毕，于西南门出，乘马押至太社，如上仪。乃押至楼南御路之西，下马立俟。献俘将校，戎服带刀，……摄刑部尚书诣楼前跪奏以所献俘付有司。上召𬬮诘责，𬬮伏地待罪。诏诛其臣龚澄枢等，特释𬬮缚，与其弟保兴等罪。……百官称贺毕，放仗如仪。

刘𬬮及其弟保兴伏罪态度较好，被赦免罪并授以官职；南汉大臣龚澄枢、李托、薛崇誉于献俘后被斩于千秋门外。

明代的献俘仪式大体上因袭唐宋，在细节上更为烦琐。据《明史·礼志·军礼》"奏凯献俘"条记载：

> 先期，大都督以露布闻。内使监陈御座于午门楼上前楹，设奏凯乐位于楼前，协律郎位于奏凯乐北，司乐位于协律郎南。又设献俘位于楼前少南，献俘将校位于其北，刑部尚书奏位于将校北，皆北向。又设刑部尚书受俘位于献俘位西，东向。……皇帝常服升楼，侍卫如常仪。大将于楼前就位，四拜。诸将随之，退，就侍立位。赞奏凯乐，协律郎执麾引乐工就位，司乐跪请奏凯乐。……乐止，赞宣露布。……宣讫，付中书省颁示天下。将校引俘至位，刑部尚书跪奏曰："某官某以某处所俘献，请付所司。"奏讫，退复位。其就刑者立于西厢，东向，以付刑官。其宥罪者，楼上承制官宣旨，有敕释缚。楼下承旨，释讫，赞礼赞所释之俘谢恩，皆四拜三呼，将校以所释俘退……

明朝行献俘礼，主要用于祭献农民军首领和叛逆首领，见于《明史》的至少有三次。一次是嘉靖三十三年十月献祭王三领导的农民军俘虏；另一次是万历十二年正月献祭云南陇川傣族首领岳凤及其妻子族属；又一次是天启二年献祭四川樊友邦等及山东白莲教首领徐鸿儒等。

## 二　杀仇祭奠

"杀仇祭奠"就是杀仇人祭奠被害人的亡魂。一般是把仇人拉到被害人的墓前或灵位前杀死，割下首级，抠出心肝五脏，为被害人的亡魂举行祭奠仪式。从历代官私著述看，汉唐时期一般用首级祭奠，宋元明清一般用心脏祭奠。

杀仇祭奠产生于复仇心理的恶性发展。阶级对立、民族冲突以及血亲关系、主仆关系、门生故旧关系等等的复仇行为都可以导致杀仇祭奠的发生。因阶级对立或民族冲突而引起的杀仇祭奠行为，一般与政治斗争相联系，规模较大，影响也较大；因血亲关系、主仆关系、门生故旧关系引起的杀仇祭奠行为，一般局限于一个家族（或一个宗族）、几个人或个人的行动，影响较小，但贻害甚大。

因阶级对立或民族冲突而引起的杀仇祭奠，史不绝书，下面略举几起事例。

《汉书·王莽传下》：天凤四年（公元 17 年），琅邪女子"吕母，子为县吏，为宰所冤杀。母散家财，以酤酒买兵弩，阴厚贫穷少年，得百余人，遂攻海曲县，杀其宰以祭子墓"。这是我国历史上第一次由妇女领导的农民武装起义。从表面看，吕母起义的动机是为子报仇，但实际行动已远远超过一己之利害得失，明显属于阶级复仇行为。在我国历代农民起义史上，其起因动机也大多是出于血亲复仇，事发后，继而煽起阶级仇恨的燎原之火。

《资治通鉴·唐纪》记神龙二年（706 年）初，"韦玄贞流钦州而卒。蛮酋宁承基兄弟逼取其女，妻崔氏不与，承基等杀之，及其四男洵、浩、洞、泚。上命广州都督周仁轨使将兵二万讨之。承基等亡入海，仁轨追斩之，以其首祭崔氏墓，杀掠其部众殆尽"。

《旧唐书·温造传》载，唐文宗大和四年（830 年），山南西道节度使李绛被叛军杀害，文宗诏温造继任。温造到任后，发兵围剿叛军，叛军被打败，温造"亲刃绛者斩一百断，号令者斩三断，余并斩首。内一百首祭李绛，三十首祭王景延、赵存约等，并投尸于江"[①]。

《宋史·忠义传一》：宋仁宗时，王则在贝州叛乱，其部将生擒宋北京指使马遂，"支解之"。不久，宋官兵擒获"杀遂者骁捷卒石庆，使其子剖心而祭之"。又，王则部将郝用杀贝州通判董元亨，"贼平，获郝用，斩以祭元亨"。

《罪惟录·叛逆传》：明太祖反元时，苗族首领蒋英、刘震来附。未几复叛，杀参政胡大海，后被生擒，"太祖命悬大海像，刺英、震心血以祭之"。

《山西通志·列女录十八·历代贞烈》：明保德"经略陈奇瑜，多姬侍。会闯变，迁大族实咸阳。奇瑜家当迁，贼将郝安才与奇瑜仆谋诱致止之。姬张氏名耐者，州民一孝女，见奇瑜不反，惧辱身，饮毒死，后奇瑜嗾唐通杀安才，取仆首以祭姬"。

上引事例说明，唐宋明王朝镇压地方叛乱、农民起义军和南方少数民族，往往采用残暴的杀祭仪式。

---

[①] 《新唐书·温造传》、《资治通鉴·唐纪六十》所载与《旧唐书·温造传》基本相同。

　　与此有关的考古资料相对较少，这是因为杀仇祭奠大都没有留下遗迹，即使尚有遗迹也难确认。但有两个考古实例颇具典型。一个是在洛阳东关发现的东汉杀殉墓，另一个是在陕西凤翔郊区发现的唐代杀殉墓地。

　　洛阳东关东汉杀殉墓，洛阳博物馆 1971 年发掘。这是一座附有车马室的大型砖券墓。在墓门券顶的第一层夯土台阶下面发现有被掩埋的尸骨十具。尸骨保存完好，互相挤压，纵横交错，有的仰身直肢，有的俯身蜷曲。无葬具，无随葬品。从出土现象推断，当系一次性被强制活埋。经鉴定，其中 5 至 6 岁的孩童四具，10 至 15 岁的少年二具，30 至 40 岁的成年四具，男女大约各五具。在杀殉尸骨下面有一具完整的狗骨架。狗曲身侧卧，似为活埋（图一三○）。从墓室中出土的玉衣、朱绘棺椁以及劫余的随葬

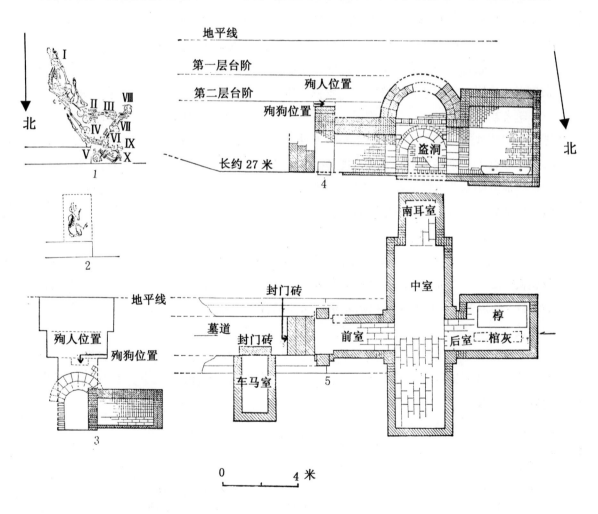

图一三○　洛阳东关东汉杀殉墓（采自《文物》1973 年第 2 期）

1.殉人骨架分布的情况　2.狗骨架　3.墓门及车马室剖面图　4.墓葬纵剖面图　5.墓葬平面图

品推知，墓主应是东汉晚期的高级贵族，可能是皇室成员。东汉晚期出现这种强制杀人为殉的现象实属罕见，目前还难做出准确判断①。笔者认为，从当时洛阳处于全面战乱这个历史大背景进行考察，此墓出现的人殉现象似应与阶级报复、杀仇祭奠有关。

　　陕西凤翔郊区唐代杀殉墓地，雍城考古队 1983 至 1990 年发掘。在已发掘的三百六十四座隋（少量）唐墓中，有五十三座唐墓除埋葬墓主尸骨以外，还发现有被杀殉的尸骨。一般一墓杀殉一人，也有一墓杀殉二至六人和多达十三人的。杀殉总数一百四十八个个体。被杀殉的尸骨大多被分层埋置在墓道填土中、墓坑填土中或天井填土中，也有少量残骸发现于墓室内，个别见于墓主棺盖上。被杀殉者有男有女，有老有少，而以男性青壮年居多。他们都没有葬具，没有随葬品，没有一定葬式。有的骨骼齐全，而更多的是身首异处，散乱弃置。或有头骨而肢体不全，或被肢解，或被砍头，或被断足，或被剁手，有的足戴镣铐，有的尸体扭成一团。从出土现象观察，被杀殉者多数是被砍杀后埋入，少数被活埋。因有关技术性的鉴定工作尚未进行，这五十三座唐墓的墓主及被杀殉者的族属，目前还无法确定。据发掘者研究，这批墓葬绝大部分属中唐时期②。

　　笔者初步认为，中唐藩镇割据，战乱不息。凤翔一带是唐朝藩镇官兵与回纥兵、突厥兵争战的地方，墓坑中发现被杀祭的人牲，应与这种历史背景有关。据报道，在这批墓葬中，有十八个墓主是穿着铠甲埋葬的，表明墓主可能是阵亡的唐朝军官，被杀祭的人牲，很可能是敌对的回纥兵或突厥兵俘虏。墓主一方的幸存者，为了替墓主复仇泄恨，便把掳获的敌方官兵杀祭于死者墓坑中。如果判断不谬，则可认为，这是民族冲突而引发的杀仇祭奠行为。

　　一般地说，因阶级对立或民族冲突而引起的杀仇祭奠行为，大多发生在时局动荡和改朝换代之际。上面提到的凤翔中唐墓就是很典型的民族冲突事例。出于发泄阶级仇恨的事例，则以明末农民起义军攻陷北京，崇祯皇帝自缢后发生的一连串杀祭农民军的行为为最典型。

　　明朝覆灭于农民起义军，这对忠于明朝皇室的官吏来说，不啻为"不共戴天"之仇。他们当然要进行猖狂的反扑。把所能掳获到手的农民军俘虏，集体杀祭于崇祯灵位前或长陵墓前。

　　谭吉璁《肃松录》卷一：

---

① 余扶危、贺官保：《洛阳东关东汉殉人墓》，《文物》1973 年第 2 期。
② 《我国首次发现隋唐殉人墓葬》，《人民日报》1986 年 5 月 13 日第 3 版。又《凤翔县发掘一批中唐时期的殉人墓葬》，《中国历史学年鉴》259 页，人民出版社，1985 年。雍城考古队：《陕西凤翔县城南郊唐墓群发掘简报》，《考古与文物》1989 年第 5 期。赵丛苍：《从凤翔城郊唐隋唐殉人墓看中国古代殉人制度的发展与演变》，"汉唐陵墓制度"国际学术研讨会论文，西安，2003 年。上引文章发表时间有先后，公布的发掘墓数和杀殉人数略有不同，本文引录的发掘墓数和杀殉人数系根据 2003 年赵丛苍论文的数字。

（崇祯）甲申四年，密云副将张减率所部兵至昌平城下，……五月朔日攻城，……斩级百余，生擒贼一百二十名，……于次日赴长陵祭奠。缚贼渠李道春、周祥磔之；以伪官刘恺泽等四人献俘于崇祯皇帝陵墓之侧，亦磔之，具文哭奠焉[1]。

王先谦《东华录》卷一：

（顺治元年五月）己酉，宣府巡抚李鉴捕斩伪权将军黄应选、伪防御使李允桂等十五人，以祭明崇祯帝。

这种垂死前的暴行，反映了祭奠者内心隐伏的彻底绝望的心理状态。

因血亲关系、主仆关系、门生故旧关系而引起的杀仇祭奠行为，在我国封建时代更是层出不穷。在多数情况下，这种杀仇祭奠非但不受到社会的谴责，有的还受到称许或鼓励。历代封建统治者宣扬儒家思想治天下，以"三纲五常"为依归，其负面效应便是血亲复仇的风行。子为父杀仇祭奠，成为社会公认的"美德"。举两例发生在东汉时期的故事。

《后汉书·苏章附族孙不韦传》：

（不韦父谦，与魏郡李暠有隙），暠为司隶校尉，收谦诘掠，死狱中，暠又因刑其尸，以报昔怨。不韦时年十八，征诣公车，会谦见杀，不韦载丧归乡里，瘗而不葬，仰天叹曰："伍子胥独何人也！"乃藏母于武都山中，遂变名姓，尽以家财募剑客，邀暠于诸陵间，不剋。会暠迁大司农，时右校刍廥，在寺北垣下，不韦与亲从兄弟潜入廥中，夜则凿地，昼则逃伏，如此经月，遂得傍达暠之寝室，出其床下。值暠在厕，因杀其妻并及小儿，留书而去。暠大惊惧，乃布棘于室，以板籍地，一夕九徙，虽家人莫知其处。每出，辄剑戟随身，壮士自卫。不韦知暠有备，乃日夜飞驰，径到魏郡，掘其父阜冢，断取阜头，以祭父坟。……弘农张奂睦于苏氏，而武威段颎与暠素善，后奂颎有隙。及颎为司隶，以礼辟不韦，不韦惧之，称病不诣。颎既积愤于奂，因发怒，乃追究不韦前报暠事……即时收执（不韦），并其一门六十余人尽诛灭之，诸苏以是衰败。及段颎为阳球所诛，天下以为苏氏之报焉。

又《后汉书·列女传·许升妻》：

吴许升妻者，吕氏之女也，字荣……（升）被本州辟命，行至寿春，道为盗所害。刺史尹耀捕盗得之。荣迎丧于路，闻而诣州，请甘心仇人。耀听之。荣乃手断其头，以祭升灵。

这种血亲复仇行为，发展到极至便成为世仇。世代冤冤相报，把报父祖之仇视为一生中的头等大事。东汉时期，这种风气颇为盛行。如《三国志·魏书·韩暨传》载："韩暨字公至，南阳堵阳人也。同县豪右陈茂谮暨父兄，几至大辟。暨阳不以为言，庸赁积

---

①　转引自清朱孔阳《历代陵寝备考》卷五〇。

资，阴结死士，遂追呼寻禽茂，以首祭父墓，由是显名。"此种情况在以后各代也不罕见。直至近现代，在我国民间，尤其是广东、福建，因宗族械斗而引发的血亲复仇时有发生。当甲方的族人被乙方所杀害，甲方便要千方百计报复，一旦捕获到乙方的人，往往要把他带到被害人的墓前，由被杀人的亲属持刀击杀，掏出心脏祭奠。

边境少数民族至今仍残存着的"打冤家"遗俗，也属于这种性质。

此外，还有两种杀仇祭奠行为也十分流行。

一种是官吏贪赃枉法，地主敲诈勒索，草菅人命，被害人的亲朋戚友含冤难申，只好铤而走险，采取直接复仇行动，杀贪官，杀地主，祭奠被害人。上述琅邪女子吕母为报子仇，阴结穷人，劫杀县宰就含有这种性质。《水浒传》第六十八回写宋江夜袭曾头市，生擒土豪史文恭，剖腹剜心，享祭梁山第一头领晁盖，也属于这一类。

其次是封建社会的不合理婚姻，造成许多奸杀情杀，被害人的亲朋戚友往往采用以错攻错的残暴手段，杀奸夫淫妇祭奠被害人。家喻户晓的《水浒传》第二十六回，武松杀潘金莲、西门庆祭奠其兄武大郎是最具典型的事例。《水浒传》一般认为是施耐庵所作，罗贯中编次。施罗二人皆元末明初人，从故事情节看，作者是在《宣和遗事》及有关话本、故事的基础上，再创作而成此书的。故事讲的是北宋末年的事，但实际是他们生活时代的社会现象①。现在通行的七十回本，经清初金圣叹批注删改，所以，《水浒传》中的杀仇祭奠行为也可以看成是宋元明清几个朝代的社会现象。

# 三 "淫祀"

殷周以前，无所谓"淫祀"。春秋后期，天地山川都依人间的等级关系做了划分，所谓天子祭天地、五岳、四渎，不受限制，诸侯祭其所辖属的山川，大夫祭"五祀"。不在其封域内，"非其所祭而祭之"，便被称为"淫祀"②。齐大夫司马子鱼认为，淫祀的致祭对象是"诸淫昏之鬼"③，所以要加以反对。话是这么说，事实上祭献淫祀的活动并没有止息，尤其是在秦汉时代。据《汉书·郊祀志》，自秦始皇以来，淫祀世有所增，汉武帝尤敬鬼神之祀，至平帝时，崇鬼神淫祀，自天地六宗以下，至诸小神，凡千七百所。所幸秦汉时祭淫祀一般用牺牲，保留用人祭淫祀的大约只有原东夷旧地的次睢之社。《续汉书·郡国志》琅玡国临沂条刘昭注引《博物记》："县东界次睢有大丛社，民谓之食人社，即次睢之社。"《左传·僖公十九年》"夏，宋（襄）公使邾文公用鄫子于次

---

① 参考《水浒》七十回本卷首《关于本书的作者》，作家出版社，1957年。
② 《礼记·曲礼下》。
③ 《左传·僖公十九年》。

睢之社"即此。据杜预考证，"次睢之社"为"亳社"，亦即"殷社"。从殷商以来这里就兴杀人祭社的恶习。距离这里不远的铜山丘湾殷代社祀遗址发现有杀人祭祀遗存[①]，是其实证。《艺文类聚》卷三九《礼部·社稷》引伍辑之《从征记》："临沂厚丘间，有次睢里社，常以人祭。襄公使邾子用鄫子处。相承雇贫人，命斋絜，祭时缚着社前，如见牲牺。魏初乃止。"可见次睢之社的杀人祭祀恶习，由来久远，至迟从殷商时开始，历两周秦汉，直到三国初年才基本废止。

在南方，淫祀尤为严重。《汉书·地理志》指出，江南楚越之地，"信巫鬼，重淫祀"，汉魏以后犹未止息，直到宋代，湖广、四川、浙江、福建、广东等地，用人祭淫祀的恶俗，仍相当流行。官府虽然一再下令禁止，但未奏效。下面辑录几起，以见一斑。

清·徐松《宋会要辑稿·刑法》：

> 淳化元年（990 年）八月二十七日峡州长扬县民向祚与兄向收，共受富人钱十贯，俾之采生。巴峡之俗，杀人为牺牲以祀鬼。以钱募人求之，谓之采生。祚与其兄谋杀县民李祈女，割截耳鼻，断支节，以与富人。为乡民所告，抵罪。

> （孝宗淳熙四年，1177 年）五月六日臣傪言：楚俗淫祠，其来尚矣。……遂至用人以祭，每遇闰岁，此风犹炽。

> （宁宗嘉泰二年，1202 年）十二月九日权知万州赵师作言：峡路民居险远，素习夷风，……其俗不以道，千富祀诸昏淫之鬼，往往用人。

宋·陈淳《北溪字义》卷下"鬼神"条：

> 湖南风俗，淫祀尤炽，多用人祭鬼，或村民裒钱买人以祭，或捉行路人以祭。

宋·马端临《文献通考·郊社考》"杂祠淫祠"条：

> （高宗绍兴二十三年，1153 年）将作监主簿孙祖寿言：……间者禁止淫祠不为不至，而愚民无知，至于杀人以祭巫鬼，笃信不疑。湖广夔峡自昔为甚，近岁此风又寝行于他路，往往阴遣其徒，越境千里，营致生人，以贩奴婢为名，每至岁闰，屠害益繁，虽异姓至亲亦不遑恤，今浙东又有杀人而祭海神者，四川又有杀人而祭盐井者。守令不严禁之，生人实被其害。

《东都事略·太宗本纪》：

> （雍熙二年，985 年）闰九月，诏曰：岭南之俗，……其杀人祭鬼，病不求医，僧置妻孥，宜化导，使之悛革。

《宋史·太宗纪》：

> （淳化元年，990 年）八月，禁岭南杀人祀鬼。

---

① 　南京博物院：《铜山丘湾古遗址发掘简报》，《考古》1972 年第 5 期。

《宁洋县志·新事志·仙释》：

> 曹四公，集宁里香寮人。……元祐间（1086～1093年），乡有神，岁以童男女
> 祀，里人患之。公往谒庐山君，学禁祝，起方术。……神惧求活，许其栖水尾潭
> 中，后不为厉①。

南方"淫祀"之所以历久不衰，与历史上居住在南方的乌浒、越僚诸族似有密切关
系。这些民族长期流行"猎头祭谷"、"杀祭（食）长子"习俗，虽然社会已发生变化，
但风俗习惯影响深远。南方淫祀，宋人称为"祀诸昏淫之鬼"②，与东汉人称次睢之社
为"祭诸淫昏之鬼"语义相同，彼此或有渊源关系。

明清时代，杀人祭淫祀的现象仍存。如明洪武二十七年山东"日照民江伯儿母病，
割肉以疗，不愈，祷藩岳神：母疾瘳愿杀子以祀。已，母瘳，竟杀其三岁儿"③。《大明
律》中也有禁止"杀人而为妖术以惑人"的禁令④，皆可证。直到近现代，民间仍有祀
昏淫之鬼的活动，偶尔也有用人致祭的惨案发生。

西南少数民族曾流行猎头祭谷和杀人祭鬼习俗，其性质亦属于"淫祀"一类。据佤
族民间传说，"在十七代至二十代人以前，佤族先人在迁徙途中遇到了洪水之祸，于是
砍人头去祭"。另一种传说，在很久以前，人类遇天灾人祸，人和牲畜大批死亡，谷子
也长不好，人们用各种兽头祭鬼神求救，都没有灵验，后来砍人头祭鬼，才免于灾
难⑤。说明佤族砍人头祭鬼已有三四百年的历史。这种习俗，产生于对自然界的愚昧无
知，与血族复仇可能也有关系。四川凉山黑彝，如遇重病医治无效，有时就要杀人祭
鬼。据调查，解放前夕普雄县一个黑彝病重，用许多牛羊献祭无效，毕摩（巫师）占
卦，说是天上要人，于是杀了一个女呷西（奴隶），抛入河中。布拖县吉狄家黑彝，曾
杀死三个小呷西祭鬼⑥。类似的事例，在交通闭塞的少数民族地区，至今仍偶有发生，
这里不再一一列举。

---

① 傅衣凌辑：《闽俗异闻录》，《福建文博》1984年第1期（总6期）。
② 《宋会要辑稿·刑法二》第七册，6497页，中华书局影印本，1957年。
③ 《明外史·沈得四传》，转引自蔡尚思：《中国传统思想总批判》50页，棠棣出版社，1950年。
④ 《大明律集解附例》卷一九《刑律》。
⑤ 《佤族社会历史调查（一）》50页，云南人民出版社，1983年。
⑥ 王恒杰：《从解放前彝族奴隶制度看殷周奴隶社会》，《考古》1974年第4期。

# 第七章　秦汉至明清的人殉

第六章开头，我们提到秦汉以来的历史复杂性，在人牲人殉方面也出现相当复杂的情况。人牲已如第六章所述。本章专门讨论人殉。

这个时期的人殉，在汉族为主体的居住区内，总的说来处于衰微阶段。但由于宗法伦理思想和传统习惯势力的影响，作为人殉来源的奴婢的大量存在，以及各族间人殉恶俗的互相渗透，遂使这种人殉恶俗始终没有在中国大地上消失，在某个时期内或某个地区的角落里，有时还颇为流行。根据文献记载，我们把秦汉至明清的人殉多寡及其表现形式，大体上分为四个阶段：

第一阶段　秦、西汉——人殉盛极而衰
第二阶段　东汉魏晋南北朝——人殉回潮
第三阶段　隋唐——人殉又趋衰微
第四阶段　宋元明清——人殉再度复活蔓延

这四个阶段的划分是从整体来说的，其间还有许多复杂的因素和微妙的变化，容在下面依次论述。

## 一　秦、西汉

我们在第五章曾介绍秦国的人殉，认为秦国的人殉起源较晚，但一经出现，就迅猛发展，大有"后来居上"之势，所谓秦献公"止从死"，其实并没有止住；到了秦代终于出现秦始皇陵"生埋工匠计以万数"的空前记录，这是秦国人殉制恶性发展的结果。在这一章，我们将就这个问题继续探讨。

秦始皇陵到底使用多少人殉葬？史书记载互异，其中提到人殉的大约有下面几条：

《史记·秦始皇本纪》：

（始皇三十七年）九月，葬始皇骊山。……二世曰："先帝后宫非有子者，出焉不宜。"皆令从死，死者甚众。葬既已下，或言工匠为机，藏皆知之，藏重即泄。

大事毕，已藏，闭中羡，下外羡门，尽闭工匠藏者，无复出者。

《汉书·楚元王传附刘向传》：

　　秦始皇帝葬于骊山之阿，……多杀宫人，生埋工匠，计以万数。

《太平御览》卷五六〇引《皇览·冢墓记》：

　　秦始皇冢在骊山，……后宫无子者皆殉，从死者甚众。恐工匠知之，杀工匠于

藏中。

上述记载证明，殉葬于秦始皇陵的有两部分人，一部分是宫人，另一部分是工匠。在先秦时期的殉人中，曾把一部分未生育的宫人送去殉葬，但像秦始皇这样把全部未生育的宫人都送去殉葬的事，在史书上还没有见过。掩埋修墓工匠，更属前所未闻。掩埋工匠的原因仅仅是害怕他们把墓中的珍贵随葬品泄露出去，这是与先秦的殉人含义不相符合的。殷周的人殉是人间主奴关系在阴间的再现，对象大都是墓主生前的近亲、近臣和近侍。秦二世把始皇后宫非有子者皆令从死，这对先秦人殉制度已属逾越；把修墓工匠全部掩埋墓中，更是开了先例。对后代也产生很大影响。秦汉及其以后，人殉已不再是或不完全是人间主奴关系在阴间的再现，而往往是对宫人和其他人的一种极其残酷的惩罚——一种变相的死刑。

　　由秦二世开创的这两部分殉人各有多少？《史记》、《皇览》均未明言，《汉书》中的"计以万数"是刘向谏成帝薄葬疏中的一句话，容或出于文字修饰，略有夸大，似可不宜认定必有"一万"人殉葬，但推测有"数千"人殉葬，大约不会过分。真相究竟如何，尚待发掘秦始皇陵时再做验证。除了宫人、工匠殉葬以外，秦始皇的许多公子、公主，有的被迫从死，有的被诛杀。据《史记·李斯列传》：

　　（二世即位）公子高欲奔，恐收族，乃上书曰："……臣请从死，愿葬骊山之

足，唯上幸哀怜之。"书上，胡亥大悦，……可其书，赐钱十万以葬。

看来公子高的墓葬应在始皇陵附近。当时被诛杀的诸公子、公主及大臣，为数甚多，有案可查的至少有大臣蒙恬、蒙毅，太子扶苏，公子将闾昆弟三人，另有"六公子戮于杜"[①]，"公子十二人僇死咸阳市，十公主矺死于杜"[②]。这些被诛杀的大臣、公子、公主，有的另葬他处，如蒙恬、蒙毅、扶苏等；有的则可能从葬在始皇陵旁，考古发现为此提供了重要线索。

　　1976年在始皇陵陵园东墙外350米处发现十七座秦墓，墓为东西向，由北向南单行排列。有八座已发掘，均为带斜坡道的"甲"字形墓，墓底有一棺一椁，棺底铺草木

---

　　① 《史记·秦始皇本纪》。

　　② 《史记·李斯列传》。

灰，除 18 号墓棺内仅见一把铜短剑以外，余七座墓的木棺内各埋一人。出土时，骨架大多凌乱，或身首分离，或骨上带铜镞。都有随葬较多的陶器和少量铜器，以及金、银、玉饰品。骨架经鉴定，为五男二女，其中 20 岁左右的女性一人，余六具均在 30 岁左右。从墓葬的所在位置、死者被杀害以及器物特征判断，这批墓葬应是被诛杀的秦始皇诸公子、公主①。

在秦二世大批杀殉以后不到十年，又爆发了齐田横徒属五百人从死事件。其全过程见《史记·田儋列传》：

> 汉灭项籍，……田横惧诛，而与其徒属五百余人入海，居岛中。高帝……廼使使赦田横罪而召之。……曰：“田横来，大者王，小者廼侯耳；不来，且举兵加诛焉。”田横廼与其客二人乘传诣雒阳。未至三十里，至尸乡厩置。横谢使者曰：“……横始与汉王俱南面称孤，今汉王为天子，而横廼为亡虏而北面事之，其耻固已甚矣。且吾亨人之兄，与其弟并肩而事其主，纵彼畏天子之诏，不敢动我，我独不愧于心乎？……”遂自刭，令客奉其头，从使者驰奏之高帝。高帝……为之流涕，而拜其二客为都尉，发卒二千人，以王者礼葬田横。既葬，二客穿其冢旁孔，皆自刭，下从之。高帝闻之，廼大惊，以田横之客皆贤。吾闻其余尚五百人在海中，使使召之。至则闻田横死，亦皆自杀。

田横原是战国时齐国的宗室，趁秦末乱起，割地复辟，与刘邦为敌，烹杀刘邦使臣郦食其。刘邦鄢灭项羽后，诏谕来归，他耻为亡虏，又担心食其弟郦高报复，所以在快到洛阳（时刘邦驻洛阳）时自杀。田横自杀，情有可原。其徒五百余人，包括随同田横来洛阳的两名随从，全部自杀殉主。他们的悲壮行动，较之墨者钜子孟胜之徒一百八十三人从死，实有过之而无不及！

秦始皇陵殉葬和汉初田横之徒五百人从死，构成中国古代人殉数量的最高峰。从此以后，从殉制及其派生的从死风气便转入低潮。

西汉初年，社会经济凋敝，人口大减，最高统治者不得不“崇尚俭节”，这对人殉制的推行在客观上起了限制作用。文景以后，社会经济的发展和思想意识的变化，进一步促使人殉制的衰落。汉武帝时，董仲舒上疏“去奴婢，除专杀之威”②，这对人殉制不能不是一次大的冲击。从文献记载看，至迟在汉宣帝时，已经不允许任意用人殉葬了。《汉书·景十三王传·赵敬肃王传》说，赵缪王刘元“病先令，令能为乐奴婢从死，迫胁自杀者凡十六人”。结果遭到“国除”的处治。虽然刘元遭“国除”实犯有诸多罪科，但迫胁为乐奴婢从死应是主要原因之一。

---

① 秦俑考古队：《临潼上焦村秦墓清理简报》，《考古与文物》1980 年第 2 期。

② 《汉书·食货志》。

需要指出的是，法令的不允许，并不等于人殉行为的消失，拥有特权的统治阶级可以采用种种变相手段，以"自愿"为借口，逼迫婢妾、侍从从死。据《汉书·武五子传》载：汉武帝的儿子燕王刘旦，因犯叛逆罪自杀，"后夫人随旦自杀者二十余人"；广陵王刘胥畏罪自杀，"八子郭昭君等二人皆自杀"。便是采用的"自愿从死"的形式。又据《汉书·霍光传》，昭帝的辅弼大臣霍光死，宣帝赐葬"皆如乘舆制度"，葬品中有"枞木外臧椁十五具"。"外臧椁"是什么，据颜注引服虔曰："外臧椁在正臧椁外，婢妾臧也。或曰厨厩之属。"照前一种解释，霍光墓中应有婢妾十五人从葬。他们被安置于十五具外臧椁中，这是采用恩赐婢妾从殉的形式。晋张华《博物志》（卷七）中有两条记载也是值得注意的：

> 汉末，关中大乱，有发前汉宫人冢者，宫人犹活。既出，平复如旧。魏郭后爱念之，录置宫内，常在左右，闻汉时宫中事，说之了了，皆有次绪。郭后崩，哭泣过哀，遂死[①]。

> 汉末发范朋友奴冢，奴犹活。朋友，霍光女婿。说光家事废立之际多与《汉书》相似。

这两条材料，虽属怪异之谈，不可为据。但是，如果联系上举燕王刘旦、大臣霍光两事例来看，宫人、奴仆从殉应是被允许的。汉朝所要废止的仅仅是利用特权，采取强制的从死手段而已。

总的来说，西汉王朝统治区的人殉已经不多了，据笔者统计，近五十多年来发掘的诸侯王、列侯墓已有一百座左右，墓中发现殉人的只有徐州狮子山楚王墓和徐州火山刘和墓，可以说是濒于消亡的西汉用人殉葬的个别现象。

狮子山楚王墓，1994 至 1995 年发掘。它是一座规模宏大、结构奇特的崖洞墓，坐北朝南，南北总长 117 米。墓道以北构筑墓室十二个，殉葬坑一个。墓葬早年被盗，尚存劫余文物二千多件，墓主着金缕玉衣，可认定是文景期间的一代楚王。殉葬坑位于外墓道尽端东壁底部。葬坑长 4 米、宽 1.6 米。坑内置一具漆棺，棺已朽，殉人经鉴定为 40 余岁男性。随葬玉璧、玉璜、玉枕、铁剑、铁矛、铜牌、铜镜和"偻官监印"铜印等四十一件。在甬道（塞石自铭"简道"）内东壁的两个墓室（耳室 E4、E5）中又发现殉人遗迹。E4 室长 4.55 米、宽 1.48 米、高 1.75 米，空心砖封堵，砖堵内又有木门设备。殉人尸骨已朽，仅存牙齿，随葬玉舞人、玉觿、鸡心珮、珩、七窍塞等玉器和铜镜、带钩等。由随葬品推测，殉者应是女性。E5 位于 E4 的北边，室内长 4.68 米、宽 1.5 米、高 1.91 米。空心砖封堵，砖堵内又有木门。室内置镶玉片漆棺，盗扰严重。尸骨已毁，仅出陶鱼、

---

① 晋干宝《搜神记》卷一五所载与此同。《晋书·五行志》"魏明帝太和三年"条和《三国志·魏书·明帝纪》注引顾恺之《启蒙注》也有类似记载，但均作"魏时人有开周王冢者，得殉葬女子"云云。

几何形玉片及陶器片若干。估计也是女性，身份似高于 E4 殉人①。

火山刘和墓

1996 年发掘，位于徐州北郊，也是崖洞墓。墓主着银缕玉衣，头枕玉枕，玉塞七窍，劫余文物尚有二百多件。墓主刘和系据出土铜印确认。殉人置于西椁室北边侧室内，漆棺，尸骨头向南，男性，随身佩带铁剑、铜镜。棺外随葬一套组合完整的陶器。从墓制和出土遗物可以确定墓主刘和是西汉文景时期的楚王家族成员②。

两墓中的四具殉人都有高级葬具和珍贵葬品，其身份绝非一般奴仆女侍所能享用。身佩"偗官监"铜印的殉人，可确定其身份为掌管楚王饮食的官员。刘和墓内的殉人佩带兵器，似为刘和的贴身侍卫。楚王墓中的两个女性，应是楚王的宠爱姬妾。迫于当时的风气，他们可能都是自愿从死的。

西汉时期，保存人殉习俗的是北方的匈奴和割据岭南的南越国政权。

匈奴是中国北方的一个古老民族，先秦时，"其世传不可得而次"，至汉初，冒顿立为单于而声名显于世。《史记·匈奴列传》、《汉书·匈奴传上》均载："其送死，有棺椁金银衣裳，而无封树丧服；近幸臣妾从死者，多至数十百人。"③ 前苏联考古学者曾在外蒙古诺颜山发掘一批匈奴墓，在 1 号墓内发现发辫二十一条，在 6 号墓内发现发辫八十五条，发辫粗细长短不尽一致，均与随葬器物同出。据发掘者研究，发辫应是殉葬嫔妃的遗存④。如判断不误，即可证明《史记》和《汉书》所载属实。但近年来中国考古工作者在内蒙古西部发掘一批战国秦汉时期的古墓，墓中有鄂尔多斯式青铜器，发掘者定其为匈奴墓，墓中普遍使用马羊等牲畜埋祭，却未见殉人⑤。或以为殉人另葬，或以为殉人仅限于最上层的贵族才能使用。因目前尚未发掘到此等大墓，所以匈奴的人殉实证尚有待更多的考古发现。

南越王国上层统治者仿效商周时期的人殉制度，是在上世纪七八十年代先后发掘广州南越王墓和广西贵县（今贵港市）罗泊湾墓得到证实的。

南越王墓

1983 年发掘，殉人十五具，年代为汉武帝元朔末元狩初（约公元前 122 年)⑥。

① 狮子山楚王陵考古发掘队：《徐州狮子山西汉楚王陵发掘简报》，《文物》1998 年第 8 期。韦正等：《江苏徐州市狮子山西汉墓的发掘与收获》，《考古》1998 年第 8 期。

② 耿建军、盛储彬：《徐州汉代考古又有重大发现——徐州汉皇族墓出土银缕玉衣等文物》，《中国文物报》1996 年 10 月 20 日。

③ 《汉书·匈奴传上》颜注："或数十人，或百人。"是。《史记·匈奴列传》作"多至数千百人"，似后人传抄致误。

④ C.И. 鲁登科：《匈奴人之文化和诺颜山墓葬》第十章，译文见《西北历史资料》1983 年第 1 期。

⑤ 田广金、郭素新：《鄂尔多斯式青铜器》，文物出版社，1986 年。

⑥ 广州市文物管理委员会等：《西汉南越王墓》，文物出版社，1991 年。

南越王墓是迄今发现的岭南最大的汉墓。整个墓室构筑在广州象岗山腹心深处，墓底距离原岗顶深约 20 米，墓室全部用大石板砌筑，墓道在南，方向 177 度。墓室分前后两部分，共七室。前部分为前室、东耳室、西耳室，平面呈横长方形；后部四室，有主室、东侧室、西侧室和后藏室。墓主遗体放于主室中，一棺一椁，皆髹漆。墓主着玉衣，胸前戴玉佩饰及金、银、玻璃等质料制作的串珠，腰间两侧佩带十把铁剑，遗体上下覆盖玉璧，身上有九枚印章，其中有"文帝行玺"龙钮金印，"泰子"龟钮金印和"赵眜"玉印，由此确定墓主系第二代南越王。

陪同主人入葬的有十五人。除西耳室（库房）、后藏室（食物储藏室）未见殉人外，东西侧室、东耳室、前室、墓道中都有殉人发现。东侧室是婢妾的藏所。从出土的"右夫人玺"龟钮金印，"左夫人"、"泰夫人"、"［部］夫人"鎏金龟钮铜印判定：这里至少有四具殉人。殉人皆有漆棺，有华丽的佩饰和珍贵的随葬器物。由于墓室早年浸水，器物移动，葬具骸骨严重腐朽，仅存"左夫人"一具骨架，经鉴定为 25 岁左右的女性。

西侧室为庖丁厨役之室，室中堆积牛猪鸡等牲畜骸骨及蒸炊食用器皿。殉人七具，皆放置在木板上，无葬具。其中五具放在南半部，仰身直肢，依次斜行平放。另二具在其北。经初步鉴定，均为成人，有男有女，年龄多数为 20 至 30 岁，最大的 35 至 40 岁。殉人都有少量随葬品，一般是铜镜、带钩各一件。其身份似为在庖厨中工作的徒隶。

东耳室为放置宴乐用具之所。钟、磬、句鑃等乐器及提筒、钫、壶等重要盛酒器均出于此室。殉人一具，初步鉴定为 18 岁左右的男性，身旁有敲击用的一支铜锤，其身份似为敲击钟磬的乐伎。另有二个木俑放在甬钟和钫壶之间，似作为乐府工官的替身。

前室放置木车。殉人一具，备有木棺，骨架已朽，佩带鱼钮铜印，印文为"景巷令印"，也有少量随葬品。其身份似为掌管王室舆服的宦者。

墓门外有殉人二具。一具放于墓门口椁室内。有棺，随葬十七件大陶瓮和铜牌饰、铁带钩等。骨架已朽，身份似为"门亭长"。另一具横放在墓道斜坡尽端处，也有少量随葬品。

南越王墓中的十五具殉人，从陈放位置、有无棺具及其随葬品的丰俭，可以大致推断出他们应是南越王生前的姬妾、侍从和杂役徒隶（图一三一）。

贵县罗泊湾汉墓

二座。1976 年发掘 1 号墓，殉人十具。1979 年发掘 2 号墓，殉人 1 具。均属汉武帝时期[1]。

贵县罗泊湾 1 号墓，现存坟丘高约 7 米，底径约 60 米。封土下为带墓道的长方形竖穴木椁墓。墓南设车马坑。墓道为斜坡式。方向 156 度。墓坑长 12.5 米，前部宽 5

---

① 广西壮族自治区博物馆：《广西贵县罗泊湾汉墓》，文物出版社，1988 年。

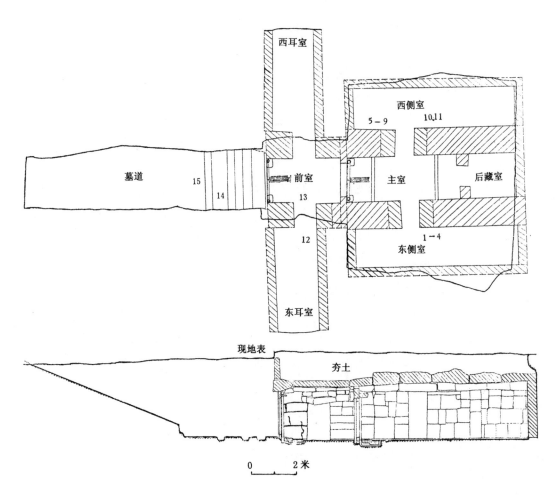

图一三一　广州西汉南越王墓（采自《西汉南越王墓》）

1~15. 殉人

米，后部宽 8 米。墓底分二层，上层是木构椁室，下层是殉人坑和器物坑。椁室分成前、中、后三室，后室又分隔出若干小室。由于墓葬早年被盗，椁室内的遗物所剩无几。后室（主室）前部正中置一具主棺，其东侧室置二具从殉棺（其中一具已被水漂至前室）。主棺为两层漆棺套合，尸骨已不存。两具从殉棺亦髹漆，较小，尸骨亦不存。残存玉璧、木梳篦、木尺、覆斗钮玉印等随葬品。这两具从殉棺放置在主棺的东侧室中，与广州南越王墓置四夫人漆棺于东侧室的位置相同，均为婢妾之藏。椁室底板下有殉葬坑七个，均为长方形竖穴土坑。每坑放一具木棺，其中三具作长方箱形，四具为圆木挖空斲成。大小相仿。殉人骨架完好，皆衣文绣，穿鞋袜，用竹席或草帘包裹入殓。头向北，皆仰身直肢葬式，骨架经鉴定，为一男性六女性。男性年龄约 13 岁，有铁剑、木杖随葬，其身份似为墓主生前侍从。六女性年龄均在 16 至 26 岁之间，有少量带钩、乐器和梳妆用品随葬，身份似为乐舞伎（图一三二）。殉人坑北边设二个器物坑，大小相同，长 1.9 米、宽 1.2 米、深 0.8 米，坑内叠放汉式和越式青铜器共二百多件，另有兵器、陶器、漆木器甚多。不少铜器和漆器上有"布山"二字。

贵县罗泊湾 2 号墓在 1 号墓西边约 0.5 公里处，也是带墓道的长方形竖穴木椁墓，向南。墓坑长 12.72 米、宽 4.9～6 米。墓底设椁室，椁室木板下设殉人坑。椁室与四壁空隙间填塞白膏泥。椁室隔出棺室、头箱、足箱和左右边箱。墓葬早年被盗。椁室内置一椁三重棺，墓主尸骨已朽。四边箱内遗物残存不多，但仍有"夫人"玉印、"家啬夫"封泥、玉璧、玉饰及越式铜鼎、提筒等珍贵物品。殉人坑在椁室底下正中，坑四壁用木板构筑，长 1.42 米、宽 0.79 米、深 0.3 米，象征葬具。殉人骨架已朽，遗存牙齿九枚和漆奁、漆耳杯等随葬品。牙齿经鉴定，证明属一个个体，年龄约 20 岁，因骨架无存，性别不明。根据 1 号墓的殉人坑实例，此人亦应是殉人。

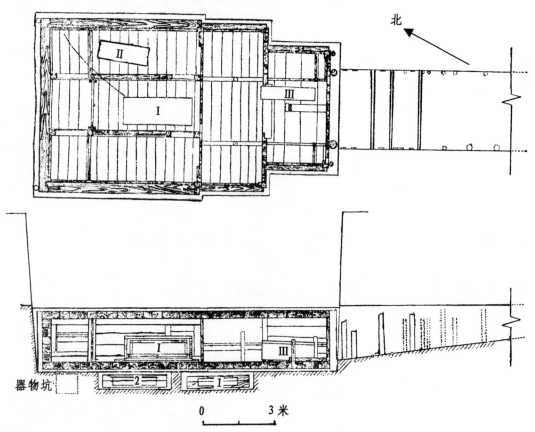

图一三二　贵县罗泊湾 1 号汉墓（采自《广西贵县罗泊湾汉墓》）

Ⅰ.主棺　Ⅱ、Ⅲ.从葬棺　1、2.殉人棺

这两座墓的墓葬形制、随葬品的陈放位置、各室用途以及殉人之风，均与南越王墓相似，时代也相近，故推定为南越王国时期受南越王封爵的西瓯君夫妇墓①。

南越王国上层统治者沿用商周时代的人殉制，说明他们不愿意放弃这种野蛮、落后的习俗。《史记·南越列传》记第三代南越王"尚乐擅杀生自恣，惧入见要用汉法"，也透露了南越王国还较多地保留殷周遗制。在东耳室的礼乐器中间，随葬二个木俑，说明南越国统治者在推行人殉制的同时，已注意到俑人代替殉人的必要性。南越王国的一般官吏墓，只有陶俑、木俑，未见人殉。由此似可认为，南越王国的人殉仅限于国君和封君。

## 二　东汉魏晋南北朝

东汉豪强大族势力的不断膨胀，地主庄园经济的不断发展，封建依附关系的进一步加强，加以北方少数民族的崛起，导致了魏晋南北朝长达四百年的割据分裂局面。封建依附关系的加强和北方民族人殉习俗的渗透，为人殉习俗的复苏创造了社会条件，而西汉中期以后逐渐形成的儒家贞节思想，到东汉时已占据主导地位，则是人殉回升的思想基础。从《后汉书》开始，历代官修的正史大都列有《列女传》，用以表彰妇女的贞节。贞节的含义，在刘向《列女传》、班昭《女诫》中有清楚的说明，即要求妇女"三从四德"、"妇无二适"。这种思想一旦与人殉习俗相结合，便成为妻妾为丈夫殉节，事实上也就是人殉。封建统治阶级可以在妇女要贞节的合法掩护下，以"自愿"、"赐殉"或采用强制手段等方式，实现其杀人以殉的目的。三国吴主孙权、西晋大官僚石崇以及割据西北的前凉帝张天锡，都利用自己的职权逼迫妇女从殉。《三国志·吴书·陈武传》注引《江表传》曰：东吴偏将军陈武死，"（孙）权命以其爱妾殉葬"。《晋书·列女传》说："张天锡妾阎氏、薛氏，并不知何许人也，咸有宠于天锡。天锡寝疾，谓之曰：'汝二人将何以报我？吾死后，岂可为人妻乎！'皆曰：'尊若不讳，妾请效死，供洒扫地下，誓无他志。'及其疾笃，二姬皆自刭。天锡疾瘳，追悼之，以夫人礼葬焉。"②晋王嘉《拾遗记》载："石季伦爱婢名翔风，魏末于胡中得之，年始十岁，使房内养之。至十五，无有比其容貌。……石崇尝语之曰：'吾百年之后，当指白日，以汝为殉。'答曰：'生爱死离，不如无爱。妾得为殉，身其何朽。'"③石崇衰败后，翔风很有可能是要实现诺言的。甚至有如西晋干宝之母者，因干宝之父"先有所宠侍婢，母甚妒忌，及父亡，母

---

①　拙作《关于贵县罗泊湾汉墓的墓主问题》，《南方民族考古》第二辑，四川科学技术出版社，1989年。

②　《十六国春秋·前凉录四》所载略同。

③　《拾遗记》卷九，百子全书本。

乃生推婢于墓中"① 以殉的事例发生。东汉王充在鞭笞厚葬时指出，当时豪富之家"或破家尽业，以充死棺；杀人殉葬，以快生意"②。三国时魏人沐并谴责"缘生怨死之徒"，实行"杀人以徇"③。都足以证明东汉魏晋时期的人殉现象转趋回升。

东汉魏晋时期，我国东北和北方的夫余族与鲜卑族都盛行人殉制。

夫余是东夷族系中的一支，据《后汉书·东夷传》记载："夫余国，在玄菟北千里。南与高句骊，东与挹娄，西与鲜卑接，北有弱水。"其活动地区约在今嫩江、松花江流域。东汉初年，夫余开始和汉朝发生关系，是仰慕汉朝制度的东夷诸国之一。东汉政府经常制作汉朝皇帝和诸侯王才能享用的玉衣存放在玄菟郡（约在今锦州附近），以备夫余国王死时迎取为葬服，此即传文所谓"死则有椁无棺。杀人殉葬，多者以百数。其王葬用玉匣，汉朝常豫以玉匣付玄菟郡，王死则迎取以葬焉"。《三国志·魏书·东夷传·夫余传》、《晋书·夫余传》都有类似的记载。说明历东汉魏晋，夫余族一直盛行人殉。可惜古代夫余人居住区的考古工作做得不多，夫余的人殉情况，目前还无法从考古发现中得到验证。

活动在今辽西、内蒙古东南部一带的鲜卑族慕容部、拓跋部，人殉制也极为流行。据《十六国春秋·后燕录九》"熙后小苻氏"条记载，后燕帝慕容熙之后苻训英死，慕容熙欲令其嫂、高阳王妃张氏为殉。熙伺机罗织张氏罪名，"毁其襪靴，中有弊毡，诬以蛊咒，遂赐死。三女叩头求哀，熙弗许"。张氏与小苻后属姒娣关系，例不当殉，慕容熙出于报复，遂使张氏成为慕容皇室内部政治斗争的牺牲品。张氏为小苻后殉葬，也就是兄嫂为弟妇殉葬，这在人殉史上是很罕见的。

在慕容部立国期间，居住在其西边的拓跋部亦崛起朔漠。从拓跋珪建国号魏（386年），初都盛乐（今内蒙古和林格尔北）至魏孝文帝元宏迁都洛阳（484年）期间，拓跋魏一直沿用鲜卑旧俗，实行人殉制。见于《魏书》记载的至少有三例。

和跋妻刘氏。和跋，代人，世领部落，归顺拓跋魏后，因性骄横奢淫，不听劝阻，在一次狩猎中，被拓跋珪斩杀，"妻刘氏自杀以从"④。

王洛儿妻周氏。王洛儿是拓跋本部宗支族人，甚得明元帝器重。永兴五年（413年）死，帝赐温明秘器，载以辒辌车，"亲临哀恸者数四焉。乃鸠其妻周氏，与洛儿合葬"⑤。

叔孙俊妻桓氏。叔孙俊亦拓跋本部宗支，地位与王洛儿同，泰常元年（416年）

---

① 《晋书·干宝传》。
② 《论衡·薄葬》。
③ 《三国志·魏书·常林传》注引《魏略·沐并传》。
④ 《魏书·和跋传》。
⑤ 《魏书·王洛儿传》。

死，明元帝亦赐温明秘器，载辒辌车，亲临吊唁，"命其妻桓氏曰：'夫生既共荣，没宜同穴，能殉葬者可任意。'桓氏乃缢而死，遂合葬焉"①。

上举后燕人殉一例，北魏人殉三例，被殉者张氏、刘氏、周氏、桓氏，很可能都是汉族妇女。这种情况表明，鲜卑族不但在本族内部实行人殉制，同时强迫与他们有婚配关系的汉人妇女从殉。

鲜卑族的人殉习俗，对北朝统治区有很大影响。北齐高澄为其父高欢营建墓穴，曾坑杀大批工匠于墓中。据《资治通鉴》卷一六〇梁武帝太清元年（547年）条：太清元年八月甲申，高澄"虚葬齐献武王（高欢）于漳水之西，潜凿成安鼓山石窟佛寺之旁为穴，纳其柩而塞之，杀其群匠。及齐之亡也，一匠之子知之，发石取金而逃"。十六国、北朝时期，盗墓风气极盛，最高统治者大多为自己虚构多处墓穴，而把真墓隐秘起来，为防止修墓工匠泄露机密，往往效法秦二世坑杀工匠于墓中，类似高欢墓的事例必定还有，因史籍失载，今已无法得其详了。

又据《太平广记》卷三八二引《法苑珠林》记载："北齐时有土人姓梁，甚豪富，将死，谓其妻子曰：'吾生平所爱奴马，使用日久称吾意，吾死可以为殉。'"生殉奴马是北方游牧民族的原始葬俗，北齐土人梁氏，说不定是汉化的鲜卑人。

南朝未见人殉记载，估计要少于北朝，人殉习俗处于衰微状态。

## 三　隋唐

隋唐是我国封建专制主义的鼎盛时代，以汉族为主体的统一的多民族国家政权比较巩固，儒家的贞节思想比较薄弱，边境少数民族的人殉习俗，对广大的汉族地区没有造成太大影响。可以认为，隋唐时代的人殉处于全面衰微或消失的状态。偶有发生，一般限于皇室内部。见于史书记载的仅有隋襄城王杨恪妃柳氏和唐武宗的王才人。据《隋书·列女传》：

> 襄城王恪妃（柳氏）②者，……炀帝嗣位，恪复徙边，帝令使者杀之于道。恪与辞决。妃曰："若王死，妾誓不独生。"于是相对恸哭。恪既死，棺敛讫，妃谓使者曰："妾誓与杨氏同穴。若身死之后得不别埋，君之惠也。"遂抚棺号恸，自经而卒。

这起人殉，是皇室内部斗争的结果，类似情况历代都有，不能作为当时的制度。看来隋代基本上不存在人殉习俗。

唐代的人殉事例仅见于《新唐书·武宗王贤妃传》：

---

① 《魏书·叔孙建传》。

② 《山西通志》卷一七九《历代贞烈》："隋襄城王杨恪妃柳氏，循州刺史柳旦女。"光绪十八年刊本。

帝疾，才人侍左右。帝熟视曰："吾气奄奄，情虑耗尽，顾与汝辞。"答曰："陛下大福未艾，安语不祥。"帝曰："脱如我言，奈何？"对曰："陛下万岁后，妾得以殉。"帝不复言，及大渐，才人自经幄下。

此外，在隋唐墓中偶有发现男女合葬一棺的现象，如西安白鹿原 61 号隋墓[①]、山西洪赵县坊堆村 1 号唐墓[②]。男女合葬一棺的现象在宋元时代更多。不同朝代均有夫妻同棺合葬，似非偶然，看来应是属于妻妾从夫死的人殉墓。

在隋唐时期的国内少数民族中，位于今西藏高原的吐蕃，实行原始的生殉奴马的葬式。据《旧唐书·吐蕃传上》记载：

> 其赞普死，以人殉葬，衣服珍玩及尝所乘马弓剑之类，皆悉埋之。[③]

唐·刘元鼎《使吐蕃经见记略》（《全唐文》卷七一六）云：

> 山多柏，陂皆丘墓，旁作屋，赭涂之，绘白虎，皆虏贵人有战功者，生衣其衣，死以旌勇，殉死者瘗其旁。

又《旧唐书·西南蛮·东女国传》：

> 国王将葬，其大臣亲属殉死者数十人。

史籍记载的吐蕃生殉奴马葬俗已被近年的考古工作所证实。见于报道的有昂仁县布马村、措美县"拉萨朵仁"祭坛和亚东县帕里镇等地的吐蕃王朝初期墓。1990 年西藏文管会普查队在昂仁县境内试掘多处吐蕃墓，其中的布马村 1 号墓最引人注目。此墓为夹石板的圆丘封土墓，墓内埋五具尸骨，墓旁随葬坑内埋二具尸骨。墓内五具尸骨中，位于墓穴中间的是二具老年男女，尸骨完整，屈肢并列，头端放随葬陶器；近旁有一具儿童尸骨；西南角有盛以陶罐的头骨一具，头骨下有饰品一件，颅骨留有锯痕；东北角有少年一具，仅存肢骨残段，与牛羊肩胛骨混杂。墓外随葬坑的二具尸骨，均为壮年男性。一具埋坑中部，与牛羊骨杂处；另一具埋坑填土中，与一狗骨架相对而葬。据发掘者研究：墓内二具老年男女应是墓主合葬；位于墓主近旁的儿童，有可能是墓主的家庭成员合葬，也有可能是殉葬者；其他四具可以基本上确定为人牲人殉遗存[④]。措美"拉萨朵仁"祭坛位于措美县扎扎乡东面 12 公里处的一片草坝上。在祭坛东侧发现一片积石墓群，分为南北两区，北区有五座墓和二个人牲坑。1991 年发掘。二个人牲坑均位于最高大的 1 号积石墓南侧，坑上也有圆丘形积石堆，直径 1.5 米。积石堆下面是土坑，两坑均长 0.9 米、宽 0.8 米、深 0.5 米。1 号坑埋一成年男性，身首分离，头盖朝

① 俞伟超：《西安白鹿原墓葬发掘报告》，《考古学报》1956 年第 3 期。
② 山西省文物管理委员会：《山西洪赵县坊堆村古遗址墓群清理简报》，《文物参考资料》1955 年第 4 期。
③ 《新唐书·吐蕃传上》略同。
④ 西藏自治区文管会文物普查队：《西藏昂仁县古墓群的调查与试掘》。霍巍：《西藏昂仁古墓群的调查发掘与吐蕃时期丧葬习俗研究》，均见《南方民族考古》第四辑，1991 年。

上，旁有小铁环和铁条，显系被砍杀埋入。2号坑埋一成年女性，屈肢葬，颈部有一串绿色玻璃珠。从两坑的位置和出土情况看，这两坑中的人骨，应是1号积石墓的杀祭人牲或从死者①。亚东帕里镇吐蕃墓分布密集，1990年调查。大墓周围皆有小墓环绕。在较大的积石圆丘墓周围，大多有石圈或白土圈，有的墓近旁还建有房子，与上引刘元鼎《使吐蕃经见记略》描述的近似。估计大墓中应有殉人，环绕的小墓可能是殉人墓②。吐蕃盛行奴马殉葬，调查者的推测大约是可信的。

北方的突厥人很可能也实行人殉制。这一点可从入仕唐朝的突厥人得到旁证。《旧唐书·突厥传》载，唐太宗时，效忠唐朝的突厥人将领阿史那社尔、契苾何必，当唐太宗病危时，曾竭力请求从死。如果本族没有这种习俗，他们是不会提出这种要求的。

# 四　宋元明清

宋元明清时期，人殉习俗不但没有继隋唐人殉衰微之后再衰微下去，反而因统治阶级推行殉难、殉节而再度回升，加以北方少数民族人殉传统的影响，遂使人殉恶习到处蔓延，直到清王朝覆灭以后的一段时期内，人殉之风犹未止息③。大体说来，这个时期，以汉族为中心的王朝统治区，人殉主要是以殉难和殉节的形式表现出来的；在辽金及北方少数民族居住区，早期一般表现为原始的生殉奴马葬式，晚期受汉族影响而趋向一致；南方少数民族，偶尔也有人殉发生。

## （一）殉难与殉节

殉难与殉节，原意指为国家的危难而献出生命（殉难），或为保全志节而牺牲生命（殉节）。汉代儒家的"三纲五常"思想出来以后，殉难与殉节的含义逐渐成为臣死君、妻死夫、子死父、仆死主的专用词。但在秦汉至隋唐这段期间，真正做到君殉难，臣殉节；夫（主）殉难，妻妾奴仆殉节的人并不多。宋明时代，中国封建社会进入后期阶

---

① 索朗旺堆、何强：《措美县"拉萨朵仁"祭坛遗址及墓葬》，《中国考古学年鉴（1992）》，文物出版社，1994年。何强：《"拉萨朵仁"吐蕃祭坛与墓葬的调查及分析》，《文物》1995年第1期。

② 何强：《亚东县帕里镇吐蕃墓群》，《中国考古学年鉴（1991）》，文物出版社，1992年。

③ 辛亥革命后，人殉制在个别地区仍顽固存在。据王德乾等纂修的《南皮县志·列女·贞烈》（成文出版社1968年影印本），自1920年至1932年的十三年间，南皮县就有六名妇女从夫殉死，她们是：田以柱妻王氏（1920年）、张道卿妻蓝氏（1922年）、张若宽妻程氏（1925年）、周崇辉妻徐氏、祈功煜妻马氏、尹涛妻王氏（1932年）。李经野等纂修的《续修曲阜县志·列女》，辑录民国初年发生在曲阜的人殉两例。一例是高九如妻颜氏；另一例是朱葆良妻韦氏。皆夫死从殉。北京《人民日报》1974年2月28日报道，曲阜女民兵在一个17岁女子为未婚夫殉死的烈女碑前批"三纲五常"。此殉死事当亦发生在民国期间。又据笔者调查，洋务派首领张之洞（南皮人，1922年死）、北洋军阀头子冯国璋（河间人，1933年死），都用童男童女殉葬。这些都说明在民国时期，冀南、鲁中等地仍存在人殉习俗。

段，阶级矛盾、民族矛盾更加复杂，并出现了以"三纲五常"为思想基础、义节贞烈为精髓的程朱理学，直到此时，殉难与殉节才受到高度重视，并要求在行动上付诸实践。于是国君殉难，后妃臣子殉节；大臣殉难，妻妾奴仆殉节便成为这个时期统治阶级提倡的风尚。北宋末年的"靖康之难"，南宋末年的"勤王"，明朝的御边、倭乱，以及清朝镇压太平天国及其他农民起义，都出现过一大批大臣殉难、妻妾奴仆殉节的人，其中规模最大，殉节人数最多的要数明末的"甲申殉难"。

"甲申殉难"指李自成领导的农民起义军攻占北京，崇祯皇帝朱由检自缢，一批忠于明朝的臣民跟着殉死。在紫禁城内，朱由检临死前逼妃后尽缢；朱由检死后，司礼监王承恩从殉，宫人跃入御河从死者一二百人。在紫禁城外，自大学士范景文而下从死者数十人，加上各自的妻妾、子女、奴仆，从死者不下数百人。据《明史纪事本末》作者谷应泰的统计：阖门同死的有中允刘理顺，新乐侯刘文炳，惠安伯张庆臻，宣城伯卫时春，驸马巩永固，金吾高文采；父与子俱死的有少司寇孟兆祥，儒生张世禧、袁景倩；母与妻子俱死的有枢部郎成德、金铉；妻妾从死的有大学士范景文，左谕德马世奇；检讨汪伟，御史陈良谟，勋丞于腾蛟，儒生江万里；独身效死的有大司农倪元璐，中丞施邦曜，御史李邦华，廷尉凌义渠，少司马王家彦，太常卿吴麟征，庶子周凤翔，给谏吴甘来，御史王章、陈纯德、赵譔，太仆寺丞申佳胤，吏部郎许直，锦衣卫指挥王国兴、李若珪，襄城伯李国桢，兵马姚成，中书宋天显、腾之所、阮文贵，百户王某，知事陈贞达，经历张应选、毛维张，菜傭汤之琼，以及闻难饿死的长洲诸生许琰等等。

"甲申殉难"前后，在李自成起义军的沉重打击下，有些明室藩王和地方官吏妄图做垂死挣扎，义节贞烈的丑闻也屡有发生。例如，崇祯十四年（1641 年），李自成攻陷山西中部县，知县朱新堞（朱元璋八世孙），"誓必死，妻卢氏，妾薛氏、冯氏，请先死，许之，有女数岁，捌其背而勉之缢"①。同年农民军攻陷洛阳，擒斩福王朱常洵，"一时宫眷内官相率赴义，冒刃投环者百余人"②。十七年（1644 年）三月，农民军攻陷保定，御史金毓峒"跃入井中死，妻王氏自经"。毓峒从子振孙被农民军支解，"毓峒子罃妇陈氏，年十八，与其祖母张、母杨、嫂常，一时尽投于井。张抱孙于怀同下，侍婢四人亦从下"③。

进入清朝，殉难殉节仍接连不断，大至边疆大吏，小及区区县官，因战死或被杀，他们的妻妾子女也要从死。例如，康熙十九年（1680 年）平南王尚之信部将李天植坐反伏诛，"同死者一百八人。……受戮时，其妻舒氏，……手执白刃呼二女至前告之曰：

---

① 《明史·诸王传二》。
② 《明福王朱常洵圹志》，《中原文物》1987 年第 3 期。
③ 《明史纪事本末·甲申之变》。

'汝不幸生我家，命不得长，与其污而生，不若洁而死。'挥刃各劈其首而殒。又顾谓诸侍妾曰：'丈夫以死报我主，我辈可不以死报我夫乎?'闺中之姬十人皆令自裁，乃自刎于堂上"[1]。又如，雍正八年（1730年），乌蒙蛮叛变，巴州都司签书刘崑力战死，刘妻张氏谓二女曰："吾与汝岂可遭贼辱?"，遂手刃二女，乃自杀。妾吴氏亦自刎[2]。

这批殉节者，以及类似的殉葬者，充塞于《明史·忠义传》、《明史·列女传》、《清史稿·忠义传》、《清史稿·列女传》以及各地方志中，因为他们与殉难相关联，属于朝廷旌表的重点对象，所以有比较详细的记载。

我们认为，如果殉节仅仅同殉难相关联，影响倒也不大。不幸的是，宋元以后，殉节已成为妻妾从夫而死的残酷礼教，由统治阶级内部开始，进而流毒民间，危害极大，影响极为恶劣。

原来在程朱理学出现以前，妇女殉节一般只发生在宫廷内部。据《宋史·后妃传》记载，高宗才人"李氏、王氏俱明艳。淳熙末，上皇（高宗）爱之。及崩，宪圣后（高宗后吴氏）见二才人，每感愤。孝宗即追告命，许自便。盖非常制也"。可见直到南宋初年，宫妃殉节的事例仍不多见。及至明初，朱元璋公开恢复早已废弃的宫妃殉葬制，历太祖、成祖、仁宗、宣宗、代宗（景帝）五朝，历时百年，都用大批宫妃殉葬，外藩诸王死，也大多用宫妃殉葬，直到英宗临死时才遗诏废止（详见第八章）。在明皇室恢复宫妃殉葬制期间，官僚士大夫阶层竞相效尤，使用婢妾殉葬之风遍及全国。宫妃殉死可以得到追谥，官僚士大夫的妾媵殉死也可以得到封谥（一律赐谥"贞烈"）。仅从明万历时人沈德符著录的《野获编》中见到的就有：明初洪武年间，中书省平章政事李思齐死，妾郑氏从殉，谥贞烈；燕山护卫指挥使费德死，妾朱氏从殉，赠德人，谥贞烈；宣德年间，安陆侯吴复死，妾杨氏从殉，谥贞烈；都指挥使王俶死，妾时氏从殉，亦赐贞烈。到了宣宗以后，从殉的妾媵多了，不那么值得"夸耀"了，于是由显示"尊荣"的赐谥改为表示一般嘉奖的赐诰。如大同指挥使范安死，妾杨氏自缢以殉，诏赠恭人，赐以诰而无谥，以后均因袭此制[3]。可以推定，这时仕宦之家的妾媵，从殉风气已经很普遍了。英宗遗诏虽然从法律上宣告宫妃殉葬制的结束，但仕宦之家命妾媵从殉的风气并不因此而有所收敛。在封建专制和残酷礼教的双重压力下，殉节风迅速流毒全国，给民间妇女造成前所未有的灾难!《儒林外史》第四十八回记述徽州儒生王玉辉怂恿三女儿绝食殉夫，认为这是"青史上留名的事"。三女儿从夫死后，他仰天大笑道："死的好!死的好!"这是一幅"饿死事极小，失节事极大"的形象风俗画，它让我们看到了程朱

---

①  《清人逸事》，《清朝野史大观》卷五（第三册），上海书店，1981年。

②  查郎阿等：《四川通志》卷一七二《义烈》，清嘉庆二十年刊本。

③  明·沈德符：《野获篇》卷一三《礼部一·臣下妾谥》。

理学的罪恶。

　　需要说明的是，妇女殉节并不是法律规定的，即使在殉节风行的明清时代，法律也只规定仕宦之家的命妇（元配）要守节。《皇明制书·吏部职掌》载："凡妇人因夫得封者，不许再嫁。如不遵守，将所受诰敕追夺，断罪离异。"对老百姓的妻女，要求比较宽松，仅限于鼓励守节，并未一概反对再嫁。据《明会典》载："民间寡妇，三十以前亡夫守制，五十以后不改节者，旌表门闾，除免本家差役。"清代对妇女的贞节要求与明代基本相同。由"礼部掌旌格孝妇、孝女、烈妇、烈女、守节、殉节、未婚守节，岁会而上，都数千人"①。在残酷礼教的禁锢下，广大妇女视守节为本分，对丈夫尽妇道，丈夫死后，要负起养老抚孤的职责，为丈夫传嗣奉祀。她们生活在社会的最底层，为封建社会做出残酷的牺牲。民间妇女虽然可以再嫁，但要受社会的讥讽鄙夷，视同残人，找到的多半只能是等而下之的男人，境况并不比守节好过。这种从生理上、心理上摧残妇女的礼教，其结果必然迫使成千上万的妇女走上殉节的道路。明清两代各地封建地主竞相编修地方志，在每一部方志中都有卷帙冗长的以表彰殉节为主要内容的《列女》，就是最好的证明。

　　殉节的方式很多，最常见的是夫死从殉和未婚夫死从殉，方志中称之为"烈女"、"女贞"、"烈妇"、"贞妇"。夫（包括未婚夫）死从殉，就是我们所说的人殉，其含义与商周以来的人殉并无区别，不过程朱理学用"殉节"这块遮丑布加以掩饰罢了。最常见的从殉，是在丈夫（或未婚夫）死时投缳自缢，争取合葬；有的采用触棺死、不食死、服毒死等方式。此外，还有事先征求家长的支持，然后告别亲友，从容自缢的。下面从《泉州府志》②中摘录发生在明末的两个事例：

　　　　晋江永宁卫欧阳观妻姚氏，夫卒，姚以死殉，语夫兄鳌山，哭奠七旬。鳌山知其志坚，许之，及期，告诸妯娌曰："我今日得从夫九泉矣。"拜翁姑族人外戚，自经死，颜面如生。

　　　　同安李氏，李师说女，十九归刘德昭。再岁德昭殁，氏誓以身殉。德昭之叔义而许之，已拜姑，又拜妯娌，沐浴更衣，悬梯自经而死。

多少礼教崇拜者如欧阳鳌山、刘德昭之叔之流者，他们靠妇女们的鲜血染红了自己的"乌纱帽"，其人品之卑下直犬彘之不如！

　　有的事先请匠人制作大棺（或大椁），要求从死后与丈夫同葬一棺（或同葬一椁）。从查阅到的方志看，这种风气流行于山西、陕西、河南、山东等地。下面各摘录一二例以见一斑。

---

①　《清史稿·列女传·序》。
②　黄任等：《泉州府志》卷七〇《列女五·贞烈一》，清乾隆二十八年编修，1984年影印本。

《山西通志》卷一七九《列女·历代贞烈》①：

　　（元，大宁）赵氏曰哇儿，年二十，夫萧某病剧，谓哇儿曰："我死汝年少，若之何？"氏曰："君幸自宽，脱不讳，妾不独生也。"遂命匠制巨棺，夫殁即自缢死，同棺殓葬。

　　（明）崞县皇甫氏苏奈妻，奈卒，营敛具，氏谓匠曰："斲棺令可容二人。"潜自缢。

《河南通志》卷六七《列女上》②：

　　（元）孟志刚妻衣氏，汴梁人。志刚儒士，家贫，无子，及卒，衣给匠者曰："棺可宽大，吾夫有遗衣服欲尽置其中。"匠者然之。是夕，祭其夫，自缢死。

　　（明）晋嵩妻张氏，太康人。夫卒，张痛哭不言，乃私命匠造棺必大。迨夫殓毕，遂自缢同棺而葬。成化中旌表之。

《陕西通志》卷六六《列女一》③：

　　（明）关氏，生员濮仕通妻，长安人。仕通故，氏哀毁骨立见。为仕通治椁，谓其姑曰："大之容两棺可也。"伺间自缢。死后启箧，见所制衣衾皆两，乃知其志素定云。

《曲阜县志》卷九六《列女·烈妇》④：

　　（明）王纶妻孔媛，字德卿。明宿州训导谂之女。聪慧知读书。适纶，未逾年纶殁。女袖纶所读书自缢死。同棺而葬。

　　妻（妾）从夫死，同棺而葬，早在商代已出现。考古工作者曾在河北藁城台西村商墓⑤ 和山西灵石旌介村商墓中⑥ 发现多起。在山西、河南、山东、北京等地的唐至清代墓中又有发现。例如：1986 年发掘的河南西平县朱湖村唐墓⑦，1950 年发掘的河南白沙 2 号宋墓⑧，1952 年发掘的山西太原南坪头 1 号、2 号宋墓⑨，1988 年发掘的山东章丘宁家埠 82 号宋墓⑩，1965 年发掘的山西新绛寨里村元墓⑪ 和 1988 年发掘的北京通

①　曾国荃等：《山西通志》，清光绪十八年刊本。
②　田文镜等：《河南通志》，清雍正十三年编修，同治八年重补刊本。
③　沈青崖：《陕西通志》，清雍正十三年刊本。
④　潘相：《曲阜县志》，清乾隆三十九年刊本。李经野等：《续修曲阜县志》，1934 年铅印，台北成文出版社 1968 年影印本。
⑤　河北省文物考古研究所：《藁城台西商代遗址》，文物出版社，1985 年。资料已收入本书第三章。
⑥　山西省考古研究所：《山西灵石旌介商墓》，《文物》1986 年第 11 期。资料已收入本书第三章。
⑦　驻马店地区文化局等：《西平唐墓发掘简报》，《中原文物》1988 年第 1 期。
⑧　宿白：《白沙宋墓》63 页，文物出版社，1957 年。
⑨　山西省文物管理委员会：《太原市南坪头宋墓清理简报》，《文物参考资料》1956 年第 3 期。
⑩　山东省文物考古研究所：《济青高级公路章丘工段考古发掘报告集》94 页，图六八，齐鲁书社，1993 年。
⑪　山西省文物工作委员会侯马工作站：《山西新绛寨里村元墓》，《考古》1966 年第 1 期。

县牛堡屯清墓①。出土时，成年男女两具尸骨保存一样，可断为同时入殓埋葬，除非偶发的恶性传染病，夫妻同时病故的可能性是罕见的。对照上面引述的方志记载，这种男女同棺墓多数应是妻妾为夫殉节的合葬墓。

有的甚至举行活焚仪式。例如"湖州胡氏女，归杭州潘某。未几，潘以疾卒。康熙辛未六月坐龛中，遂请师来举火，俄顷火延龛顶，出五色香，烟四达，男女送者数百人"②。这种自焚殉夫的陋习，在古代印度甚为流行，被称为"沙蒂"。印度西部拉贾斯坦邦至今仍时有发生③。清初湖州胡氏女自焚殉夫与印度"沙蒂"有点相似，虽然彼此无关，但其行动的思想信念以及赖以产生的社会基础则大体相同。

也有生前不得温饱，死后无力营葬，愤然与亡夫同焚的惨事。例如，明代福建漳浦县"许惟长妻郭氏，……入门事舅姑谨。未数月，惟长卒，父母徇俗火葬，郭氏候火烈遂投火死。乡人义之，共为之墓"④。又，明代福建浦城"范毛桃妻管氏，夫家贫，氏敬事不懈。夫殁，贫不能市棺。邻人举尸焚之，氏恸哭跳入烈火中，抱夫尸同烬。里人以闻，立坊旌表"⑤。旌表的目的无异于鼓励更多的无法为亡夫营葬的妇女走上与夫同焚的道路。这就是礼教的真谛！

在封建地主强迫守寡、褒扬殉节的蛊惑下，有些地区甚至发展到以家有烈女贞妇为荣的地步。清人施可斋《闽杂记》卷八说：

　　福州旧俗，以家有烈女贞妇为荣，愚民遂有搭台死节之事。女有不愿，家人或诟辱骂之，甚至有鞭挞使从者。

俞正燮《癸巳类稿》有诗感喟⑥：

　　闽风生女半不举，长大期之作烈女。

　　婿死无端女亦亡，鸩酒在尊绳在梁。

　　女儿贪生奈逼迫，断肠幽怨填胸臆。

　　族人欢笑女儿死，请旌藉以传姓氏。

　　三丈华表朝树门，夜闻新鬼求返魂。

青年女子受迫殉夫，或饮鸩，或悬梁，或跳楼，或割喉，或吞金，或投河，家人"藉此邀荣"，"请旌传姓氏"。二百年前的考证学家俞正燮老先生也为之打抱不平，喊出"呜呼，男儿以忠义自责则可耳，妇女贞烈，岂是男子荣耀也"！

①　周良、景民：《通县出土清人干尸》，《北京晚报》1988 年 6 月 21 日。

②　吴陈琰：《旷园杂志》。转引自蔡尚思《中国传统思想总批判》97 页，棠棣出版社，1950 年。

③　参看《参考消息》1985 年 5 月 30 日第 3 版，上海《新民晚报》1987 年 10 月 2 日第 8 版，《北京晚报》1987 年 10 月 11 日第 6 版。

④　陈寿祺等：《福建通志》卷二五五《漳浦县·明节烈》，同治七年刊本。

⑤　陈寿祺等：《福建通志》卷二五七《浦城县·明节烈》，同治七年刊本。

⑥　清·俞正燮《癸巳类稿》卷一三《贞女说》495 页，商务印书馆，1957 年版。

除了"夫（或未婚夫）死从殉"的"殉节"方式以外，更多的是在守节期间，因守节行为受到挫折或认为守节的责任已经完成，她们便以死抗争——由守节升华为殉节。笔者据所见方志粗略分类，大约有下列十二种情况迫使她们走上殉节的道路：

1．夫死，守节，孝事翁姑，翁姑殁，自分责已尽；

2．夫死，守节抚孤，孤殇，自分责已尽；

3．夫死，守节抚孤（或抚夫弟，或抚养子），及孤婚娶，夫祀已续，自分责已尽；

4．夫死，遗腹生女；

5．夫死，亲族逼其改适，自分不能争；

6．为未婚夫守节，父母令改字，不从；

7．夫死，守节，偶因强暴逼奸；

8．夫死，守节，偶因恶少调戏；

9．未婚夫去向不明，家人欲另择配，不从；

10．被夫鬻卖，不从；

11．被强人（农民军、盗、匪、无赖）掠虏，逼奸，不从；

12．社会骚乱，贞节受到威胁。

这十二种殉节形式，与真正的人殉含义不同，它是中国封建社会后期特有的殉节行为，我们称之为"变相的人殉"。这种"变相的人殉"，死法更多，除了投缳自缢以外，往往采取触石死、投崖死、触柱死、投水死、投井死、触刃死等等惨烈的行动。从表面上看，他们似乎都是愿意终身守节，其所以走上殉节的道路，完全是被迫的、他动的。但稍加分析，实际情况并不尽然。一至四种，系因养老、抚孤、遗腹等原因，自分责未尽，所以暂缓从殉，一旦翁姑殁，孤殇，遗腹生女，她便认为责已尽，履行从殉意愿。这种情况，似可称为"缓期殉节"。五至十二种，从表面上看确属自愿守节，从一而终，但深入探究，情况似乎要复杂得多。清初查继佐在写了《罪惟录·闺懿传·妇烈》篇后评论道："烈以一时，而贞则终其身，似较难。但持之久而克全者，或出于诗礼之门，防范之素，婺贫之势，非此不可知，故贵其一时决也。"与其一辈子守节受苦，不如一下子死节来得干脆！生活在"诗礼之门"的寡妇，由于"防范之素"，难有机会实现死节，故能"久而克全"，完成守节任务。"婺贫之家"的寡妇，经不起生活上心理上的摧毁，倒不如找个借口，痛痛快快自我毁灭，离开那个吃人的社会！依我看，这才是由守节走向殉节的真正原因。当然，我们并不否认纲常名教像一条硕大的无形锁链，牢牢地束缚着广大妇女，使部分妇女深受其害而不自醒，人性被扭曲，心灵被腐蚀，心理畸形变态，内心深处充满着极为强烈的自卑感和宿命论，别人不把她当人看，她也不把自己当人，从而引发出许多可悲、可怜、可恨、可鄙的怪事来。下面信手摘录几段，供思考。

陶宗仪《辍耕录》卷四《贤烈》：明初"戴石屏先生，未遇时流寓江右，武宁有富家翁爱其才，以女妻之。居二三年，忽欲作归计，问其故，告以曾娶妻。白之父，父怒，妻宛曲解释，尽以奁具赠夫，饯以词云：'惜多才，怜薄命，无计可留汝。……君若重来，不相忘处，把杯酒浇奴坟土。'夫既别，遂赴水死"。

查继佐《罪惟录》卷二八《闺懿列传》"女贞"条：明"蓝明娘，福建晋江人。事母孀居，通孝经烈女传，字同里黄祥麟。祥麟早卒，明娘告母，麟独子，愿归黄侍姑，母不诺，请为之丧，又不诺。夜呼黄郎名者再，凌晨梳盥，犹持节出为母髻，还掩户自经。身缟素周萦，带系红笺，细书'男人勿近我身，女人勿开我衿'十二字，时年十六"。

同上"妇烈"条：明"严循闲妻罗氏，华容人，貌寝，为所弃，久之，循闲病，侍汤药二百余日，卒不起，罗不以其弃，誓必死从之，缢于棺之侧，家人为同穴而封"。

《泉州府志》卷七〇《列女五·贞烈一》：明"晋江庄氏子未婚妻施氏，名来娘，赠荣禄刚甫，女闻夫有恶疾，父母舅姑皆议改适，氏闻之遂自缢。夫叔状元际昌诗以吊之"。

《山西通志》卷一七九《历代贞烈》：明代州"陈光先妻张氏，年二十一。光先忽弃家从黄冠游，临别嘱氏嫁。氏泣誓曰：'妾不能侍君巾栉终身，命也，岂更辱身为君羞。'光先去数载，无归志，氏绝食死。事闻旌表，邑令陆寿先有传"。

《四川通志》卷一七三《列女·义烈》：清夔州府巫山县"韩氏女，从九品韩铵长女，字莲姑，幼许字詹氏子杲。及长，杲游荡不务正业，远出无耗。父母欲令改字。女朝夕饮泣，乘侍婢外出，遂解带自缢"。

《陕西通志》卷六六《列女一》：明"张氏，临潼李万库妻。居西门外，暴雨自骊山下，庐舍为圮，其翁先登树，垂手挽张，张不肯从，遂冲激死"。

类似的例子，不胜枚举。仅就这七例看，她们的男人有的是色棍，有的是无赖，有的是绝情者，有的有恶疾，但她们毫无怨言，"依依不舍"，把这个被盲目指定为"夫"的男人作为自己的生命支柱，除了"夫"外，任何异性都不能接触，即使在生命垂危时也不能让其翁垂手挽救。可见纲常伦教把中国妇女的灵魂腐蚀到何等地步了！

现在要统计明清两代殉节妇女的人数已经很困难，所幸两代官方还保存大量档案材料，可供查阅，但这不是一个人的力量所能办到的。我们这里只能从卷帙庞大的方志中挑选几部，粗略地作一点小统计。在方志中，夫死从殉和守节期间殉死（即上述十二种人）大都混同一起，或称为"妇烈"，或称为"节烈"、"义烈"、"贞烈"、"烈女"，不一而足，篇目虽异，中心内容则一。我们的小统计就是根据这些篇目得出的。

《福建通志》卷二五一至二五八《列女·节烈》辑录：

明　719人

清　2668人（至同治六年）

《四川通志》卷一七〇至一七九《列女·义烈》辑录：

明　365 人

清　2720 人（至嘉庆十九年）

《山西通志》卷一七九至一八三《列女·贞烈》辑录：

明　677 人

清　2027 人（至光绪十七年）

《泉州府志》卷一七〇至一七一《列女·贞烈》辑录：

明　184 人（正德至崇祯，共一百三十八年）

清　160 人（顺治至雍正，共九十一年）

《歙县志》卷十一、十四《列女·节烈》①辑录：

明　184 人

清　227 人

《曲阜县志·列女·节烈》辑录：

明　9 人

清　28 人

《成都县志·列女·义烈》②辑录：

明　10 人

清　29 人

需要指出的是，清代方志中辑录的明代殉节妇女仅仅是明代殉节妇女中的一小部分，清代殉节妇女的辑录标准各地方志颇不一致，《泉州府志》、《歙县志》辑录较多较详，且多数属于夫（包括未婚夫）死从殉者，而《曲阜县志》、《成都县志》基本上仅限于受到地方官旌表的妇女。所以，上面列举的数字，不能作为明清两代该地区实际殉节人数的科学依据。即便如此，我们已经可以从中看出明清两代殉节风之惨烈了。估而言之，明清两代的殉节妇女当在 100 万人以上，其中夫（包括未婚夫）死从殉的约占三分之一至二分之一。

**（二）边境少数民族的人殉**

正当程朱理学的"贞节"礼教在中原王朝统治区备受尊崇，人殉以殉节的形式再度复活、蔓延的时候，居住在边境的少数民族，尤其是北方的契丹、女真、蒙古和满族，尚处于原始社会解体、初级阶级社会产生的阶段。如同世界上许多原始民族一样，他们

---

① 石国柱等：《歙县志》，1937 年纂修，成文出版社，1975 年影印本。

② 衷只鉴等：《成都县志》，清同治十二年刊本。

都有自己的人殉传统。

中国北方的契丹、女真民族，曾先后建立辽、金王朝，与汉族为主体的两宋政权相对峙。他们在立国前到立国初期，都曾存在原始的生殉奴马的习俗。辽太祖耶律阿保机死，葬木叶山，皇后述律氏坐镇墓所，把她认为"桀黠"的臣僚百人杀殉于墓中。她自己也准备从殉，但因"嗣子幼弱，国家无主"，在"亲戚百官力谏"下，"断右腕纳于枢"① 以示从殉之意。这种割肌体的一部分纳入亲人墓中的葬式，民族学上称为"割体葬仪"②。可见契丹初期仍保留许多原始的葬俗。以后受汉族影响，人殉制开始在高级贵族中实行。《辽史·圣宗本纪》载：统和元年二月"葬景宗皇帝于乾陵，以近侍朗、掌饮伶人挞鲁为殉"。贵族妇女为亡夫殉死的至少有耶律术者妻萧氏、耶律中妻萧氏。据《辽史·列女传》：

> 术者死，氏极哀毁。既葬，谓所亲曰："夫妇之道，如阴阳表里。无阳则阴不能立，无表则里无所附。妾今不幸失所夫，且生必有死，理之自然。术者早岁登朝，有才不寿，天祸妾身，罹此酷罚，复何依恃，倘死者可见，则从；不可见，则当与俱。"侍婢慰勉，竟无回意，自刃而卒。

从术者妻萧氏在殉死时的言论可以看出，这时辽代人殉制的性质已发生变化。术者妻萧氏俨然是儒门壶范，哪里有半点早期契丹人习气。可见这时的契丹贵族妇女汉化已深。

继契丹之后崛起的女真族，在建立金国前后，生殉奴马之风甚盛。据北宋宇文懋昭《大金国志·初兴风土》记载："死者埋之而无棺椁，贵者生焚所宠奴婢所乘鞍马以殉之。"金国后期，受汉族儒学的影响，生殉奴马的习俗已逐渐带有殉节的色彩。

驰骋朔漠的蒙古贵族，生殉奴马更是习以为常。据《马可波罗游记》记载，成吉思汗及其后诸汗，皆葬于阿勒台（Altai）大山。埋葬时要生殉汗王生前的坐骑，以供汗王阴间继续享用。成吉思汗除生殉良马外，还用贵族美女四十人殉葬。卫骑护送灵枢，在道见人则杀，死者万余人。蒙哥汗死时，一路被见杀的竟达二万余人③。蒙古贵族生殉奴马，沿途残杀行人的野蛮习俗，在元代史料中未见著录，而《马可波罗游记》收集的资料又大多来自传闻，因此，国内外学者对这一问题的看法颇有分歧④。我们认为，元朝人隐讳其祖先的野蛮习俗是完全可能的。明朝时，与蒙古同一族系的鞑靼贵族，仍普遍流行这种旧俗（详下），也可以证明蒙古贵族确实存在生殉奴马的习俗。至于成吉

① 《资治通鉴》卷二七五《后唐纪四·明宗天成二年》；又见《辽史·后妃传》。
② 参见本书《人牲人殉的起源》。
③ 见张星烺译：《马可波罗游记》107、108 页，商务印书馆，1936 年。并参阅冯承钧译：《马可波罗行纪》上册第 68 章，商务印书馆，1935 年。又见陈开俊等译：《马可波罗游记》第一卷，第五十一章，福建科技出版社，1981 年。
④ 参看冯承钧《马可波罗行纪》上册，第六十八章，商务印书馆，1935 年。

思汗及其以后诸汗，是否在埋葬时沿途杀人以殉这件事，多数学者的意见是肯定的，虽然所杀人数未必如同马可波罗所记。我们赞成这种看法，并且认为，蒙古族入主中原以后，元朝皇帝可能不再搞"沿途杀人以殉"，过去的生殉奴马的习俗，已逐渐被殉节含义的人殉所取代。

明朝与北方鞑靼人不断进行战争。万历年间，萧大亨出使鞑靼，写有《北虏风俗》一书，其中《埋葬》篇写道："初，虏王与台吉之死也，亦略有棺木之具，并其生平衣服甲胄之类，俱埋于深僻莽苍之野。死之日，尽杀其所爱仆妾奴马，如秦穆殉葬之意。"喇嘛教传入以后，改用火葬，并改生殉奴马为"尽以死者所爱良马衣甲为喇嘛谢。……其所嬖幸之人，虽不尽杀，但自生母以外仍为子所收"。仍然不改原始的生殉奴马的遗意。

满族形成于明代后期，它的前身是建州女真。女真族盛行的生殉奴马习俗，很可能被满族所承袭。16世纪末，努尔哈赤统一女真各部，生殉奴马的习俗逐渐被单纯的人殉制所取代。汗王和贝勒等高级贵族流行宫妃奴仆殉葬制，一般富人则预定一妾殉葬（详见第八章）。康熙十二年，下令"禁止八旗包衣佐领下奴仆随主殉葬"[1]。以后，在清皇室内部再不见用人殉葬的记载。在满族原住地，富人杀一妾以殉的习俗，延续的时间可能还要长一些。

在南方少数民族居住区，历史上流行信巫鬼、尚淫祀、杀人祭谷（详见第六章），用生人殉葬则少见。但零星的人殉事例时有发生，而且到近代还有孑遗。据云南少数民族社会历史调查组的调查，云南德宏景颇族在一百多年前曾发生多起用准（奴隶）殉葬的事。例如，陇川邦瓦早堵的高祖早柔时代，其母卫堵亡故，建坟时，把奴隶麻干杀死埋葬在卫堵墓的旁边。第二代山官功陆死，也杀一个准殉葬。潞西弄丙第一代山官功代利死，也用一个准殉葬。解放后用人殉葬已绝迹，但仍保留象征性的殉葬仪式。其仪式是在山官死后，令奴隶牵山官生前的坐骑（马），身背竹篮，篮内盛山官生前用具，跟随在装殓山官尸体的棺材后面，由董萨（魔头）唸鬼，让死者知道这个奴隶仍将在阴间服侍他[2]。

广西壮族土官也偶有用人殉葬的。据广西《大新县志（初稿）》：1931年，广西雷平县（今大新县）土官李珀的女儿病死，用两个家奴殉葬[3]。

类似的例子还有一些，这里不赘述。

---

① 王先谦：《东华录》，康熙十二年条。
② 云南少数民族社会历史调查组：《云南德宏傣族景颇族自治州社会概况——景颇族调查材料之三、之四》，人大民委办公室编，1958年。
③ 转引自黄增庆、张一民：《关于壮族是否经过奴隶社会的探讨》，1984年第四次百越史讨论会论文。

# 第八章　明清皇室的宫妃殉葬制

明清宫妃殉葬制，性质与殷周人殉制无甚区别，只是把殉葬的范围主要限于皇室中的妃嫔而已。这种野蛮的习俗，一般盛行于原始社会解体、阶级和国家出现的初期。在我国，人殉盛行于殷周时期，秦汉以后基本消失。明朝初年，在皇室中再次公开出现，太祖、成祖、仁宗、宣宗、景帝五朝皇帝，死后皆用宫妃殉葬，外藩诸王死，有的也用宫妃殉葬。满洲爱新觉罗部族，在入主中国前后的一段时期内，在皇帝及亲王贝勒等高级贵族中也广泛流行殉葬制。关于这方面的材料，官方未有专门记载，仅散见于明清两代的各种史料中，兹就所见，略加整理，纂缀成篇。

需要说明的是，本文只限于明清皇室（或皇族）中人的正常死亡，按制度应享有宫妃殉葬者；非正常死亡的从殉，如前述明崇祯皇帝朱由检自缢，司礼监王承恩从殉，宫人跃入御河从死者一二百人[①]，以及官僚地主之妻妾从殉者，均不在此限。

## 一　明皇室的宫妃殉葬

### （一）从殉宫妃的人数和身份

明初五朝皇帝各殉葬多少宫妃，明代史料诸多简缺，而且常把陪葬妃嫔和殉葬妃嫔并提，所以要先分清这两种不同死法的妃嫔，然后才能确定从殉妃嫔的人数。

1. 太祖从殉宫妃。《明史·后妃传一》、《资治通鉴纲目三编》（卷八）云："太祖崩，宫人多从死者"，未明言从死人数。《大明会典》云："孝陵四十妃嫔，惟二妃葬陵之东西，余俱从葬。"[②] 沈德符《万历野获编·宫闱·英宗敬妃丧礼》（卷三）所载较详：

太祖孝陵，凡妃嫔四十人，俱身殉从葬，仅二人葬陵之东西，盖洪武中先

---

① 《明史·庄烈帝本纪二》，又同书《后妃传二》。
② 见《大明会典》第六册，卷九〇《礼部·陵寝》，万历十五年刊本，以下引此书均见此刊本此卷。

殁者。

《野获编》所载人数与《明会典》同，但指出其中有二人是"洪武中先殁者"。按照从殉应是"活人陪同主人去死"的原则，这二人是陪葬而不是殉葬，太祖殉葬宫妃应是三十八人。

2. 成祖从殉宫妃。《明史·后妃传一》、《资治通鉴纲目三编》仅云成祖"用殉"，未明言用殉人数。《大明会典》云："长陵十六妃，俱从葬。"《嘉靖祀典》、《野获编》①、查继佐《罪惟录》②、蒋一葵《长安客话》③ 所载与《明会典》同。唯朝鲜《李朝实录》所载有出入。《李朝世宗庄宪大王实录一》：④

> 六年（明成祖永乐二十二年）十月戊午，使臣言："及（永乐）帝之崩，宫人殉葬者三十余人。"

> 七年（明仁宗洪熙元年）十月甲戌，许稠启曰："今太宗皇帝之葬，殉以宫女十五人。"

在同一《实录》中，一说"三十余人"，一说"十五人"，盖因使臣所据传闻不同所致。当时宫禁严密，内情很少为外廷所知，使臣很难获悉确切情报，这是可以理解的。成祖殉葬宫妃人数，应以明朝官私史料所记十六人为准。

3. 仁宗从殉宫妃。《明史·后妃传一》、《资治通鉴纲目三编》云仁宗"用殉"，未记从殉人数。《明会典》载："献陵七妃，三葬金山，余俱从葬。"《明宣宗实录》（卷三）记追谥洪熙元年献陵从殉宫妃："谥皇庶母贵妃郭氏，曰恭肃；淑妃王氏，曰贞惠；丽妃王氏，曰惠安；顺妃谭氏，曰恭僖；充妃黄氏，曰恭靖。"《野获编补遗·仁庙殉葬诸妃》在记述宣宗追谥五妃后加按语："又益以先赠张氏顺妃、李氏丽妃，俱系潜邸迫，共七人，是矣。"按照从殉准则，这二人应除外，仁宗殉葬宫妃五人。

4. 宣宗从殉宫妃。《明会典》载："景陵八妃，一葬金山，余俱从葬。"《明史·后妃传一》："正统元年八月追赠皇庶母惠妃何氏为贵妃，谥端静；赵氏为贤妃，谥纯静；吴氏为惠妃，谥贞顺；焦氏为淑妃，谥庄静；曹氏为敬妃，谥庄顺；徐氏为顺妃，谥贞惠；袁氏为丽妃，谥恭定；诸氏为恭妃，谥贞静；李氏为充妃，谥恭顺；何氏为成妃，谥肃僖。册文曰：'兹委身而蹈义，随龙驭以上宾，宜荐徽称，用彰节行。'盖宣帝殉葬宫妃也。"《明英宗实录》（卷三）所载与上引同，但记追谥时间为"宣德十年三月庚子"。从册文语气看，这十个宫妃都是在宣宗死时从殉的，应以此二书所载册文为准，宣宗殉葬宫妃十人。

---

①　（明）沈德符：《野获编》卷三《宫闱》，"英宗敬妃丧礼"、"谢韩二公论选妃"条。
②　（清）查继佐：《罪惟录》卷一六《陵志》，四部丛刊三编本。
③　（明）蒋一葵：《长安客话》卷四"诸王公主坟"条，北京古籍出版社，1980 年。
④　见吴晗辑本《朝鲜李朝实录中的中国史料》上编卷四，中华书局，1984 年。

5. 景帝从殉宫妃。《明史·后妃传一》云："景帝以郕王薨，犹用其制。"同传"景帝废后汪氏"条下云："景帝崩，英宗以其后宫唐氏等殉。"《罪惟录·陵志》："代宗崩后，仍降郕王，葬西山，不称陵。诸妃嫔唐氏等，初俱赐红帛以殉。"景帝从殉宫妃数人。

在这期间，外藩诸王死，一般也用宫妃殉葬，见于《明史·诸王传》的至少有秦王朱樉等九人。

秦愍王朱樉，太祖第二子。"妃元河南王王保保女弟，次妃宁河王邓愈女。樉薨（洪武二十八年，1395年），王妃殉。"①

周宪王朱有燉（太祖第五子朱橚之子），正统四年（1439年）死，"妃巩氏，夫人施氏、欧氏、陈氏、张氏、韩氏、李氏，皆殉死。诏谥妃贞烈，谥六夫人贞顺。"②

蜀靖王朱有埻（太祖第十一子朱椿之孙），宣德六年（1431年）死，"妃李、侍姬黄皆自经以殉"。

蜀和王朱悦𤊾（朱椿第五子），天顺五年（1461年）死，"继妃徐氏年二十六，不食死，谥静节"。

晋恭王朱棡（太祖第三子）裔孙，"中尉知烱病笃，淑人贺氏欲先死以殉，取湏一勺咽之，左右救夺，遂绝饮食，与知烱同时卒。……世宗特命旌之，谥曰贞烈"。

唐靖王朱琼烃（太祖第二十三子朱桱之子），"宣德元年薨，妃高氏未册，自经以殉，诏封靖王妃"。

郢靖王朱栋，太祖第二十四子。永乐十二年死。"王妃郭氏，武定侯英女。王薨逾月，妃恸哭曰：'未亡人无子，尚谁恃之'，引镜写容付宫人，曰：'俟诸女长，令识母。'遂自经。"

越靖王朱瞻墉，仁宗第三子。正统四年死，"妃吴氏殉，谥贞忠"。

卫恭王朱瞻埏，仁宗第十子。正统三年死，"妃杨氏殉，赐谥贞烈"。

此外，见于《河南通志·列女一》的，有悼恭王等四人用妃、夫人殉葬，其中周宪王朱有燉并见于上揭《诸王传》，余三人是：

悼恭王，宣德中死，妃张氏自殉，赐谥贞烈。

周简王朱有爝（朱有燉弟），景泰三年死，姬左氏即日自缢于室。

怀靖王，天顺末死，夫人蔡氏自缢，"上嘉其节，特遣使祭焉"。

上面列举的从殉宫妃，有事迹可考者甚少。估计多数是未生育的一般妃嫔和宫女，

---

① 又见《野获编》卷三《宫闱》，"帝王娶外国女"条。

② 《罪惟录·诸王列传》"周定王橚"条作：有燉死，"妃巩氏以死殉，夫人祝氏等数人亦同死"。《河南通志·列女上》（清同治八年重补刊本）作"周宪王妃巩氏，祥符人。正统初，王薨，妃自经。上嘉其行，赐谥贞烈。时夫人牛、戴、韩、欧、陈、李六氏同日死节，俱谥贞顺。祔葬宪园"。六夫人姓氏与《明史·诸王传》所载稍有出入。

地位较高或有子女者占少数。上引宣宗十妃中，仅一人生前为妃，死后才追封为贵妃，其余生前大约皆为宫女。仁宗殉葬五妃，为首的郭氏生前为贵妃，又生有皇子三人，亦在殉死之中，这是很罕见的。《野获编补遗·仁庙殉葬诸妃》云："贵妃所出有滕怀王、梁庄王、卫恭王，三朱邸在，例不当殉，岂衔上恩自裁以从天上耶！"贵妃是内廷嫔御中的最高徽称，仁宗贵妃郭氏恐怕是明朝从殉宫妃中徽号最高的一人。

### （二）宫妃从殉始末

从上引史料看，明代从殉宫妃似乎颇多是自愿的。对此应作具体分析。首先要看到，宫妃从殉是明朝统治者制定的野蛮制度，"各府皆然，不特朝廷也"①。在封建专制时代，妃嫔宫人是皇帝藩王的私属，皇帝藩王对她们本来就有生杀予夺之权，何况又有制度的钳制。宫妃所服侍的皇帝藩王一旦死亡，就意味着她们自己死亡的到来。出于某种身后的考虑（追谥或遗属的优恤），与其被迫从殉，不如"自愿"，这种心情是可以理解的，史官挑选或编造诸多"自愿"的事例加以旌表，也是造成从殉多属自愿这种假象的重要原因。但话说回来，即便史官多乐于记述"自愿"事例，却也难免有掩盖不住的真相透露出来。《明史·后妃传一》"景帝废后汪氏"条："景帝崩，英宗以其后宫唐氏等殉，议及后。李贤曰：'妃已幽废，况两女幼，尤可悯。'帝乃已。"这就清楚表明，从殉宫妃可能是临时议定的，景帝废后汪氏"有贤德"，在景帝死时，仍称"郕王妃"，居然也被列入从殉名单中，幸亏她有"两女幼"，才得免。

宫妃从殉的方式，明代官方史料没有详细记述，只偶尔提到"自经"、"不食死"。查继佐《罪惟录·陵志》说，景帝死时"诸妃嫔唐氏等，初俱赐红帛以殉"，估计是比较常用的一种方式。但也有举行从殉仪式的，如为成祖朱棣从殉的诸妃。《李朝世宗庄宪大王实录一》有如下记述：

甲辰（李朝世宗六年，明永乐二十二年，1424年）十月戊午："使臣言：'前后选献韩氏等女，皆殉大行皇帝。……及帝之崩，宫人殉葬者三十余人。当死之日，皆饷之于庭，饷缀，俱引升堂，哭声震殿阁。堂上置小木床，使立其上，挂绳围于其上，以头纳其中。遂去其床，皆雉颈而死。韩氏临死，顾谓金黑（韩氏奶母——引者）曰：'娘，吾去！娘，吾去！……'语未竟，旁有宦者去床，乃与崔氏俱死。诸死者之初升堂也，仁宗亲入辞诀。……'"

记述虽嫌简略，但主要情节是清楚的。过程大约是：送死的这一天，把她们集中到庭院里，这时宫中女伴们相率前来馈赠送别，之后，她们被（太监）引至灵堂。在这生离死别之时，她们号啕大哭，声震殿阁。太监事先已在堂上为她们安置好小木床，床架上悬挂一

---

条绳索，让她们站立在各自的木床上，把头套入绳圈中，执行缢殉的太监站在木床边。这时，新皇帝要到灵堂上来看望，以示慰问。等新皇帝离开时，执行缢殉的太监就把小木床移开，被缢的宫妃两足悬空，绳圈勒紧，顷刻气绝，死状如同长颈雉。情状极为凄惨。

在这条记载中，我们还了解到，朝鲜李朝选送明廷的宫妃，大都逃脱不了从殉的命运。永乐二十二年为朱棣殉死的宫妃中，至少有二位朝鲜女性。一位是韩氏，大约是宫女；另一位是崔氏，封美人。当仁宗到大堂上看望时，韩氏女苦苦哀求饶她一命回国侍候老母，却终不能如愿。

从殉宫妃被缢死后，估计会按照她们生前的不同身份，发给不同质料的木棺装殓，然后顺序埋入所殉的帝陵中。先死的宫妃，有的也在这时迁来祔葬陵墓中，如仁宗献陵祔葬七人，其中五人从殉，另二人是先死祔葬的。在从殉宫妃中，是否有的另埋他处？我看这种可能性不大，既然是同时集体从殉，似应全部埋在从殉的帝陵之中，没有理由把部分从殉者另埋他处。所谓"一葬金山"、"三葬金山"，所指应是先于或后于皇帝死亡的诸妃墓。关于这点，可以从《嘉靖祀典》中得到推定。据该书《嘉靖十五年礼部诸臣上言》：

> 帝后合葬，诸妃陪葬，古今经常之制。英宗遗诏：'皇妃他日宜合葬，惠妃亦当迁来，以后诸妃次第祔葬。'圣训俱在。今《会典》止载睿皇后钱氏合葬裕陵，诸妃竟无陪葬者。茂陵亦无陪葬，莫考其故。臣等窃以诸妃陪葬，义则不当由隧。宜于外垣之内，宝山城之外，明楼之前，左右相向，以次而祔，庶合礼制。从之。①

这段文字说明，在嘉靖以前，诸妃陪葬的葬地并不固定，可以葬在帝陵内，也可以葬在他处（如金山）。嘉靖时才对诸妃陪葬的葬地做出统一规定，不再埋入帝陵内（"不当由隧"），也不再放到他处。而是放在"外垣之内，宝山城之外，明楼之前，左右相向，以次而祔"。蒋一葵《长安客话》卷四"诸王公主坟"条，把世宗嘉靖时推行的诸妃陪葬葬地系于仁宗时，是错误的。由于明清时人往往混淆诸妃陪葬和诸妃从殉的区别，以致在当时人的记载中，往往把明十三陵中的一些陪葬墓认为是从殉的宫妃墓，其中影响最大的是东井、西井两墓区。顾炎武的《昌平山水记》和梁份的《帝陵图说》都认为东井、西井是成祖长陵十六妃从葬之所。考古学者经过实地勘查，阐明这批陪葬墓应是生前受宠、死后得以陪葬陵区的诸贵妃墓，而不是从殉宫妃之所②，我看是正确的。

为了表彰从殉宫妃的节行，嗣位的皇帝要为先帝的从殉宫妃追赠谥号，称"皇庶母"，"岁时侑食于本陵之享殿，俱得标名沾祭"③。"而藩邸国王郡王有殉者，亦得请于

---

① 转引自（清）朱孔阳《历代陵寝备考》卷四八。

② 王岩、王秀玲：《明十三陵的陪葬墓——兼论东西二井陪葬墓的墓主人》，《考古》1986年第6期。

③ 《野获编》卷一三《礼部一》，"臣下妾谥"条；又见同书卷三《宫闱》"谢韩二公论选妃"条。

朝，锡之谥号"①。有的还得与王合葬②。开始实行宫妃殉葬制时，从殉宫妃的遗属还可以得到一点优恤。如建文永乐年间优恤太祖从殉宫妃遗属为世袭锦衣卫千百户。据《明史·后妃传一》：

> 太祖崩，宫人多从死者。建文、永乐时，相继优恤。如张凤、李衡、赵福、张璧、汪宾诸家，皆自锦衣卫所试百户，散骑带刀舍人进千百户，人谓之"太祖朝天女户"。

太祖从殉宫妃三十八人，被优恤的仅此五家，其他大约是由于从殉宫妃"不知何许人也"，而未得优恤。这五家被优恤的"太祖朝天女户"，所受的优恤维持了多久，明代史料中未见记载。从以后再没有另立"成祖朝天女户"、"仁宗朝天女户"……来看，估计没有实行多少年，也许仅限于建文、永乐年间，所谓"世袭"多半是句空话。

### （三）宫妃从殉制的废止

明代宫妃殉葬制持续五朝，直到明英宗临死时才下令废止。《明英宗实录》、《明史·后妃传一》、《资治通鉴纲目三编》、《罪惟录·英宗本纪》等史书均有记载。对这件事，纂修《明史》的史官在《英宗后纪》中做了评议："（英宗）前后在位二十四年，无甚稗政。……罢宫妃殉葬，则盛德之事可法后世者矣。"评议是公正的。在废除野蛮的宫妃殉葬制这件事上，明英宗是值得后人记忆的。

但明英宗遗诏废除宫妃从殉制，盖本于周宪王朱有燉奏疏的启迪。这点可从朱有燉死后，英宗给有燉之弟简王有爝的诏书中得到证实。据《明史·诸王传一》：

> （周宪王）有燉，正统四年薨，无子。帝（英宗）赐书有爝曰："周王在日，尝奏身后务从俭约，以省民力。妃夫人以下不必从死。年少有父母者遣归"。

可惜朱有燉的意愿并没有在自己身后实现，因为英宗赐书未到，嗣王朱有爝已照定制，令朱有燉之"妃巩氏，夫人施氏、欧氏、陈氏、张氏、韩氏、李氏皆殉死"了。由是，英宗只好"诏谥妃贞烈，六夫人贞顺"了事。这件事可能使英宗颇有感触，所以在临死时（1464年）遗诏废除宫妃从殉制。这时距朱有燉的奏疏已过了二十五年。

## 二　清皇室的宫妃殉葬

### （一）从殉宫妃的人数和身份

满洲爱新觉罗部族，何时开始用人殉葬，史料缺佚，已无从查考。目前所能看到的

---

① 《野获编》卷一三《礼部一》，"臣下妾谥"条。
② 《野获编》卷三《宫闱》，"帝王娶外国女"条。

史料，上限只及于后金汗努尔哈赤时期。据《满洲实录》、《清实录》、《清史稿》、王先谦《东华录》及其他史书的记载，清太祖努尔哈赤、太祖孝慈高皇后、太宗皇太极、世祖福临，以及贝勒岳托、睿亲王多尔衮等高级贵族，都曾用宫妃或兼用男性奴仆殉葬。

太祖努尔哈赤天命十年（1625 年）死，大妃乌拉纳喇氏以身殉。又有二庶妃阿吉根、代因扎，亦殉之[①]。

太祖孝慈高皇后叶赫纳喇氏癸卯年（1603 年）死，四婢从殉，宰牛马一百致祭[②]。

太宗皇太极崇德八年（1643 年）死，章京敦达里、安达里从殉[③]。

世祖福临顺治十八年（1661 年）死，妃栋鄂氏殉[④]，一等阿达哈哈番侍卫傅达里随殉，谥忠烈[⑤]。

崇德四年（1639 年）扬武大将军贝勒岳托死，妻福金殉焉[⑥]。

顺治八年（1651 年）睿亲王多尔衮死，侍女吴尔库尼殉[⑦]。

上列诸例说明，至迟从努尔哈赤即位以前的后金国时期，满洲部族已实行宫妃殉葬制。从殉的对象除一般宫妃以外，还有大妃、福晋（正妻）、章京（参领、佐领）和侍卫。从殉者身份不一，说明清皇室的人殉制还不完善。在这批已知的从殉名单中，身份最高的是太祖的大妃乌拉纳喇氏。《满洲实录》卷八汉文体记载甚详：

> 后（纳喇氏，乌拉国满泰贝勒女）饶丰姿，然心怀嫉妒，每致帝不怿，虽有机智，终为帝之明所制。留之恐为乱阶，预遗言于诸王曰："俟吾终，必令殉之。"诸王以帝遗言告后，后迟疑未决。诸王曰："先帝有命，虽欲不从，不可得也。"后遂服礼衣，尽以珠宝饰之，泣谓诸王曰："吾自十二岁事先帝，锦衣玉食，已二十六年。吾不忍离，故相从于地下。吾二幼子多尔衮、多铎，当善抚之。"诸王泣而对曰："二幼弟，吾等若不友爱，忘父也，岂有不善抚之理。"于是，后于十二日辛亥辰时自尽，寿三十七。乃与帝同殓，巳时出宫安厝于沈阳城内西北角。又有二妃阿吉根、代因扎亦殉之。

大妃乌拉纳喇氏是阿济格、多尔衮、多铎的生母，在努尔哈赤晚年，她是十六个妻子中最受恩宠者。用生有三个皇子、位比皇后的大妃为殉，这在中国历史上从未见过，在世界历史上亦属罕见。原来在努尔哈赤死时，诸王内部便发生汗位继嗣之争。鼎争者以孝慈皇后所出的皇太极、元妃佟佳氏所出的代善和大妃乌拉纳喇所出的多尔衮（时年十

---

① 见《满洲实录》413、414 页，《清太祖高皇帝实录》129 页，均见台湾华文书局，1964 年影印本。
② 《满洲实录》120、121 页。
③ 王先谦：《东华录》崇德八年。
④ 《清史稿·世祖贞妃传》。
⑤ 王先谦：《东华录》康熙元年。
⑥ 王先谦：《东华录》崇德四年。
⑦ 王先谦：《东华录》顺治八年。

五）最具实力。因努尔哈赤的偏爱，当时多尔衮及其弟多铎已领有正白、镶白二旗，又有生母乌拉纳喇氏为靠山，势力强大，是汗位最有力的竞争者。这是皇太极最难容忍的。能不能拔除乌拉纳喇氏便成为汗位谁属的大问题，所谓努尔哈赤"预遗言于诸王"，便是在这种情势下炮制出来的。诸王以"遗言"为借口，勒令乌拉纳喇氏殉死，为皇太极夺取汗位铺平了道路。宫妃殉葬制在这场政权斗争中起了重大作用。正当盛年的大妃乌拉纳喇氏成为后金汗位争夺中的牺牲品，至今读来仍令人不寒而慄！

### （二）宫妃殉葬始末

清皇室宫妃从殉经过，官方史料未载。我们从安徽桐城人方拱乾所作的《宁古塔记》中可以略知一二。《宁古塔记》是作者在康熙初年去满人居住地宁古塔（今黑龙江省宁安县）归来后写的满人风俗回忆录。该书"风俗"条中写道：

> 男子死，必以一妾殉；当殉者必于主前定之。不容辞不容僭也。当殉不哭，艳妆坐炕上，主妇率皆下拜而享之。及时，以弓弦扣弦而殒之。当不肯殉，则群起而搤之死矣。

这条史料记载的大约是满人民间的殉葬习俗。殉葬对象是"妾"。天聪八年（1634年）颁布的"丧祭例"与此稍有不同。见王先谦《东华录》：

> （天聪八年，1634年）二月壬戌定丧祭例："妻愿殉夫葬者，许之，仍予表扬；逼侍妾殉者，妻坐死。"

这里说的是"妻愿殉夫者，许之"，但不能迫妾代殉，看来满人实行人殉制已有相当长的历史。因为初期的殉葬对象是妻子，后来才发生妻子不愿殉夫而经常出现迫妾代殉的情况。汉人方拱乾不知内情，仅从表面观察，遂作"必以一妾殉"。皇太极意欲恢复旧俗，故有天聪八年"丧祭例"的规定。这种规定似乎对妻逼妾殉死具有约束力，实际上起到了鼓励妻妾都去殉死的作用。什么叫"逼胁"，什么叫"自愿"？这对拥有绝对权势的人说来是无所谓的。"逼胁"在他们那里，照样可以说成"自愿"，当然也有少数奴仆、姬妾是心甘情愿去为主人殉葬的。敦达里、安达里随皇太极去死，就是一个典型。据王先谦《东华录》：

> （崇德八年皇太极死）章京敦达里、安达里二人愿殉。敦达里，满洲人，幼事太宗，后分隶肃亲王豪格。及太宗宾天后，敦达里以幼蒙恩，不忍永离，遂以身殉。……安达里，叶赫人，自来归时，先帝怜而养之，由微职沐殊恩，授官职，亦请殉。

在当时的社会条件下，出现心甘情愿陪同主人去死是可以理解的。在主人看来，奴才"是他的私有财产"；在奴才看来，主人是他的生存支柱。

《宁古塔记》记述的"扣弦而殒"的杀殉方式，带有原始性，应是满人实行人殉制的初期形式。满族入主中国前后，清皇室亲王贝勒死，对待从殉者，恐已不使用这种杀殉方式。从上面列举的从殉事例看，主要是采用自缢的方式。

清朝对待从殉者，一般要追赐谥号，以示表彰。尤其是对自愿从殉的，不但要追赐谥号，还要优恤遗属，以褒扬奴才对主人的竭尽愚忠。如敦达里、安达里从殉后，诸王贝勒立即讨论优恤，"以敦达里志不忘君，忠忱足尚，赠甲喇章京，子孙永免徭役，倘干犯重典，应赦者即与开释，不应赦者，仍减等。官爵世袭，勿替"。对安达里，"加赠牛录章京为梅勒章京，子孙世袭；其免徭宥罪，一如敦达里"①。

殉葬者的埋葬处所，可能没有统一的规定。太祖大妃乌拉纳喇氏与太祖同殓，若非有史料为证，是无法确认的。世祖妃栋鄂氏、贝勒岳托妻福金，可能也是采用合葬的形式。其他则可能埋葬在主墓附近。是否如此，尚待考古发掘验证。

### （三）宫妃从殉制的废止

满洲爱新觉罗皇室入主中原后没有多久，它所推行的殉葬制便遭到汉人官吏的非议。康熙时礼科给事中朱裴疏请申禁，事见《清史稿·刘楗传附朱裴传》：

> 满洲俗尚殉葬，裴疏请申禁。略言："泥信幽明，未有如此之甚者。夫以主命责问奴仆，或畏威而不敢不从，或怀德而不忍不从，二者俱不可为训。好生恶死，人之常情。捐躯轻生，非盛世所宜有。"疏入，报可。

大约就因为有朱裴的疏奏，促成了康熙皇帝下诏废止从殉制。据王先谦《东华录》：康熙十二年（1673年）六月，"命禁止八旗包衣佐领下奴仆随主殉葬"。

虽然这道诏命没有触及皇帝和亲王贝勒等高级贵族，但考查清代史料，清皇室从此再没有发生用人殉葬的事，这是社会的一大进步。

明朝公开推行宫妃殉葬制，写下中国历史野蛮丑陋的一页。这是中国历史的倒退，反映了封建社会末期统治阶段的腐朽没落。在明朝最高统治者的推行鼓动下，官僚、权臣、缙绅、豪富竞相效尤，"奴仆殉主，妻妾殉夫"，被奉为当时社会的美德，多少青年妇女的生命被白白断送！英宗遗诏废止宫妃殉葬制后，公开迫胁殉葬多少受到约束，但只要制造"自愿"殉死的假象，就可以照样通行无阻。终明王朝之世，妻妾殉夫的现象，还广泛存在。

满族正式形成于明代后期，宋辽金元明的女真，是满族的先人。宋金时期的女真贵

---

① 均见王先谦：《东华录》天聪八年。

族和元明时期的蒙古贵族，都盛行生焚（殉）奴马习俗①。明初，居住在建州（长白山和黑龙江一带）的女真部，基本上尚处于原始社会末期的军事民主制阶段，以狩猎为生。宋金去明不远，蒙古族与满族关系密切，由此推测满族的前身建州女真，很可能也流行生焚（殉）奴马习俗。十六世纪末，努尔哈赤统一女真各部控有今东北大部，建立了强大的后金国，与明朝相抗衡，这时的满洲社会大约进入封建农奴制阶段，生焚（殉）奴马习俗已逐渐被"文明"的宫妃殉葬制所取代。入主中原后，随着社会的进步和汉文化的影响，清朝统治者一方面明令废除殉葬制，另一方面又在行动上表彰和容许妻妾"自愿"殉死。所以，终清之世，人殉制并没有被根除。

---

① 参看北宋宇文懋昭《大金国志》卷三九"初兴风土"条；冯承钧译《马可波罗行纪》第一卷，第六八章；明萧大亨《北虏风俗》"埋葬"条。

# 第九章　人牲人殉与中国古代社会

　　中国的人牲人殉习俗，从原始社会晚期开始，历经商周秦汉，直到辛亥革命前后，跨越了中国历史的各个发展阶段，时间之长，影响之深，是世界上其他任何一个国家或民族所无法与之相比的。是什么因素造成中国人牲人殉的长期存在？人牲人殉的产生、发展和衰落，与中国历史社会有什么关系？读者们在看完本书的前几章之后可能要提出这些问题，这是作者写这篇文章作为本书结束语的想法之一。同时，弄清这些问题，或将有助于对中国传统思想的清算和对古代文化的反思，对当前的思想潮流亦不无参考作用。这是想法之二。

一

　　在本书第一章，我们曾提出：杀人祭祀地母的原始崇拜，在黄河流域仰韶文化时期可能已经出现，而比较有把握的最早实例是辽宁喀左县东山嘴红山文化祭祀遗址。人殉的出现比人牲稍晚，大约起源于父系氏族制确立以后。它的发生与私有制的出现密切相关，最初表现为妻妾殉夫或兼用幼童殉葬。目前可以认定的早期实例是甘肃的两处齐家文化墓地和内蒙古朱开沟文化墓地中的一些成年男女合葬墓，以及江苏新沂花厅大汶口文化墓地的一些妇婴殉葬墓。我们认为，考古发现的中国史前期人牲人殉的这些现象，是同摩尔根—恩格斯的社会发展史学说相符合的。摩尔根在《古代社会》一书中将人类的社会发展，按照其生活资料来源的扩充，分为蒙昧、野蛮、文明三个阶段。马克思恩格斯以摩尔根的人类文化发展学说为基础，加以发展，提出社会发展的三阶段说。并且认为，人牲的出现和俘虏的处理是人类野蛮时期的一项重要活动。马克思在《摩尔根〈古代社会〉一书摘要》中指出："关于俘虏的处理经过了和野蛮期的三个阶段相适应的三个连贯阶段：野蛮期的第一个时期，俘虏被处以火刑；第二个时期——作为供献神灵的牺牲；第三个时期——转变为奴隶。"[1] 按照现在的划分，马克思所说的野蛮期第二个时期就是指的原始社会后期。分布于黄河中下游的仰韶文化，以原始锄耕农业为基础，它被中国考古学者公认为是处于中国原始社会后期的属于母系氏族社会繁荣阶段的一种主体文化。红山文化的年代约当仰韶文化中晚期，社会经济以农业为主，对农业依赖的迫切，促使它们较早地出现把俘虏作为供献神灵的牺牲。人殉最早是以妻妾殉夫的形式出现的。这就要求必须以一夫多妻制为基础。恩格斯在《家庭、私有制和国家的起源》一书中，把一夫多妻作为野蛮上层期的一种婚姻形态，按照现在的划分，就是指的父权制确立后的原始社会末期。继仰韶文化之后发展起来的龙山文化及其与它相近的齐家文化，正处于父权制确立，私有制产生、发展并向阶级国家过渡的时期[2]。中国考古发现的早期人牲人殉标本，为马克思主义理论提供了重要的实物资料。至于殉葬婴儿，则可能与古老的"厌胜巫术"有关。

## 二

根据考古发现，中国人牲人殉的鼎盛阶段是在商代后期。一般认为，人牲人殉的大规模出现是同阶级国家的出现联系在一起的，尤其是大量使用人牲更是如此。侯家庄西北岗殷王陵公共祭祀场的发掘资料证实，殷墟前期的祭祀坑最多，被杀祭的人牲大多是被砍去头颅的男性青壮年；殷墟墓葬中的人牲亦以前期大墓为最多，而且也多是被砍去头颅的男性青壮年和少年；在前期中型墓中也有人牲发现。与此相应，甲骨刻辞的研究也证明武丁时期人牲数量最大，杀祭次数最频繁。到了殷墟后期，王陵区公共祭祀场的人牲数量已大大减少，杀祭次数已不多，发现的人牲大多是成年女性和少年幼童。前期经常发现的男性青壮年，这时已经很少发现。殷墟后期大墓中的人牲数量也较少，发现的大多是少年儿童。中型墓已不见人牲。甲骨刻辞中的人牲记载也证实殷墟后期使用人牲已经逐渐减少，至帝乙、帝辛时期，人牲数量已稀少。殷墟前后期使用人牲的这种变化，反映了殷代统治阶级对人的价值的看法的变化。人牲来源于俘虏。殷墟前期人牲盛行，说明当时已有强大的武装足以发动大规模战争；另一方面又说明，俘虏成为奴隶后所产生的财富没有多少可供剥削的剩余价值，这种情况应是奴隶制国家初始阶段的重要特征。殷墟后期人牲减少，且多改用妇孺，估计青壮年俘虏中已有相当一部分转化为生产奴隶。这应是奴隶制国家处于上升阶段的标志。

商代人殉的变化亦可说明这个问题。殷商早期，人殉不多，中期以后有所发展，晚

---

① 马克思：《摩尔根〈古代社会〉一书摘要》151 页，人民出版社，1978 年。

② 中国社会科学院考古研究所：《新中国的考古发现和研究》68 页，文物出版社，1984 年。

期为甚。人殉的对象，已从原始社会末期兴起的妻妾为殉逐渐扩大到近臣、近侍为殉。人殉的这种变化，说明这时国家已经出现，人殉已经成为阶级对立的牺牲品，同时也反映了本族内部人与人之间的不平等关系的加剧。如果上述看法不致大谬，可否认为，殷商奴隶制国家已由殷墟早期的初始阶段逐渐上升到殷墟后期的发展阶段。

在论述商代社会生产水平、人际关系对于人牲人殉的作用的同时，我们也注意到人牲人殉是一种宗教迷信活动，属于思想意识形态的范畴。人牲人殉的发生、发展和衰落，固然与社会生产及人际关系密切相关，但社会思想意识、宗教观念对于人牲人殉的作用亦不容忽视。《礼记·表记》说，"殷人尊神，率民以事神，先鬼而后礼"。"尊神"的思想意识支配着商人的活动，在狂热的宗教情绪控制下，商人对神灵的奉献是不惜一切的。他们可以奉献掉所有的牲畜、用具，甚至用人。在今天的一些汉族农村和一部分少数民族地区，我们可以看到同样的情况，为了祭神求福，他们可以把长年的积蓄一旦化为乌有，即使家境从此破落都在所不惜。这种不惜一切事神的宗教狂热活动，只能说明这些地方生产力水平的极端低下，文化科学的极端不发达。对待商人的"尊神"活动，也应该做这样的考虑，而不是相反。当然，宗教迷信的多少有无，与社会生产、文化科学的发展水平并不一定成反比，它有着更为复杂的社会因素，不能认为哪里的宗教迷信浓厚，哪里的生产文化科学就很落后。但是，有一点是可以肯定的，社会发展水平比较高的民族，他们的宗教迷信活动一般是有限度的，最多花掉一部分多余的财富，而绝不会毁坏自己的家产，即使只降低自己的生活水平他们也不会乐意。只有社会发展水平低下的民族，才会做出毁家事神的愚昧举动。正因为商人的社会发展水平不很高，加上狂热的尊神观念，所以他们不惜浪费掉大量的财富，而且浪费掉大量的人。财富浪费了可以再生产，人浪费了就无法挽回。这是最现实的问题，商人再愚昧也还不至于会把为自己生产、供自己奴役的人（奴隶）任意拿去用掉。用什么人可以避免"无法挽回"之忧，又能达到尊神的目的呢？当然是用俘虏。用俘虏不但不算浪费，而且对殷王势力的扩张有利，这也是我们坚持商代人牲主要来源于俘虏的另一层想法。由于人牲现象在殷代末期已明显减少，青铜器明显增多，所以，我们又认为，殷代末期的社会生产、文化科学已达到一定的发展水平，部分俘虏已被转化为奴隶。

人殉的含义与人牲不同。随着国家的出现，殉人已成为阶级对立的牺牲品。但在漫长的历史时期中，人殉却仅仅被看成是世间主奴关系在阴间的继续。商代人这样看，以后实行人殉的人也这样看。这种浓厚的宗教迷信意识，与社会生产的高低并没有直接关系。我们大可不必见殉人就说它是奴隶社会的残余。殷商是人殉制的鼎盛时代，但人殉的数量毕竟有限。殷墟是发现人殉最多的地方，已发掘公布的殷墓一千五百多座，共发现殉人三百六十三具。除殷王墓殉人较多以外，贵族墓一般用一至数人，而且多数是年青女性、少年儿童和其他非生产者。这说明殷王室及贵族只用自己近亲的一小部分和自己奴仆的一小部分作为殉人。这并不影响殉人者的家庭生活，更谈不上毁家，对殷商社会的发展也不会造成障碍。

三

西周有没有人牲，西周的人牲同殷商有没有继承关系？这是个争论已久的问题。通过本书第四章的叙述，我们可以比较有把握地说，西周基本上不存在大规模杀祭俘虏的现象，重大祀典还用人牲，但数量不多。商周来源于不同部落的邦，各有不同的习俗，这是事实。但周人和殷人相比是后进的民族，周人的文化大体上是袭取殷人的。孔子说，"周因于殷礼，所损益可知也"[①]。表明商周二代有相革相代的一面，但更重要的是相继承的一面。对周人在重大祀典上使用少量人牲，应该看成是从殷遗民那里承袭过来的。西周不兴大规模杀俘，也是从殷末杀俘已经不多而延续下来的。应该把这些现象看成是社会向前发展的必然结果，而不是周人天生下来就比殷人"仁慈"。

在人殉制方面，同样表明殷周文化的继承性。周人先世原来不存在人殉习俗，及至殷代末年，人殉现象才开始在泾渭两河流域的周人本土上出现。早周殉人墓的墓葬形制，随葬器物的器类、器形以及殉人的陈放情况，都与殷商殉人墓相同，所以我们有理由认为，周人先世的人殉习俗，是在他们同殷人相对抗的过程中接受过来的。周灭殷后，人殉制不但在殷商原统治区及其四邻方国中继续流行，在周人本土及部分新占领区也得到推行。

殷末周初，人牲趋向衰微，人殉持续发展，这种现象，固然与殷周文化相继承有关，而更重要的应该是社会的发展变化。可否认为，这时的俘虏已经大部分转化为奴隶，所以大规模的杀俘祭庙现象已不复存在。人殉制在西周时期又有发展，表明西周时期的阶级关系已牢固确立，主奴名分已定。殷周时期在中国第一次出现的阶级国家，到西周时期已经进入巩固发展阶段。

东周是古代中国历史社会的第一次大变革时代，也是继续推行人牲人殉制还是反对人牲人殉制这两种潮流反复较量的时代。这一时期，人牲人殉的数量较之西周可能有所下降；但人牲的使用范围和人殉的对象，较之西周似乎又有所扩大。献俘祭社的广泛流行，不少大臣义士卷入殉死行列，构成东周人牲人殉的特点。但是，变革毕竟是时代的潮流。古老的万物有灵观念，开始按照人间的等级关系进行大调整，由过去的自然崇拜进化为拟人化崇拜。所谓"五岳四渎"，就是很形象的人格化的比拟。奉献给名山大川和"伟大"祖先的祭品，也由过去动辄使用人牲改为基本上使用牺牲。因诸侯国间的兼

---

① 《论语·为政》。

并和复仇心理而广泛流行的献俘祭社活动，也已遭到时人的反对。从保留在《左传》中的三条记载看，齐国大夫司马子鱼、鲁国大夫臧武仲和楚国大夫申无宇，是当时反对献俘祭社的杰出代表。《左传》中的这三条记载，原文不长，移录于下：

> 僖公十九年（前641年）"夏，宋公使邾文公用鄫子于次睢之社，欲以属东夷。司马子鱼曰：'古者六畜不相为用，小事不用大牲，而况敢用人乎？祭祀以为人也，民，神之主也，用人，其谁飨之？齐桓公存三亡国，以属诸侯，义士犹曰薄德，今一会而虐二国之君，又用诸淫昏之鬼，将以求霸，不亦难乎？得死为幸！'"

> 昭公十年（前532年）"秋，七月，（鲁）平子伐莒，取郠，献俘，始用人于亳社。臧武仲在齐闻之曰：'周公其不飨鲁祭乎？周公飨义，鲁无义。诗曰：德音孔昭，视民不佻。佻之谓甚矣，而壹用之，将谁福哉'"。

> 昭公十一年（前531年）"冬，十一月，楚子灭蔡，用隐大子于岗山。申无宇曰：'不祥！五牲不相为用，况用诸侯乎？王必悔之'"。

从这三条记载中，可以看出春秋时期的先进思想是以礼义治国，维持分封制；反对兼并凌虐，当然更反对用诸侯祭社。儒家典籍用赞颂的语气记录了他们的言论，表明儒家思想是与之相通的，也是站在反对人牲制的前列的。臧武仲、申无宇与孔子是同时代人，说不定同属于儒家学派。

这三条记载又说明，反对尽管反对，杀祭活动照样进行。特别是上引《左传》中提到的"次睢之社"和"亳社"，这里原属东夷旧地，从殷商以来就流行杀人祭社习俗，东周时仍未稍杀。但总的是，春秋时期的献俘祭社已经局限于杀祭敌方首领，而不是全体战俘。这不能不说是时代的进步和先进思想的胜利。战国时期，献俘祭社及其他使用人牲的情况，都有较大程度的减少，也可以证明这一点。

在人殉制问题上，同样表现出两种不同思想的对立。一方面是各国诸侯王、封君、上卿、大夫竞相使用人殉，诚如《墨子·节葬下》所云："天子（孙诒让《闲诂》按，天子下疑当有'诸侯'二字）杀殉，众者数百，寡者数十，将军大夫杀殉，众者数十，寡者数人。"见于古籍记载的就有秦武公、秦穆公、齐桓公、宋文公、晋景公、楚灵王、邾庄公、吴王阖闾等诸侯王。殉人少则数人、数十人，多至一百多人。考古发现的东周墓葬保存较好、墓主身份大体可以认定的诸侯、封君、上卿、大夫墓，墓内一般都有殉人。殉人的身份除了近亲、臣下和家内仆从外，还有不少大臣义士被卷入殉死的行列。从死成了当时统治阶层的最高品德准则。有不少将相、姬妾，为了取得国君的宠信，往往用替死或从死相许诺。主人不要婢妾或属下为自己殉死，还要事先嘱咐。另一方面，我们又看到人殉制已遭到社会上的强烈反对。本书第五章揭示晋公室魏颗反对殉父妾，在抗击秦将杜回的战斗中得到妾父阴魂的报答，"结草以亢杜回"，这个故事发生在公元前594年，说明在春秋中期，人殉制已引起社会上的普遍不满。在第五章中，我们还揭示孔子弟子齐人陈子亢反对殉葬、齐国大夫陈尊己反对殉父妾，同样说明这个问题。在这场反对人殉制的斗争中，儒家的态度是坚决的。荀子痛斥"杀生而送死者谓之贼"①，言论何等激烈！孔子的态度也是明朗的。且看《礼记·檀弓下》记述他的一次对话：

> 孔子谓"为明器者知丧道矣"，备物而不可用。哀哉，死者而用生者之器也，不殆于用殉乎哉？其曰明器，神明之也。涂车刍灵，自古有之，明器之道也。孔子谓"为刍灵者善"，谓"为俑者不仁"，殆于用人乎哉？

同样的言论并见于《孟子·梁惠王》：

> 仲尼曰："始作俑者，其无后乎！"为其象人而用之也。

孔子虽然对用人殉葬或用"涂车刍灵"随葬的历史做了颠倒的认识，但我们不能因此怀疑他反对人殉，更不能认为他赞成人殉。不过，孔子反对人殉并不是彻底的。我们在第五章中曾提到鲁敬姜的殉葬观，她说："（君）好内，女死之；好外，士死之。"敬姜的殉葬观深得孔子的赞赏，恭维"季氏之妇，尚贤哉"②。孔子学说的核心是"克己复礼"，"君君、臣臣、父父、子子"的宗法等级观念。他反对强制用人殉葬，但不反对合乎"礼"的自愿从殉。

在先秦诸子中，很难说有谁公开鼓吹人殉制。不过，墨子倡导"非葬不非殉"思想，从发生在墨家内部的墨者钜子及弟子一百八十三人皆从死的事件看，我们似有理由提出，东周时期不少大臣、义士卷入殉死行列的风气，或者与墨家的这种思想有关。

但是，废除人殉制，制止从死风，毕竟是时代的要求，历经东周几百年的较量，直到战国晚期，除秦国以外，关东六国地区的人殉制已处于衰微阶段，这不能不说是儒家思想及其他先进思想的胜利。

# 四

秦汉及其以后，以汉族为主体的居住区，基本上进入封建制社会，人牲人殉在总体上处于衰微阶段。但在秦汉以后的不同历史时期中或某些地区的角落里，这种古老野蛮的人牲人殉习俗，仍时有出现。有时是赤裸裸的复活，有时是以各种变相形式出现。前者如在凤翔中唐墓填土中所发现的杀祭战俘，明清皇室宫妃殉葬制；后者如杀仇祭奠，淫祀，妻妾为夫殉节。人牲人殉的顽固生命力，竟与中国漫长的封建社会相始终！这种十分可怕、又十分现实的陋习，给中国历史涂上不光彩的一页。它之所以长期存在，应引起人们的沉痛反思。我们经过反复思考，认为造成人牲人殉长期存在的原因是多方面

① 《荀子·礼论》。
② 《国语·鲁语》、《礼记·檀弓下》、《韩诗外传》卷一、《孔丛子·记义篇》都有大意相似的记载。

的，而最重要的大约有三个方面。

第一，中国是世界上唯一的文明传统未曾中断的古国，长期形成的传统习惯势力、崇尚"古代文明"的社会心理和"宗法等级秩序"的道德规范，在世界史上是极为罕见的。维系"文明传统"使之"未曾中断"的是儒家。春秋时代末年，以孔子为代表的儒家，首倡"君君、臣臣、父父、子子"及"臣事君，子事父，妻事夫"思想，作为维护宗法等级秩序的道德准则，并以"礼治"、"仁者爱人"为其宗旨。所以在人牲人殉制问题上，儒家是持反对态度的。汉武帝时，董仲舒攫取孔孟之道的宗法伦理部分，演绎成"君为臣纲，父为子纲，夫为妻纲"的"三纲"；又用阴阳五行说附会"忠孝礼义信"为"五常"①。从东汉以来，以"三纲五常"为核心的儒家思想和文化传统便长期占据封建社会思想的主导地位，受到历代封建王朝的尊崇，"三纲五常"也逐渐成为"臣死君、妻死夫、子死父、仆死主"的专用词。杀仇祭奠、勒令妇女从死等人牲人殉活动，便在这种名义下流行着，只是真正实行的为数并不多。及至北宋末年，程颐、程颢把"三纲五常"绝对化，视"三纲五常"为天理，首倡"存天理，灭人欲"，宣扬"饿死事极小，失节事极大"②，后经南宋朱熹集其大成，史称"程朱理学"或"宋明理学"，又有称之为"儒教"者。程朱理学非常适合封建社会后期统治阶级维护和加强统治的需要，被明清王朝尊为儒学正宗，成为官方哲学；并要求在现实生活中强制推行。于是一场借"守节死义"之名行人殉制之实的浩劫便在中国大地上蔓延着。清初桐城派首领方苞说："尝考正史及郡国志，妇人守节死义者，周秦以前，可指计；自汉及唐亦寥寥。北宋以后，则悉数之不可更仆矣。"③ 同我们的研究完全符合。闽南是朱熹长期讲学的地方，素有"理学名邦"之誉；安徽歙县是尊崇理学的桐城派发源地。就在这两个地方，夫死从殉的妇女，其数量远远多于其他地区（详见第七章），这足以说明程朱理学为害之深且烈。中国近百年来的反封建、反礼教，其主要对象就是反对以"理"杀人的程朱理学。原因就在这里。

由于中国是世界上唯一的文明传统未曾中断的古国，殷周以来的献俘祭庙（社）习俗，得以长期保留下来。儒家提出的宗法伦理思想，即尊卑有序及血缘关系，在长期的封建社会中，一直被看成是永恒的、绝对的、至高无上的原则。于是血亲复仇、杀仇祭奠便成为理所当然。中国封建社会的长期停滞，单一的宗教信仰从未确立，原始的自然崇拜经久不衰，则可能是杀人祭淫昏之鬼的"浮祀"之所以长期存在的原因。

第二，我国历来盛行多妻制度和奴婢制度，直到中华人民共和国成立以前，拥有多

---

① 《春秋繁露·基义》。
② 《二程遗书》卷二二下。
③ 《望溪集·曹氏女妇贞烈传叙》。

妻和蓄养奴婢的现象仍到处可见。在阶级社会中，除正妻外，小妾多数来自婢女和贫家女，她们的社会地位，除少数转化外，与奴婢差不多。小妾与奴婢，同处于社会的最底层，是被剥夺了起码的做人权利的贱民。主人可以任意役使、蹂躏，主人死了，可以拿他们来殉葬。先秦时代，用婢妾奴仆殉葬，固不待言；秦汉以后，法律虽然已经不允许，但鼓励和支持"自愿"殉死。殉死者的身份，大部分是婢妾奴仆。所以，我们认为，婢妾奴仆的大量存在，是人殉制得以长期存在的根源。

在本书的第七章、第八章，我们列举了秦汉以来可考的人殉者身份。他们是：秦始皇陵中的宫人、工匠，汉初的田横之徒，燕王旦的后夫人，广陵王刘胥的八子郭昭君等，赵王刘元之为乐奴婢者，三国孙吴陈武妾，西晋干宝之父婢，石崇之婢翔风，前凉张天锡妾阎氏、薛氏，隋襄城王杨恪妃柳氏，唐武宗才人王氏，宋高宗才人李氏、王氏等等。广州南越王墓和贵县西瓯君夫妇墓的殉人，据出土印章和殉人的陈放位置看，当亦婢妾奴仆之属。程朱理学出现后，被迫殉节的也以婢妾为主。明皇室使用妃嫔，仕宦之家使用妾媵。在民间，人殉者的身份比较复杂，除了婢妾奴仆以外，还有妻子和未婚的少女。这部分从殉者，都是程朱理学毒害下的牺牲品。

秦汉以来，居住在边境地区的匈奴、夫余、鲜卑、吐蕃、契丹、女真、蒙古、满族，他们使用的殉人，其身份大都也是婢妾奴仆。

封建统治者使用婢妾奴仆殉葬，当然是残酷的阶级迫害。他们这样做，不但无损于封建统治，而且在客观上起到缓和统治者家庭内部矛盾的作用。这大概就是封建统治者乐于此道的真正原因，不管他们主观上是否意识到。

关于秦汉以来的奴婢人数，由于历代户口诸多不实，已难于精确统计。古今史学家人言人殊，有十余万、数十万、一二百万诸说。不论采用什么统计法，他们都承认在中国封建社会中存在一支庞大的奴婢队伍。从人口增长的角度看，奴婢与自由民的比例历代应相对有所减少，但奴婢的总数未必低于秦汉。以明清而言，明代奴婢数量大，使用广，这也是史家公认的。于慎行《谷山笔麈》（卷五）说：嘉靖时名相徐阶家人多至数千。顾炎武《日知录·奴仆》说："人奴之多，吴中为甚。……仕宦之家，有至一二千人者。"一般地主家庭，往往也有"僮奴千指"[1]。清代奴婢更多，据学者研究，努尔哈赤统治时期，原有奴隶四五十万，皇太极时期增至二百万左右[2]，在征服明朝的过程中，奴婢数量还会有大幅度增长。清代中叶以后，在国内外民主思潮的冲击下，奴婢制度渐趋崩溃，到清代末叶，大约还有奴婢数十万。根据我们的估算，明清两代从夫殉死（不

---

① 参看吴晗《明代的奴隶和奴变》，《灯下集》76 页，三联书店，1979 年。南炳文：《从"三言"看明代奴仆》，《历史研究》1985 年第 6 期。

② 韦庆远等：《清代奴婢制度》15 页，中国人民大学出版社，1982 年。

含其他节烈）的妇女大约有五六十万人，每年平均约一千人。这个数字，大约只占明清奴婢队伍的千分之一。明清封建统治者是绝不会怜惜的。

第三，中国是一个多民族的国家，在历史上，国内各民族之间的军事对抗和经济文化交流，从未间断；风俗习惯的互为影响，也是很自然的。秦汉以来，匈奴、夫余、鲜卑、突厥、吐蕃、契丹、女真，先后在中国北部、西南部建立局部的地方政权。随后蒙古族、满族又建立了统一的多民族的国家。在他们与汉族的接触过程中，曾先后处于原始社会解体或阶级社会刚出现的阶段。他们的人牲人殉习俗，对于还没有完全摆脱这种陋俗的汉族地区，具有渗透复发的作用。魏晋南北朝时期、宋元明清时期，国内少数民族频繁内迁，与汉族不断融合，汉族地区的人殉现象，在这两个时期内都有明显上升。这种现象表明，民族的迁徙和融合，是人殉在中国汉族地区长期延续的外部原因。

少数民族与汉族人殉习俗的交流，如同经济文化的交流一样，往往使他们原有的比较原始的人殉习俗，最后大多融合于汉族的人殉习俗之中。例如，夫余国王杀人殉葬，着汉朝赐给的玉衣葬服；鲜卑族慕容部建立的北燕和拓跋部建立的北魏，在其立国之后的人殉制，是仿效汉人勒令婢妾从殉的形式的；建立辽的契丹族，建立金的女真族，以及入主中原建立元朝的蒙古族和清朝的满族，在他们同汉族接触以前，实行的是原始的生殉奴马葬式，及至建立政权并与汉族共处以后，大多改变原有的葬式（元朝皇室例外），实行汉族的人殉方式。程朱理学兴起以后，一部分汉化的少数民族贵族妇女，往往也采用节烈的名义殉死。

# 后　记

　　本书是在拙著《中国古代的人牲人殉》基础上增补修订而成的。因增补修订份量较大，全书所论上起新石器时代下及明清王朝，纵贯整个中国古代史，故更易今书名，并由原来的三十二开本扩为现在的十六开本。

　　这次增补修订，出于两个原因。一个是，原书在1990年出版后不久便销售一空，不少朋友和不认识的爱好者不断来信索要，我无法满足他们的要求而感到歉疚，虽然在2000年日本学者佐藤三千夫曾把原书译成日文在日本出版，但国内学者能看到的恐怕也不多。其次是，原书所收人牲人殉考古资料截至1987年，此后新资料不断发现，为中国古代人牲人殉的研究提供了更加有利的条件，对加深或修订原书的某些看法也是重要的检验。我的这两点想法，得到文物出版社张庆玲同志的赞同和支持，增补修订工作得以顺利实现，这是我要衷心感谢的。

　　全书前五章增补修订较多。增补的新资料有原书提到的旧地点，也有原书没有提到的新地点。资料增补较多的章节，文字修订也较多。史前期人牲人殉的辨识是一件很困难的事，学者间时有争议。我缺乏这方面的田野实践经验，理论水平不高，只能认真阅读原报告，审视各方争议论据的短长，最后择善而从之，对于未被采纳的意见，我也不敢给予断然否定，而是另立"疑似"一节，在末尾写几句近于问难的"小议"，目的是供论者和读者研究参考，以求这一学术问题能够得到较好的认识。增补的商周考古资料最多。一般说，识辨商周人牲人殉遗存的难度不太大，发掘报告的编写者大多是有经验的田野考古工作者，我基本上根据他们发表的材料及其研究成果，略加汇编调整，让读者有个比较完整的了解。古籍记载中的先秦人牲人殉资料，也尽阅读所及，记入有关章节中，估计不会有大的疏漏。秦汉以后，考古发现的人牲人殉资料较少，主要依靠历史文献。这个时期，人牲人殉的表现形式和使用范围均与先秦有所不同。使用人牲，主要表现为朝廷举行献俘祭庙（或祭社），民间流行杀仇祭奠和杀人"祭诸淫昏之鬼"。人殉突出表现为臣子殉难，妻妾奴仆殉节。殉难与殉节，去古未远，影响极为恶劣。这类资料充塞于历代官方文献和地方志书，卷帙浩瀚，不是一个人的力量所能全部查阅汇辑的。我只能利用自己的有限条件，选阅其中的一小部分，从摘录事例和简单的统计数字，亦足以窥见其为害之惨烈。全书末一章总结，综论人牲人殉与中国古代社会关系，着重探讨人牲人殉的长期存在与中国传统文化的关系，鞭笞这种惨无人道的文化现象，以期引起国人正确看待传统文化，唾弃传统文化中的糟粕。这是我写这本小书的奢望。

过去很少有人对中国古代人牲人殉做过专门研究，本书只能算是初步尝试。疏漏谬误难免，恳请识者赐正，是所厚望。

本书引用的考古资料，截至 2004 年 6 月。引用的插图，除图五六以外，全部已公开发表，这是他们的劳动成果。英文提要承莫润先同志翻译。在此一并致谢。

作者　2004 年 10 月 5 日于北京木樨园寓所

# 主要参考书目

## 一 古籍、方志

《周礼》，《十三经注疏》本，中华书局，1980 年版。

《仪礼》，《十三经注疏》本，中华书局，1980 年版。

《礼记》，《十三经注疏》本，中华书局，1980 年版。

《春秋左传》，《十三经注疏》本，中华书局，1980 年版。

《史记》，中华书局标点本，1973 年版。

《汉书》，中华书局标点本，1975 年版。

《后汉书》，中华书局标点本，1973 年版。

《三国志》，中华书局标点本，1975 年版。

《国语》，天圣明道本，民国元年鸿宝斋石印。

《战国策》，剡川姚氏本，民国元年鸿宝斋石印。

《十六国春秋》，光绪三十二年艺文书局刊本。

《魏书》，中华书局标点本，1974 年版。

《宋史》，中华书局标点本，1977 年版。

《宋会要辑稿》，中华书局影印本，1957 年。

《明史》，中华书局标点本，1974 年版。

《大明会典》，万历十五年刊本。

《清史稿》，中华书局标点本，1977 年。

《满洲实录》，台湾华文书局 1960 年影印本。

明·沈德符：《万历野获编》，中华书局，1959 年版。

清·查继佐：《罪惟录》，四部丛刊三编本。

清·赵翼：《廿二史劄记》，北京市中国书店 1987 年影印本。

清·王先谦：《东华录》，清光绪十三年上海图书集成局铅印本。

《朝鲜李朝实录中的中国史料》，吴晗辑本上编，中华书局，1984 年。

《陕西通志》，清雍正十三年刊本。

《山西通志》，清光绪十八年刊本。

《河南通志》，清雍正十三年编修，清同治八年重补刊本。

《四川通志》，清嘉庆二十年刊本。

《贵州通志》，民国三十七年刊本。

《广西通志》，清嘉庆六年刊本。

《福建通志》，清同治七年刊本。

《泉州府志》，清乾隆二十八年编修，1984 年影印本。

《曲阜县志》，清乾隆三十九年刊本。

《续修曲阜县志》，民国二十三年铅印，成文出版社，1968 年影印本。

《歙县志》，民国廿六年纂修，成文山版社，1975 年影印本。

## 二　发掘报告及有关论著

中国科学院考古研究所等：《西安半坡》，文物出版社，1963 年。

青海省文物管理处考古队等：《青海柳湾》，文物出版社，1984 年。

内蒙古自治区文物考古研究所等：《朱开沟》，文物出版社，2000 年。

南京博物院：《花厅》，文物出版社，2003 年。

山东省文物管理处等：《大汶口》，文物出版社，1974 年。

山东省文物考古研究所：《大汶口续集》，科学出版社，1997 年。

山东省文物考古研究所：《海岱考古》，第一辑，山东大学出版社，1989 年。

中国社会科学院考古研究所：《山东王因》，科学出版社，2000 年。

山东省博物馆等：《邹县野店》，文物出版社，1985 年。

山东大学历史系考古专业：《泗水尹家城》，文物出版社，1990 年。

上海市文物管理委员会：《福泉山》，文物出版社，2000 年。

河南省文物研究所等：《登封王城岗与阳城》，文物出版社，1992 年。

中国社会科学院考古研究所：《偃师二里头》，中国大百科全书出版社，1999 年。

南京博物院：《东方文明之光》，海南国际新闻出版社，1996 年。

河南省文物考古研究所：《郑州商城》上中下三册，文物出版社，2001 年。

河南省文物考古研究所：《郑州商城考古新发现与研究》，中州古籍出版社，1993 年。

河南省文物局文物工作队：《郑州二里岗》，科学出版社，1959 年。

胡厚宣：《殷墟发掘》，学习生活出版社，1955 年。

石璋如：《小屯·殷墟建筑遗存》，中央研究院历史语言研究所，1959 年。

石璋如：《小屯·殷墟墓葬之一，北组墓葬》，中央研究院历史语言研究所，1961 年。

石璋如：《小屯·殷墟墓葬之二，中组墓葬》，中央研究院历史语言研究所，1972 年。

石璋如：《小屯·殷墟墓葬之三，南组墓葬附北组墓补遗》，中央研究院历史语言研究所，1973 年。

石璋如：《小屯·殷墟墓葬之四，乙区基址上下的墓葬》，中央研究院历史语言研究所，1976 年。

梁思永、高去寻：《侯家庄·1001 号大墓》上下二册，中央研究院历史语言研究所，1962 年。

梁思永、高去寻：《侯家庄·1002 号大墓》，中央研究院历史语言研究所，1965 年。

梁思永、高去寻：《侯家庄·1003 号大墓》，中央研究院历史语言研究所，1967 年。

梁思永、高去寻：《侯家庄·1004 号大墓》，中央研究院历史语言研究所，1970 年。

梁思永、高去寻：《侯家庄·1217 号大墓》，中央研究院历史语言研究所，1968 年。

梁思永、高去寻：《侯家庄·1500 号大墓》，中央研究院历史语言研究所，1974 年。

梁思永、高去寻：《侯家庄·1550 号大墓》，中央研究院历史语言研究所，1976 年。

中国社会科学院考古研究所：《殷墟妇好墓》，文物出版社，1981 年。

中国社会科学院考古研究所：《殷墟发掘报告（1958－1961）》，文物出版社，1987 年。

中国社会科学院考古研究所：《安阳殷墟郭家庄商代墓葬》，中国大百科全书出版社，1998 年。

中国社会科学院考古研究所：《殷墟的发现与研究》，科学出版社，1994 年。

中国社会科学院历史研究所、考古研究所：《安阳殷墟人骨研究》，文物出版社，1985 年。

中国历史博物馆考古部等：《垣曲商城》，科学出版社，1996 年。

河北省文物研究所：《藁城台西商代遗址》，文物出版社，1985 年。

湖北省文物考古研究所：《盘龙城》，文物出版社，2001 年。

西北大学历史系考古专业：《老牛坡》，陕西人民出版社，2002 年。

陕西省考古研究所：《高家堡戈国墓》，三秦出版社，1994 年。

中国科学院考古研究所：《沣西发掘报告》，文物出版社，1962 年。

中国社会科学院考古研究所：《张家坡西周墓地》，中国大百科全书出版社，1999年。
中国科学院考古研究所：《辉县发掘报告》，科学出版社，1956年。
郭宝钧：《浚县辛村》，科学出版社，1964年。
郭宝钧：《山彪镇与琉璃阁》，科学出版社，1959年。
卢连成、胡智生：《宝鸡強国墓地》，文物出版社，1988年。
北京市文物研究所：《琉璃河西周燕国墓地（1973—1977）》，文物出版社，1995年。
中国社会科学院考古研究所：《陕县东周秦汉墓》，科学出版社，1994年。
山西省考古研究所等：《太原晋国赵卿墓》，文物出版社，1996年。
山西省考古研究所：《上马墓地》，文物出版社，1994年。
山西省考古研究所侯马工作站：《晋都新田》，山西人民出版社，1996年。
山东省文物考古研究所：《济青高级公路章丘工段考古发掘报告》，齐鲁书社，1993年。
山东省兖石铁路文物考古工作队：《临沂凤凰岭东周墓》，齐鲁书社，1987年。
山东省文物考古研究所等：《曲阜鲁国故城》，齐鲁书社，1982年。
河南省文物研究所等：《淅川下寺春秋楚墓》，文物出版社，1991年。
湖北省博物馆：《曾侯乙墓》，文物出版社，1989年。
安徽省文物管理委员会等：《寿县蔡侯墓出土遗物》，科学出版社，1955年。
云南省博物馆：《云南晋宁石寨山古墓葬发掘报告》，文物出版社，1959年。
广州市文物管理委员会等：《西汉南越王墓》，文物出版社，1991年。
广西壮族自治区博物馆：《广西贵县罗泊湾汉墓》，文物出版社，1988年。
夏鼐主编：《中国大百科全书·考古学》，中国大百科全书出版社，1986年。
中国社会科学院考古研究所：《新中国的考古发现和研究》，文物出版社，1984年。
文物出版社编辑部编：《文物考古工作三十年》，文物出版社，1979年。
文物出版社编：《新中国考古五十年》，文物出版社，1999年。
马克思：《摩尔根〈古代社会〉一书摘要》，人民出版社，1978年。
恩格斯：《家庭、私有制和国家的起源》，《马克思恩格斯选集》第四卷，人民出版社，1972年。
《世界上古史纲》编写组：《世界上古史纲》，人民出版社，1979年。
丁山：《中国古代宗教与神话考》，龙门联合书局，1961年。
朱天顺：《原始宗教》，上海人民出版社，1964年。
《民族问题五种丛书》云南省编辑委员会：《佤族社会历史调查》，云南人民出版社，

1983 年。

宋恩常：《云南少数民族社会与家庭形态调查研究》，云南大学历史研究所民族组，1975 年。

乔治·彼得·穆达克：《我们当代的原始民族》，童恩正译，四川民族研究所，1980 年。

拉法格：《宗教和资本》，王子野译，三联书店，1963 年。

李学勤：《东周与秦代文明》，文物出版社，1984 年。

# 三　期刊和不定期刊物

《考古》（含《考古通讯》）

《考古学报》（含《中国考古学报》）

《文物》（含《文物参考资料》）

《中国文物报》

《考古与文物》

《文博》

《华夏考古》

《中原文物》（含《河南文博通讯》）

《江汉考古》

《东南文化》

《中国考古学年鉴》

《南方民族考古》

《考古学集刊》

《文物资料丛刊》，第一期至第十期，1977 年～1987 年。

《中央研究院历史语言研究所集刊》

《古文字研究》

# ON ANCIENT CHINESE HUMAN IMMOLATION

## (Abstract)

The present book begins with a comprehensive discussion on the origin of human immolation (in lieu of a preface) and a definition of this practice. There were two categories of human victims: those offered to spirits and those buried with the dead. The former category refers to human sacrifices to late ancestors (human spirits), divinities and all natural objects. The victims are mainly prisoners of war or the slaves transformed from them. In the Old World, human sacrifice was first brought about in agricultural tribes, and prevailed principally in the final stage of primitive society and the incipient stage of civilized society. The latter category refers to the human victims buried alive with deceased clan chiefs, family heads, slave owners and feudal loads. This practice was once a common social phenomenon in antiquity, prevailing in the whole historical times from the last phase of primitive society to the initial stage of class society. The human victims were basically close relatives, subjects and servants of the dead. The purpose of this mortuary human immolation was to pursue the continuation of the master—and—subject relationship of this world into the nether one.

The main body of the book consists of nine chapters. Chapters 1 to VIII introduce human immolation in different times from the Neolithic Age through the Shang, Zhou, Qin and Han periods down to the Ming and Qing dynasties, with equal attention paid to both archaeological data and literal records. The Shang period comes first in the quantity of this sort of archaeological data and in the richness of their contents. The Yin Ruins at Anyang are the most important locality, though a number of discoveries are obtained from the other territory under the Yin king's dominion and adjacent local states. Concerning the Zhou people, human immolation may have not existed among their early generations. It was accepted from the Yin people in the east in the period of contact and confrontation between the two ethnic groups, but only a few examples have been discovered in the Zhou archaeological material, far rarer than those remaining of the Yin – Shang period. During the Eastern Zhou period with struggles between states arising one after another, human immolation was developed to a certain extent, with the burial of human victims for accompanying their deceased masters practiced rather extensively, especially among the easterners in the Qi State and the westerners in the Qin State. As the then states differed from each other in social and historical aspects as well as in the tradition of human immolation, there was variety in the observance and frequency of this practice. From the Qin – Han period onward, the related archaeological data decrease distinctly, and researches in this field are carried out mainly upon records in historical documents. The practical form and scope of human immolation were different from those in the Shang – Zhou period. Human sacrifice was mainly practiced when the royal family held ceremonies of killing prisoners of war for sacrificing to their late ancestors or to the gods of earth and grain. Among the common people, there prevailed killing personal enemies for sacrificing to the spirits of murdered close relatives and killing human victims for sacrificing to supernatural beings. Mortuary human victimization was represented by officials giving their lives out of royalty to the deceased emperor and wives, concubines and servants going to death in defense of their virtue. These practices were variances of human immolation under given historical conditions in ancient China, and exerted extremely bad influence upon the Chinese society of modern times.

Chapter IX sums up all the preceding discussion and expounds the relationship of human immolation with ancient Chinese society. It points out that this custom in China began from late primitive society, passed through the Shang, Zhou, Qin and Han periods and lasted down to the time around the Revolution of 1911. Covering all developmental stages of China's history, its long duration and profound influence were incomparable in any country and ethnic group all over the world. The long existence of human immolation in China was due to many causes, mainly three: First, the Confucianism, especially the Neo – Confucianism, which was revered as the orthodox school of Confucianism from the Song period, took the three cardinal guides and the five constant virtues to be heavenly principles. It advocated that "death of starvation is a trifle while disloyalty, a great event," which exerted a profound pernicious influence. Second, the polygamous and servant – enslaving systems were all along in vogue. The existence of concubines and male and female servants in great numbers constituted the roots of the long practices of human immolation. Third, China is a multi – nationality country, exchange and confrontation between nationalities have never ceased, and their customs have always influenced upon each other. Thus the migration and amalgamation of ethnic groups functioned as external causes of the long continuation of human immolation within this and that member of the Chinese nation.